Diskussionsforum Deutsch ist eine Buchreihe im Schneider Verlag Hohengehren, die es sich zur Aufgabe macht, relevante Themen des Faches Deutsch immer zugleich aus der Sicht verschiedener Autoren vorzustellen.

Dies geschieht in **Aufsatzsammelbänden** jeweils unter spezieller Herausgeberschaft,

– indem entweder zu einer Thematik unter mehr oder weniger übereinstimmenden Zielvorstellungen, aber von unterschiedlichen Standorten aus gehandelt wird

– oder aber indem der betreffende Band unmittelbar auf die Darstellung und Erörterung kontroverser Standpunkte angelegt ist.

Diskussionsforum Deutsch

Hrsg. von Günter Lange · Werner Ziesenis

Band 7

Weltwissen erlesen

Literarisches Lernen im fächerverbindenden Unterricht

Herausgegeben von

Ulf Abraham und Christoph Launer

Schneider Verlag Hohengehren GmbH

Diskussionsforum Deutsch

Herausgegeben von Günter Lange, Werner Ziesenis

Umschlaggestaltung: Wolfgang H. Ariwald, BDG, 59519 Möhnesee

Gedruckt auf umweltfreundlichem Papier (chlor- und säurefrei hergestellt).

Die Deutsche Bibliothek – CIP-Einheitsaufnahme

Weltwissen erlesen : literarisches Lernen im fächerverbindenden Unterricht /
hrsg. von Ulf Abraham und Christoph Launer. –
Baltmannsweiler : Schneider-Verl. Hohengehren, 2002
  (Deutschdidaktik aktuell ; Bd. 7)
  ISBN 3-89676-513-2

Inhaltsverzeichnis

ULF ABRAHAM / CHRISTOPH LAUNER

Weltwissen erlesen

Einleitung

Was *fordert* die Literatur von den Lernenden? Was setzt sie voraus – an Wissen, an Erfahrung, an Interessen?

Diese Frage ist uns geläufig; nicht nur Deutsch-Lehrende stellen sie sich immer wieder, wenn sie Unterricht zu planen haben. Auch Erwachsene, die sich an ihren Deutschunterricht erinnern, beginnen fast immer so: *In Deutsch mussten wir ... dicke Romane lesen* oder *Dramen in gebundener Rede, schwierige Gedichte interpretieren* oder gar *philosophische Texte*. Immer sind es, aus dieser Perspektive, die Lernenden, denen etwas *abverlangt* wird: Geduld und langer Leseatem, Kenntnis von Fachbegriffen und Analyseverfahren, Verständnis für zum Teil weit – nämlich aus der Literaturgeschichte – hergeholte Ideale und Normen, Gewissenskonflikte und Sprachformen.

Das ist keine falsche Perspektive; es ist aber nicht die, aus der dieses Buch entstand. Wir gehen hier der Frage nach, wie die Wahrnehmung von Literatur sich ändert, wenn man die Perspektive wechselt: Statt zu fragen, was sie bzw. der Literaturunterricht von den Lernenden fordere, fragen wir, *was Lehrende und Lernende von ihr erwarten dürfen*, was sie ihr abverlangen können und was sie zu bieten hat; und zwar nicht nur in einem exklusiv dafür zuständigen Fach: Es geht hier nicht um literarische Bildung in gleich welchem Sinn, sondern es geht um „literarisches Lernen", also *um Lernen in, von und mit Hilfe der Literatur* als einem Medium, das – was immer sie sonst ist und tut – jedenfalls *Weltwissen* transportiert.

Um so zu fragen, müssen wir freilich eine alte Gewohnheit probehalber aufgeben: nämlich die, der „schönen Literatur" (Belletristik im weitesten Sinn, einschließlich der Kinder-, Jugend- und Unterhaltungsliteratur) in der Schule einen festen Ort zuzuweisen, also den Deutschunterricht. Diese besonders am Gymnasium *gewohnte Sicht auf die Praxis* hat ihre genaue Entsprechung in einer wissenschaftlichen Arbeitsteilung: Zuständig für solche Gegenstände ist nach herkömmlicher Auffassung die Germanistik / Deutschdidaktik, allenfalls assistiert – wenn es um Übersetzungen aus anderen Sprachen geht – von anderen Neuphilologien. Literatur, im akademischen Betrieb an eine Literatur-Wissenschaft verwiesen und von ihr aus erforscht und erklärt, erscheint so in der Praxis schulischer Vermittlung fälschlich als eindeutig zuordenbares Phänomen: Sie kommt in einem bestimmten Schulfach vor, das wiederum die Terminologie und Methodik zu ihrer Behandlung im Prinzip von der Bezugsdisziplin Germanistik übernimmt. An der Literatur ist, dieser traditionellen Sichtweise nach, „Gehalt und Gestalt" wichtig, „Gattung" und „Epoche", „Stil" und „Form", „Tradition" und „Innovation" ...

Obgleich gegenwärtig auch darüber – als Konstituenten „literarischer Bildung" – wieder gestritten wird, ist es nicht unsere Absicht, einen theoretischen Beitrag zu diesem Streit zu liefern. Unser Buch will etwas anderes: Wir gehen davon aus, dass Literatur in der Schule bisher erst unzureichend zur Wirkung gekommen ist. Sie kann es wohl umso weniger, je ausschließlicher man sie als Gegenstand (nur) eines Faches betrachtet, den Lernenden allein erschließbar durch Fach-Leute, nämlich Lehrende mit Germanistik- bzw. Deutsch-Studium. Beschreiben und fruchtbar machen wollen wir Literatur als pädagogikfähiges ästhetisches Medium, dessen Kern *eine auf besondere Weise gelungene Wissensvermittlung* ist.

Wir meinen damit allerdings nicht eine Wiederentdeckung der alten Lesepädagogik mit ihrer Betonung didaktischer und moralischer Nützlichkeit der Texte. Damit würde man ästhetische Texte in völlig unangemessener Weise pragmatisieren, d.h. sie als Container für „Informationen" gleich welcher Art missbrauchen. Und abgesehen davon, dass die Enttäuschung vorprogrammiert wäre, weil diese Container nicht das (ent)hielten, was man sich dann von ihnen verspräche, wäre damit ein übles heimliches Lehrziel erreicht: LehrerInnen und SchülerInnen in einem so (falsch) verstandenen 'integrativen Unterricht' hätten Literatur gründlich und grundsätzlich missverstehen gelernt. Nein: Was wir meinen und im theoretischen Teil entfalten werden, das ist Literatur als – in der Menschheitsgeschichte altes – Medium der Reflexion und der Kommunikation über Sach- und Wertfragen, über Fremd- und Selbstverstehen, über Außen- und Innenwelt.[1] Literarische Texte, so betrachtet, tragen zum Sachlernen durchaus bei – aber nicht dadurch, dass sie z.B. die Lebensbedingungen in der Dritten Welt besser erklärten als das Geografiebuch, oder die Problematik menschlicher Schuld genauer darstellten als Arbeitsmaterialien in Religionslehre oder Ethik es können. Nein: Sie tragen, paradoxerweise, vielmehr gerade dadurch zum Sachlernen bei, dass sie Weltwissen schon vorauszusetzen scheinen, wenn sie es in Lebenszusammenhängen vergegenwärtigen.[2] Und sie können moralische Urteilsfähigkeit oft gerade stärken, indem sie Maßstäbe oder Urteile nicht vorgeben, sondern in Frage stellen. Schriftsteller haben ja zu allen Zeiten die Wissensbestände ihrer Gegenwart aufgenommen, reflektiert, vernetzt und mit anthropologischen Grundfragen des Menschseins verbunden. Auch in der Schule geht es, wenn wir Hartmut v. Hentigs Bildungsbegriff (1996) ernst nehmen, um solche Grundfragen: Humanität und Unmenschlichkeit, Schönheit und Hässlichkeit, Glück und Unglück, Borniertheit und Fremdverstehen, Geschichtsbewusstsein, Grenzerfahrungen und „letzte Fragen".

Man kann solche Fragen, obwohl sie z.B. von der Tradition des *Bildungsromans* aus besonders relevant für den Deutschunterricht sind, offensichtlich nicht

---

[1] So hat Gudrun Schulz (1996) Literatur als Medium des Nachdenkens über Jugendprobleme im Unterricht beschrieben, an Hand von Günter Saalmanns *Zu keinem ein Wort* (Berlin 1993).

[2] Wir übernehmen den Begriff von Gerhard Kaiser, der über die Literatur sagt: „Das Sprechen vom Menschen in seinen Lebensvollzügen vollzieht sich dabei nicht theoretisch, [...] sondern durch sprachliche Vergegenwärtigung von Lebenssituationen, Gestalten und Figurenkonstellationen." (Kaiser 1996, S. 11)

einem Schulfach zuweisen. Sie sind nur zu stellen und zu beantworten, wenn man Fächergrenzen nicht als Denkgrenzen akzeptiert. Bei einer solchen Entgrenzung aber hilft die Literatur. Sie nutzt, verschränkt, perspektiviert Wissensdiskurse aus Human- und Naturwissenschaften, vermittelt also *beiläufig* und gerade darum oft nachhaltiger als ein Lehrbuchtext *auch* geografisches, biologisches, psychologisches, philosophisch-ethisches (usw.) Wissen. Wir fassen solches *Alltags-*, *Erfahrungs-* und *Bildungs-/Fachwissen* in der Formel „Weltwissen" zusammen und legen dabei Wert auf die Beiläufigkeit des Wissenserwerbs beim literarischen Lernen (das selbstverständlich Wissenserwerb über das 'System Literatur' selbst *einschließt*, aber sich darin nicht erschöpft).

Wir wollen also literarische Texte keineswegs zu Behältern für Sachwissen degradieren, wie ja überhaupt 'Container-Metaphern' der Natur ästhetischer Kommunikation nicht gerecht werden (vgl. Kap. 1). Wir wollen aber das, was beim literarischen Lesen *insbesondere* geschult und gebraucht wird, nämlich die Fähigkeit zum Konstruieren von Welt-Bildern und Vorstellungsräumen, als etwas so Grundsätzliches beschreiben, dass es gleichsam nicht restfrei in ein Fach hineinpasst, sondern von vielen Fächern genutzt werden kann.

Das setzt freilich voraus, dass man den Lehrenden, die sich nicht als Spezialisten für Literatur und Ästhetik verstehen, sondern Sachfächer unterrichten, die *Schwellenangst* nimmt, die sie als Nicht-Germanisten beim Betreten 'imaginärer Räume' befällt: Wie gehe ich mit Texten um, die nicht direkt sagen, was sie vermitteln und die mehr vermitteln können als sie sagen? Was gibt es überhaupt an Gegenwartsliteratur, was mich als Geografen oder als Mathematikerin (usw.) interessieren könnte? Inwiefern kann es zum Fachunterricht beitragen, und was? Gibt es auf meiner Seite der Grenze, die meinen Unterricht von Deutsch- bzw. Literaturunterricht trennt, Anknüpfungspunkte für eine Nutzung solcher Texte? Gibt es von meiner Seite der Fächergrenze aus eine sinnstiftende *Perspektive* auf solche Texte? Und was meint überhaupt die gegenwärtig entstehende neue Lehrplangeneration, die landauf, landab jetzt ein fächerverbindendes oder gar „fächerübergreifendes Prinzip" von Unterrichtsplanung betont?

Wir machen damit die Deutschdidaktik, die unsere wissenschaftliche Heimat ist, zum Stützpunkt für Exkursionen über Fächergrenzen hinweg. Berechtigt und berufen fühlen wir uns dazu in der Einsicht, dass sich an einen von der Germanistik besetzten Gegenstand Didaktiker und Lehrende anderer Fächer kaum heranwagen werden, weil sie die Notwendigkeit einer Spezialbildung vermuten, wo doch die 'Natur' des Gegenstands selber (Literatur als 'anthropologisches' Medium) es ist, die zu Grenzüberschreitung und Übersetzung aller Spezialdiskurse in Alltags- und Weltwissen aufruft.

Auch von der wissenschaftlichen Pädagogik aus lässt sich eine „Entfächerung" des Wissenserwerbs in der Schule begründen: Wir wollen einen anderen, der Praxis von traditioneller Verfächerung und gegenwärtiger „Entfächerung" von

Schule angemesseneren Blickwinkel wählen, von dem aus Literatur ihr unheures Potenzial erkennen lässt. Den Vorwurf der Funktionalisierung ästhetischer Phänomene nehmen wir gelassen in Kauf; Umgang mit Literatur in der Schule bedeutet allemal deren Funktionalisierung. Wichtig ist lediglich, dass ein literarischer Text weder als Informatorium noch als Sprachrohr einer 'richtigen' Einstellung bzw. 'Moral' gebraucht, sondern in einem offenen Unterricht (vgl. z. B. Knobloch/Dahrendorf 2000) als (*Selbst-*)*Verständigungsangebot* wahrgenommen wird.

Es liegt auf der Hand, dass dieses Buch zunächst das Ziel einer *Leseförderung für Lehrende* (v. a. auch Nicht-Deutschlehrende) aller Schularten verfolgen muss: Geeignete – d. h. nicht nur für Leseförderung, sondern für literarisches Lernen im Kontext eines *offenen Fachunterrichts* brauchbare – Texte für die drei Schulstufen sollen vorgestellt und exemplarisch erschlossen werden. Wir glauben allerdings, dass es wenig aussichtsreich wäre, dieses Ziel unter Ausklammerung von Grundeinsichten in die Natur literarischen Lesens unmittelbar anzusteuern. Wir wollen deshalb das, was Literatur für uns 'ist' (Teil A, Kapitel 1) und was zwischen ihr und den Lesenden geschieht (Kapitel 2), allgemeinverständlich für ein pädagogisch-didaktisch, aber nicht unbedingt *germanistisch* spezialisiertes Publikum darstellen, also für angehende und praktizierende Lehrerinnen und Lehrer. Denn so wenig – wie gesagt – Spezialwissen über Formen und Stile der Literatur erforderlich ist, so unverzichtbar ist 'Expertentum' doch in einem Punkt: Man muss verstanden haben, dass das literarische Lesen *Raum braucht*, d. h. Zeit und Verlebendigung durch eine 'innere' oder 'äußere' Szene. Es darf nicht vorschnell 'verzweckt' werden. Wer es eilig hat mit der Vermittlung (nur) seiner fachspezifischen Kenntnisse, greife zu Lehrbüchern und Lexikonartikeln. Nachhaltiges Lernen würden wir das aber nicht nennen. Was wir darunter eher verstehen, skizzieren wir in den weiteren Kapiteln, wo es um Möglichkeiten eines fächerverbindenden Unterrichts grundsätzlich (Kap. 3) und an ausgewählten Beispielen (Teil B) geht.

Wir haben, besonders für diesen zweiten Teil, einer Reihe von Kolleginnen und Kollegen aus der 'Praxis' zu danken, die unsere Anfragen und Anregungen, das Überschreiten ganz verschiedener Fächergrenzen betreffend, durchweg mit so viel spontaner Neugier und Experimentierbereitschaft aufgenommen haben, dass allein die Existenz dieses Teils deutlich zeigt: Lehrende an den Schulen sind weder unwillig noch unfähig, über die Tellerränder zu schauen. Sie sind allenfalls – vielfach – vielleicht nicht in der Lage, neben ihren vielfältigen Belastungen im Schulalltag, in manchem Fall auch in der Hochschullehre, nun auch noch diesen Tisch aus eigener Kraft zu decken.

Würzburg, im April 2001   Ulf Abraham
                                                               Christoph Launer

Teil A:

Grundlagen

ULF ABRAHAM / CHRISTOPH LAUNER

Weltwissen erlesen

1. Was Literatur leistet

Es ist gegenwärtig viel, und ganz zu Recht, von Schülerorientierung die Rede. Lernen in Handlungszusammenhängen und Projekten,[1] mindestens aber fächerverbindendes Arbeiten steht hoch im Kurs bei allen, die Schule als erneuerungsbedürftige und prinzipiell erneuerungsfähige Institution theoretisch sehen und/oder praktisch erleben.

Vor diesem Hintergrund mag es erstaunen, dass unsere Darstellung einmal nicht bei den Lernenden und ihren Interessen und Handlungsmöglichkeiten im Unterricht ansetzt, sondern bei literarischen Texten als den *Gegenständen*, mit denen sie sich befassen.

Um das zu erklären und diesen scheinbaren Widerspruch aufzulösen, wollen wir ein aus literaturdidaktischer Sicht eher abschreckendes Beispiel heranziehen. Wir tun das nicht, um eine bestimmte Veröffentlichung zu unserem Thema abzuqualifizieren, sondern um zunächst eindrücklich klarzustellen, was wir *nicht* bezwecken. Sörös (1998) hat unter dem Titel *Vernetzte Geschichte* ein Arbeitsheft vorgelegt, das unter anderem auch „Literarische Texte als historische Quellen" (ebd., S. 14–24) zur Aufarbeitung der NS-Diktatur in einem fächerverbindenden Unterricht Geschichte/Deutsch vorschlägt. Sechs sehr verschiedenartige, in ihrer Mehrheit mehr oder weniger autobiografische Textauszüge, darunter je einer von Erich Kästner (Schilderung der Bücherverbrennung von 1933), Anna Seghers (*Das siebte Kreuz*), Anne Frank (Tagebucheintrag vom 2. Mai 1943), Michael Stone (*Das Blindeninstitut*) und Carl Zuckmayer (Schilderung seiner Flucht aus Österreich 1938) werden da den Lernenden an die Hand gegeben, um in Gruppenarbeit die soziopsychologischen Folgen von Diktatur, Verfolgung und Vertreibung im „Dritten Reich" exemplarisch erforschbar zu machen. Die Texte werden als „Quellen" im geschichtswissenschaftlichen Sinn behandelt; nicht deutlich genug wird, dass fiktionale Texte wie *Das siebte Kreuz* nicht unbedingt genauso gelesen werden können wie autobiografische Schilderungen; und dass wiederum auch diese mitnichten *Tatsachenberichte* sind. Selbstverständlich kann man jeden Text als Zeugnis und in diesem Sinn als Quelle für Informationen über VerfasserIn, Entstehungssituation usw. behandeln; und natürlich ist es möglich, auch in den Geschichtsunterricht fiktionale Literatur einzubeziehen (vgl. z. B. unten, S. 64 ff.). Aber sie durch einen Fragebogen zu „erfassen", der pragmatische und poetische Texte unterschiedslos demselben Raster unterwirft

---

[1] Für die Deutschdidaktik vgl. vor allem Fritzsche u. a. 1992 sowie Lange 1999.

(vgl. Sörös 1998, S. 17) und als einzige Einteilung diejenige nach „faschistischen" und „antifaschistischen" Quellen anbietet, das ist didaktisch fragwürdig – und zwar nicht nur literatur-, sondern letztlich auch geschichtsdidaktisch. Denn es fördert eine Schwarzweißzeichnung, die allenfalls mit einer aus demselben Grund problematischen Fernsehserie über Viktor Klemperer wirklich *vernetzbar* ist, nicht aber mit wissenschaftlichen Erkenntnissen über komplexe historische Zusammenhänge. „Sinnzusammenhänge" herzustellen (ebd., S. 7), ist das erklärte Ziel des Arbeitshefts; es wäre auch unser Ziel. Wir können auch die Aussage unterschreiben, dass fächerverbindender Unterricht (den wir unten, S. 34ff. noch genauer bestimmen werden) nicht die jeweilige fachliche Unterrichtsorganisation aufzulösen braucht (vgl. ebd., S. 7). Das bedeutet aber dann auch, dass er fachspezifische Ziele *nicht* vernachlässigen, fachspezifische Perspektiven auf Lerngegenstände *nicht* opfern darf. Im Gegenteil: Erst die Kollision verschiedener (Fach-)Perspektiven auf den Gegenstand erzeugt doch jenen „Perspektivenwechsel" (Krause-Isermann u. a. 1994), um den es bei der unterrichtspraktischen Integration von Fächern eigentlich geht: Jede Fachperspektive muss durch die jeweils andere(n) produktiv irritiert werden. Lehrkraft bzw. Lehr-Team müssen beide (oder mehrere) Perspektiven sehen und vertreten können. Und man muss noch nicht einmal „studierter" Germanist sein, um sehen zu können, dass Texte, die sich auf eine außerliterarische Wirklichkeit beziehen und darum auch an ihr gemessen werden können (sie 'wollen' ja doch etwas über sie aussagen, wenn auch vielleicht etwas Einseitiges oder Falsches), eine grundsätzlich andere Lesehaltung herausfordern als solche, die ihre eigene poetische Wirklichkeit aufbauen und außerliterarisch keine direkte Referenz haben, obwohl sie natürlich auf „mimetische Kernbestände" zurückgreifen (vgl. Riedel 2000, S. 578): Ihnen kann man nicht mit der Frage beikommen, ob sie 'wahr' seien oder als historische Quellen 'zuverlässig'. Man muss sie vielmehr darauf hin befragen, *welche Welt sie warum und wie entwerfen.* Außerdem kann man – besonders bei autobiografischen Texten – natürlich fragen, welcher Grad an subjektiver *Wahrhaftigkeit* ihnen zukommt. Sie aber so zu behandeln, als erklärten sie eine außerliterarische Wirklichkeit (während sie doch selbst gerade von ihr her, wenn auch nur teilweise, erklärbar sind), das *pragmatisiert* und *trivialisiert* sie als ästhetische Phänomene.

Um diese Phänomene, und den angemessenen Umgang mit ihnen *gerade* in einem fächerverbindenden Unterricht, also muss es zunächst gehen.

1.1 Literatur ist besonders gelungene Wissensvermittlung

„Es gibt einen Wissensfundus, der ausschließlich über literarische Texte zugänglich ist." (Paefgen 1999, S. 158) Was ist das aber für ein Fundus? Wie ist er entstanden, wie nutzen wir ihn? Solche Fragen bedenkt man zwar für die Geschichte der Medienentwicklung (vgl. Schütz/Wegmann 1996), aber noch nicht sehr gründlich für Literaturwissenschaft und -didaktik. Seit die „Genieästhetik" im ausgehenden 18. Jahrhundert das dichtende Subjekt und seinen besonderen, es von gewöhnlichen Zeitgenossen radikal unterscheidenden Ausdruckswillen zur Bedingung von Literaturproduktion gemacht hat, haben wir uns ja eher daran gewöhnt, in der Dichtung allererst *Subjektivität* zu suchen und zu finden: Ein 'Ich' drückt sich aus; es konfrontiert uns mit seinen Gedanken und Gefühlen, Stimmungen und Empfindungen, Meinungen und Ansichten. Das jedenfalls ist meist das Ergebnis unserer „gesellschaftlichen Einbildungskraft" (Lothar Bornscheuer), wenn es um 'Dichter' geht. Philologisch betrachtet, ist es aber ein *Topos*, und damit gerade nicht eine wirklichkeitsnahe Beschreibung. Dabei ist es, vor allem für die Lyrikproduktion seit Goethe, gar nicht prinzipiell falsch. Es hat uns jedoch den Blick darauf verstellt, dass es den reinen *Ausdruck* nicht gibt: Literatur, wie man so sagt, 'spricht' oder 'handelt' auch von etwas und entwirft eine Perspektive darauf. Sie setzt damit, den Autorinnen und Autoren mehr *oder weniger* bewusst, Wissen in Form und Gestalt um. Man müsse viele Städte gesehen haben, um ein Gedicht zu schreiben, sagte Rainer Maria Rilke: Nicht einmal für Lyrik genügt es nur zu *fühlen* oder zu *meinen*; selbst hier wird Weltwissen gebraucht.

Das scheint eine triviale Feststellung. Aber ästhetische Textproduktion ist nach landläufiger Ansicht gerade darin von pragmatischer (d. h. von Sachliteratur und meinungsbildenden Texten) unterschieden, dass sie auf Wissensvermittlung nicht ausgehe, sondern auf Unterhaltung, Spannung, sprachliche Schönheit und nicht zuletzt auf Ausdruck von Erfahrung, Erlebnis, Gefühl. Angesichts solcher Wahrnehmungsgewohnheiten ist die Feststellung, dass auch die sogenannte schöne Literatur Wissen verarbeitet, nicht trivial. Wie sollte es sich denn aber anders verhalten? Wer sie schrieb oder schreibt, ist selbst dann, wenn er oder sie sich dabei aktuell in einer Art Elfenbeinturm befinden sollte, nicht ständig dort und nicht immer dort gewesen: Auch SchriftstellerInnen

- sind mehr oder weniger *sozial eingebunden* und beziehen einen Teil ihres Selbstverständnisses aus der Zugehörigkeit zu Ethnien, sozialen Schichten, Religionsgemeinschaften usw.

- haben fast immer eine *Berufssozialisation*, also Ausbildung und wenigstens begrenzte Erfahrung in einer beruflichen Tätigkeit, auch wenn diese nicht immer erfolgreich ausgeübt wurde;

- *interessieren* sich als Menschen zeit- und ortsspezifisch für Vieles, was auf den ersten Blick mit ihrem Schreiben wenig zu tun hat, aber doch in die Texte eingeht;

- sind häufig, auch wenn sie sich nicht als 'Realisten' oder 'Naturalisten' verstehen, *hervorragende Beobachter ihrer Mitmenschen*, mit überdurchschnittlicher Empathie und einem feinen Gespür für stilistische Nuancen und psychologische Bedingungen der Alltagskommunikation. Man hat sie deshalb geradezu als *subjektive Anthropologen* charakterisiert (vgl. Daniels 1989) bzw. das, was sie schreiben, als Formen von *Autoethnographie* (vgl. Bachmann-Medick 1996, S. 1).

Nun soll hier nicht ein einseitig mimetisches Verständnis von Literatur entstehen. Literarische Texte bilden grundsätzlich nichts ab; auch dann nicht, wenn ein hohes Maß an alltäglichem Handlungswissen (sehr oft) oder spezifischem Sach- bzw. Fachwissen (seltener) in sie eingeht. Es soll hier keineswegs suggeriert werden, Schillers Medizin- oder Goethes und Kafkas Jurastudium solle als Anlass dienen, Spuren einschlägiger Kenntnisse oder Berufserfahrung in ihren Texten nachzuweisen oder gar im jeweils gerade relevanten Fachunterricht als Scheinbegründung für fächerverbindendes Vorgehen bei ihrer Lektüre anzuführen. Es ist lediglich klarzustellen: Narrativität in der erzählenden Literatur ist sozusagen immer *geerdet*. Literatur entsteht aus dem, was der Autor, die Autorin über die Welt und sich selbst *weiß* – woraus denn sonst? „Wer schreibt, handelt, setzt Erlebtes und Leben um." (Friedrich Dürrenmatt) Nur im Ausnahmefall zwar (z. B. bei Hillerman 1989) erfahren wir aus erster Hand, *welches* Wissen (in diesem Fall das des *Anthropologen* Tony Hillerman, der die Navajo-Indianer studiert) in die Texte eingeht (in diesem Fall in die Kriminalromane des *Schriftstellers* Hillerman). Was der Glücksfall eines 'Doppelexperten', der auf einem Anthropologenkongress über seine Krimis und deren indianische „cops" spricht, dabei zeigt, ist dies: Wissensverarbeitung im Medium der Literatur muss *nicht* zu gutgemeintem *infotainment* führen, das seine Leserschaft, weil es Beides will, weder so richtig unterhält noch so richtig über die Sache aufklärt. Wissensverarbeitung beim literarischen Schreiben ist überhaupt weniger ein Sonderfall als die Regel. Das Besondere am erwähnten Beispiel ist lediglich, dass der Vorgang hier ausnahmsweise bewusst reflektiert und für ein Publikum transparent gemacht wird. Hillerman berichtete, er baue in seine Romane zwar sehr bewusst ethnologische Information über die in Rede stehenden Indianerstämme ein, aber streng funktional; nie erfährt man mehr, als für den Zusammenhang erforderlich. Als Anthropologe wisse er jeweils mehr, aber er wisse auch, dass er Krimis schreibe und keine Sachliteratur; die Lesererwartung gehe auf Spannung und Unterhaltung. Das hindere ihn aber nicht, die vorkommenden Fakten streng zu prüfen. (Er gibt auch zu, dass er gelegentlich die Handlung so laufen lässt, dass die Notwendigkeit der Sachinformation sich daraus ergibt.) Und wer ihm als LeserIn treu bleibe und mehrere seiner Bücher lese, habe irgendwann einen stattlichen Fundus an Wissen über indianische Bräuche, Rituale, Traditionen, kurz: Kultur.

Das ist, wie gesagt, ein – faszinierender – Sonderfall, der uns Einblick gewährt in die spezifische Wissensverarbeitung der literarischen Fiktion. Ein anderer, gut dokumentierter Sonderfall ist Karl May, der – mangels direkter Erfahrungsmöglichkeit – den in Atlanten, Lexika und Reiseberichten greifbaren „Wissensfundus" systematisch und im Großen und Ganzen recht verantwortungsvoll für seine „Reiseerzählungen" nutzte (vgl. Märtin 1987).

Aus solchen Fallgeschichten kann man lernen: Fiktionale Texte,[2] stellte schon Hans Glinz (1983, S. 119) fest, unterscheiden sich von nichtfiktionalen Texten weniger sprachlich oder inhaltlich als in den damit verbundenen *Gebrauchsabsichten*. Der Gebrauch, den wir von (im engeren, d. h. belletristischen Sinn) literarischen Texten machen, ist beschrieben worden als „ästhetische Kommunikation". Diese setzt, im Unterschied zur pragmatischen, keinen direkten Bezug zu einer außersprachlichen 'Wirklichkeit' voraus. Wir ziehen aus dem literarischen Lesen auch selten unmittelbare Konsequenzen für unser Verhalten. Sachrichtigkeit ist, auch wenn sie vorkommt,[3] nicht vordringliche Erwartung an den Text. Das festzustellen heißt aber keineswegs,

- dass wir im Text vorfindliche Information nicht fast automatisch prüfen und abgleichen würden (so gehen wir als Leser von Donna Leons Venedig-Krimis mit besonderer Aufmerksamkeit für bestimmte Details durch diese Stadt), und

- dass unsere Erwartung an den fiktionalen Text nicht doch auch darauf ausginge, über die *Welt im Allgemeinen* orientiert zu werden, und zwar einschließlich ihrer Sinn- und Wertfragen (vgl. unten, S. 20ff.).

Nicht Wahrheit und nachprüfbare Richtigkeit, sondern Wahrhaftigkeit und Plausibilität ist aber das Kriterium; Literatur unterliegt, im Unterschied zu einem Fachtext oder einer Reportage, nicht der Verpflichtung, darüber Rechenschaft abzulegen, wo das in sie eingegangene Wissen herstammt, wie weit es reicht, mit welchen Mitteln es geprüft worden ist, usw. Literatur als ästhetisches Medium steht für „besonders gelungene Wissensvermittlung" (Greiner/Abraham 2001), gerade deshalb, weil diese pragmatischen Zwänge entfallen: Kein Quellenbeleg und kein Zitat 'weist' etwas nach, keine Geltungsbedingung und keine Orts- oder Zeitangabe schränkt es ein. Natürlich haben Autoren wie etwa Georg Büchner, Alfred Döblin oder Klaus Kordon solche Angaben in ihre Texte hinein montiert; oder sie treten fiktiv als Spielmaterial auf. (Man denke nur an den fiktiven Erzähler von Umberto Ecos *Der Name der Rose*, der uns über den Fund eben desjenigen Manuskripts aufklärt, das wir gerade zu lesen bekommen.) Aber Literatur schafft, semiotisch (d. h. zeichentheoretisch) betrachtet, ein Zeichensystem höherer Ordnung: Zwar bedeutet in der Regel jedes einzelne Wort mehr oder weniger, was es auch sonst, im Alltag, bedeuten würde. Aber auf einer Ebene über diesen Alltagsbedeutungen spielt der Text ein Spiel mit uns: Das konkret Bezeichnete, vom alltäglichen Objekt, Menschen oder Verhältnis durch *Unterbestimmtheit* abgehoben, 'steht' immer auch für etwas anderes: Die kleine

---

[2] Die Begriffe sind inzwischen allgemein üblich. Auf die berechtigte Frage, ob die Unterscheidung „fiktional vs. nichtfiktional" überhaupt der Sache (poetische Literatur) gerecht wird, können wir hier nicht eingehen; vgl. Fritzsche 1994, bes. S. 110. Natürlich gibt es poetische Texte, die nicht fiktional sind (Lyrik), und fiktionale Texte, die nicht poetisch sind (vgl. Kreft 1977, S. 209f.).

[3] Vgl. hierzu im Praxisteil vorliegenden Buches v. a. das Kapitel über Hanna Johansens *Geschichte von der kleinen Gans, die nicht schnell genug war* (S. 93ff.).

Gans in Hanna Johansens Kinderbuch *Von der kleinen Gans, die nicht schnell genug war* (1989) ist eine Gans mit allen verhaltensbiologisch bekannten Eigenheiten einer solchen; und doch ist sie mehr als das, nämlich eine Art Muster für die Erfahrung der Stärke, die in der Langsamkeit liegen kann. Sie ist – nicht anders als Sten Nadolnys Held Franklin im Roman *Die Entdeckung der Langsamkeit* (1983) – *übertragbares Modell*, nicht abgebildete Wirklichkeit. Dass in beiden Fällen ungewöhnlich konkret benennbares Wissen aus der Wirklichkeit (die Verhaltensbiologie des Konrad Lorenz hier; dort die Kenntnis vom historisch verbürgten Admiral John Franklin, 1786–1847) in den Text eingegangen ist, ändert daran nicht das Geringste. Literatur als Medium besonders gelungener Wissensvermittlung setzt uns nicht 'im Ernst' über irgend etwas in Kenntnis, sondern *beginnt ein Spiel mit unseren Kenntnissen*: Inwiefern entdecken wir in den von ihr entworfenen Bildern uns selbst? Wieviel ist übertragbar – hier vom Tier auf den Menschen (Johansen) bzw. vom 19. Jahrhundert in unsere Gegenwart und vom Seekrieg in den Frieden (Nadolny)?

Insofern es sich um konkrete Wissensbestände eines Faches (der Neueren Geschichte bzw. der Zoologie) handelt, könnte man natürlich, aus entsprechender Expertenperspektive, nach der 'Richtigkeit' der 'Darstellung' fragen. Aber man würde damit dem Medium Literatur nicht gerecht: Es liegt ihm wenig an *solcher* Richtigkeit. Die sogenannte künstlerische Freiheit der AutorInnen beim Verändern von historischen, biografischen oder sonstwie faktischen Details ist kein Vorrecht einer Genialität, die es im Einzelnen nicht so genau nähme; sie ist ein Grundrecht derer, die (anders als Journalisten oder Wissenschaftlerinnen) nicht für die Sachrichtigkeit, sondern für die *Sinnhaftigkeit* dessen einstehen wollen und müssen, was der Text 'sagt'. Und auch dafür übernehmen sie die Verantwortung nicht allein: Sie nehmen uns, die Leserinnen und Leser, in die Pflicht. Dass wir es meistens nicht *merken*, ist der Verführungskraft der Texte zuzuschreiben. Literarische Vorstellungen entstehen ja nicht aus dem Nichts, sondern aus den Wissensbeständen, genauer gesagt: aus Erinnerungen und Beobachtungen, aber auch ihrer Systematisierung und Bewertung in unseren Köpfen. Die hübsche Tochter, die der Held von Sigrid Heucks Jugendroman *Meister Joachims Geheimnis* (1989) bei seiner Zeitreise in die Renaissance im Haus des Malers trifft, wie hübsch ist sie? Oder anders: *wie* ist sie hübsch? Das Mahl, zu dem sich die Hausgemeinschaft an den Tisch setzt: wie riecht, wie schmeckt es? Die Werkstatt eines Renaissancemalers: wie ist sie eingerichtet? Einerseits ruft man beim Lesen eigenes Weltwissen auf, andererseits wird die damit erreichte (oft noch vage) Vorstellung durch Information aus dem Text präzisiert.

Zur Rolle der Vorstellungsbildung beim literarischen Lesen wird unten, in Kapitel 1.2, noch mehr gesagt. Im Augenblick ist festzuhalten: Es gibt so etwas wie einen „Lesevertrag" (Gross 1994, S. 22 f.), geschlossen zwischen dem Text und seinem je konkreten Leser. Darin ist festgelegt, dass die Mitteilungen des Textes

'Sinn machen' sollen, und zwar sozusagen notfalls auch gegen den ersten Augenschein, d. h.: Erschließt sich mir ein Sinn nicht sofort, so verpflichtet mich der Lesevertrag alles zu tun, damit er sich erfüllt. Die juristische Metapher zeigt: Literarisches Lesen (und damit auch Lernen) verwirklicht sich nicht, ohne dass man sich auf einen Text wirklich einlässt und Geduld mit ihm hat; der „Lesevertrag" ist eine Selbstverpflichtung. Zu ihr gehört, dass ich die „Unbestimmtheitsstellen" des Textes mit eigenen Vorstellungen zu *besetzen* suche; und dass ich eigenes Weltwissen aktiviere überall dort, wo der Text es nicht für nötig hält mir einen Sachverhalt ausdrücklich zu 'erklären'. Solches Weltwissen bringe ich oft mühelos bei und setze es gewissermaßen dem Text zu, ohne dies in der Regel überhaupt zu bemerken.

Die Sammelbezeichnung „Weltwissen" enthält dabei so Unterschiedliches wie

- alltägliche Handlungsroutinen (sog. *scripts*), die mir hier und heute keiner erklären muss („er bestellte ein Bier und ein Schnitzel"), die aber zeit- und kulturabhängig sind

- allgemein akzeptierte Erklärungsmodelle (sog. *Alltagstheorien*) für menschliches Verhalten („nach oben buckeln und nach unten treten"; „jemanden zum Sündenbock machen", usw.)

- Wissen über Institutionen (wie und was ist *Schule, Universität, Gericht, Sozialamt* ...)

- technisches Sachwissen (wie funktionieren *Fortbewegungsmittel, Wasser-* und *Stromversorgung, Wettervorhersage* ...)

- psychologisches Alltagswissen (wie reagieren Menschen auf Beschimpfung, Zurücksetzung, Übervorteilung; warum wenden Menschen Gewalt an, usw.)

- Sprachwissen bzw. Sprachbewusstsein (Wie sprechen bzw. 'sprachhandeln' Menschen in welcher Situation, welcher Gegend, welcher sozialen Schicht ...?)

Pöppel (2000, S. 21) unterscheidet insgesamt drei Formen des Weltwissens, nämlich a) explizites Begriffswissen, b) implizites Handlungswissen und c) bildliches Anschauungswissen. Es wird verschieden vermittelt, nämlich durch a) „Nennen, Sagen" „ b) „Schaffen, Tun" bzw. c) „Sehen, Erkennen". Diese dreifache Möglichkeit von Weltwissen ist für Pöppel eine anthropologische, sie „liegt in unserer Natur" (ebd.). Unsere „Wissensgesellschaft", folgert er daraus, komme erst dann zu sich selber, "wenn die Bewohner dieser Wissenswelt ihr Wissen auch gemäß ihrer naturgegebenen Ausstattung dreifach gestalten, also als explizites, implizites und bildliches Wissen" (ebd., S. 22). Keine der drei Wissensformen kann für sich allein bestehen (vgl. ebd., S. 31) – und das gilt auch für schulische Wissensvermittlung.

Wir greifen diese Überlegung auf: Literatur hat es vorwiegend mit der dritten Möglichkeit zu tun, sie verarbeitet Anschauungs-, Erinnerungs- und Vorstellungswissen (vgl,. ebd., S. 25). Vorstellungswissen kann nun zwar "distanziertes Wissen über Sachverhalte" sein; es kann aber auch sehr „ich-nahes Wissen" sein und ist es laut Pöppel (ebd., S. 28) vor allem dann, wenn die Vorstellungsbilder „ästhetische Qualität" haben.

Weltwissen hat jeder halbwegs normal sozialisierte Mensch selbstverständlich von der eigenen und in geringerem Ausmaß auch von anderen Kulturen sowie – wichtig für das Verständnis älterer Literatur – von früheren Entwicklungsstufen der eigenen Kultur. Der Beitrag literarischen Lesens zum Auf- und Ausbau solchen Weltwissens ist ein indirekter, aber nicht zu unterschätzender: Mit Pöppel gesagt, wird Weltwissen auf der Ebene von „Sehen, Erkennen" besonders um ich-nahe Vorstellungsbilder *auch von fremden Welten* erweitert. Die Ausnahme ist, dass man beim Lesen über einen noch unbekannten Sachverhalt gewissermaßen primär vom literarischen Text aufgeklärt wird; aber diese Ausnahme tritt sozusagen durchaus systematisch auf, nämlich überall dort, wo meine Lektüre meinen Erfahrungsbereich überschreitet, die Leseerfahrung also die Lebenserfahrung ergänzt bzw. punktuell ersetzt: Hat man Venedig noch nicht gesehen, so wird man Donna Leons Krimis nicht minder interessant finden und dabei ein wenig Stadtgeografie mitbekommen. „Quasi-Erfahrungen" hat man das genannt (vgl. Krejci 1993) und vor allem sozialisationstheoretisch zu ihren Gunsten argumentiert: Jede Lebenswirklichkeit, und biete sie noch so günstige Bedingungen des Aufwachsens und Lernens, ist immer auch beschränkt; *Leseerfahrung kann dort einspringen, wo diese Beschränkung Lebenserfahrung noch nicht oder überhaupt nicht zulässt.* So gibt es Lebensbereiche und vor allem Entwicklungsphasen des Menschen, in denen die erwähnte Ausnahme vorübergehend zur Regel werden kann, z. B. beim Erwerb sexuellen Wissens in der Pubertät. Literarisches Lesen ist also nicht nur geeignet, Erfahrungen zu aktivieren, sondern auch dazu, sie im Leser zu *bewirken* (vgl. Krejci 1993, S. 69).

Für direkten („expliziten") Wissenserwerb aber ist das Medium Literatur (einschließlich der Unterhaltungs- und Trivialliteratur) auf Grund der ihm eigenen Art der Wissensvermittlung insgesamt gleichwohl eher ungeeignet: Gute Texte werden dadurch unangemessen pragmatisiert, d. h. im Bedarfsfall gelesen wie Wirklichkeitsbeschreibungen oder Handlungsanleitungen (vgl. das Beispiel oben, 1.0); und schlechte Texte geben, so gelesen, höchst zweifelhafte Informationen ab (Ärzte leben und handeln nicht wie im Arztroman).

Im Regelfall also ist der Beitrag der Literatur zum Erwerb von Weltwissen ein indirekter, aber sehr wichtiger: Literarisches Lesen ruft vorhandene Wissensbestände ab, bezieht sie auf einander und setzt sie vor allem dem Test der Vorstellungsbildung aus: So ungefähr weiß ich ja, wie man in der Antarktis vielleicht überleben könnte; aber kann ich mir das Überleben einer im Packeis mit dem Expeditionsschiff eingeschlossenen Mannschaft tatsächlich vorstellen? Und versagt diese Vorstellung auch dann nicht, wenn nach der Zerstörung des

Schiffes durch Eisbruch die Mannschaft Hunderte von Kilometern über Eis zurücklegen und am Ende die Hunde essen muss? Da kann ein Buch von Christa-Maria Zimmermann über die gescheiterte, aber gerade durch ihr Scheitern berühmte Südpolexpedition des Forschungsschiffes von Sir Ernest Shackleton, der „Endurance" (1999), zwar mit authentischen Fotografien, aber mit Hilfe einer weitgehend fiktionalen Spielhandlung eintreten. Das Weltwissen des Lesers wird dabei auf Dauer nur insoweit profitieren, als er, im „Lesevertrag" an den Text gebunden, das Geschilderte in seinen eigenen Horizont einrücken kann. Für uns irrelevantes oder in der eigenen Gegenwart völlig nutzloses Wissen werden wir uns auch dann nicht einverleiben, wenn es – wie im erwähnten Beispiel – sehr spannend und anschaulich aufbereitet ist. Was uns am Verhalten, an den Nöten und Problemlösungsstrategien der Expeditionsteilnehmer in Zimmermanns Roman interessiert und damit verhindert, dass wir aus dem Vertrag aussteigen, das ist ja auch nicht die Notwendigkeit selbst in der Antarktis zu überleben, sondern die Möglichkeit des Menschseins unter allen, also auch extremen Bedingungen: Insofern wir als Menschen in *einer* Welt leben, erfahren wir *auch* etwas über uns, indem wir davon lesen, wie zu anderen Zeiten, an anderen Orten Menschen *als Menschen* überlebt haben. Zimmermanns Jugendroman von 1999 hat übrigens in der Erwachsenenliteratur ein Gegenstück: Alfred Lansings packende Schilderung *Endurance – Shackleton's Incredible Voyage* (USA 1986; dt. bei Goldmann 1999). Beide Texte füllen die Lücken, die auch bei minutiöser Rekonstruktion des fast unglaublichen Geschehens auf der Basis von Augenzeugenberichten bleiben, durch literarische Fiktion auf.

„Menschliche Elementarerfahrungen" nennt die Historische Anthropologie das, was uns an solcher Literatur über ein historisch-geografisches Spezialinteresse hinaus beschäftigt (vgl. Dressel 1996, S. 77). Nicht die Elementarerfahrung selbst ist eine anthropologische Konstante; so hat die Ethnologin Margaret Mead darauf hingewiesen, dass nicht einmal so elementare Erfahrungen wie Geburt, Kindheit, Jugend oder Sterben zu allen Zeiten und in allen Kulturen gleich erlebt werden (vgl. Dressel 1996, S. 75). Eine anthropologische Konstante aber ist unser *Interesse daran;* dieses dürfte überzeitlich und relativ kulturunabhängig sein. Das erklärt z. B. den Dauererfolg des *Robinson*-Motivs in der erzählenden Literatur.[4] Nicht behauptet ist damit, dass literarische Anthropologie (vgl. z. B. Iser 1991) die Möglichkeit oder gar die Aufgabe habe, so etwas wie überzeitliche Grundmuster des Menschseins zu entdecken.[5] Es ist lediglich behauptet, und durch die Beispiele des praktischen Teils in diesem Buch zu belegen, dass der größte und vollständigste existente Wissensfundus in Bezug auf die Frage, wer

---

[4] Hierzu vgl. Füller 1997, S. 44ff. sowie Reinhard 1994.

[5] Das hat Bachmann-Medick (1996, S. 14) Iser vorgeworfen: Seine scheinbare politische und kulturkritische Indifferenz verdecke die Tatsache, dass ‘der Mensch' am Ende doch als *männlicher Europäer* gedacht worden sei. Verdienstvolle didaktische Anwendungen literarischer Anthropologie etwa durch Müller-Michaels können solche Zweifel tatsächlich nicht ganz ausräumen.

und was der Mensch eigentlich ist, nicht eine philosophische, anthropologische, historische (usw.) Fachbibliothek ist, *sondern die Literatur*. Dem widerspricht nicht die Feststellung von Glinz (1983, S. 126) dass die kulturelle Leistung, fiktionale Textsorten überhaupt zu entwickeln, nicht von allen Kulturen überhaupt erbracht worden ist. Es genügt vollkommen sich klar zu machen, dass jene Selbstverständigung der Menschen, die in der Literatur möglich wird, unseren abendländischen Kulturkreis auszeichnet. Literatur eröffnet uns – neben dem wissenschaftlichen Nachdenken – *eine zweite Dimension* der Erkenntnis unserer Welt und unser selbst. Fiktionalität ist kein hinreichender Grund, einem Text Erkenntniswert abzusprechen (vgl. auch Gabriel 1991, S. 4). Nicht das „Verweisen" und auch nicht das „Mitteilen", sondern das *Zeigen* („Aufweisen") ist aber die Sache der Literatur (vgl. ebd., S. 10).

Das alles spricht nun nicht *generell* dafür, literarische Texte sozusagen als Wissensreservoirs zu nutzen. Denn wir wollen ja nicht auch noch in der literarischen Lektüre, was schon in der Schule das Problem ist: Subjektiv belangloses, d. h. auf uns selbst und unsere Lebensfragen nicht beziehbares Wissen über die Welt ansammeln. Aber uns LeserInnen interessiert doch – weit über den engen Umkreis alltäglicher Lebensvollzüge hinaus – alles, was uns Aufschluss gibt über die Bedingungen, unter denen wir sind bzw. bleiben können, was wir sind. Worin – beispielsweise – liegt der Reiz der Abenteuerliteratur für Heranwachsende und erwachsene LeserInnen, wenn nicht in der Möglichkeit, im literarischen Fantasieren an die Grenzen gehen zu können – Grenzen der eigenen Kultur, der Zivilisation, des Menschseins überhaupt? Wir testen ja beim Lesen beständig unser Weltwissen: Wie weit hilft – bzw. hülfe – es uns innere und/oder äußere Probleme zu meistern? Isolierte Wissensbestände, die wir aus dem Unterricht in verschiedenen Fächern, später aus einer Ausbildung oder Berufstätigkeit mitbringen, nützen uns dabei nicht als isolierte; der Lesevertrag verpflichtet uns unerbittlich darauf sie miteinander zu vernetzen. Was weiß ich z. B. über die Renaissance aus welcher Quelle auch immer? Musik mag mir einfallen, Malerei, Architektur, Religion, Hygiene … Ich brauche alles, aber ich brauche es in einem *Zusammenhang*, um mir die Situation von Sigrid Heucks Held vorzustellen, nachdem er in das Gemälde hinein gegangen ist und sich leibhaftig im 16. Jahrhundert wiederfindet (vgl. auch Teichert 1999). Oder: Was weiß ich über ein mittelalterliches Kloster? Nicht viel vielleicht, wenn ich kein Historiker oder Kirchengeschichtler bin; aber doch, paradox gesagt, mehr, als ich *weiß*. Der literarische Text (Umberto Ecos *Der Name der Rose* von 1982) verführt mich dazu, meine Wissensbestände zu mobilisieren und dabei ihre Lückenhaftigkeit zu beheben, fast ohne sie zu bemerken: Im Prozess des Verstehens muss ich mein Wissen buchstäblich zusammen nehmen und es beim Lesen von Ecos Roman um viele Einzelheiten ergänzen, um die konkreten Lebensvollzüge gegenwärtig zu haben, die ich brauche, um das Krimi-Rätsel zu lösen. Denn darum geht es: Ich habe ein Ziel, für

das der Erwerb weiteren Wissens funktional ist. Ich lasse die Welt eines mittelalterlichen Klosters (Eco) oder den Stadtplan von Venedig (Leon) vor meinem inneren Auge erstehen, weil ich mir, wie ein Kriminalist eben, Sachzusammenhänge und Handlungsbedingungen klar machen muss: Dieser *Verführungseffekt* unterscheidet die literarische Lektüre von einer Fach- bzw. Lehrbuchlektüre.

Auf der anderen Seite – nämlich zu den Unterhaltungsangeboten des *infotainment* und *edutainment* hin – ist literarische Lektüre aber ebenfalls abzugrenzen:
Es geht nicht um „instant knowledge" (Michael Hug), d. h. nicht um sofortlösli-
ches, leichtverdauliches Wissen, wie es viele Medienprodukte präsentieren (vgl.
Hug 1998, S. 183). Einer solchen „McDonaldisierung der Wissensvermittlung"
(George Ritzer) im Dienst einer Selbstbeschleunigung der sogenannten Infor-
mationsgesellschaft (vgl. ebd., S. 181) ist Literatur jedenfalls in ihren nicht-tri-
vialen Erscheinungsformen eher im Weg. Instantwissen, wie es Hug kritisiert, ist
– deutlich unterschieden von Alltagswissen – überall dort anzutreffen, wo popularisierte bzw. komplexitätsreduzierte Wissensbestände aus bestimmten (oft gerade modischen) Fächern so aufbereitet sind, dass sie voraussetzungslos, aber
deswegen oft auch folgenlos, verstehbar scheinen. Tendenzen dieser Art gibt es
zweifellos in der Literaturproduktion der Gegenwart. Die meisten der in diesem
Buch benutzten Beispiele aber sind resistent gegen solche McDonaldisierung:
So kann man weder Jean Craighead Georges Jugendroman *Julie von den Wölfen*
noch Hanna Johansens *Die kleine Gans, die nicht schnell genug war* als Instanti-
sierung von Verhaltensbiologie betrachten, obwohl beide Texte, wie schon erwähnt, einschlägiges Sachwissen kompetent verarbeiten: Das Eskimomädchen
bei George überlebt die Flucht in die arktische Tundra nur dank eines Wolfsrudels, dem es sich anschließt; und die Gänse bei Johansen verhalten sich durchaus
im Sinne von Konrad Lorenz. Fachwissen mag hier zwar (notwendig) komplexi-
tätsreduziert sein; aber es ist nicht leicht verdaulich und schnell zu erwerben.
Das liegt an zwei Eigenheiten dieser literarischen Wissensverarbeitung: Diese
personalisiert 'objektives Wissen', und sie *funktionalisiert* seine Darstellung im
fiktionalen Rahmen. Sachwissen ist – worauf der schon erwähnte Anthropologe
und Krimiautor Tony Hillerman großen Wert legt – streng funktional und damit
kontextualisiert.

Gelungene literarische Wissensvermittlung fällt damit nicht unter Hugs Verdikt
der folgenlosen Leichtverdaulichkeit. Bedingungen für solches Gelingen sind
aber dann

- *Personalisierung* der Wissensbestände (Sachwissen geht in die Konstruktion
  der Figuren, ihrer Motive, Probleme, Gedankenwelten usw. ein), und

- ihre *Funktionalisierung*: Sie werden mit einer Geschichte sozusagen ver-
  schmolzen, d. h. eingebracht in 'Handlung', 'Schilderung', 'Beschreibung'.

Wir abstrahieren abschließend von unseren – noch öfter zu erwähnenden, um
viele weitere zu ergänzenden – Beispielen. Literatur ist, schon lebensweltlich

und völlig *unabhängig* von pädagogisch-didaktischen Verwertungszusammen-
hängen betrachtet, besonders gelungene Wissensvermittlung, weil sie

– rezeptionsästhetisch gesehen, Wissensbestände stets eingebunden in Hand-
  lungszusammenhänge und Sinnbezüge präsentiert und den Leser darauf verpflichtet, seinerseits alles hinzuzubringen, was er verfügbar hat; und weil sie
– produktionsästhetisch gesehen, im Unterschied zu Fachtexten ganz verschiedene Wissensbestände ihrer jeweiligen Entstehungszeit miteinander in Verbindung bringt und dadurch neues Wissen erzeugt (vgl. auch unten, 1.2): So hat
  z. B. die Literatur an der Wende zum 20. Jahrhundert Psychologie und Psychoanalyse in sich aufgenommen und mit ihren eigenen Mitteln („erlebte Rede",
  „Bewusstseinsstrom") die Innenwelt des Menschen erforscht.

Auf der anderen Seite sollte man die Literatur aber auch als Wegbereiterin wissenschaftlicher Entwicklungen sehen, d. h. als Erkenntnismittel; so kann man etwa E. T. A. Hoffmann als frühen Entdecker des Unbewussten verstehen, der lange vor der Entwicklung der Psychoanalyse als Wissenschaft mit literarischen Mitteln das Wissen von der menschlichen Psyche erweiterte. Wenn also richtig ist,
dass Literatur Ergebnisse von Wissenschaftsdiskursen verarbeitet, so ist nicht
minder richtig, dass sie diese befördert und anregt; Kaiser (1996, S. 67) sagt ja
mit Recht, dass Literatur auch Wandlungen im Selbstverständnis einer Kultur
„heraufführt".

1.2 Literarisches Lesen ist Auf- und Ausbau von Denkmodellen und Vorstellungswelten

Lesen ist grundsätzlich Interaktion zwischen einem Text und einer individuellen
kognitiven Struktur (Christmann/Groeben 1999, S. 162f.). Iser (1984, S. 39)
bestimmt das Text-Leser-Verhältnis als „eine Interaktion, in deren Verlauf der
Leser den Sinn des Textes dadurch 'empfängt', daß er ihn konstituiert" (ebd.,
S. 39). Und Umberto Eco (1987, S. 65), der ja nicht nur Romancier ist, sondern
auch Wissenschaftler (Semiotiker), spricht vom Text als einer „Flaschenpost".
Als solche sei er angewiesen auf Interpretationsakte, die der Autor nur sehr bedingt vorhersehen und prinzipiell nicht beeinflussen kann.

Kognitionswissenschaftlich heißt Lesen, auf vier Ebenen ständig *Entscheidungen* zu treffen (vgl. Wittmann/Pöppel 1989):

● wahrnehmen
● assoziieren
● bewerten
● interessegeleitet agieren.

Diese Entscheidungen bleiben allerdings im Leseprozess vielfach unterhalb der
Bewusstseinsschwelle: *Unbewusst* gleicht man neue Informationen mit seinem
Vorwissen ab (vgl. Christmann/Groeben 1999, S. 160). Das wird möglich, weil

wir über „Schemata" verfügen. Darunter versteht man kognitive Strukturen, die Weltwissen unterschiedlich abstrakt repräsentieren. Auf zwei Typen solcher Schemata wollen wir besonders hinweisen (vgl. Christmann/Groeben 1999, S. 167f.):

- *scripts* enthalten Wissen über *erwartbare Abläufe* in der wirklichen Welt: Was geschieht, wenn ich ein Restaurant betreten habe? Wenn ich zum Zahnarzt in die Praxis komme? Wenn auf einem Fest einer aufsteht und an sein Glas klopft?

- *story grammars* enthalten Wissen über erwartbare Handlungsfolgen in Erzählungen (Alltagserzählungen und literarischen Erzählungen): Wir 'wissen', dass eine Geschichte erst entsteht, wenn in einer geschilderten Routine eine „Komplikation" eintritt. Welche wird es sein?

Ein weiteres Prinzip sowohl der Wirklichkeits- *als auch* der Textverarbeitung ist das „Inferieren", d.h. Ergänzen bzw. Erschließen vorenthaltener Informationen. Der Text – und zwar jede Art von Text! – wird so betrachtet zu einem Medium, das mir *Selbstunterricht* ermöglicht: Wie ein Lehrer fragt er mich sozusagen ständig mein Vorwissen ab und ergänzt es. Wir nennen das eine *Selbstabfrage* beim Lesen: Was ermöglicht mir der Text *Neues* zu denken, zu imaginieren, zu empfinden?

Lesen heißt damit grundsätzlich[6] immer auch Lernen (vgl. ausführlicher Willenberg 1999, bes. S. 2), ohne dass es dazu notwendig eines didaktisch aufbereiteten Textes bedürfte. Was da vorgeht, ist nicht eine Art Umkopieren von Information aus dem Text ins Gedächtnis, sondern es ist der Auf- und Ausbau bestehender „mentaler Modelle" von allem, was uns umgibt (vgl. Schnotz 1994).

Wenn dies alles nun für Lesen grundsätzlich gilt, so ist für literarisches Lesen eine zweite Ebene zu bedenken: Während Verständlichkeit als Kriterium für Lektüreauswahl im Unterschied zu pragmatischen Texten hier kaum eine Rolle spielt (vgl. Gross 1994, S. 26f.), ist das Potenzial eines fiktionalen oder poetischen Textes für die Anreicherung und Differenzierung mentaler Modelle ausschlaggebend: Literatur liest man nicht trotz, sondern gerade wegen ihrer Wirkung produktiver Irritation. Scheinbar Sicheres oder Gewohntes wird in Frage gestellt, und zwar in der Regel sowohl kognitiv als emotional. Ästhetische Texte kommen viel mehr als pragmatische unserem Bedürfnis entgegen, „aus längst festgelegten Sinnbezirken und geschlossenen Wirklichkeiten herauszutreten" (Härter 1991, S. 57).

Man hat dem literarischen Lesen in diesem Sinn *Risikobereitschaft* unterstellt und von einer *ordnungskritischen* Wirkung literarischen Lesens gesprochen (vgl. ebd., S. 58f.), und zwar relativ unabhängig von Gattungen, Genres und Zielgruppen. Für die AdressatInnen von Kinder- und Jugendliteratur gilt besagte

---

[6] „Grundsätzlich" heißt natürlich immer, dass es Ausnahmen gibt.

produktiv-irritierende Wirkung zwar sicherlich einfacheren mentalen Modellen von 'Welt', aber sie gilt ganz genauso.

Grundsätzlich fördert Lesen *damit eigentätiges Konstruieren von 'Welt'* und damit das, was man „vernetztes Denken" nennt (vgl. auch unten, Kap. 2.2). Man geht heute auf der Basis von Hirnforschungen von zwei parallelen und interagierenden Verarbeitungsmöglichkeiten aus.[7] Vorstellungen sind danach im Gehirn doppelt repräsentiert:

- bildhaft („ganzheitlich") in einem „mentalen Modell"
- sprachlich („sequentiell") in einer Folge von „Propositionen". d. h. miteinander verknüpfter Aussagen.

Beide Repräsentationsweisen arbeiten zusammen: „zum einen wird die interne bildhafte Repräsentation entsprechend der intern-sprachlichen Beschreibung konstruiert, und zum anderen wird an der internen bildhaften Repräsentation wieder neue Information abgelesen, so daß die intern-sprachliche Beschreibung entsprechend ergänzt wird." (Schnotz 1998, S. 149)

Damit sind die zum Text beim Lesen spontan entwickelten und fortlaufend verfeinerten Vorstellungen so etwas wie ein „Arbeitsspeicher" für die Begriffsbildung.[8] Begriffe von den im Text jeweils angesprochenen Lebensbereichen, Wissensbeständen und Zusammenhängen werden nicht einfach 'entnommen', sondern aufgebaut und miteinander vernetzt.

Besonders fiktionale Texte können diese Funktion des Vernetzens von Wissensbeständen gut wahrnehmen. Sie bieten ein erhebliches Potenzial an Vorstellungsanregung (vgl. Abraham 1999) und stellen daher ein wichtiges integrierendes Element in einem fächerverbindenden Unterricht dar, der sprachliche und kognitive Prozesse durch Imagination stützt und verbessert (vgl. B. Lange 1997): Literatur hilft ja allererst *Vorstellungen* von Dingen, Personen, Verhältnissen auszubilden, und dann erst *Begriffe*. Diese Vorstellungsbildung tritt – wie im vorigen Abschnitt schon angedeutet – immer dort ein, wo Primärerfahrung in einer immer komplexeren Lebenswelt nicht oder noch nicht möglich ist. Das beim literarischen Lesen sozusagen zwischen die Wirklichkeit hier und die Fiktion des Textes dort geschobene, in jedem Leseakt individuell erzeugte *Imaginäre* (Iser) perspektiviert und relativiert die mir bekannte 'Welt'.

Literaturdidaktisch hat man die Wirkungsweise solcher Vorstellungsbildung beschrieben unter Rückgriff auf den Psychoanalytiker Donald Winnicott, der eine Theorie der *Übergangsobjekte* (frühe Kindheit) und *Übergangsphänomene* (weitere Sozialisation des Menschen) vorgelegt hat. Danach wird beim literarischen Lesen ein „Zwischen-Raum" aufgebaut, der affektbesetzt ist; diese Besetzung ist nämlich gleichsam die erste Problemlösungsstrategie überhaupt, die ein

---

[7] Vgl. z. B. Grzesik 1990 und Schnotz 1998.
[8] Vgl. Hurrelmann 1990; Grzesik 1990; im Überblick Abraham 1998, S. 200–208.

kleines Kind erlernt, wenn es die (notwendig) manchmal abwesende Bezugsperson ersetzt: Die auf sie gerichteten Affekte werden übertragen auf ein geeignetes Objekt (Prototyp: Teddybär).

Literaturdidaktiker (bes. Spinner, Abraham) haben nun argumentiert, etwas Analoges ereigne sich bei der Besetzung literarischer Fiktionen (Figuren, Schauplätze, usw.). Auch in literarischen Lektüren geschehe, was Winnicott von den Übergangsobjekten behauptet hat: Sie münzten Entbehrungen in ein „Guthaben" um (vgl. Abraham 1998, S. 72–76). Das könnte in der Tat die Alltagserfahrung erklären, dass der eher beiläufige Wissenserwerb (vgl. hierzu unten, 3.1) an Hand literarischer Texte überhaupt funktioniert: Wir merken uns Dinge leichter, die wir bei ihrem ersten Erleben mit *Gefühlen* verbunden haben. Der Held ist uns sympathisch und sein Schicksal beschäftigt uns. Deshalb befassen wir uns, um ihn 'begleiten' zu können, mit Dingen, für die wir uns sonst weniger oder gar nicht interessieren würden („Der Zugang zum Wissen läuft über Emotionen", sagt Willenberg 2000, S. 71): Adsons Problem nimmt uns für die Welt des mittelalterlichen Klosters ein (*Der Name der Rose*); das schon erwähnte Eskimomädchen Myax alias Julie, das traditionell mit einem gleichaltrigen (schwachsinnigen) Jungen zwangsverheiratet werden soll und deshalb ganz allein durch die arktische Tundra flüchtet, rührt uns so an, dass wir beginnen uns mit der Verhaltensbiologie der Wölfe zu befassen, denen sie ihr Überleben verdankt (J. C. George: *Julie von den Wölfen*).

Wie auch immer: Wir bauen einen persönlichen Bezug zu den Handelnden und ihren Problemen, ja ihren *Lebenswelten* insgesamt auf.

> „Wenn es wahr ist, daß Literatur eine Fülle an sozialem, psychologischem, philosophischem, ästhetischem und sonstigem Wissen auf eine nur ihr eigentümliche Weise vermittelt, so ist doch auch wahr, daß das so Vermittelte sich nur dem erschließt, der den personalen Bezug zu der vom Text aufgebauten Welt nicht scheut; der sich, metaphorisch mit Booth (*The Company We Keep,* 1988) gesagt, in poetische Gesellschaft begibt." (Greiner / Abraham 2001, i. Druck)

Ein letztes Problem ist hier noch anzusprechen; man könnte es ein philosophisch-ethisches nennen. Literatur verarbeitet nicht nur Sachwissen (und ausnahmsweise, wie angedeutet, Fachwissen). Sie entwirft vor allem immer wieder Perspektiven auf das System der *Werte* und *Normen*, die in einer Kultur oder in Teilen davon Gültigkeit beanspruchen. Literatur sieht Fritzsche (1994, S. 29) zwar „nicht als Transportmittel für Haltungen und Überzeugungen, sondern als Spielraum, in dem in der Phantasie Handlungsmöglichkeiten ausprobiert und die ihnen zugrunde liegenden Normen und Wertvorstellungen ausphantasiert, erkannt und diskutiert werden können". Unter dieser Bedingung aber entstehe beim literarischen Lesen eigentlich immer ein Bild vom 'besseren Leben', und die „Grundfragen des Menschen" stünden zur Diskussion. Ein solches Bild vom 'besseren Leben' entwirft der literarische Text

- entweder *explizit*: etwa wenn *Julie von den Wölfen* am Ende ihren vermissten Vater wieder trifft und feststellen muss, dass er die alten Werte der Inuitkultur verraten hat, assimiliert ist und Jagdausflüge mit dem Hubschrauber organisiert, oder wenn der junge Held von Nina Rauprichs *Die sanften Riesen der Meere* beschließt, die Naturschützer zu unterstützen, obwohl das Dorf traditionell vom – verbotenen – Walfang lebt;

- oder implizit: In der Lebensführung moderner Anti-Helden, die keinerlei Vorbildcharakter mehr haben, ist ja die Möglichkeit eines 'richtigen' Lebens nicht einfach negiert, sondern dem Leser, der Leserin als alternative Denk-Möglichkeit überlassen.

LiteraturwissenschaftlerInnen haben sich, im Unterschied zu den AutorInnen selbst (etwa Camus, Grass, Böll), in Bezug auf ethische (Wertungs-)Fragen lange auffällig zurückgehalten. Clausen (1986, S. 4) vermutet dahinter eine Angst der Theoretiker vor dem „Nicht-Objektivierbaren". Wir fügen hinzu: Auch die *Praxis* des Literaturunterrichts hat Verhängnisvolles beigetragen. Eine Literaturpädagogik, die traditionell Texte moralisch-pädagogisch funktionalisierte und zwischen Werteerziehung und literarischer Bildung überhaupt nicht *unterschied*,[9] hat nicht wenig dazu beigetragen, dass man Literatur (jeder Art) schließlich lieber gar nicht mehr als Vermittlungsinstanz für „Werte" sehen wollte: „Pädagogisch wollte plötzlich niemand mehr sein" (Hurrelmann 1998, S. 45). Erst in jüngster Zeit hat die Didaktik das unhintergehbare „Spannungsverhältnis" von pädagogischer und literar-ästhetischer Kommunikation in den Blick genommen (vgl. ebd., S. 47 f.). Und die Literaturwissenschaft, namentlich der angelsächsische *Ethical Criticism,* hat die Frage nach der ethischen Dimension literarischer Texte auch philologisch wieder gestellt: Wie vermitteln sich die in narrativen Texten entworfenen Welt- und v. a. eben *Wert*ordnungen mit den von LeserInnen gleichsam mitgebrachten Ordnungen? Jedenfalls stehen nicht nur Wissensbestände, sondern auch *Werthaltungen* beim Lesen prinzipiell immer zur Disposition. In diesem Sinn, argumentiert Booth (1988, S. 151), sind fiktionale Texte (*narratives*) immer „didaktisch". (Die Formel *prodesse et delectare* liegt hier durchaus nahe.)

Auch literaturdidaktisch gesehen hängt die „moralische Dimension" der Textrezeption nicht unbedingt von einer explizit formulierten Moralität der Texte *ab* (vgl. Ladenthin 1989, Schardt 1998). Literatur kann ja gar nicht anders, als den Leser mit einer Vorstellung vom 'guten' oder 'schlechten' Leben der von ihr entworfenen Charaktere zu konfrontieren, bis hin zur Abgründigkeit der Romantik und den Grenzsituationen z. B. existentialistischer Literatur (Camus). Und das gilt so allgemein, dass man sagen kann: Es ist als Proprium literarischer, vor allem epischer Texte weitgehend unabhängig von Gattung, Genre oder 'Zielgruppen'.

---

[9] Vgl. hierzu kritisch Paefgen 1996, S. 100 und Abraham 1998, S. 11 f.

- 'Darf' Adson, der junge Begleiter von Umberto Ecos Held in *Der Name der Rose*, mit einem namenlosen, ihm völlig unbekannten Mädchen schlafen?

- 'Dürfen' die jungen Jäger bei Rytchëu *(Wenn die Wale fortziehen)* das kultur-spezifische Tabu der Innuit brechen und Wale erlegen, damit der Stamm nicht den kollektiven Hungertod stirbt?

- 'Darf' der Expeditionsleiter in Christa-Maria Zimmermanns Jugendbuch *Gefangen im Packeis* (1999) Menschenleben gefährden, um die Chance auf Rettung zu vergrößern?

Indem sie Handlungsalternativen, oft *Dilemmata* vor dem Hintergrund einer Welt- und Wertordnung entwerfen, fordern solche Texte uns zur Parteinahme und damit indirekt zur ethischen Stellungnahme sozusagen unentrinnbar heraus. Und indem sie das auffallend oft mit Hilfe uns relativ *fremder* Welt- und Wertord-nungen unternehmen, konkretisieren sie „Alterität" und fordern uns zum Ver-gleich des Fremden mit dem Eigenen auf. In jedem Fall machen sie einen ethi-schen Fragehorizont auch dort unabweisbar, wo nicht in lehrhafter Absicht mo-ralische Sätze veranschaulicht werden: Was oder wie ist oder wäre 'besseres Le-ben'?

Zwar gibt es Spielarten von Literatur, die sich der ethischen Frage verweigern und allein die Ästhetik des Ausdrucks als ihre Sache anerkennen („l'art pour l'art"), aber auch darin kann man sehr wohl den Ausdruck der Sehnsucht nach einer besseren Welt sehen. Auf der anderen Seite gibt es ein Genre, das sich die-ser Frage ganz gewidmet hat: die literarische Utopie. Entwickelt in der Renais-sance (Thomas Morus: *Utopia*, 1516), fantasiert sie das bessere Leben aus zur Erzählung weniger von einer Zukunft (wie die *sciencefiction*) als von einem Nicht-Ort (U-Topos), an dem wirklich sei, was der Philosoph nur als möglich denken kann: eine vernunftgeleitete Ordnung der Dinge, in der Gerechtigkeit und Freiheit herrschen.[10]

Die literarische Utopie ist aber ein Spezialfall der ethischen Dimension von Lite-ratur. Viel häufiger stellt sie die Frage nach dem „besseren Leben" indirekt, also z.B. durch das Erzählen von „Schuld und Sühne" (Tolstoj), vom „Prozess" des Schuldig(geredet)werdens (Kafka) oder – damit hier nicht nur Kanonwerke ge-nannt sind – die aussichtslose, aber sinnerfüllte Suche nach der „Blauen Blume" (so Penelope Fitzgerald in ihrem Roman über Friedrich v. Hardenberg alias No-valis).

1.3 Literatur ermöglicht „Selbst-Bildung": der Beitrag zur Selbstbestimmung der Person

Der enorme Zuwachs der Wissensbestände unserer Zeit hat u.a. zur Folge, dass in den letzten Jahren wieder vermehrt über Sinn und Bedeutung von Wissen

---

[10] Vgl. hierzu auch unseren Kommentar zur Fächerverbindung Deutsch-Sozialkunde unten, S. 80f.

nachgedacht wird sowie über die aktiv-konstruierende Rolle dessen, der Wissen erwirbt. Auch Publikationen wie das eher populär gehaltene, aber durchaus zur Diskussion anregende Buch von Dietrich Schwanitz *Bildung. Alles, was man wissen muss* (1999) zeugen davon, dass sich unsere Wissensbestände im Umbruch befinden und der Kanon unserer kulturellen Grundlagen brüchig geworden ist. Zweifelsohne kann man derzeit von einer Renaissance des Bildungsbegriffs sprechen, obwohl er im 20. Jahrhundert in eine fundamentale Krise geraten war und heute angesichts seiner „inflatorischen Abwirtschaftung in unzähligen modischen Bildungskomposita seine grundlegende und durchtragende Bedeutung verloren zu haben scheint" (Böhm 1997, S. 155).

Bedenkt man, dass sich mit dem Terminus *Bildung* eine lange theoriegeschichtliche Tradition verbindet und er gleichsam zum Grundbegriff der gesamten (deutschsprachigen) Pädagogik, ja der Geisteswissenschaften schlechthin avanciert ist (vgl. Steenblock 1999, S. 151 ff.), so stellt sich natürlich die Frage, welche Rolle die Literatur in diesem Zusammenhang spielt. Der Hinweis, Literatur gelte doch schon immer als ein bevorzugtes Medium der Bildung, ist didaktisch dürftig und erinnert eher an die Verteidigungsstrategien derer, die auf dem Medienmonopol des Buches beharren. Dennoch könnte man zunächst anführen, dass viele Autoren der abendländischen Bildungsgeschichte – von Platon über Augustinus, Comenius bis hin zu Rousseau, Jean Paul, Kierkegaard und Nietzsche – nicht nur wichtige pädagogische Texte, sondern eben auch bedeutende literarische Werke geschaffen haben, die aus pädagogischer Sicht mitunter langfristig ausgesprochen folgenreich waren. Auch die Entwicklung des Bildungsromans in der Literatur der Klassik, Romantik und des (poetischen) Realismus hat maßgeblich dazu beigetragen, dass Vorstellungen von Bildung eine beachtliche Breitenwirkung entfalten konnten, was mit der Konstitution einer sozialen Schicht – dem Bildungsbürgertum – einherging. Darüber hinaus ist die (literale) Kultur der Neuzeit und der Moderne ohne das Medium *Literatur* kaum zu beschreiben. Zwar mag es im Internet-Zeitalter zunächst verwundern, dass uns der Gedanke, aus literarischen Texten ließe sich Bildung schöpfen, der Zugang zu Wissen eröffnen und damit ließen sich die sozialen Beteiligungschancen erhöhen, noch nicht überholt scheint. Mögen so manche Apologeten der neuen Medien in der Buchkultur nur noch musealen Bildungsmüll erkennen: Historisch gesehen ist der enge Zusammenhang von Buch und Bildung jedenfalls unstrittig, auch wenn der Bildungswert der Bücher bereits im 18. Jahrhundert nie unumstritten war. So schrieb Rousseau in seinem *Emile*:

> „Die Lektüre ist die Geißel der Kindheit und dabei fast die einzige Beschäftigung, die man ihnen zu geben versteht. (...) Ich hasse Bücher! Sie lehren nur, von dem zu reden, was man nicht weiß." (zit. nach Winkler 1999, S. 210).

Dass gerade Rousseau mit dem *Emile* und seiner Botschaft von Selbst-Bildung und Selbst-Bestimmung den Bildungsbegriff nachhaltig prägen sollte, sei hier

wenigstens angedeutet (vgl. Bollenbeck 1996, S. 117). Auch wenn es in Rousse-
aus *Emile* mehr oder weniger deutlich in Abrede gestellt wird, waren und sind Literaten seit jeher an der Produktion von Wissensbeständen beteiligt. So ließe sich
beispielsweise an Comenius und seinem „orbis pictus" aufzeigen, dass Literatur
das verfügbare Wissen ihrer Zeit nicht nur aufgreift, sondern es im Medium des
Buches überhaupt erst verfügbar macht. Aufs Ganze gesehen lässt die Geschichte der Pädagogik keinen Zweifel daran, dass Literatur mit Beginn der Neuzeit
ein wichtiges Medium der Bildung geworden ist (vgl. ebd. 1999, S. 201 ff.).

Um das der Literatur eigene Bildungspotential (vgl. dazu auch Spinner 1988) zu
begreifen, muss man klären, was überhaupt gemeint ist, wenn von Bildung die
Rede ist; schließlich soll dieses vielschichtige „Deutungsmuster" (Bollenbeck)
nicht verkürzt werden im Sinne einer dominant auf Wissensvermittlung und In-
formationsverarbeitung ausgerichteten *Allgemeinbildung*, wie sie heute allent-
halben eingeklagt wird. Es würde hier mehr als nur den Rahmen sprengen, die
rund zweieinhalb Jahrtausende umspannende Geschichte des Bildungsbegriffs
nachzuzeichnen;[11] auch liegt es im Wesen von Begriffen wie *Bildung*, dass sie sich
einer wissenschaftlich präzisen Bestimmung entziehen. Hier sollen nur einige
wichtige Momente des abendländischen Bildungsdenkens beleuchtet und mit
Blick auf das Verständnis, wie es jüngst Hartmut von Hentig (1996) in die Diskussion eingebracht hat, umrissen werden, um die Bildungsrelevanz der Literatur
wenigstens *ansatzweise* zu skizzieren: Trotz der gebotenen Komplexitätsredukti-
on gilt es das Problemfeld gerade unter veränderten kulturellen Rahmenbedin-
gungen neu zu reflektieren.

Bereits eine erste Annäherung an den Bildungsbegriff macht deutlich, dass dieser Terminus im Feld der Pädagogik, Philologie, Philosophie und anderer Geisteswissenschaften tiefe Spuren hinterlassen hat: Seine Spannweite reicht u. a.
vom *neuhumanistischen Bildungsideal* bis zum Konzept einer *Berufsbildung als
Weg zur Menschenbildung* eines Georg Kerschensteiner und führt in der zweiten
Hälfte des letzten Jahrhunderts von Wolfgang Klafkis *kategorialer Bildung* weiter zum Konzept einer neuen *Allgemeinbildung durch Schlüsselqualifikationen*.
Obwohl das Wort 'Bildung' in seinem besonderen Bedeutungsgehalt eine ver-
gleichsweise konkurrenzlose deutsche Begriffsbildung ist, lässt sich der Bildungsgedanke weit in die abendländisch jüdisch-christliche Religionsgeschichte
zurückverfolgen. Ursprünglich hatte der Bildungsbegriff einen ausgesprochen
religiösen Sinngehalt, dem die Vorstellung der Gottesebenbildlichkeit des Menschen zugrunde lag. Neben dieser *theologischen* hat der Bildungsgedanke *philosophische* und *mystische* Wurzeln, die hier aber nicht weiter entfaltet werden
können (vgl. Steenblock 1999, S. 157 ff). Entscheidend für unseren Zusammenhang wird insbesondere der geistesgeschichtliche Kontext der Aufklärung, der

---

[11] Vgl. dazu besonders Steenblock 1999; Bollenbeck 1996; Böhm 1997, S. 149 ff.; Peukert 1988,
S. 12 ff.

vor allem über die Stationen Herder – Goethe – Humboldt zu einer fortschrei-
tenden Säkularisierung des Bildungsbegriffs führt:

> „'Bildung' ist am Ende dieses Entwicklungsprozesses nicht mehr – religiös – gedacht als
> göttliche Formung des Menschen, sondern – weltlich – konzipiert als seine Selbstformung;
> soziologisch betrachtet vollzieht sich zugleich der Emanzipationsprozess des Bürgertums,
> das neben Adel und Klerus an Gewicht gewinnt." (Ebd., S. 159)

Bereits um 1800 ist Bildung also nicht einfach gleichzusetzen mit einem von außen in den Menschen 'eingetrichterten' Wissen oder seiner Erziehung zum praktischen Leben und zum unmittelbar Nützlichen; es sind vielmehr Individualisie-
rungsansprüche und Autonomiebestrebungen, die in diesem Begriff von nun an
mitschwingen und auf Menschen- und Bürgerrechte verweisen. Gerade in post-
modernen Zeiten sei gesagt, dass das Bildungskonzept der *Selbstgestaltung des
Menschen* und *der Selbstbildung aller*, wie es im deutschen Humanismus und
Idealismus formuliert wurde, auch heute noch nicht (ganz) erledigt ist, obwohl
man einräumen muss:

> „Noch so extensive 'literarische Bildung' hat in der Geschichte vor keinerlei Unheil be-
> wahrt. Die humanistischen Konzeptionen unserer sog. Klassiker, viel beredet, viel be-
> schworen: sie haben in der Realität der bürgerlichen Gesellschaft, die sich so viel auf ihre
> Bildung zugute hielt, nichts Wesentliches für den konkreten Lebensvollzug bewirkt. Sol-
> che Bildung mit dem Lob des Wahren, Schönen und Guten konnte überdies als Schmuck
> für Machtgebaren und Unterdrückung in unterschiedlichen Regimen durchaus benutzt
> werden." (Conrady 1997, S. 11)

Gleichwohl ist die verkürzte und problematische Rezeptionsgeschichte den
Klassikern selbst nicht vorzuhalten und aufzuhalsen (vgl. ebd.). Auch dürfte
man ihren Suchbewegungen in Literatur und Theorie kaum gerecht werden, sähe man darin ausschließlich ein Stratosphärendenken, das sich zu Beginn des 21.
Jahrhunderts ohnehin als anachronistisch erweisen muss. Es erscheint uns vielmehr lohnenswert, diese Horizonte von Bildung neu zu entdecken, denn gerade
angesichts einer zunehmenden Ökonomisierung und Technokratisierung aller
Lebensbereiche bleibt daran zu erinnern, dass Bildung „prinzipiell gerade das
meint, was nicht verloren gehen darf, wenn Menschsein seinen humanen Charakter bewahren soll: die aller Planung und Machbarkeit entzogene Selbstbestimmung der Person." (Böhm 1994, S. 101) Dass sich nach 1945 Pädagogen wie
Theodor Litt um eine Neubestimmung des Bildungsbegriffs bemühten und dabei
die Auseinandersetzung mit dem Anderen und Fremden, das Aushalten von Widersprüchen und das Ertragen von Spannungen und Antinomien ins Zentrum
eines erweiterten Bildungsbegriffs setzten (vgl. ebd., S. 100), mag verdeutlichen, dass Literatur zu einem wichtigen Medium der Selbst-Bildung werden
kann.

In diesen Zusammenhang gehört auch das Moment der *Distanzgewinnung des
Menschen von sich selbst und der Welt*, das Böhm als konstitutiv für die Struktur

des gesamten abendländischen Bildungsdenkens erkennt (vgl. 1997, S. 51 ff; auch S. 160).

Wenn sich *Bildung* nun subsumieren lässt als das Zusammenspiel von *Selbstgestaltung, Öffnung dem Fremden gegenüber* und (doppelter) *Distanzgewinnung,* so ist nun mit Spinner (1999) anzugeben, warum das Konzept der Bildung auch heute noch so eng mit der Literatur verflochten ist:

> „Bei Kindern und Jugendlichen können literarische Texte in besonderem Maße eine wichtige Rolle in der Auseinandersetzung mit der eigenen Person spielen. An Märchen ist z. B. mannigfach gezeigt worden, wie in ihnen die Ablösungsprozesse, die jeder heranwachsende Mensch vollziehen muss, zum Ausdruck gebracht sind. Literatur lädt zur Identifikation ein, der Leser sieht seine eigenen Lebensprobleme im Spiegel der Fiktion und kann so zugleich zu sich selbst in Distanz treten [...]." (Spinner 1999, S. 600)

Damit wir nicht missverstanden werden: Natürlich wollen wir das in der Didaktik übliche Mittel-Zweck-Denken nicht überstrapazieren. Auch sympathisieren wir grundsätzlich mit einer Bemerkung von Gerhard Haas, der im Blick auf eine Rede des ehemaligen Bundespräsidenten Roman Herzog zur Bildungssituation kritisch anmerkt:

> „Da mutet es fast anachronistisch an, wenn Günter Grass 1999 auf einem bildungspolitischen Kongress von der Schule das 'Erlernen des Innehaltens, der Muße' fordert: 'Nichts wäre inmitten der gegenwärtigen Informationsflut hilfreicher als eine Hinführung ... zu Besinnung ohne lärmende Nebengeräusche, ohne schnelle Bildfolge, ohne Aktion und hinein ins Abenteuer der Stille ...', und wenn er Carlo Schmid zitiert, der am Ende einer heftigen bildungspolitischen Diskussion seiner Partei nach einer Seufzerpause gefragt hatte: 'Wer aber wird in Zukunft das Unnütze lehren und lernen?'" (Haas 2000, S. 126)

Uns ist also durchaus bewusst, dass die Funktionalisierung von literarischen Texten für schulische und damit didaktische Zwecke, wie wir sie auch hier anstreben, immer eine Einschränkung ihrer Möglichkeiten bedeutet, auch wenn die Methoden sozusagen gegenstandsverträglich sind. Trotzdem wollen wir als Didaktiker daraus nicht den Verzicht von Literatur für Bildungszwecke ableiten. Für uns ist es kein Widerspruch zum autonomen, d. h. zweckfreien Status der Literatur, wenn man die Autonomie junger Menschen befördern will, indem man ihren Wirkungsmöglichkeiten – auch im fächerverbindenden Unterricht – nachspürt.

Neben Identitätsbildung und anthropologischen Dispositionen wie Fühlen und Mitfühlen, Distanz und Nähe (vgl. auch Kaiser 1996, S. 95 ff.) können aus der Rezeption literarischer Texte weitere positive Bildungs-Effekte entstehen. Gerade weil sich im Zeitalter der neuen Medien der lange behauptete Exklusivanspruch, für die literaturgestützte Selbst-Formung gäbe es keinen gleichwertigen Ersatz, nicht mehr ohne Weiteres aufrecht erhalten lässt, soll ein Blick auf (einige) mediale Eigentümlichkeiten der Literatur verdeutlichen, warum man in ihr auch im Computerzeitalter noch ein legitimes Medium der Bildung erkennen darf.

Zunächst ist es in medienhistorischer Hinsicht durchaus bemerkenswert, dass viele bedeutende literarische Werke ihr Entstehen einer langen Kette mündlicher Überlieferung verdanken; selbst die Erfindung des Buchdrucks hat nicht schlagartig die Bedingungen literarischer Kommunikation verändert, gleichwohl gilt: Literatur existiert vor allem im Medium der *Sprache* und in der Medientechnik der *Schrift*.

In der deutschen Bildungsgeschichte hat vor allem Wilhelm von Humboldt die anthropologische und pädagogische Bedeutung der Sprache herausgearbeitet und sie neben der Kunst zum Bildungsmedium schlechthin erklärt, da ihr zum einen eine Vermittlungsfunktion zwischen Ich und Welt, zum anderen eine fundamentale Bedeutung im Blick auf die intellektuell-schöpferischen Fähigkeiten des Menschen zukommt (vgl. Steenblock 1999, S. 168f.).

Es hieße Eulen nach Athen tragen, wollte man das sprachbildende Potential der Literatur eigens akzentuieren; die einschlägige fachwissenschaftliche und -didaktische Literatur dürfte mittlerweile ganze Bibliotheken füllen. Wir wollen hier nur eine Überlegung Weinrichs aufgreifen, der sich intensiv mit Fragen sprachlicher Bildung und der „Sprachkultur in der Schule" im Medienzeitalter befasst:

> „Aber ich frage mich oft, was in den Köpfen von Jugendlichen vorgehen muss, wenn sie Tag für Tag, am Fernsehgerät sitzend, den routiniertesten Hantierungen mit der deutschen Sprache ausgesetzt sind, ohne dass sie bis dahin zu einer eigenen Sprache gefunden haben. In solcher Allgegenwart der ordentlichen, glatten und ach so normgerechten Sätze der professionellen Sprecher und Redner – wie soll da ein junger Mensch sein eigenes Deutsch lernen! Da dies alles nun offenbar nicht zu ändern ist, bleibt die Frage zu erörtern, was die Schule tun kann, um dieser glatten Routinesprache hier und dort ein anderes Deutsch entgegenzusetzen. Ein kraftvolleres und zugleich differenzierteres, zur rechten Zeit aber auch kantigeres und ungeschliffeneres Deutsch, mit dem man auch sagen kann, was nicht andere schon hundertmal vorher gesagt haben. Dieses Deutsch, so meine ich, ist am zuverlässigsten in der Literatur zu finden, so dass ein deutscher Sprachunterricht ohne deutsche Literatur seine besten Möglichkeiten verfehlen muss." (Weinrich 1988, S. 31)

Wir glauben, dass diese Gedanken umso nachhaltiger wirken, je weniger sie auf das Fach Deutsch beschränkt bleiben. Dass Literatur nicht nur den Aufbau einer „eigenen sprachlichen Lebensmuskulatur" (Martin Walser) unterstützen, sondern auch zu Genauigkeit und Differenziertheit im (medialen) Umgang mit Sprache anhalten kann, ist wohl nicht von der Hand zu weisen. Aber nicht nur die Sprache, auch die Schriftgebundenheit der Literatur macht ein Moment ihrer spezifischen Medialität aus, wobei sich wiederum Perspektiven des Bildungserwerbs auftun.

Schütz/Wegmann (1996, S. 52ff.) weisen darauf hin, dass im Zuge der allgemeinen Literalisierung im 17. und 18. Jahrhundert viele derjenigen Kultur- und Wissensbestände verschriftlicht werden, die zuvor eher mündlich weitergegeben worden waren, d.h. mit der Expansion der Schriftlichkeit wird „die Literatur zum bestimmenden Medium kultureller Sozialisierung." (Ebd., S. 60) Literatur lässt sich somit verstehen als „ein Integrations- und Mediatisierungsprogramm des kulturellen Gedächtnisses" (ebd., S. 55), das uns auch in Zukunft noch Zeugnis von unserer Vergangenheit geben kann. Das begründet ohne Zweifel auch den Bildungswert von Texten der literarischen Tradition, weil sie imstande sind, uns immer wieder eine bildhafte Vorstellung gelebten Lebens zu vermitteln (vgl. dazu auch Nutz 1999, S. 21 ff.). Einen Satz Pfotenhauers (vgl. 2000, S. 15) paraphrasierend kann man festhalten: Erinnerung ist, wenn sie absichtlich geschieht und erfolgreich sein will, visuell *und sprachlich* organisiert. Da sich in literarischen Textwelten Erfahrungen von Geschichte und Geschichtsbewusstsein manifestieren, ist auch die Literatur als Form der Geschichtsschreibung wahrzunehmen. „Seit Herder ist Geschichte ohne Bildung, Bildung ohne Geschichte nicht verständlich." (Koselleck 1990, S. 16) Wer unser kulturelles Gedächtnis vitalisieren und dabei nicht geschichtsblind vorgehen möchte, wird also nicht ganz umhin kommen, auch über die Chancen nachzudenken, die Literatur hat, *historisches Bewusstein* zu schaffen und zu stärken. Dass das nicht nur ledergebundene Klassikerausgaben betrifft, dürfte offenkundig sein (vgl. dazu auch die zahlreichen Textbeispiele neueren Datums in diesem Band, S. 197 ff.).

Weitere Begründungszusammenhänge zwischen Literatur und Bildung ergeben sich, wenn man sich bewusst macht, dass mit nahezu jedem literarischen Text ein *ästhetisches* Ausdrucksmedium vorliegt, das die *Vorstellungsbildung* des Menschen anregen kann. *Ästhetik* und *Imagination* sind Schlüsselworte, die seit über 200 Jahren eine wichtige Rolle in allen Diskursen zu Fragen der Bildung spielen, so etwa in den Werken Immanuel Kants oder Friedrich Schillers. In der Fachdidaktik Deutsch hat man in jüngster Zeit vor allem diese Denktradition aufgegriffen und fruchtbar gemacht in der Hoffnung, „neue Wege im Literaturunterricht" – so nennt Spinner eine Publikation von 1999 – beschreiten zu können. Der Begriff der Ästhetik oder der Ästhetischen Bildung wird derzeit vornehmlich im Sinne einer *Wahrnehmungs- und Vorstellungsbildung* verstanden, wobei auch eine Wiedergewinnung antiker Ästhetikvorstellungen angestrebt wird. Man geht heute davon aus, dass die Veränderungen im Bereich der Medien-Kultur nur einem *ästhetischen Denken* zugänglich und mit Hilfe der *Imaginationskraft* zu erschließen sind. Als Quintessenz könnte man sagen: *Wahrnehmungsfähigkeit* und das *Vermögen, sich etwas vor sein inneres Auge zu führen* sind nötig, um in einer ästhetisch verfassten Wirklichkeit zu bestehen.[12]

Dass literarische Texte vielfältige Anreize für die individuelle Wahrnehmungsschärfung und den produktiven Aufbau der Vorstellungswelt des Lesers schaffen, lässt sich besonders an jenen Texten gut aufzeigen, die dem Prinzip der „literarischen Landnahme" – so der Kritiker Reich-Ranicki über die Erzählweise Siegfried Lenz' – folgen. Gerade eine regional eingefärbte, topographisch

---

[12] Vgl. Abraham 1999, S. 11 ff.; Spinner 1999, S. 5 ff.; Rupp 1998, S. 7 ff.

genaue und verortete Literatur kann Lesern eine so intensive Vorstellung von Natur und Landschaft eröffnen, dass die Begegnung mit der Textwelt zum Simulationsraum für eine möglicherweise nie stattfindende Wirklichkeitserfahrung wird. Mit anderen Worten: Reisen bildet; aber lesend kann ich mich an jeden Ort der Welt begeben, den ich sonst nie zu Gesicht bekäme. Die besondere Leistung literarischer Texte liegt wohl darin, dass sie stärker als andere Medien dazu einladen, in der räumlichen, zeitlichen und gedanklichen Tiefe einer Textwelt zu verweilen, was der Verflüchtigung von Vorstellungs- und Denkbildern entgegenwirkt. So gesehen kann Literatur im wahrsten Sinne des Wortes zum Medium der *Welt-Wahrnehmung* werden, ein Aspekt, dessen Bildungswirksamkeit wohl nicht nur mit dem Stichwort 'interkulturelles Lernen' zu begründen ist. Vor diesem Hintergrund ließe sich noch einmal der Bogen spannen zu dem Sprachforscher und Bildungsreformer Humboldt, dessen gesamtes Bildungsdenken von einer geradezu *globalen* Perspektive durchzogen ist. Seine Überlegungen sind im Rahmen des vorliegenden Bandes aber auch deshalb von Bedeutung, weil er die Bildungsidee verknüpft mit der Ablehnung spezifizierten Lernens zugunsten von Offenheit, Universalität und Transfererwartung: Mit Humboldt gewinnt der Bildungsbegriff eine Dimension des Allgemeinen und eben nicht des Fachspezifischen (vgl. Steenblock 1999, S. 169f.).

Diese Ausführungen mögen genügen, um deutlich zu machen, dass Literatur und Bildung zwar nicht aneinander gekettet, aber mehr als nur lose miteinander verbunden sind, sich vielmehr vielfältige Verflechtungen ergeben. Werden diese gekappt, ist mit 'Bildungsarmut' zu rechnen. Die Sorge vor ihr dürfte auch Hartmut von Hentig motiviert haben, in die Diskussion um die Bildungsfrage einzugreifen. Dabei lassen sich seine Anstöße durchaus als Fortführung bzw. Ferment aufklärerischen Denkens begreifen. Auch von Hentig (1996, S. 69ff.) versteht Bildung nicht als Ansammlung von Kulturgut oder kanonisiertem, abprüfbarem Wissen in den Köpfen der SchülerInnen, sondern als Selbst-Bildung, deren Maßstäbe sind

- Abscheu und Abwehr von Unmenschlichkeit
- die Wahrnehmung von Glück
- die Fähigkeit und der Wille sich zu verständigen
- ein Bewusstsein von der Geschichtlichkeit der eigenen Existenz
- Wachheit für letzte Fragen
- die Bereitschaft für (Selbst)-Verantwortung im Gemeinwesen.

Diese Aspekte verweisen noch einmal auf die Bildungsrelevanz der Literatur, da sie diesbezüglich ein schier unerschöpfliches Potential an Gesprächs- und Reflexionsanlässen bietet. Wir sind allerdings der Auffassung, dass eine so ausgerichtete und auch literarisch flankierte Bildungsarbeit vom Deutschunterricht alleine kaum zu leisten sein dürfte, was im Folgenden weiter zu begründen ist.

1.4 Literatur gilt zu Unrecht als (nur) spezifischer Gegenstand eines Faches

„Die Menschen leben von Geschichten nicht weniger als vom Brot", stellt v. Hentig in seinem schon erwähnten Essay *Bildung* (1996, S. 104) fest. Das Geschichtenerzählen, auf einer großen Bandbreite zwischen kunstloser Alltagserzählung und 'hoher' Literatur, beschreibt er mit Recht als eine „Tätigkeit von großer Bildungskraft" (ebd., S. 112), deren „Ertrag" unmöglich in wenigen Deutschstunden pro Woche eingebracht werden könne. Wenn man außerdem bedenkt, dass das Fach Deutsch noch andere Aufgaben hat als die der Produktion und Rezeption von Erzählungen,[13] so wird man mit einiger Unvoreingenommenheit in der Tat zugeben müssen, dass jener Reichtum an Geschichten, den die Literatur im weitesten Sinn (von der Bibel bis zum Gegenwartsroman) bereit hält, schlecht genutzt wäre, wollte man ihn zu einem Gegenstand neben anderen in lediglich einem Schulfach machen (vgl. auch Baacke/Schulze Hrsg. 1979). Fritzsche (1994, Bd. 3, S. 98 f.) unterscheidet Literatur als Lerngegenstand von Literatur als Lernmedium:

Lerngegenstand Literatur	Lernmedium Literatur
„Erziehung zur Literatur": Deutschunterricht **Ziele**: Überblick über Epochen- und Gattungsentwicklung, Kenntnis wichtiger Werke und Autoren, Verständnis für stilistische Nuancen und rhetorische Mittel, Fähigkeit zur literarischen Wertung (Urteilsbildung) vermitteln ...	„Erziehung durch Literatur": alle Fächer (fächerübergreifende Leseförderung) **Ziele**: Selbst- und Fremdverstehen fördern, Vorstellungs- und Empfindungsfähigkeit stärken, Fähigkeit des Umgang mit eigenen und fremden Gefühlen vermitteln, Werte und Normen reflektieren ...

Wenn man der Literatur *überhaupt* eine Funktion bei der Sozialisation und Personalisation (Ich-Werdung) zugesteht (vgl. ebd., S. 100), dann kann man eigentlich den schulischen Umgang mit ihr nicht auf die linke Spalte beschränken: „Literatur ist kein Lernstoff!", sagt Spinner (1988, S. 35) über den „Kern literarischer Bildung". Allerdings: „So zwingend es ist, den Literaturunterricht nicht auf 'Erziehung zur Literatur' zu beschränken, so schwierig ist dies in der Praxis." (Fritzsche 1994, Bd. 1, S. 100) Das hat unseres Erachtens mehrere Gründe:

- DeutschlehrerInnen sind oft mehr oder weniger dominant *germanistisch* ausgebildet und fühlen sich in ihrer Mehrheit bei den links genannten Zielen wohler: Das haben sie gelernt, das kann man sachlich vermitteln und – in Grenzen – auch per 'Lernzielkontrolle' überprüfen.

---

[13] Selbstverständlich ist Literatur nicht automatisch Erzählung und umgekehrt; aber gemeint hat v. Hentig hier nicht eine bestimmte Gattung (Epik) im Unterschied zu andern (Dramatik, Lyrik), sondern etwas viel Grundsätzlicheres: Fiktionalität als Ausdrucks- und Reflexionsmöglichkeit des Menschen und Sprache als deren Medium.

- Vorgänge literarischen Lernens, die sich auf *andere* Aspekte von Literatur beziehen (Identifikation und Empathie, Vorstellungsbildung und beiläufiger Wissenserwerb, Stabilisierung des eigenen Selbstbildes und Gefühlshaushalts, Infragestellung von Fremdbildern, usw.) sind zwar unbestreitbar, aber vor allem in der S I nicht ganz leicht zur Sprache zu bringen.

- Nicht-germanistisch ausgebildete LehrerInnen misstrauen oft entweder der Erziehung *durch* Literatur (sie sind ihrem Selbstverständnis nach begriffsorientierte Sach-Fachleute und halten wenig von Sprachbildern sowie *indirekten* Weisen des Sagens und Zeigens); oder sie misstrauen der Erziehung *zur* Literatur (sie sind ihrem Selbstverständnis nach PädagogInnen und schrecken vor der durchaus literaturtypischen *Ambivalenz* der Werte und Gefühle zurück).[14]

Was wir in diesem Buch wollen, ist also zwar wohlbegründet, aber nicht ganz leicht zu machen. Immerhin zeigen neuere Forschungen zur literarischen Sozialisation und Leseförderung[15] die Notwendigkeit und Möglichkeit einer *Öffnung* literarischen Lernens einerseits für Leseerfahrungen außerhalb von Schule und andererseits für Interessen und Belange auch nicht-sprachlicher Schulfächer ("Sachfächer").[16] Praktisch zu entwickeln ist daraus ein schulischer Literaturgebrauch, der nicht nur fachspezifisch ("philologisch") an ästhetische Texte herangeht, sondern eher allgemeinsprachlich als fachsprachlich und zunächst eher vorstellungs- als begriffsbildend die vom Text angebotenen Impulse für literarisches Lernen nutzt. Sprachlich-literarische Ziele werden mit sachlich-thematischen Anliegen verknüpft, und damit wird integratives Arbeiten mit Literatur auch über die Grenzen von Fachunterricht hinweg ermöglicht.

Damit stellt sich unser Versuch in den aktuellen Kontext einer integrativen, auf Schule und Unterricht generell verändernd einwirkenden Konzeption von Unterricht (vgl. unten, Kap. 2). Dabei gehen wir grundsätzlich, wie gesagt, von einem *Sozialisationspotenzial* der Literatur aus,[17] das in vielen Fächern zu nutzen ist, also allgemeine Erziehungsziele mit jeweils fachspezifischen Bildungszielen verbindbar macht.

Was wir beschreiben und an Beispielen konkretisieren wollen, das ist in diesem Sinn weniger Literaturunterricht als Leseunterricht und *literaturgestützte Interaktion*, die allemal themenzentriert ist. In ihr verbindet sich Sachlernen mit emotionalem und sozialem Lernen (vgl. Anm. 14, S. 31). Literatur ist im Übrigen nicht nur pädagogisch-didaktisch, sondern auch historisch-anthropologisch als Gegenstand nur eines Faches *unterfordert*: Sie zeichnet sich nämlich eben

---

[14] Zur Bedeutung der Literatur als Medium der Gefühlsbildung ist bisher wenig gearbeitet worden; vgl. aber den interessanten Aufsatz von Ulich/Ulich 1995.

[15] Vgl. Hurrelmann 1994; Bertelsmann Stiftung 1995 u. 1996; Eicher (Hrsg.) 1997; Garbe et al. 1998; Abraham 1998; Maiwald 1999.

[16] Vgl. z. B. Elsholz 1996, S. 57f.

[17] Vgl. hierzu v. a. Wangerin (Hrsg.) 1983 und Abraham 1998; speziell für Kinderliteratur auch Hurrelmann 1998.

dadurch aus, dass sie keinen einzelnen ('wissenschaftlichen') Fachdiskurs führt, sondern die in einer Gesellschaft geführten Diskurse miteinander verschränkt. Kulturwissenschaftlich gesehen, hat Literatur zu allen Zeiten *Fach- und Spezialdiskurse* in sich aufgenommen, miteinander konfrontiert und sozusagen gekreuzt. Vor allem Leitwissenschaften der jeweiligen Epoche (z. B. die Philosophie in der Aufklärung, die Soziologie im 19. Jahrhundert, Psychologie und Psychoanalyse an der Wende zum 20., die Ökologie und die Kognitionswissenschaften an der Wende zum 21. Jahrhundert) haben sich in den jeweils hervorgebrachten literarischen Texten niedergeschlagen, aber nicht im Sinn einer einfachen Abbildvorstellung. Vielmehr hat der literarische „Interdiskurs", der so jeweils entstand (vgl. Link 1988, S. 285), seinerseits Wissen hervorgebracht und wiederum auf die wissenschaftlichen Diskurse zurück gewirkt. Ein für das vorliegende Buch besonders nahe liegendes Beispiel ist die „ökologische Kinderliteratur", der Dagmar Lindenpütz (1999) eine Studie gewidmet hat. Die Autorin hat eine große Menge qualitativ sehr heterogener Kinder- und Jugendbücher zum Themenkomplex 'Natur und Umwelt' gesichtet und kommt zu dem Schluss, dass in den besseren dieser Titel narratives und wissenschaftliches Wissen *integriert* werden (vgl. ebd., S. 45). Solche Texte sind offenbar bezogen auf ganz unterschiedliche Diskurse, die wir in verschiedenen Zusammenhängen (Naturwissenschaften, Publizistik, Pädagogik, Theologie, usw.: vgl. ebd., S. 20) führen, sie enthalten auch „wissenschaftliches Wissen über ökologische Zusammenhänge, rekurrieren aber daneben auf ein „intuitives Wissen" von der „Erfahrung der inneren Verwandtschaft alles Seienden" (ebd., S. 131 f.) – ein Wissen, das als narratives Wissen in Kulturen noch lebendig ist, die wir als archaisch empfinden. Es ist also kein Zufall, sondern verdankt sich diesem besonderen Bemühen um Vernetzung und Integration verfügbarer Wissenbestände, dass Literatur zum Themenkomplex 'Natur und Umwelt' immer wieder auf Indianer- und Inuittraditionen zurück greift (vgl. in unserer Titelliste im Anhang Carlson, George, Hillerman, Rytchëu, Schröder). Schon diese Namensreihe aber macht deutlich, dass der Vorgang kein Spezifikum der Kinder- und Jugendliteratur ist. So hat beispielsweise das naturalistische Drama zu Ende des 19. Jahrhunderts nicht nur die kollektive Einbildungskraft auf das gerichtet, was die damals noch junge Soziologie „Milieu" genannt hatte, sondern es hat solche Milieus auch selbst mit seinen Mitteln erforscht. Und der auf ähnliche Weise wirksame psychologische Roman seit Henry James (dessen Bruder William James übrigens ein bedeutender Psychologe war) popularisierte nicht nur die Wissenschaft von den Antriebskräften im Menschen, sondern tat so viel zu ihrer Erforschung, dass Freud wiederholt gerade auf literarische Texte als Erkenntnisquellen zurück griff, als er seine Tiefenpsychologie entwickelte und begründete. Die Literatur verband im Übrigen derartiges Spezialwissen häufig auch mit anderen, älteren Wissenbeständen: So nutzten z. B. James Joyce (*Ulysses*) und in Deutschland Hermann Broch *(Der Tod des Vergil)* die Psychologisierung des Erzählens, insbesondere die neue

Bewusstseinsstromtechnik für ausgedehnte Ausflüge in Mythologie und Geschichte des Altertums.

Solche Personalisierung, Funktionalisierung und Integration von Wissensbeständen hält an bis in die Gegenwart, wie der faszinierende Nietzsche-Roman des US-amerikanischen Psychiaters und Schriftstellers Irvin D. Yalom zeigt, der uns kontrafaktisch, doch im Detail sehr gut recherchiert, Nietzsche als Patienten des frühen Freud (und seines Lehrers) vorführt (*Und Nietzsche weinte*).

Betrachtet man solche Überlegungen abschließend von der praktischen Seite, so könnte literarisches Lernen *fächerübergreifend wirksames Prinzip* sein. Die 'schöne' Literatur weiß ja gewissermaßen mehr von der Welt und vom Menschen als jeder einzelne Spezialdiskurs: Das ist der 'Mehrwert' der Literatur gegenüber den Fachdiskursen. Sie ist, aus der Leserperspektive gesehen, den Fachdiskursen zwar selbstverständlich unterlegen an Genauigkeit und begrifflicher Präzision, doch *überlegen* an Vorstellungsreichtum und Nachhaltigkeit. Denn sie bedarf keiner Spezialisierung; sie bedient sich ja des Erzählens als der ältesten Tätigkeit überhaupt, die – mit v. Hentig gesagt – bildende Wirkung hat.

2. Was fächerverbindender Unterricht leistet

Seit es die Schule gibt, wird sie kritisiert (vgl. Diederich/Tenorth 1997, S. 218). Auch gegenwärtig entzündet sich die Schul-Kritik wieder einmal am Fachunterricht, der (post)modernen Problemfeldern wie Umwelt, Frieden, Wohnen, Drogen, Aids, Gentechnologie usw. nicht mehr gerecht werde. Dabei wird die fachliche Gliederung des Wissens als ungerechtfertigte Portionierung des Wissens gedeutet, die sinnvolle Zusammenhänge eher zerstört als für den Lernprozess aufbereitet (vgl. ebd., S. 94). Diederich/Tenorth konstatieren:

> „Als problematisch lässt sich die damit verbundene Ordnung des Wissens und des Lernens offenbar vor allem deswegen verstehen, weil sie die Einführung in „Wissen" und „Welt" in einer Weise leistet, dass eher die Unterwerfung unter die schulische Wissensordnung als ihre Problematisierung befördert wird, eher die fachliche Spezialisierung als die Bildung der Persönlichkeit zu autonomem Handeln. Die Lernenden werden eingeführt in ein Wissen, so lauten die Befürchtungen, das nicht die wirklichen Probleme des Lebens, sondern ihre nach Wissenschaften parzellierte Form darbietet; und sie verinnerlichen dabei zugleich Regeln und Normen der Analyse und Bewertung von sozialen Problemen, die selbst noch fachimmanent sind, aber nicht den Lebensproblemen der Menschen folgen." (Diederich/ Tenorth 1997, S. 94f.)

Heute ist man sich in den Erziehungswissenschaften – weitgehend – einig darüber, dass es nicht das Ziel von Schule und Unterricht sein kann, eine fachbezogene Ordnung der Lernzusammenhänge als alleiniges und zentrales Ordnungsprinzip beizubehalten. Gleichwohl warnt Gudjons – und das wollen wir hier unterstreichen –, dass nicht die Abschaffung der Fächer das Gebot der Stunde sei, sondern ein neues Verhältnis von *Lernen in Fächern* und *Fachgrenzen überschreitenden Intentionen*; – kurz ein „Lernen über Fächergrenzen" (vgl. Gudjons 2000, S. 99f.).

Da fächerübergreifender Unterricht kein Selbstzweck ist, sei hier kurz daran erinnert, dass ein derart konturierter Unterricht erstens in der *kritisch reformpädagogischen Tradition* steht, zweitens einem *problemorientierten Lernen* verpflichtet ist und drittens der Forderung nach sogenannten Schlüsselqualifikationen Rechnung tragen will (vgl. ebd., S. 105). Im Blick auf unser primäres Anliegen – literarisches Lernen – lassen sich weitere Aspekte anführen, die den Sinn eines fächerverbindenden Unterrichts plausibel machen.

2.1 Synergieeffekte: der Beitrag zur didaktischen Ökonomie

Wir sind es heute gewöhnt, innerhalb des Faches Deutsch integrativ zu denken, wenn wir Unterricht planen: Unter bestimmten Bedingungen kann ein im Literaturunterricht herangezogener Text auch der Sprachbetrachtung dienen oder ein Sachtext auch dem Schreibunterricht. Der Gegenstand erschöpft sich ja nicht in den Zielen eines „Lernbereichs"; ihn darüber hinaus (weiter) zu nutzen, kann vernünftig und didaktisch klug sein. Dieselbe Überlegung ist nun anzustellen für integrative Unterrichtsplanung über Fächergrenzen hinweg. Jedes Fachgespräch und jedes 'Lehrplanthema' enthält Anknüpfungspunkte für noch andere Fächer und deren 'Lehrplanthemen'. So kann sich beim Lesen des Jugendbuchs *Julie von den Wölfen* im Deutschunterricht, wenn das Überleben des Eskimomädchens Julie/Myax in der Tundra, und der für dieses Überleben bezahlte *Preis*, diskutiert wird, genau das Verständnis für ökologische Zusammenhänge und den Kreislauf der Natur gleichsam nebenbei einstellen, das der Biologieunterricht anzielt. Umgekehrt könnte der Deutschunterricht von diesem profitieren, statt zum Thema 'Ökologie' sozusagen nur zu dilettieren.

Nun mag man einwenden, diese Möglichkeit der gegenseitigen Entlastung der Fächer gebe es auch ohne einen gemeinsamen Unterrichtsgegenstand (in unserem Beispiel: das Jugendbuch). Allein, an einem Gegenstand mehrere Ziele zu verfolgen, ist ein Gebot *der didaktischen Ökonomie*, wie v. Hentig (1996) sie näher bestimmt hat. Das nicht in Rechnung zu stellen, heißt unökonomisch zu arbeiten und Chancen zu verschenken.

Gleichwohl sind die *Prädisposition*, die Empfänglichkeit für Überlegungen und Ziele einer fächerübergreifenden Leseförderung eklatant unterschiedlich, und zwar nicht nur individuell, sondern vor allem schulartenspezifisch: Am Gymnasium gibt es keine Tradition fächerverbindenden Arbeitens. Wer dort unterrichtet, versteht sich allererst als Fachmann oder -frau (Biologe oder Mathematikerin, im Vorgriff auf Teil B gesagt). Aber auch 'studierte' Fachwissenschaftler können, wie einige unserer Beispiele im Praxisteil zeigen, umdenken:

- Sie sind ja vielleicht selbst vielseitig interessiert und haben 'privat' eine Lesebiografie.
- Sie *können* auch „vom Schüler her" (Wiater 1999) unterrichten und nicht nur vom jeweiligen Fachinhalt her.
- Soweit sie von einem geisteswissenschaftlichen Fach herkommen, stehen sie ohnehin in einer hermeneutischen Tradition und lesen Texte nie nur auf Informationsentnahme hin.

Mit „fächerverbindendem Unterricht" also meinen wir hier nicht etwas, was von oben verordnet und dem Fachunterricht als Ergebnis einer modischen Debatte oktroyiert werden könnte. Fächerverbindendes Denken kann in unserem Schulwesen gegenwärtig nur *von unten*, d. h. von den praktischen Problemen des Unterrichtsalltags her sich entwickeln. Die Sensibilität für solche Probleme mag verschieden entwickelt sein (interessiert meine SchülerInnen überhaupt so ein Thema, haben sie etwas von den Texten?); das Ausmaß, in dem sie auftreten, mag vom Fach abhängen. Die Anschließbarkeit fachlicher Wissensbestände und Fertigkeiten aneinander ist mit Sicherheit ebenfalls unterschiedlich. Aber die Möglichkeit des Dialogs über Fächergrenzen hinweg gibt es so gut wie immer. Nur eine Voraussetzung ist zu nennen, unter der das Leiden der Lehrenden und

Lernenden am – besonders am Gymnasium – extrem *verfächerten Unterricht* produktiv werden und eine „Entfächerung" (vgl. unten, 2.3) befördern kann: eine *Fragehaltung* den jeweils eigenen fachspezifischen Themen, Problemen Methoden gegenüber (was haben sie zun tun mit denjenigen anderer Fächer?), eine *persönliche Offenheit* (traditionell gesagt: eine „Allgemeinbildung", vgl. Heymann 1996) Dingen gegenüber, die man nicht studiert hat und nicht 'kann'; „daß fächerübergreifendes Lernen und Lehren fachspezifische Einsichten und Erkenntnisse fördern und vertiefen" kann (Karst 1998, S. 158), bleibt dem verborgen, der den Blick über die Fachgrenze nicht als Herausforderung gerade an das eigene Expertentum versteht und annimmt.

Wir wollen aber noch ein Wort anfügen zu einer mit solchem Umdenken verbundenen Gefahr: Man hat nicht zu Unrecht vor einem jegliche Fachperspektive verwischenden, Sachgenauigkeit hintanstellenden Gesinnungs- und Gesamtunterricht gewarnt,[18] wie er vor der Wissenschaftsorientierung in der Grundschule (vgl. Moll-Strobel Hrsg. 1982) die Regel und in manchen alternativen pädagogischen Konzepten des frühen 20. Jahrhunderts doktrinär gewesen ist.[19]

Einen solchen Unterricht, wie er – als „fächerintegrierender" (Bierner 1998) – auch heute wieder gelegentlich gefordert wird, meinen wir nicht. *Er könnte nicht interdisziplinär sein, eben weil er nicht disziplinär wäre.* Ebenso wenig wie zwei Menschen, die sich – zeitweise oder für länger – zusammentun, müssen zwei Fächer ihre Eigenheiten und ihre fachlichen Perspektiven aufgeben oder verlieren. Um in der Metapher zu bleiben: eine Fächerverbindung im Rahmen eines gemeinsamen Unterrichtsvorhabens muss keine Liebesheirat sein; eine Zweckehe genügt.

2.2 Denken in Zusammenhängen und Perspektiven: der Beitrag zu einer 'ganzheitlichen' Lernkultur

Didaktische Ökonomie ist nicht das einzige Argument für die zeitweise und zweckgerichtete Verbindung von Fächern. Die populäre ökologische These von der Welt als einem vernetzten System, stellt Bärnthaler (1999, S. 15) fest, lege ebenfalls fächerübergreifendes Denken bei der Unterrichtsplanung nahe (vgl. auch Karst 1998, S. 158). Frederic Vester, der die Rede vom vernetzten Denken populär gemacht hat, fordert ausdrücklich von der Schule „ein ganzheitliches Verstehen von Zusammenhängen zu erreichen" (Vester 1996, S. 170).

Auch „Ganzheit" bzw. „Ganzheitlichkeit" ist nun ein populärer, aber nicht unumstrittener Begriff. Für die Allgemeine Didaktik ist er bei Wiater (1999, S. 84f.), für die Fachdidaktik bei Abraham/Beisbart/Holoubek (Hrsg. 1996) kritisch reflektiert. Weniger ein wissenschaftlich exakter Terminus als ein

---

[18] Vgl. z. B. Bärnthaler 1991, S. 12f. unter Verweis auf Berthold Otto.
[19] Vgl. die ernstzunehmende Kritik von Hiller-Ketterer/Ziller 1997, bes. S. 190, an Scheufele 1996.

Kampfbegriff, steht „Ganzheitlichkeit" für die gegen Instruktionsverliebtheit und Körperfeindlichkeit, aber auch die 'Disziplliniertheit' (wörtlich verstanden als *Verfächerung*) unserer Schulen gerichteten „Gegenbewegungen". Beisbart (1996, S. 18 ff.) nennt fünf:

1. die Anstrengung, Denken, Fühlen und Handeln miteinander verbunden zu halten

2. das Bemühen, sich Wissen über Lernende in natürlichen Lernsituationen zu holen

3. den Versuch, Realität in der Schule möglichst komplex zu lassen

4. das Bemühen, Wissen als sprachliche und sozialvereinbarende Konstruktion aufzubauen

5. das Bemühen, Einsicht in die Geschichtlichkeit von Welt und Gesellschaft zu vermitteln.

Das damit umschriebene Grundproblem wollen wir so fassen: Schulisches Lernen ist von *beiläufigem Lernen* (vgl. dazu unten, 3.1) in Freizeit und Beruf dadurch unterschieden, dass es Lernverläufe auf Ziele hin und an Hand ausgewählter Gegenstände *plant*. Das geht nicht anders. Es spart auch Zeit und Umwege des Lernens. Aber es hat seinen Preis: die Fragmentarisierung und Situationsentbindung (hoch-)schulischen Wissenserwerbs. Außerdem – darin geben wir Bierner (1998, S. 253) Recht, obwohl ihre Vorstellung von 'ganzheitlicher' „Fächerintegration" nicht die unsrige ist – bleiben im verfächerten Unterricht oft gerade die *Wertfragen* ungestellt.

Gegenbewegungen sind also notwendig, um Zusammenhänge (wieder-)herzustellen und durch Fächergrenzen Getrenntes zu verknüpfen. So gesehen, erscheint „fächerübergreifendes Lernen als eine großangelegte Suche nach dem verloren gegangenen Bildungssinn der Schulfächer" (Duncker/Popp 1997, Bd. I, S. 8). Besonders solche Ziele schulischen Lernens, die nicht oder nur bedingt einem bestimmten *Fach* zugewiesen werden können (wir nennen als Beispiel die „Entfaltung von Verantwortungsbereitschaft" nach Heymann 1996, S. 104–110), sind anders als durch solche Verknüpfung überhaupt nicht zu erreichen: Wo bliebe denn praktisch der (theoretisch von niemandem bezweifelte) pädagogische Auftrag der Umwelt-, der Freizeit-, der Friedenserziehung, wenn jedes Fach sich auf die von der zuständigen Wissenschaft angelieferten Gegenstände und Frageweisen beschränkte? Solche Ziele würden sozusagen durch die Ritzen zwischen den Fächern fallen und ihr virtuelles Dasein in den Präambeln der Lehrpläne fristen.

Man darf dabei freilich nicht, wie Huber (1997, S. 39) mit Recht warnt, an eine „Verschmelzung" der Wissensbestände im Zeichen der Ganzheitlichkeit denken. Angezielt ist vielmehr das, was Popp (1997) „Spezialisierung auf Zusammenhänge" nennt. Dies aber bliebe eine 'blinde' Forderung, würde sie nicht ergänzt durch eine zweite: Denken in Perspektiven! Nun ist Erkenntnis eigentlich nichts anderes als „selektive Beobachtung" (Kupsch/Schumacher 1994, S. 49): Es gibt in der Interdependenz von „Wahrheit und Methode" (Gadamer) keine Möglichkeit, einen Gegenstand *nicht-perspektivisch* zu erkennen. Jüngere Lernende, grob gesprochen diesseits der Pubertät, gehen zwar von einer solchen Möglichkeit noch selbstverständlich aus; aber es gehört zum schulischen Bildungsauftrag wesentlich dazu, ihnen von der mittleren S I an allmählich die Perspektivität jeder Erkenntnis deutlich zu machen.

Wenn es nun stimmt, dass das Prinzip fächerübergreifenden Arbeitens der *Perspektivenwechsel* ist (vgl. Krause-Isermann u. a. 1994), so gibt es keine bessere Methode, sie die Perspektivität allen Erkennens zu lehren, als diejenige, ein und denselben Gegenstand über die Fächergrenzen hinweg gewissermaßen hin- und herzuwenden: Was sagt ein Text nicht nur der Germanistin, sondern auch dem Geografen, der Biologin, dem Theologen? Dadurch wird etwas möglich, was im Blick auf die Bielefelder Laborschule die „Beobachtung von Perspektivität" genannt worden ist – eine Beobachtung zweiter Ordnung (vgl. ebd., S. 52).

Damit ist fächerübergreifendes Lernen in hohem Maße „reflexives Lernen" (vgl. Huber 1997, S. 46–48). Nicht mehr nur die Gegenstände selbst sind Thema des Unterrichts, sondern auch der (fachlich, d. h. unterschiedlich) interessierte *Blick darauf* wird es. „Ziel des Perspektivenwechsels ist es also, Kommunikation über die Perspektivität des Wissens zu fördern" (ebd., S. 57).

Diese Kommunikation aber ist kein Selbstzweck, sondern dient der Integration der abwechselnd oder nacheinander eingenommenen Perspektiven auf den Gegenstand: Jede von ihnen bringt anderes Wissen hervor, alle zusammen aber erzeugen ein Vorstellungsbild, das sich von demjenigen einer einzigen Fachperspektive etwa so unterscheidet wie ein Hologramm von einer zweidimensionalen Abbildung. Wenn es in der Praxis häufig doch bei letzterer bleibt, so liegt das am Fehlen *jeglicher Instanz der Selbstbeobachtung* in unserem Schulsystem: Lehrpersonen fragen sich und andere in der Regel gar nicht, wie fachlich verschiedene Perspektiven auf ähnliche Gegenstände in derselben Klasse eigentlich zusammen passen (würden). Doppelungen und dabei nicht realisierte Verbindungsmöglichkeiten sind die Folge (vgl. Hiller-Ketterer/Hiller 1997, bes. S. 169).

Schafft man aber in diesem Sinn „metaunterrichtliche Perspektiven" (B. Lange 1997), so entsteht nicht nur bei Lehrenden, sondern auch bei Lernenden – bei ihnen allerdings nur im besten Fall und dann erst in der S II – das, was Huber/Effe-Stumpf (1994, S. 67) „Metadisziplinarität" nennen: Philologische, philosophische, historische, soziologische (usw.) Betrachtungsweisen relativieren sich darin gegenseitig, so dass ein 'ganzheitliches' Verständnis einer Sache entsteht, zu der zwar mehrere Fächer beigetragen haben, das sie aber alle übersteigt. Nicht Denken in Merkmalen oder Definitionen, sondern Denken in Zusammenhängen ist dem angemessen. Und gerade vom Literaturunterricht aus lassen sich solche Zusammenhänge sehr häufig herstellen; von hier aus sind zu fast allen Fächern „funktional begründete Beziehungen" (Höfner 1995, S. 38) knüpfbar. Auch diesen Aspekt unseres Themas wollen wir unter Rückgriff auf *Das Kinderbuch als Medium ökologischer Bildung* (Lindenpütz 1999) konkretisieren. An diesem Gegenstandsbereich wird nämlich nun auch deutlich, dass wir es bei der derzeit so hochgeschätzten Ganzheitlichkeit mit einem ambivalenten Aspekt zu tun haben. Einerseits: „Ökologie als Metaerzählung, als Deutungsrahmen menschlichen Daseins, liefert der Umweltpädagogik ein begriffliches Instrumentarium zur Rekonstruktion von Bildung und sozialer Lebenswelt unter der Leitidee der *Ganzheitlichkeit.*" (Lindenpütz 1999, S. 40) Andererseits muss die Autorin (ebd., S. 81 f.) feststellen, dass die „Sachgemäßheit der Darstellungen" dabei nicht selten unter die Räder kommt – etwa dort, wo die untersuchten kinderliterarischen Texte bedenkenlos Flora und Fauna anthropomorphisieren (vgl. ebd., S. 82 f.).

Sind die Texte aber entweder sachlich oder literarisch unzureichend, so stößt fächerverbindendes literarisches Lernen an Grenzen. Auch hat man grundsätzlich als noch offen bezeichnet, für *welche* Fächer und Fächerkombinationen sich ein Konzept fächerübergreifender Unterrrichtsplanung überhaupt eignet (vgl. skeptisch Fohrmann 1995, S. 2). Immerhin kann man doch festhalten, dass Literatur zu einem seiner Dreh- und Angelpunkte werden *kann.* Der nicht zu leugnenden Gefahr, dass literarische Texte dann lediglich als „'Quelle' für ganz andere Fragestellungen mißbraucht werden" (ebd.), entgeht, wer sich auf das besinnt, was Literatur *und nur sie* leistet (vgl. Kap. 1). Nicht beliebige Wissensbestände transportiert sie irgendwie 'anschaulich', sondern sie vermittelt *Sachen* mit dem, was uns als *Menschen* ausmacht: Sprache, Empfindung, Selbst-Bewusstheit.

So gesehen, kann literarische Lektüre zur Denk-Schule werden, d. h. dem besonders entgegenkommen, was die Lernpsychologie neuerdings als *Curriculum des Denkenlernens* beschreibt. Fünf Prinzipien gelten dafür (vgl. Resnick / Klopfer 1989, S. 206–211), die unseres Erachtens sowohl die *Möglichkeiten* als die *Grenzen* von Literatur als Medium eines Denkens in Zusammenhängen und Perspektiven zeigen:

a) Lernen setzt Wissen voraus (Denkfähigkeiten können nicht unabhängig von ihrer Wissensbasis erworben oder inhaltsneutral vermittelt werden)

b) Transfers von einem Fach auf das andere sind möglich, aber stets begrenzt.

c) Kognitive Fähigkeiten *und* Motivation müssen zusammen kommen. (Lernende müssen motiviert sein oder werden, von ihren „thinking skills" Gebrauch zu machen.)

d) Die soziale Umgebung ist für das Denkenlernen wichtig. (Denken ist nicht nur eine Aktivität des Individuums, sondern wird stark angeregt durch Zugehörigkeit zu bzw. Teilhabe an einer sozialen Gemeinschaft, die sich etwas denkend erschließt.)

e) Denkschulung im Unterricht ist Lehrzeit („cognitive apprenticeship") und erfordert Sorgfalt bei der Gestaltung denkanregender Umgebungen; insbesondere *sinnvolle Kontexte* (wie literarische Texte sie bereitstellen) sind förderlich.

Den Heldinnen und Helden der Romane und Erzählungen, die wir hier vorstellen, beim *Problemelösen* zu helfen, schafft a) eine Wissensbasis für das eigene Nachdenken (wie sehen die Lebensbedingungen in der Arktis aus? im 14. Jahrhundert? für Gänse? usw.). Es regt b) den Transfer an, ohne ihn in methodischer Künstlichkeit herbeiführen zu wollen. Es schafft c) durch die erwähnte Personalisierung von Wissensbeständen eine motivationale Grundlage. Im literarischen Gespräch bezieht es d) die soziale Umgebung als Lernfaktor ein. Und e) ist es ein gutes Beispiel für die Überwindung des Instruktionsparadigmas („Beibringen") zugunsten der eigenaktiven Erkundung einer denkanregenden Umgebung (vgl. Sieber 2001): Was können wir selbst herausfinden über …? Nicht als „Objekte der Belehrungskunst", sondern als „Subjekte ihrer Lernprozesse" kommen SchülerInnen in einem solchen Bild vom Unterricht vor (vgl. Meyer 1997, S. 23).

Nimmt man all das zusammen, so entsteht im fächerverbindenden Umgang mit Literatur in nicht einmaliger, aber doch in besonders ausgeprägter Weise eine „Lernkultur" (Sieber 2000). Diese schließt – je älter die Lernenden sind, desto mehr – aber selbstverständlich eine kritische Perspektive auf die Lerngegenstände (Texte) ein.

2.3 Entfächerung von Unterricht: der Beitrag zur Schulentwicklung

Entfächerung von Unterricht kann sehr grundsätzlich diskutiert werden. V. Hentig (1996, S. 164 f.) fordert eine „andere Anordnung der Gegenstände" in der Schule, nämlich nicht nach Fächern, sondern nach „Bildungswirkung". Statt der „homogenisierten endlosen Wissensstränge, die man Fächer nennt" (ebd., S. 165), möchte er projektförmige Arbeit an Schlüsselproblemen realisiert sehen. Wie er (ebd., S. 55) allerdings selbst sieht, sollte man nicht eine Schule der Kulturgutvermittlung ausspielen gegen eine Schule der Persönlichkeitsentfaltung, sondern Lerngegenstand und Lernmedium in derselben Sache sehen können.

Fächerverbindender Unterricht, so wie wir ihn hier verstehen, bedeutet nicht Vermischung fachlicher Ziele und Inhalte bis zur Ununterscheidbarkeit *(haben wir jetzt Deutsch oder Religion?)*, sondern *Verknüpfung* fachspezifischer Sicht- und Darstellungsweisen miteinander zu einem produktiven Ganzen. In diesem Sinn von „Vernetzung" zu sprechen, kann Sinn machen. Nicht unbedingt muss man gleich ein pädagogisches *Programm* realisieren; man kann zunächst reale Möglichkeiten gemeinsamer Planung und Realisation didaktischer Ziele anvisieren. „Schulreform von unten ist erfolgreicher als Schulreform von oben." (Meyer 1997, S. 15). Fächerverbindender Unterricht kann sich zunächst auch unsystematisch und nach Gelegenheit (bzw. Grad der Offenheit des Unterrichts und derer, die ihn machen) entwickeln. Er führt zu einer erstens (nur) partiellen und zweitens befristeten (nicht endgültigen) „Entfächerung" (vgl. Baumann/ Hacker 1989) von Unterricht.

Eine solche begrenzte Ent-Fächerung ist für uns kein Dogma, sondern eine sozusagen immer auf zweiter Ebene liegende Möglichkeit über der Fachebene. Wir propagieren hier *nicht* ein geschlossenes reformpädagogisches Programm namens „fächerübergreifender Unterricht" oder gar „Aufhebung von Fächergrenzen". Mit Bärnthaler (1999, S. 16 ff.) halten wir vielmehr den *gefächerten Unterricht* für die Basis unseres Schulwesens, besonders der Sekundarschulen. *Disziplinarität* ist ohne Gefahr der kognitiven Verarmung nicht aufzugeben (vgl. auch Bachorski/Traulsen 1995, S. 2). Im fächerübergreifenden Unterricht werden Fächer „vereint, aber nicht eins" (Huber 1997). Fächer*grenzen* kann man überschreiten, ohne sie dadurch grundsätzlich in Frage zu stellen. Fachunterricht wird dadurch nicht unmöglich oder gar unnötig. Wer eine Grenze passiert, *ignoriert* sie ja nicht, sondern ist sich bewusst, dass jenseits andere Konventionen, Regeln und Gesetze gelten können: Die Wissenschaften, auf denen unsere Schulfächer heute basieren, müssen die Einheit der Welterfahrung in *jeweils eigener* Weise fragmentieren und Komplexität *spezifisch* reduzieren (vgl. Bärnthaler 1999, S. 16). Und je spezialisierter das in der Schule, bis in die S II hinauf, vermittelte Fachwissen ist, desto dringender ist Grenzüberschreitung und Ergänzung der jeweils eingenommenen Perspektive durch andere – d. h. aus anderen Disziplinen kommende – Perspektiven (vgl. ebd., S. 17). Wichtig ist, dass die Fächerverbindungen, die sich daraus ergeben, auf „innerer Notwendigkeit" (Bärnthaler) beruhen sollten. In diesem Sinn warnt Höfner (1995, S. 36):

> „Problematisch scheint, wenn allein aus didaktischem Prinzip Fächer unter einer vorgegebenen Thematik formal miteinander verknüpft werden, ohne daß die jeweiligen Gegenstände nach einer fächerübergreifenden Sicht verlangen. Bezogen auf die Literaturaneignung ist damit die Gefahr verbunden, daß poetische Texte lediglich als anschaulicher Beleg für das betreffende Thema ausgewählt und angeeignet werden, ihre ästhetische Eigenart dabei aber nicht genügend beachtet wird [...]."

Formale bzw. lediglich organisatorische Verknüpfung von Fächern ist noch kein fächerverbindender Unterricht, erst recht keine Überschreitung von Fächergrenzen. Eine Systematik von Huber/Effe-Stumpf (1994, S. 64 ff.; vgl. auch Gudjons 2000, S. 106) kann helfen, *die Abstufungen von Interdisziplinarität* (theoretisch) bzw. die „Entfächerung" (praktisch) zu klären (vgl. auch Huber 1997, S. 34–38): [20]

1. *fächerüberschreitender Unterricht*: Aus einem Fach heraus wird gelegentlich auf andere (fachfremde) Aspekte eines Themas hingewiesen

---

[20] Die Grafiken, die die für uns wichtigsten Stationen dieser Systematik veranschaulichen, hat Markus Lochner (Würzburg) erstellt.

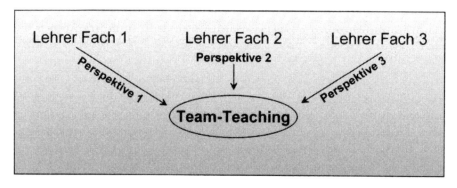

2. *fächerverknüpfender Unterricht*: Zwei Fachlehrende in derselben Klasse sprechen sich dahingehend ab, dass sie gegenseitig auf die miteinander verknüpfbaren Inhalte des jeweils anderen Faches hinweisen

3. *fächerkoordinierender Unterricht*: Schon in der Planungsphase werden zwei Unterrichtssequenzen verschiedener Fächer, die verbunden werden sollen, aufeinander abgestimmt

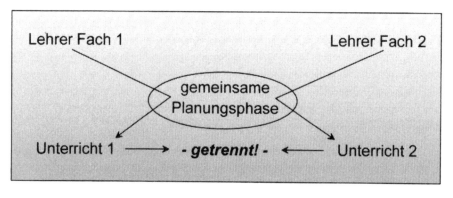

4. *fächerergänzender Unterricht*: Zusätzlich zum Fachunterricht wird im Team-Teaching gemeinsam ein fächerübergreifendes Problem behandelt

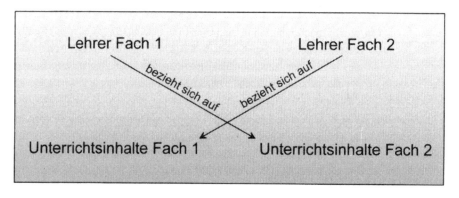

5. fächeraussetzender Unterricht: das Prinzip des Fachunterrichts wird – befristet – *ausgesetzt* zugunsten eines Projekts.

Was wir „fächerverbindend" nennen, hält sich genau in der *Mitte* zwischen den Extremen (1.) und (5.): Gemeint (und im Teil B praktisch beschrieben) werden damit Formen der mehr oder weniger straffen *Koordination* (vgl. 3.) – was Möglichkeiten des Team-Teaching (4.) und Projektphasen (5.) selbstverständlich nicht ausschließt. Überhaupt sollen die hier nicht in den Mittelpunkt gerückten Formen von Fächerüberschreitung damit nicht diskreditiert werden, besonders nicht der Projektunterricht.[21] Als Deutschdidaktiker sehen wir aber besondere Chancen für eine Förderung literarischen Lesens über Fächergrenzen hinweg gerade in dem unter 3. genannten Konzept. Das setzt keine radikale Umstrukturierung des pädagogischen Alltags voraus, trägt aber zu ihr bei: Zunächst sind wohl nicht die Strukturen, sondern – wie erwähnt – lediglich *Haltungen* zu verändern. Die ebenfalls schon erwähnte Forderung nach Leseförderung unter Einschluss der nichtsprachlichen Fächer wäre so schneller einzulösen, als radikalere Konzepte das möglich machen dürften. Solche Forderungen weisen mit Recht den Nicht-Deutschlehrenden eine wichtige Aufgabe im Rahmen einer Leseförderung zu, die heute als Daueraufgabe für alle Schulstufen und viele Fächer erkannt ist. Mit den Deutschlehrenden jeweils zu koordinieren wären vor allem (vgl. Elsholz 1996, S. 58):

• Wahrnehmung und Analyse von Schwierigkeiten beim Verstehen von Fachsprachen

• Vermittlung von Verfahren und Arbeitstechniken zur Vereinfachung fachsprachlicher Texte

• Methoden und Verfahren, Sachbücher und ggf. fiktionale Texte in den jeweiligen Fachunterricht einzubeziehen.

Wir ergänzen diese Liste: Fächerverbindender Unterricht kann auch

• Fähigkeiten und Fertigkeiten des Wissenserwerbs aus Texten fördern

• eine dauerhafte Lesemotivation und Lesefreude aufbauen und erhalten

• die anthropologisch uralte „bildende" Wirkung des Geschichtenerzählens allgemeinbildend nutzen

• die vorstellungs- und begriffsbildende Funktion des Lesens – besonders fiktionaler Texte – für eine Vielzahl von Lernzielen in der Schule fruchtbar machen.

Gerade den nicht-sprachlichen Fächern, die ja prinzipiell zu Recht ein „diszipliniertes" Welt- und Sachwissen vermitteln (Wissen in Disziplinen) und dabei oft sehr einseitig kognitive Ziele verfolgen, täte eine Ergänzung um Ziele und Wege einer solchen Leseförderung gut. Denn es ist ja nicht so, dass sie mit dem Lesen und dem Bilden von Vorstellungen nichts zu schaffen hätten. Sie verlassen sich

---

[21] Vgl. allgemeim Knoll 1997; für Deutsch Fritzsche u. a. 1993 oder Lange 1999.

vielmehr (allzu sehr) darauf, dass die Lernenden des Lesens auch komplexer sachdarstellender und -erörternder Texte mächtig sind.

2.4 Spannungen im Konzept eines fächerverbindenden Literaturunterrichts: zwei Thesen

Synergieeffekte, Denken in Zusammenhängen und begrenzte Entfächerung: Das sind die drei erwünschten Wirkungen fächerverbindenden Umgangs mit Literatur. Für das Fach Deutsch ergibt sich dadurch ein lesefördernder Effekt. Es kann aber unklar werden, was im Wege der Fächerverbindung eigentlich *angezielt* ist. Genauer: Mögen die Perspektiven auf den Gegenstand (Text) sich auch ergänzen, so entstehen gleichzeitig Spannungen zwischen Zielen, unter denen er betrachtet werden soll.

Wir meinen damit zum einen die Spannung zwischen *Lese- und Literaturunterricht* und zum andern diejenige zwischen *Sach- und Sprachunterricht*.

These 1: Leseunterricht ist nicht immer schon Literaturunterricht und umgekehrt. Die Spannung zwischen beiden ist auszuhalten.[22]

Leseunterricht	Literaturunterricht
sieht Texte unabhängig von dem ihnen zugeschriebenen Platz im kulturellen Gedächtnis in Zusammenhang mit Sozialisations- und Lernprozessen: von der 'Wirklichkeit' in die Welt „literarischen Fantasierens", von der Kindheit in die Erwachsenenwelt, aber auch von der naiven Konkretion in die kritische Lektüre: Lesedidaktik denkt vom *lernenden Subjekt* aus *Lektüre als Akt* und *Literatur als Lernmedium*	stellt die *Kanonfrage*, macht also ästhetische Erziehung, lit. Sozialisation, Bildung historischen Bewusstseins und Erarbeitung von Wertmaßstäben und Interpretationsfähigkeiten zu Hauptanliegen des Literaturgebrauchs: Literaturdidaktik denkt Unterricht vom zu erwerbenden Literaturbegriff her; *Lektüre als Werk* und *Literatur als Lerngegenstand* – ihre Polyvalenz, literar-historische Bedeutung, Zugänglichkeit bzw. Aktualisierbarkeit, usw.

Daraus folgt, dass zwar Literaturunterricht, nicht aber (literarischer) Leseunterricht eine Spezialveranstaltung im Fach Deutsch sein darf. Das Fach darf und soll die Kanonfrage ja stellen, hat daneben aber natürlich einen lesedidaktischen Auftrag *als Leitfach der Leseförderung* und muss besonders ab Kl. 8/9 darauf achten, dass Literaturunterricht nicht durch zu große Entfernung von Leseerfahrungen, -motivationen und -stoffen der außerschulischen Lebenswelt

---

[22] Die folgende Gegenüberstellung wird begründet in Abraham 1998, S. 185f.

lesedidaktisch kontraproduktiv wird. Eine Didaktik des Lesens, die alle Lese-haltungen (oder „Leseweisen") einbezieht,[23] denkt heute über Fächer- und Text-sortengrenzen, *auch* über die Grenzen der Medien hinweg und verfolgt Ziele so-wohl kognitiver als affektiver und sozialer Art: Aus Texten Wissen erwerben und Informationen entnehmen, aber eben auch mit Texten eigene Interessen und Vorlieben verfolgen, in Texten eigene Erfahrungen, Schwierigkeiten, Empfin-dungen wiedererkennen, an Texten eigene Einstellungen und Haltungen über-prüfen, und nicht zuletzt sich mit andern über Leseerfahrungen austauschen und Geschmacks- und Werturteile formulieren können.

These 2: Sprachunterricht ist nicht immer schon Sachunterricht und umgekehrt.
Die Spannung zwischen beiden ist auszuhalten.

Es mag befremden, dass wir in diesem Buch überhaupt von Sprachunterricht sprechen, wo doch bereits innerhalb unseres eigenen Faches eine alte Grenzzie-hung zwischen Literatur- und Sprachunterricht verläuft. Aber diese Grenze ist umstritten. Schon innerhalb des Faches Deutsch erschwert sie Synergieeffekte (vgl. oben, S. 34 ff.). Dass Literaturunterricht nun mal kein Sprachunterricht sei, ist einfach zu kurz gedacht. Gerade der Umgang mit Texten schult immer auch *Sprachaufmerksamkeit* (früher hätte man von „Stilbildung" gesprochen).

Handelt es sich nun um literarische Texte, so tritt zur Sprachaufmerksamkeit im Allgemeinen die ästhetische Wahrnehmung (von Form, Struktur, Gestalt ...) im Besonderen. *Sprachaufmerksam* etwa macht Marie Hagemanns *Schwarzer,*
Wolf, Skin, das uns eine Gruppe politisch allmählich sich (rechts-)radikalisieren-der Skins vorführt, durch die Genauigkeit der gleichsam mimetischen Jargonver-wendung *auch*; Reiter (1997, S. 56 f.) geht in ihrem Unterrichtsmodell zu dem Roman auch auf die wertende, ja: verurteilende Funktion von Sprachregelungen ein und damit auf die *verbale* Seite der alltäglichen Gewalt. Das Modell bezieht neben Zielen aus dem Deutschunterricht auch solche aus den Fächern Geschich-te, Sozialkunde und Religion/Ethik ein.

Am Beispiel *Schwarzer, Wolf, Skin* wollen wir die Spannung zwischen Sprach-und Sachdidaktik erläutern: Man kann und muss, wenn man einen solchen Text in der S I heranzieht, eine komplexe *Sache* klären, d. h. die politischen Spielarten in der Skinheadszene auseinanderhalten, historisch reflektieren, die Affinität mancher – nicht aller – zum Neonazismus herausstellen usw. (vgl. den informie-renden Anhang in Reiters Unterrichtsmodell). Aber ein thematischer, problem-orientierter Sachunterricht ist nicht ausreichend, um der sprachlich-literarischen Herausforderung des Buches zu begegnen, das durchaus Ansprüche an die Le-senden stellt: Die Charakterisierung des Antihelden bleibt indirekt, geht näm-lich aus erlebter Rede, Gedankenfetzen und Selbstkommentaren hervor; eine wie auch immer gestaltete Verurteilung durch die Erzählerin unterbleibt

---

[23] Zu diesem Begriff vgl. resümierend und praxisnah Härter 1991, S. 30 ff.

konsequent. Der deutschdidaktische Beitrag zu einem solchen Unterricht besteht also darin, die *Sprachlichkeit*, gleichsam den Literaturcharakter, dieses Buches zu reflektieren und zu bewerten.

Sach- und Sprachunterricht stehen ebenso wie Lese- und Literaturunterricht in einem Spannungsverhältnis. Akzeptiert man das aber, so müssen sie einander nicht grundsätzlich im Weg sein, sondern können sich ergänzen zu einem Unterricht, in dem klar wird, dass und wie sich literarische Figuren wie Wolf Schwarzer durch ihre Sprache verraten und wie die Autorin mit der Sprache *und* mit literarischen Bauformen arbeitet, um das deutlich zu machen.

Dennoch gilt auch hier, ebenso wie bei These 1 (Lese- vs. Literaturdidaktik), dass mit Zielkonflikten allemal zu rechnen ist. Die den fächerverbindenden Unterricht planenden LehrerInnen und SchülerInnen sollten das bedenken. *Allzu viel Aufmerksamkeit für die jeweilige Sache lässt die Sprachseite aus dem Blickfeld geraten und umgekehrt.* Die Spannung zwischen beiden Perspektiven ist auszuhalten; es ist *auch* die Spannung zwischen einer ästhetischen Perspektive (Deutsch/Literatur) und einer pragmatischen (hier: Sozialkunde und Ethik; allgemein jedes Sachfach). Allerdings sei hinzugefügt, dass gerade bei literarischen Texten „die Sache" (z.B. eine Figurencharakteristik), auch in der Sprache steckt, so dass die Spannung besonders fruchtbar werden kann.

So sehen die im obigen Sinn „spannenden" Verhältnisse ‚schematisch' aus:

Literatur-/Sprachunterricht		*koordinierte nichtsprachliche Fächer*
Deutschunterricht	*Zwischenstellung: Fremdsprachenunterricht*	(fächerübergreifender) **Lese**unterricht (fächerverbindender) **Sach**unterricht

Zum Schluss dieses Kapitels noch eine Warnung. Man kann die Affinität der nichtsprachlichen Fächer (rechte Spalte) zu den Anliegen einer als fächerüberschreitend gedachten Leseförderung schlechterdings nicht vergrößern, *ohne* dabei das Selbstverständnis der Fächer und der sie Lehrenden zu tangieren. Wenn das *Widerstände* auslöst oder sichtbar werden lässt, so sind diese nicht als ärgerliche Obstruktion, sondern als „natürliche" Symptome für kognitive Dissonanz und emotionale Unsicherheit zu verstehen (vgl. Posse 1997). Sie zeigen ja geradezu an, welche Überzeugungsarbeit noch aussteht; was wir noch tun müssen, um neue Vorstellungen von (literarischem) Lernen und (leseförderndem) Fachunterricht allmählich (selbst-)verständlich zu machen.

Was wir bereits in der Ausbildung der LehrerInnen von morgen tun können: sie fachlich so kompetent und persönlich so sicher zu machen, dass sie sich die gelegentliche Grenzüberschreitung *trauen*. Je weniger nämlich ein Unterrichtskonzept Fächergrenzen einhält, desto mehr ist gerade deshalb allererst die fachliche

Kompetenz gefordert. Sich seines eigenen Faches sicher zu sein, ist die *Voraussetzung* dafür, seine Wissensbestände dem Zugriff anderer Fächer auszusetzen. Diese fachliche Sicherheit ist freilich nur eine notwendige, noch keine hinreichende Vorbedingung für ein Umdenken. Der „Motor", der Innovation erst in Gang setzt, ist vielmehr, wie in so vielen anderen Hinsichten auch, der „Leidensdruck im Schulalltag" (Meyer 1997, S. 16). Dieser mag – besonders am Gymnasium – derzeit noch nicht hinreichend groß sein.

Das aber kann sich ändern.

3. Wie im schulischen Gebrauch literarischer Texte 'erlesenes Weltwissen' entsteht

3.1 Beiläufigkeit: mitlaufender Wissenserwerb als didaktisches Prinzip

Wir wollen, wie deutlich geworden sein sollte, also *kein* didaktisches Prinzip fächerverbindenden Unterrichtens formulieren. Es geht nicht darum, den Fächern eine Vernetzung ihrer Gegenstände und Arbeitsweisen sozusagen flächendeckend zu verordnen. Und auch im Literaturunterricht, wie in jedem anderen Fach, gibt es natürlich Problemstellungen und Ziele, die nur unter hohem Aufwand bzw. auf fortgeschrittener Stufe fächerverbindenden Unterrichtens realisierbar sind, z. B. dieses: *den Wert einer kritischen Werkausgabe erkennen.*

Aber solche Ziele, die sich gegen eine Vernetzung ihrer sachlichen Struktur wegen sperren, gibt es insgesamt weniger, als man denken sollte. Sowohl *Literaturgeschichte* (Epochen, Gattungen . . .) als *literarische Ästhetik* (Stilformen, rhetorische Mittel . . .) sind bedingt durchaus vernetzbar mit Inhalten anderer Fächer (Geschichte, Kunst, Sozialkunde). Und erst recht gilt das für das literarische Leben der Gegenwart einschließlich des kinder- und jugendliterarischen Systems.[24]

Drei Belege für diese Behauptung der Vernetzbarkeit (auch) von Literaturgeschichte, literarischer Ästhetik und literarischem Leben der Gegenwart wollen wir anführen. (Alle drei stammen aus Bärnthaler/Tanzer Hrsg. 1999):

- Tanzer schlägt vor, das Phänomen des Weltschmerzes und der Lebenslangeweile, eingebettet in sozialgeschichtliche und psychologische Überlegungen, an zwei Dramen aus dem 19. Jahrhundert in der S I zu untersuchen (Büchner: *Leonce und Lena*; Nestroy: *Der Zerrissene*).

- Dorninger untersucht in der S II philologisch, historisch und sozialwissenschaftlich nicht nur Inhalte, sondern auch *Erzähltechniken* in der Textsorte des *Reiseberichts* in einem Längsschnitt seit dem 15. Jahrhundert.

- Angerer liest in der S II Ruth Klügers Autobiografie *weiter leben* in Deutsch und Geschichte.

Solchen Beispielen zum Trotz, oder gerade *wegen* der jeweils aus einer konkreten Sache (und eben nicht aus einem abstrakten didaktischen Prinzip) hervorgehenden Vernetzung wollen wir, wie schon gesagt, kein Dogma der Fächerverknüpfung. Wenn es ein didaktisches Prinzip gibt, dem wir uns hier verpflichtet fühlen und das wir erläutern wollen, so heißt es *Beiläufigkeit* sachlichen bzw. fachlichen Wissenserwerbs.

---

[24] Vgl. die Einführung von Ewers 2000 sowie das Handbuch von Lange (Hrsg.) 2000.

Der Gesellschafts- und Schulkritiker Ivan Illich provozierte die pädagogische Zunft schon vor Längerem mit der These, den größten Teil ihres Wissens erwürben die meisten Menschen *außerhalb der Schule* (vgl. Illich 1984, S. 27). Nicht nur die Muttersprache, sondern auch Kulturtechniken wie das Lesen würden zu wesentlichen Teilen *beiläufig* erlernt.

In der Tat ist Beiläufigkeit ein wichtiges Merkmal vieler Lernprozesse: Während wir Tätigkeiten nachgehen, die für uns mit *Gratifikationen* verbunden sind (Krimilesen, Fernsehen, Monopoly oder Tabu spielen …), ergänzen oder präzisieren wir nebenbei unsere Bestände an Welt- und Sprachwissen, oder wir erwerben Fertigkeiten, die wir später auch in anderen Situationen gut gebrauchen können. (Ein gutes Beispiel ist die beim „Tabu"-Spielen zu übende Fertigkeit, unter Vermeidung bestimmter verbotener Wörter einen Begriff zu umschreiben.)

Nun macht die Erkenntnis, dass Lernen nicht notwendig und nicht in der Regel Ergebnis didaktisch *gesteuerter* Vermittlung von Wissen und Kompetenzen ist, sondern sich oft beiläufig ereignet, in der Tat nachdenklich: Hat nicht mancher von uns Erwachsenen, als Kind über seine Briefmarkensammlung gebeugt und 'wissende' Erwachsene ins Gespräch ziehend, mehr über Geografie gelernt als in einem Erdkundeunterricht, dessen Fakten- und Zahlenanhäufungen ihn langweilte und gleichgültig ließ? Und ist nicht manche Auslandsreise, die man unter günstigen Bedingungen schon als Kind mit den Eltern oder spätestens als Jugendlicher antritt, dem Erwerb von Sprachkenntnissen, Sprechfertigkeiten und Wissen über Land und Leute erheblich förderlicher als die wöchentlichen drei bis vier Unterrichtsstunden im „Fach", Sprachlabor eingeschlossen?

Die Zahl der Beispiele ließe sich mühelos vermehren. Wir wollen das hier nicht tun, sondern probehalber verallgemeinern: Nicht-beiläufiges, weil von anderen Tätigkeiten und Lebensvollzügen planvoll getrenntes (in der Schule als Lernanstalt stattfindendes) Lernen ist, so herum betrachtet, geradezu ein Notbehelf! Die Diskussion um das vor zwanzig Jahren so forcierte Sprachlabor, seine Möglichkeiten und Grenzen, zeigt das sehr deutlich. *Veranstaltetes Lernen* könnte man das nennen, was – gemessen am Normalfall der Beiläufigkeit – durch didaktische Planung entsteht.

Wir meinen das gar nicht von vornherein kritisch wertend, sondern als sachliche Beschreibung: Selbst beste didaktische und methodische Lernplanung stößt an Grenzen, gerade *weil* sie den lebensweltlichen Grundsatz der Beiläufigkeit aufgibt. Der Preis, den sie für höhere Effektivität, also für Beschleunigung und Nachprüfbarkeit des Wissenserwerbs bezahlt, ist die tendenzielle Aufgabe primärer Motivation: Über Motivationsprobleme diskutiert man vorzugsweise dort, wo Wissenserwerb *isoliert* von lebensweltlichen Erfahrungen und Gratifikationserwartungen der Lernenden vonstatten gehen soll. Wir lernen ja immer dann besser und behalten das Gelernte länger, wenn sich Inhalte und Fähigkeiten mit positiven Erfahrungen und Gefühlen verbinden. Das aber ist beim veranstalteten Lernen schwerer zu erreichen als in natürlichen Lernumgebungen, wie sie die Freizeit und – im günstigen Fall – die Arbeit bieten.

Wir wollen aus solchen Überlegungen freilich nicht so radikal wie Illich folgern, dass schulisches Lernen auf ein Minimum zu beschränken sei. Auch dieser gibt ja (ebd., S. 27 f.) durchaus zu:

> „Der Umstand, daß Lernen auch heute großenteils nebenbei erfolgt und Abfallprodukt irgendeiner anderen Tätigkeit ist, die als Arbeit oder Freizeit verstanden wird, bedeutet aber nicht, daß geplantes Lernen keinen Nutzen aus geplanter Unterweisung ziehe und daß beide nicht verbesserungsbedürftig seien."

Wir fragen genau in diesem Sinn, was an „geplanter Unterweisung" durch fächerverbindendes Planen zu verbessern wäre. Beiläufigkeit des Wissenserwerbs ist, sieht man genauer hin, trotz aller Planung auch in der Schule unterschwellig am Werk, und zwar immer dort, wo die Sache selbst sozusagen über Fachgrenzen hinausragt: Die Lebensräume der Tierarten in Biologie betreffen auch die Erdkunde; die Atomphysik betrifft auch die Sozialkunde und die Ethik; die fremdsprachliche Landeskunde betrifft auch Geschichte und Erdkunde. Das sind gewissermaßen Reste von Beiläufigkeit des Wissenserwerbs, die auch veranstaltetes Lernen nicht abstreifen kann (und nicht soll!).

Besonders gilt das nun überall dort, wo das Fach Deutsch im Spiel ist: vom Diskutieren und Erörtern bis zum Literaturunterricht, überall kommen eigentlich fachfremde Wissensbestände systematisch und unumgehbar einfach vor. Deutsch ist dasjenige Fach, das nicht die Inhalte, sondern ihre sprachliche und literarische *Verarbeitung* zu seiner Sache macht. Und wie wir in den Kapiteln 1 und 2 gezeigt haben, enthält besonders die Literatur so viel Weltwissen, dass so gut wie alle Fächer betroffen sein können. Gleichzeitig hat der Gebrauch literarischer Texte (sogar) in der Schule eine wichtige Eigenschaft, die das eben beschriebene gratifikationsgesteuerte beiläufige Lernen grundsätzlich auszeichnet: Lernen ist eben nicht Ziel, sondern *Nebenprodukt* einer für sich selbst sinnerfüllten Tätigkeit: Lesen. Wir lesen, um Spannung auf- und abzubauen, um unsere Gefühle und Erfahrungen bestätigt zu finden, um in Vorstellungswelten zu leben. Wir lesen Literatur nicht primär, um Sachwissen zu erwerben. Gerade darum aber erwerben wir einiges davon (beiläufig), ohne uns dazu genötigt zu fühlen, und ohne die Begleiterscheinung der Unlust, die veranstaltetes Lernen wenigstens zeitweise mit sich bringt. (Niemand läse, im Unterschied dazu, ein Lehrbuch, wenn er nicht das *Ziel* des Wissenserwerbs erreichen wollte.) Zwar wird informatorisches Lesen noch an Bedeutung gewinnen (vgl. z. B. Franzmann 2000, S. 358 ff.); und die ‚schöne' Literatur wird davon nicht unberührt bleiben.

In diesem Sinn ist Beiläufigkeit des Wissenserwerbs in der Schule insgesamt eine Randerscheinung, beim Umgang mit Literatur aber ein in der Sache selbst liegendes Prinzip: Sachinformation ist zwar nicht vorrangiges Ziel, kann und soll aber „mitgenommen" werden.

3.2 Anreicherung: Bereithalten von Informationsquellen und Vermitteln von Informationstechniken als methodisches Prinzip

Das methodische Prinizp, das unseres Erachtens dem eben genannten didaktischen an die Seite treten sollte, nennen wir *Anreicherung*. Damit gemeint ist zunächst etwas ganz Traditionelles: Vorhandene Grundkenntnisse, d. h. erste Wissensbestände, woher auch immer sie stammen (aus Lebenswelt und primärer Sozialisation, aus anderen Schulfächern ...) werden im Unterrichtsgespräch ergänzt, ausgebaut, differenziert, durch Beispiele konkretisiert, kurz: angereichert. Weder allgemein, also in Bezug auf die Schule ingesamt, noch speziell, also in Bezug auf den Literaturunterricht, ist dieser Vorgang besonders spektakulär: Die Lernenden finden im Lehrbuch noch einige ergänzende Texte zum Thema vor und lernen aus ihnen weitere Aspekte kennen, also vertiefen sie ihre Einsicht und erweitern ihr Wissen. Oder wir haben bei der Unterrichtsplanung daran gedacht, noch einen Lexikonartikel zum Schlüsselbegriff, eine aktuelle Reportage zum Problem, ein paar Dias (usw.) herauszusuchen und benutzen nun dieses Material, um das bereits Eingeführte anzureichern. Der „Stoff", den wir als zum Thema gehörig betrachten, ist ja grundsätzlich keine fest umrissene Menge oder genau definierte Substanz, sondern sozusagen *an den Rändern offen*. Die Lehrpläne gehen deshalb ja auch davon aus, dass weniger die Gegenstände als vielmehr die Ziele des Unterrichts verbindlich sind. Wie lange wir uns, gewissermaßen materiell betrachtet, jeweils mit der inhaltlichen Füllung dessen *aufhalten*, was der Lehrplan verbindlich vorsieht, ist – gottlob – unsere Sache. Anreicherung ist von daher als methodisches Prinzip gar nichts Neues; wir sind es gewohnt, mindestens immer dann so zu arbeiten, wenn wir noch 'etwas Zeit haben', oder gerade zu diesem Thema 'noch einen schönen Text'. Auch ein Herangehen an einen Gegenstand mit Hilfe verschiedener Untersuchungsmethoden wirkt in diesem Sinn anreichernd; angereichert wird unsere *Vorstellung* vom Gegenstand.

So weit ist Anreicherung, wie gesagt, ein unspektakulärer und auch mit der älteren Tradition lehrzielorientierter Unterrichtsplanung vereinbarer Vorgang. Im Rahmen unseres zu anderen Fächern und außerschulischen Lernräumen hin offenen Konzepts aber bezieht sich *Anreicherung* nicht nur auf die Gegenstände selbst, sondern auf die Lernumgebungen, in denen sie verhandelt werden: Welche Anschauungs- und Informationsmaterialien sollten bereit stehen in Bezug auf räumlich und/oder zeitlich Entferntes, also buchstäblich nicht Naheliegendes? Was immer das im Einzelfall ist – die Romantik in Fitzgeralds Novalis-Roman, die Inuit bei Rytchëu, Alaska bei George, die Wildgänse bei Johansen, das 14. Jahrhundert bei Eco, usw. – es ist weniger von der Lehrkraft den Lernenden zu *erklären* als von diesen, im Ausgreifen von der Textlektüre auf weiteren Wissenserwerb, *aufzuklären*.

Eine Lernkultur, die den Namen verdient (vgl. oben, 3.2), zeigt an diesem Punkt, dass sie nicht nur eine *Lehr*kultur ist, d. h. sich nicht auf ein Vermittlungskonzept beschränkt, das ein Lehrer(team) vorab fächerverbindend festgelegt hat. Eine Lernkultur der Anreicherung versteht man im Unterschied dazu am besten von einer ökologischen Denkfigur aus: Es soll eine Umgebung geschaffen werden, in der *eine Artenvielfalt des Wissens und Arbeitens* gedeihen kann. Ästhetische 'Ansichten' eines Themas sollten darin ebenso ihren Platz haben wie Verständnis für Sachzusammenhänge und kritisches Bewusstsein im Umgang mit Informationsquellen. Verschiedene Medien (und in diesen wiederum unterschiedliche Textsorten) müssen einen gemeinsamen Nährboden vorfinden, um ihre Wirkung zu tun. Um nur ein Beispiel zu nennen: Zu J. C. Georges in der Schule gut eingeführtem und hier schon mehrfach erwähntem Jugendbuch *Julie von den Wölfen* gibt es eine Reihe verschiedenartiger Medienangebote: Dokumentarfilme über Verhalten und Verbreitung der Wölfe[25] oder die interessant gemachte und sehr ergiebige *homepage* des Hobby-Wolfsforschers Carsten Corlais (Moisburg), mit biologischen, geografischen, kulturwissenschaftlichen und nicht zuletzt literarischen und volkskundlichen Texten und Informationen.[26] Auch weitere Jugendromane, in denen Wölfe eine Rolle spielen, können zur fächerverbindenden Lernumgebung gehören (A. C. Baumgärtner: *Wenn die Wölfe kommen*).

Anreicherung ist dabei nicht nur eine Sache der planenden Lehrkraft; auch die Lernenden können prinzipiell solche Informationen und Materialien hinzubringen. Allerdings ist es nicht damit getan, 'mal was in den Unterricht mitzubringen'; vielmehr ermutigt ein *offenes* Unterrichtskonzept (vgl. dazu auch den nächsten Abschnitt) die Lernenden, selbst Informationen zu sammeln, zu vergleichen, auszuwerten und nicht zuletzt Vorschläge zu machen, wie das so Gewonnene weiterverwendet werden kann. Methodische Reichhaltigkeit ist daher nicht nur auf der Seite der Lehrenden verstärkt anzustreben; Beherrschung von Methoden, verstanden als zielgerichtete Tätigkeiten von Lehrenden *und* Lernenden (vgl. Abraham/Beisbart/Koß/Marenbach 1998), im oder für den Unterricht macht Lehrende sicherer und Lernende selbstständiger: Informationen suchen und aufbereiten, Texte exzerpieren, zusammenfassen, nacherzählen, szenische Verfahren wie z. B. Standbildbau anwenden. Erneuerung der *Methodenkultur* ist, wie Hilbert Meyer (1997, S. 159) anmerkt, der erste Schritt zur inneren Schulreform. Zu einer solchen Methodenkultur, als Förderung zielgerichteter Tätigkeiten, hat das Fach Deutsch viel beizutragen, nämlich *Sprachtätigkeiten* jeder Art.

---

[25] Empfehlenswert und als Video bei VCL erhältlich: *Unter Wölfen. Die organisierten Jäger* (= *Wolves at our Door*, Discovery Channel 1997, 52 Min.).
[26] www.amarok-greywolf.de

Gilt dies allgemein, so ist speziell für den Literaturunterricht aber noch etwas Wichtiges hinzuzufügen. „Literatur ist kein Lernstoff": Schon einmal wurde dieser programmatische Satz von Spinner (1988, S. 35) zitiert. Jetzt muss an ihn erinnert werden, und zugleich an das in Kapitel 1 bereits Gesagte. Das Anzureichernde nämlich ist in diesem speziellen Fall nicht ein 'Stoff', der einfach durch *gleichartige* Zusatzinformationen, Begleittexte und -medien (usw.) einfach noch ein wenig vertieft werden könnte. Der literarische Text ist ja keine belletristisch aufbereitete Faktensammlung, zu der weitere Fakten hinzuzubringen der Anreicherung diente. Der Text hat uns vielmehr dabei geholfen, uns einen Vorstellungsraum zu schaffen und Figuren, Handlungsweisen, Schauplätze, besondere Gegenstände (usw.) so zu visualisieren, dass wir den Text mit Sinn besetzen konnten. Anreicherung in einem grundsätzlicheren Sinn, *imaginative* Anreicherung nämlich, ist dabei, wie wir in Abschnitt 1.2 (und dort unter Verweis auf Fachliteratur) zu zeigen versuchten, *immer schon passiert:* Wir haben die Vorstellungsanweisung, die der literarische Text darstellt, ja gerade dadurch befolgt, dass wir etwas hinzugebracht haben: *unsere* (Lebens-, Lese-)Erfahrung, *unsere* Ideale (z. B. von Schönheit, von Sittlichkeit, von erfülltem Leben …), *unsere* Empfänglichkeit für Sinneseindrücke. Wenn z. B. der Held von Penelope Fitzgeralds faszinierendem Roman *Die blaue Blume* (1996), also Friedrich von Hardenberg, als – nicht sehr geeigneter – junger Assistent eines Bergbauverwalters in Schloss Grüningen einkehrt und in einem großen, von weiteren Besuchern des gastfreundlichen Hausherrn gut gefüllten Saal nur Augen für dessen zwölfjährige Stieftochter Sophie hat, die verträumt am Fenster steht, dann reichern wir das im Text entworfene, relativ karge Bild des Mädchens beim Lesen so an, dass wir die Begeisterung des jungen Mannes, der später Novalis sein wird, nachvollziehen können. Leicht ist das übrigens nicht; schließlich liegt uns kein Kitschroman vor, der den feinen Standesunterschied zwischen dem ältesten Sohn des Freiherrn v. Hardenberg (aus altem, aber verarmtem Adel) und dem durch Geld erkauften Titel von Sophies verstorbenen Vater (von Kühn) zum Dreh- und Angelpunkt machen würde. Sophie ist nicht nur nach den strengen Maßstäben des Patriarchen, der der v. Hardenbergschen Familie vorsteht, eine Mesalliance; sie ist auch viel zu naiv und unintelligent, um den Mann zu begreifen, der sie bald „meine Philosophie" nennt und in hochproblematischer Weise zur Garantin eines sinnerfüllten Lebens machen möchte: Was „Fritz" nie gelang und was er als Schicksal mit anderen Romantikern teilte, war die Aussöhnung der banalen Alltagswirklichkeit (Landwirtschaft, Bergbau, Verwaltung kalter, feuchter und stets reparaturbedürftiger Familienanwesen) und der Welt eines gesteigerten Bedürfnisses nach Ästhetik, Sinnlichkeit und Sinn.

Was wir in diesem zweiten Sinn 'hinzubringen' könnten, während wir den so alltagsrealistisch erzählten, an den bedauerlichen Fakten streng orientierten Roman lesen, ist unser moderner Begriff von *Ganzheitlichkeit* (vgl. oben, S. 36 ff.):

Das ist es, was „Novalis" will und weder selbst verkörpern noch in Gestalt der idealisierten Sophie *bekommen* kann. Dass sie mit fünfzehn nach längerer Krankheit (keine verklärte Schwindsucht, sondern ein handfester Abszess!) schließlich stirbt, ist nicht 'tragischer' Schluss eines Trivialromans, sondern das Ende von Etwas, das ohnehin zum Scheitern verurteilt war.

Wir verstehen die Romantik so besser als nach dem Lehrbuch der Literaturgeschichte, weil sie uns erstens als Sozialgeschichte und zweitens als Bewusstseinsgeschichte präsentiert wird: Das Beispiel mag illustrieren, dass Anreicherung als methodisches Prinzip schon beim Lesen beginnt, also lange bevor ein Unterrichtsgespräch über das Gelesene stattfinden wird. Was dieses beisteuern kann, das ist Anreicherung zweiter Ordnung: Beiläufig werden wir z. B. die materiellen Schwierigkeiten alter Adelsfamilien in der schnell sich wandelnden Welt des frühen 19. Jahrhunderts aufgreifen und die tragende Rolle von Mesalliancen aller Art, aber auch die Bedeutung der Philosophie für die „Romantische Epoche" (Fritz v. Hardenberg hört als Student in Jena Fichte). Wir werden auch die Rolle der Frau um 1800 diskutieren und die wenigen, aber von der Autorin sorgfältig eingearbeiteten Informationen zum damaligen Frauenalltag um weiteres Wissen anreichern. Auch über Hygiene und Medizin finden wir Einiges vor, was sich thematisieren und ausbauen ließe. Darin unterscheidet sich das Buch wohltuend von einem vergleichbaren Roman, den Tanja Kinkel über den jungen Byron geschrieben und sehr viel mehr im Sinn eines Persönlichkeitsbildes, ja Geniekults angelegt hat. Kinkel *psychologisiert* (die Byron-Figur), wo Fitzgerald (die Novalis-Figur) *in Zusammenhänge* der verschiedensten Art einstellt und auf Alltagsgenauigkeit achtet, ohne aber die Ebene der inneren Wirklichkeit darüber zu vernachlässigen.

Daran kann man anknüpfen, um Fächer zu verbinden und jeweils fachspezifische Vorstellungen anzureichern. Wichtig ist dabei aber, dass man jedes Zusatzangebot, das dafür bereitgestellt oder gesucht wird, in jenen literarischen Vorstellungsraum *einfügt*, von dem man (wie gesagt, schon beim Lesen) ausgegangen ist.[27] Sachinformation über Sozial- und Ideengeschichte der Epoche *kann* in diesem Fall die Klammer zu anderen Fächern darstellen (Geschichte; hier auch Englisch, wenn wir das Original *The Blue Flower* heranziehen); aber sie muss beiläufig (didaktisches Prinzip) und im Weg der Anreicherung bereits gebildeter Vorstellungen (methodisches Prinzip) in einen Unterricht einfließen, der im Wesentlichen literarisches Gespräch *bleibt*.

---

[27] So stellt die homepage amarok-greywolf.de nicht nur Sachtexte zur Verfügung, sondern z. B. auch einen poetischen Monolog 'des Wolfes', adressiert an den 'Menschen', mit dem er sich Jahrtausende lang denselben Lebensraum teilte, auch manche Lebensgewohnheiten. Damit wird thematisiert, was das Jugendbuch von George, auf dem der fächerverbindende Unterricht basieren würde, ebenfalls zum Thema macht: Die Symbiose von Wolf und Mensch.

3.3 Offenheit: Angebotscharakter und Unterstützung selbstständigen Wissenserwerbs als pädagogisches Prinzip

Weder *Ausmaß* noch *Verlauf* der so beschriebenen „Anreicherung" sollte man dabei nun vorab festlegen wollen. Was sich vielmehr aus *dem didaktischen Prinzip* der Beiläufigkeit des Wissenserwerbs beim literarischen Lernen ergibt, und was sich mit dem *methodischen Prinzip* der Anreicherung gut vereinbaren lässt, ist dies: Weitere Informationsquellen (neben dem Text selbst) sollen stets angeboten und verfügbar, aber zu keinem Zeitpunkt obligatorisch zu nutzen sein. Lexika und Literaturgeschichten, Handbücher der Rechts-, der Sozial-, der Kunst- und der Technikgeschichte (mindestens aber der unentbehrliche „Stein"[28]), aber auch CD-ROMS und Suchmaschinen im Internet sollten nach Möglichkeit bereit stehen, um Informationsbedürfnisse zu befriedigen, wenn und soweit sie sich im literarischen Gespräch artikulieren. Antworten auf Fragen, die noch gar niemand *gestellt* hat, sollten dagegen nicht in den Unterricht eingebracht werden: Obligatorische schulische oder häusliche Arbeitsaufträge, seien sie arbeitsgleich oder arbeitsteilig, werden demjenigen oft nicht gerecht, was wir abschließend das *pädagogische Prinzip* eines fächerverbindenden Unterrichts nennen wollen: *Offenheit.* Wie stark diese mit einer erst noch zu entwickelnden *Fragekultur* im Unterricht zusammenhängt, wurde verschiedentlich betont (vgl. z.B. Götz 1997).

Damit streichen wir noch einmal den *Angebotscharakter* der Informationsquellen heraus, und im Umgang mit ihnen die Unterstützung selbstständigen Wissenserwerbs an Stelle einer „Instruktion" durch die Lehrkraft, die Lernende als „Objekte" einer bestenfalls didaktisch-methodisch ausgetüftelten Belehrungskunst (Meyer) behandelt. Der offene(re) Unterricht ist nach Jürgens (vgl. 1998, S. 8) auf vier Seiten gekennzeichnet, nämlich auf einem veränderten Lehrer- und Schülerverhalten, auf einem entdeckend-problemlösenden lernmethodischen Grundprinzip sowie auf Lernsituationen/Unterrichtsformen, die auf Wochenplan, Stationenarbeit, Frei- und Projektarbeit basieren. Einen solchen „offenen" Unterricht haben Knobloch/Dahrendorf (2000) für den Umgang mit Kinder- und Jugendliteratur skizziert; das Konzept scheint uns gut vereinbar mit dem Versuch eines fächerverbindenden Arbeitens.

Man kann im Übrigen dieses Prinzip der Offenheit nicht nur von einem – mittlerweile fest etablierten – erziehungswissenschaftlichen Diskussionsergebnis begründen („offener Unterricht"), sondern auch lerntheoretisch (vgl. Jürgens 1998): Nicht in das Weltbild, die mentalen Modelle der *Lehrkraft* sind ja die neu erworbenen Wissensbestände einzuordnen, sondern in dasjenige jedes einzelnen Lernenden. Er selbst – und nur er selbst – kann entscheiden, *welche* weitere

---

[28] Vgl. Werner Stein: *Der große Kulturfahrplan. Die wichtigsten Daten der Weltgeschichte bis heute in thematischer Übersicht.* Erw. Aufl. München; Berlin: Herbig 1984.

Information er an einem gegebenen Punkt benötigt, um sich ein Bild – eine angereicherte Vorstellung – von dem zu machen, was der Text erzählt, schildert oder berichtet. Diese Entscheidung (besser: diese mitlaufende *Folge* von Entscheidungen) kann ihm niemand abnehmen. Er/sie muss abschätzen, ob ein Nachschlagen oder Nachfragen das augenblicklich erreichbare Verständnis für den gegebenen Zusammenhang ausreichend verbessert, um diese *Unterbrechung* der Vorstellungstätigkeit beim Lesen und im Gespräch zu rechtfertigen: Das ist eine Abwägung.

Ein einfaches Beispiel mag das verdeutlichen: Wenn wir einen fremdsprachigen Text lesen, sind wir – selbst wenn wir die betreffende Sprache gut 'können' – ständig zu diesem Abwägen und Abschätzen gezwungen: *Nie* ein Wort oder einen Ausdruck nachschlagen zu müssen, ist ein für die Meisten von uns unerreichbares Ideal des flüssigen Lesens in einer Fremdsprache. Pausenlos nachschlagen zu wollen, verbietet sich aber von selbst: Wir ermüden dann schnell, kommen aus dem Tritt, können dem Gedankengang *im Ganzen* trotz verbesserten Verständnisses für eine *einzelne* Textstelle gar nicht mehr recht folgen. Wir müssen also *sowohl* unnötiges Nachschlagen vermeiden *als auch* notwendiges Nachschlagen erkennen und effektiv einbeziehen. Ein Lehrer, der uns – etwa durch Unterstreichung bestimmter Wörter – vorschriebe, was wir nachzuschlagen hätten, wäre diesem Prozess desto weniger förderlich, je selbstständiger wir bereits im Umgang mit einem fremdsprachigen Text sind. Ein gewisses Niveau vorhandener Kenntnisse (hier v. a. Wortschatz) und eine Beherrschung von Arbeitstechniken vorausgesetzt, wäre uns ein solcher Lehrer sogar ausgesprochen hinderlich: Er hielte uns auf, statt uns die Sache zu erleichtern. Umgekehrt fördert die Notwendigkeit, selbst solche Entscheidungen zu treffen und auszuführen, genau dies: den individuellen Aus- und Aufbau von Wissen und die individuelle Aneignung der dazu erforderlichen Arbeitstechniken.

Um fremdsprachliche Texte wird es in einem fächerverbindenden Unterricht eher im Ausnahmefall gehen (vgl. etwa Lightman: *Einstein's Dreams*; Fitzgerald: *The Blue Flower*); weit über diesen Spezialfall hinaus wollen wir am Problem des Abwägens beim Nachschlagen deutlich machen, welche *Konsequenz* Individualisierung des Lernens gerade für einen Wissenserwerb im fächerverbindenden Unterricht hat: Es nützt nicht jedem dieselbe Information, und schon gar nicht nützt sie zur gleichen Zeit. Jedenfalls muss er oder sie selbst zu der Erkenntnis gelangt sein, dass hier etwas 'fehlt', muss also die erwähnte Entscheidung getroffen haben. Erst dann kann ein passendes Informationsangebot im doppelten Sinn überhaupt *wahrgenommen* werden. Das Problem des Wissenserwerbs generell ist ja zu Beginn des 21. Jahrhunderts längst nicht mehr die Knappheit oder mangelnde Verfügbarkeit von Information (wie zur Zeit der Einführung der allgemeinen Schulpflicht), sondern ein Überangebot; eine Informationsüberflutung, die uns auf Schritt und Tritt zur selektiven Wahrnehmung und zur Auswahl zwingt. Mit Joseph Weizenbaum könnte man sagen: „Wir lechzen nach Erkenntnis und ersaufen in Daten." Das Internet bzw. *world wide web*, für das man neuerdings dieses Problem hervorhebt, ist nur das (vorläufig) letzte Glied in einer langen Kette von Speicher- und Kommunikationsmedien, die seit Gutenberg allesamt dazu tendieren uns mehr an Information anzubieten, als wir aktuell brauchen oder generell verarbeiten können. *Damit umzugehen*, und zwar verantwortlich *und* effektiv, muss dringend gelernt werden, viel dringender als die fremdbestimmte Beschaffung einer von der Lehrperson eingeforderten Information zum Thema. Dass man die Handhabung eines Lexikons auf diese Weise – per Arbeitsauftrag – erlernen kann, bestreiten wir nicht. Aber so früh und so umfassend wie möglich sollten solche Fertigkeiten *funktional* erlernt und eingesetzt werden, d. h. beispielsweise eben im fächerverbindenden Umgang mit Literatur. Und nicht nur Fächergrenzen, sondern auch die Grenzen *nach außen hin* sollten dabei nötigenfalls überschritten werden. Denn Offenheit des Unterrichts, der einem solchen Wissenserwerb dient, bedeutet ja nun *auch*, sich auf die traditionellen schulischen Informationsquellen nicht zu beschränken. Das Internet ist ein – nicht das einzige – 'Tor zur Welt', das wir vom Klassenzimmer aus aufstoßen können. Daneben bieten sich einer so verstandenen offenen Praxis des Deutschunterrichts vielfältige „außerschulische Lernräume" an.[29] Dazu gehören auch, soweit herstellbar, Kontakte zu den AutorInnen selbst – insbesondere dann, wenn ihre Texte mehr oder weniger deutlich erkennbar auf authentischen bzw. historischen Quellen und/oder persönlichen Erfahrungen basieren. Wir nennen hier beispielhaft aus unserer Textliste im Anhang Christa-Maria Zimmermann, Klaus Kordon, Arnulf Zitelmann und Elisabeth Zöller *alias* Marie Hagemann, die allesamt über ihre Verlage zu kontaktieren sind.

Weniger die schon auf Autorenlesungen eher peinlichen Fragen des Typs „Was wollten Sie damit bewirken?" sollten allerdings so herzustellende Kontakte begründen als die für unser Thema eines fächerübergreifenden Wissenserwerbs viel ergiebigere Frage, woher die AutorInnen ihr jeweils einschlägiges Wissen *haben* und wie sie mit Text- und/oder Informationsquellen *umgegangen sind*. Auch sie haben ja Wissenserwerb betrieben, und zwar – wie Gespräche mit Autoren, z. B. Zitelmann, immer wieder zeigen – als Experten für fächerverbindendes Lernen. Sie haben gegebenenfalls ihre Quellen studiert; aber sie haben damit nicht ein Fach studiert, sondern *eine Sache*. Der Mythos vom frei schaffenden Künstler, der sich an die Tatsachen nicht halten muss oder kann, stimmt – darauf haben wir schon in Kapitel 1 hingewiesen – nur sehr bedingt. Zum Sklaven der Faktizität wird sich kein Schriftsteller machen; aber über das hinwegsetzen, was man wissen *kann*, wird er sich auch nicht ohne triftige Gründe. Nicht einmal für fantastische Literatur, *fantasy* und Sf kann man pauschal sagen, Recherche und Informationsbeschaffung spielten keine Rolle. (Das zeigen z. B. die Romane des

---

[29] Vgl. für eine Übersicht Abraham/Beisbart/Koß/Marenbach 1998, S. 69–73.

Erfolgsautors Wolfgang Hohlbein.) Erst recht gilt für die in Teil B dieses Buches vorwiegend herangezogenen 'realistischen' Texte, dass sie nicht nur auf Spontan-beobachtung eigenen oder fremden Alltags, sondern auf mehr oder weniger systematischer Informationsbeschaffung basieren. Wer einen solchen Text schreibt, muss *offen* sein für alles, was etwas zur Sache tut; sich an dieser Offenheit ein Beispiel zu nehmen, tut auch einem fächerverbindenden Unterricht gut.

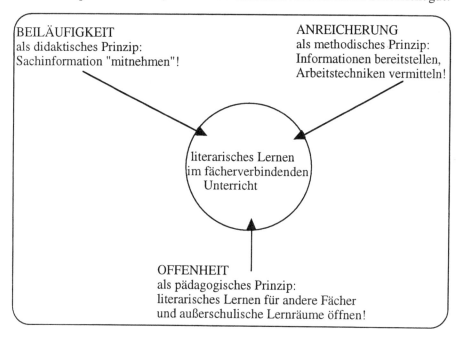

Teil B:

Beispiele

ULF ABRAHAM / CHRISTOPH LAUNER

Einige Fächerverbindungen („Tandems") und ihre Möglichkeiten, mit literarischen Texten zu arbeiten

Dieses und die folgenden Kapitel stellen Beispiele vor. Es versteht sich dabei, dass auch eine andere Auswahl denkbar wäre und Vieles, sowohl sprachlich als inhaltlich, Geschmackssache bleiben wird. Dass die realistische Literatur (als Kinder-, Jugend- und Unterhaltungsliteratur) mehr Raum erhält als die fantastische, war zunächst keineswegs beabsichtigt; doch folgt es aus der darstellungsleitenden Frage nach Möglichkeiten des Erwerbs von *Weltwissen*. Analoges gilt für ältere Texte, d. h. solche der Literaturgeschichte. Sie sind unserem Konzept nicht prinzipiell unzugänglich, doch stellt die historische Distanz nicht nur für Lernende, sondern auch Lehrende ohne *facultas* Deutsch oder Geschichte eine – auch sprachliche – Erschwernis dar. Historisches Bewusstsein und Wissen über (sozial-, mentaliäs-)geschichtliche Zusammenhänge herzustellen ist jedoch auch mit Hilfe von *Gegenwartsliteratur* möglich, sofern sie nämlich historische Sujets behandelt.[1]

Kein entscheidendes Kriterium war für uns die augenblickliche Greifbarkeit eines Titels als erschwingliches Taschenbuch oder Schulausgabe. So wichtig das für die Entscheidung ist, ob ein Text als *Klassenlektüre* in Frage kommt, so wenig sollte man sich unseres Erachtens auf Ganzschriftenlektüre *beschränken*, wenn man Literatur fächerverbindend nutzen möchte. Ergiebige Auszüge eines Buches, das unerschwinglich oder vergriffen ist, lassen sich mit vertretbarem Aufwand zugänglich machen und durch Lesen und Erarbeiten im Unterricht in einen gegebenen thematischen Zusammenhang einbringen.

Auch ist die gemeinsame Textrezeption nicht die einzige Möglichkeit, den Wissensfundus literarischer Texte zu nutzen. SchülerInnen können Nacherzählungen und Referate individuell gelesener Titel einbringen. Verfilmungen können angeschaut, ausgewählte Kapitel können von einer der beteiligten Lehrpersonen vorgelesen werden. Die Beschränkung auf 'die Klassenlektüre' wäre Selbstbehinderung. Außerdem ändert sich auf dem Buchmarkt (vor allem im Bereich der KJL) die Lage so rasch, dass der Versuch, alle vergriffenen Titel krampfhaft zu umgehen, ohnehin zum Scheitern verurteilt wäre. Man wäre dann sehr schnell bei einer nicht sehr großen Auswahl angekommen, in der das Bewährte, d. h. im Deutsch- und ggf. Fremdsprachenunterricht schon lange Eingeführte doch wieder dominierte. Damit aber wäre eine wesentliche Intention dieses Buches be-

---

[1] Vgl. in unserer Liste im **Anhang** die Romane von Eco, Enzensberger, Fitzgerald, Fleischmann, Gaarder, Kertész, Kinkel, Kordon, Heuck, Nadolny, Reuter, Schlink, Stöver, Zimmermann, Zitelmann.

reits im Ansatz verfehlt: die Bandbreite der wirklich genutzten – d. h. nicht *nur* im Sinn der Leseförderung als Freizeitlektüre empfohlenen – Literatur zu vergrößern.

Es entspricht im Übrigen der Intention dieses Buches, dass es weder eine Beschränkung auf eine bestimmte Schulstufe vornimmt (und z. B. Primarstufe und frühe S I ausklammert wie etwa Bärnthaler/Tanzer 1999) noch irgendeine Art von erzählender Literatur prinzipiell ausschließt: Die Funktion eines Mediums für (beiläufiges) Lernen im offenen Unterricht haben zunächst einmal Texte jeder Art. Sie gilt also prinzipiell für alle Gattungen und Genres und für alle Qualitätsstufen von Höhenkamm- bis zur Unterhaltungsliteratur; und zwar selbstverständlich jeweils auch – aber eben nicht nur – im Bereich der Kinder- und Jugendliteratur.

Es ist also keine Beschränkung auf Kinder- u. Jugendliteratur vorgenommen worden, obwohl diese einen guten Teil der Beispiele stellt. Aber auch Texte für Erwachsene sowie solche, deren Adressatenorientierung ohnedies unklar ist (z. B. *Sofies Welt*), können in der Schule zu Lernmedien werden und damit über den Deutschunterricht *hinaus* eine Rolle spielen. Ausgeschlossen wurden freilich *reine Sachbücher*, weil sie dem Prinzip der Beiläufigkeit des Wissenserwerbs widersprechen und nicht eigentlich Gegenstände von *Literatur*unterricht im hier gemeinten Sinn sind. Es gibt allerdings einen Überschneidungsbereich *narrativer Sachdarstellung* (z. B. historische Jugendromane, Biografien für Jugendliche, Tatsachenschilderungen für Erwachsene), der für unser Thema eine Fundgrube darstellt.[2]

Zu allen drei Schulstufen wird je eine Auswahl geeigneter Bücher vorgestellt. Dazu bilden wir in diesem Kapitel *Fächerverbindungen*, angelegt als (um dritte Fächer erweiterbare) „Tandems". Die im jeweiligen Zusammenhang besonders empfohlenen Titel sind im Druck fett hervorgehoben.

An den aus dieser größeren Auswahl hervorgehobenen Beispielen sollen sodann in Erfahrungsberichten *aus* der und Anregungen *für* die Praxis exemplarisch *fächerverbindende Unterrichtskonzepte* für die drei Schulstufen skizziert werden. Damit werden Überlegungen, die prinzipiell für jeden geeigneten Text gelten, bis ins Methodisch-Praktische verlangert – durch Beiträge der in der Einleitung bereits genannten Kollegen und Kolleginnen. Diese exemplarischen Skizzen eines fächerverbindenden Unterrichts mit den ausgewählten Beispielen werden aus Gründen der leichteren Benutzbarkeit alle folgendem Schema folgen:

Das Buch (inhaltliche, sprachliche und formale Beschreibung, kritische Würdigung)
Der Autor/die Autorin (Wissenswertes zu Biografie und Werk)

---

2 Hierzu vgl. Hesse-Hoerstrup 2001 zu (Frauen-)Biografien in der Jugendliteratur sowie Ossowskis Ausführungen in Lange (Hrsg.) 2000, S. 678 ff., zum erzählenden Sachbuch.

Leseanreize, jew. für die beteiligten Fächer; auch Textproben
Rezeptionshilfen, z. B. Begriffsklärungen
Zielperspektiven (fächerverbindend)
Verfahren, Tätigkeiten, Medien

1. Deutsch und Religionslehre / Ethik / Philosophie

Hier ist zunächst an Bücher mit ausdrücklich relevanter Problematik zu denken
– etwa an Arnulf **Zitelmanns** für LeserInnen ab 14 geschriebene Luther-Biogra-
fie *„Widerrufen kann ich nicht"* oder an *Mose, der Mann aus der Wüste* dessel-
ben Autors. Hier lässt sich jeweils Leseförderung durch spannende, anspruchs-
volle Jugendliteratur verbinden mit Wissenserwerb zur Religionsspaltung bzw.
Religionsstiftung: Zum letztgenannten Text hat Dorst (1997) ein Unterrichtsmodell vorgelegt, das den Roman in Deutsch, Religionslehre und Geschichte zum
Aufbau sowohl historischen als interkulturellen Bewusstseins nutzt.

Bedenkt man nun aber die Fülle an Themen, die Religions- und Literaturunterricht, oft ohne es zu wissen, tatsächlich gemeinsam haben, so ist das nur die Spit-
ze eines Eisbergs. Vor allem die sogenannten „letzten Fragen" (Herkunft und
Ziel menschlicher Existenz; Krankheit, Sterben und Tod ...) haben in der Literatur, wenn auch Bücher in ausdrücklich *christlicher* Tradition eher die Ausnahme sind (vgl. Mattenklot 1998), schon immer und in der Kinder- und Jugendliteratur seit fast einem halben Jahrhundert ihren festen Platz. Ein Beispiel aus der
realistischen Kinderliteratur ist Nina **Rauprichs** *Das Jahr mit Anne*: Die Ich-Erzählerin Sabine erzählt vom langsamen Sterben ihrer Freundin Anne an Leuk-
ämie. Beide Mädchen besuchen eine 6. Klasse. „Dieses Buch ist allen Kindern
gewidmet, die Angst vor dem Sterben haben und Angst, darüber zu reden":
Rauprichs Motto verweist direkt auf die beiden Fächer, deren Möglichkeiten
und Ziele tangiert sind: In Religionslehre geht es damit um Ende und Grenze
menschlicher Existenz, in Deutsch – neben den allgemeinen Zielen der Leseförderung – speziell um Bereitschaft und Fähigkeit, sich im offenen Gespräch, oder
auch in eigenen Texten, über solche Grenzerfahrungen zu *äußern*. Wie sollte eines der Fächer allein mit Text und Thema fertig werden?

Aber nicht nur realistische, auch fantastische Kinderbücher zeigen, wie Literatur
zum Medium eines Nachdenkens über die letzten Dinge wird. So greift Astrid
Lindgren in *Die Brüder Löwenherz* „im psychischen, religiösen und ethischen
Feld die Frage nach Tod und jenseitiger Existenz auf" – so Haas in seinem im PD-
Sonderheft (1995) wiederabgedruckten Unterrichtsmodell. Sterbe- und Todes-
thematik, Jenseitsthematik und nicht zuletzt die Erfahrung diktatorischen Ter-
rors (vgl. ebd., S. 49) verbinden sich zu einem intensiven, für Kinder schon von
der 4. Klasse an geeigneten literarischen Bild menschlicher Elementarerfahrungen. Die von Haas (ebd., S. 50f.) genannten Zielsetzungen machen deutlich,
dass Religionslehre als Fach nicht nur berührt, sondern direkt betroffen ist: auf

unterhaltsame Weise, also durch eine altersgemäß spannende Erzählung hindurch, ein ernsthaftes Nachdenken über den Tod anzustoßen, das aber nicht ohne *Trost* bleibt; und gleichzeitig die jungen Menschen stärken gegen „Gewalt und Tyrannei".

Diese zweite Zielsetzung lässt sich an einem historischen Sujet, und zwar wiederum bereits für die späte Primarstufe, aber durchaus auch noch die frühe S I, an Elisabeth **Reuters** realistischer Bilderbuchgeschichte *Judith und Lisa* ebenfalls verfolgen. Dieser Geschichte der im Hitler-Deutschland 1938 scheiternden Freundschaft zwischen dem jüdischen Mädchen Judith und ihrer gleichaltrigen Freundin Lisa hat Sahr (1995) „hohen Realitätswert" attestiert. Reuter liefert, ungeachtet kleiner Unstimmigkeiten, „Bilder mit dokumentarischem Charakter" (ebd., S. 45), die dennoch von Kindern verkraftet werden können – vorausgesetzt, die dann anstehenden ethischen Fragen werden altersgemäß behandelt: Darf oder soll oder muss sich Lisa von ihrer jüdischen Freundin distanzieren? Welche Werte sind berührt, welcher Weltanschauung bzw. religiösen Grundüberzeugung bedarf es zu ihrer Verteidigung? Wie könnte Hilfe praktisch aussehen? Was wäre der Preis? Drei Realitätsstufen lassen sich an diesem Buch unterscheiden (vgl. Sahr ebd., S. 45f.): eine individuell-zeitgeschichtliche, eine allgemein-zeitgeschichtliche und eine gegenwartsbezogene Ebene (vgl. auf dem Cover die alt gewordene Lisa beim Betrachten eines Kindheitsfotos).

Das Potenzial moderner Kinder- und Jugendliteratur als Medium religiöser und interreligiöser Erziehung haben Born (2000) bzw. Ossowski (2000) im Überblick besser dargestellt, als wir das hier können. Für die Sekundarstufen, mit ihrer ab Kl. 8 zunehmenden Dominanz der Kanonliteratur, sei aber zusätzlich verwiesen auf das einschlägige Themaheft *DU* 50 (1998), H. 5: „Literatur und Religion". Es ist jener Spannung zwischen Ästhetik und Ethik gewidmet, die überall dort beobachtet werden kann, wo Literatur religiöse Fragen, Themen oder Motive aufgreift. Die Reihe der mit Textbeispielen mehr oder weniger ausführlich genannten AutorInnen der deutschen Literaturgeschichte ist lang: Brockes, Klopstock, Heine, Novalis, Nietzsche, Rilke, Kafka, Bachmann und Botho Strauß.

Ein weiterer wichtiger Aspekt der Fächerverbindung Deutsch-Religionslehre/ Ethik ist das, was man seit einiger Zeit „Philosophieren mit Kindern" nennt. Nordhofen (1998) sagt über „Philosophieren im Deutschunterricht": „Literarische Texte inszenieren u. a. philosophisch interessante Sachverhalte, Konflikte, Grenzerfahrungen, Fragen, Weltverhältnisse, Weltbilder in einem lebensweltlichen Kontext. Sie können so als Platzhalter von Erfahrungen fungieren." (Ebd., S. 193) So kann gerade in einer verweltlichten und multikulturellen Gesellschaft das Nangijala/Nangilima aus **Lindgrens** *Die Brüder Löwenherz* zum Platzhalter einer offenen Frage werden: Gibt es ein Jenseits – wer von uns glaubt daran? Wer hat Eltern, die daran glauben? Wie stellen wir uns diesen Ort (oder Nicht-Ort) vor? So kann auch das Schrumpfen und allmähliche Verschwinden des sterbenden Großvaters in Roberto **Piuminis** faszinierendem, von Quint Buchholz beeindruckend illustriertem Kinderbuch *Matti und der Großvater* zum Platzhalter einer Erfahrung werden, die jedes Kind früher oder später machen muss: Einst wichtige Bezugspersonen gehen – z. B. durch Tod, aber auch durch Ortswechsel und sonstige Veränderungen –, *verloren*. Die Erinnerung an sie mag dann schwächer werden, aber die in der Kindheit wichtigen Bezugspersonen verschwinden sozusagen nie ganz. Insofern der literarische Text nun zum Medium solcher Erfahrung und Reflexion wird, kann der Deutschunterricht im offenen Gespräch (ohne Äußerungszwang!) das kindliche Philosophieren anregen und begleiten; und andere Fächer, besonders Religionslehre/Ethik, können es für ihre Ziele nutzen.

Das gilt, um ein letztes Beispiel zu nennen, auch für das faszinierende Kinderbuch von Jutta **Richter** über „G.Ott" und die Welt: *Der Hund mit dem gelben Herzen*. Der Text ist in Sprache und Aufbau sehr kindgemäß, dabei aber trotzdem so vielschichtig, dass auch erwachsene LeserInnen ihn kaum werden ausloten können: Wenn G.Ott, der als alter Mann einen großen Garten bewohnt, Gott ist, wer ist dann sein Gegenspieler Lobkowitz? Der Teufel? Und was hat es zu bedeuten, dass die Beiden sich ständig über die Erschaffung des Gartens streiten?

2. Deutsch und Geschichte

Auch hier, wie im 'Tandem' Deutsch/Religionslehre, gibt es den Spezialfall der auf fachlichen Wissenserwerb hin verfassten Kinder- und Jugendliteratur; wir nennen als Beispiele die *Quintus*-Bücher von Hans D. **Stöver**. Sie führen aus der Perspektive eines an der Schwelle zur Erwachsenenwelt stehenden Vierzehnjährigen die Alltagsgeschichte der antiken Römischen Welt vor und bieten sich zum fächerverbindenden Unterricht in Deutsch und Geschichte an; im humanistischen Zweig des Gymnasiums kommt als weitere Verbindungsmöglichkeit Latein hinzu. Mit *Quintus geht nach Rom* hat Jehle (1997) in diesem Sinn „Jugendromane als lebendige Alternative zur Quellenarbeit im Geschichtsunterricht" erprobt, und zwar in einem offenen Konzept mit Hilfe eines Wochenarbeitsplans (vgl. ebd., S. 13; zu Stöver im Unterricht vgl. auch Rank 1988). Zu ergänzen ist, dass die im Fach *Latein* nicht unwichtige Realienkunde in den Büchern Stövers ebenfalls eine gute, d. h. für die frühe S I angemessene Grundlage findet.

Freilich sind solche zuweilen 'passgenauen' Texte nicht die einzige Möglichkeit (sie würden sich dann wohl auch schnell erschöpfen). Zwei herausragende Titel aus der Kinder- und Jugendliteratur[3] zeigen vielmehr, dass Wissensvermittlung und Bildung historischen Bewusstseins gerade dann die besten Chancen hat,

---

[3] Weitere Titel nennt und diskutiert die Überblicksdarstellung Pletichas zur geschichtlichen KJL in Lange (Hrsg.) 2000.

wenn die Romanhandlung nicht als verkleidete Realienkunde daherkommt: In Hans Magnus **Enzensbergers** *Roman Wo warst du, Robert?* (1998) wird ebenso wie in Sigrid **Heucks** *Meister Joachims Geheimnis* mit dem Motiv der Zeitreise gearbeitet, um junge Helden sozusagen Vergangenheitsausschnitte erleben zu lassen. Bei Heuck kommt der Held über das kontemplative Betrachten eines Gemäldes aus der Renaissance (Joachim Patinir: „Der Hl. Christophorus", 1521) ins 16. Jahrhundert; Falk Teichert hat dieses Buches im Unterricht erprobt und sich Gedanken zu den fächerverbindenden Möglichkeiten seines Einsatzes gemacht (vgl. unten, S. 128 ff.). Enzensberger nutzt das gleiche Motiv, um seinen Robert auf eine Stationenreise zu schicken: jedes Mal ausgelöst durch das Betrachten eines Bildes (Fotos, Gemäldes) aus der betreffenden Zeit, wird der Held – allein zu Hause und an Vernachlässigung durch seine vielbeschäftigten Eltern leidend – gegen seinen Willen in das Sibirien von 1956, das Australien von 1946, seine eigene Vaterstadt 1930, in das Norwegen von 1860, ein deutsches Fürstentum 1702, das Elsaß des Jahres 1638 und ins Amsterdam von 1621 verschlagen. Von da kommt er schließlich zurück, indem er als Lehrling eines Malers heimlich die Küche der elterlichen Wohnung malt, wie er sie vor seinem Aufbruch zuletzt gesehen hat. Enzensbergers Roman ist keine leichte Kost für einen fächerverbindenden Unterricht, weil zwar sowohl für Geschichte als für Kunst und Erdkunde zahlreiche faszinierende Ansatzpunkte da sind, der Held sich aber sozusagen quer durchs Curriculum dieser Fächer katapultiert: Von der einen Hemisphäre in die andere, vom Westen in den Ostblock, vom Industriezeitalter in den Feudalismus. Während man *aber Meister Joachims Geheimnis* als Lektüre im Ganzen bearbeiten müsste, ist hier das Herauslösen einer Episode ohne Probleme möglich; und in jeder gibt es Stellen, an denen sich der Autor als Meister der literarischen Irritation erweist und Lernenden ab etwa Kl. 8 historisches Bewusstsein auf witzige Weise vermittelt – etwa, wenn der sowjetische Geheimdienst den billigen Taschenrechner auseinander nimmt, den Robert als Pfennigartikel von 1998 nach Nowosibirsk eingeschleppt hat (vgl. Enzensberger 1998, S. 55).

Über solche Glücksfälle literarischer Thematisierung von Zeit und Vergangenheit hinaus ist die Germanistik als erste Bezugswissenschaft des Schulfaches Deutsch selbstverständlich generell ein historisches Fach: Sprach- und Literaturgeschichte sind Teile von *Geschichte* mindestens ebenso sehr, wie sie Teile von Sprach- und Literaturtheorie sind. Natürlich variiert die Relevanz geschichtlichen Wissens im Deutschunterricht von Thema zu Thema und Textsorte zu Textsorte; in der Lyrik z. B. mag sie durchaus kleiner sein als etwa in den Gattungen *Biografie* und *Autobiografie*. Insgesamt aber sind historische Wissensbestände nicht nur aus dem Deutschunterricht nicht herauszuhalten, sondern in den sprachlichen und literarischen Phänomenen von Haus aus *enthalten*. „Sprachgeschichte bleibt ohne allgemeine Kultur- und Sozialgeschichte in vieler Hinsicht ein hilfloses Unterfangen." (Schacherreiter 1999, S. 25) Ähnlich verhält es sich mit der Literaturgeschichte: Auch sie bleibt unverständliches Konstrukt ohne soziohistorische Einbettung.[4] Lange hat man freilich im Fach Deutsch – ohne jede Fächerverknüpfung – versucht, phänomenologisch Epochenbilder in einem Literaturunterricht zu entwerfen, der zu historischem Bewusstsein wenig beitrug. Das „geschichtsdefizitäre Denken der Literaturdidaktik", die sich als aufgeklärt durch die kommunikative Wende verstand, rügte zu Recht Köpf (1980, S. 5); „im Strudel immer neuer Moden und begrifflicher Popanze (gestern Gattung, heute Textsorte, morgen System?)" hat sich der Literaturunterricht, wie Köpf durchaus prophetisch anmerkte, von der Geschichtlichkeit der Literatur so weit entfernt, dass man sich nicht wundern muss, wenn Geschichtslehrer kaum Anknüpfungspunkte sahen.[5] Köpf selbst forderte deshalb (ebd., S. 6) eine „Literaturgeschichte als Bewußtseinsgeschichte" und nannte Gegenwartsromane, deren Potenzial an historischer Reflexion unübersehbar sei: Peter Härtlings *Hölderlin*, Günter Grass' *Das Treffen in Telgte*, Elisabeth Plessens *Kohlhaas* oder Christa Wolfs *Kein Ort, Nirgends.* „Ohne Geschichtlichkeit ist keine Arbeit der genannten Autoren verständlich" (ebd., S. 5). Das verweist auf eine Hilfsfunktion des Faches Geschichte für den Literaturunterricht: Welche sozialgeschichtlichen Faktoren bestimmten Hölderlins mühsame „Hofmeister"-Existenz? Wie verstehen wir heute das 17. Jahrhundert (Grass)? Was war das Problem des historischen Hans Kohlhase um 1800 (Plessen)? Wie lässt sich Kleists Identitätskrise *auch* sozialgeschichtlich erklären (Wolf)? Namentlich Peter **Härtling** hat sich in der Gegenwartsliteratur einen Namen gemacht als ein Autor, der immer wieder namhafte Persönlichkeiten der Literaturgeschichte (neben Hölderlin Lenz, Waiblinger, Lenau) zu Helden psychologisch stimmiger und historisch gewissenhaft recherchierter Romane werden lässt. Daneben gibt es lohnende „Dichterromane" etwa von Penelope **Fitzgerald** (Novalis) oder Tanja **Kinkel** (Byron).

Eine Hilfsfunktion übernimmt das Fach Geschichte im Literaturunterricht aber auch dort, wo fiktionale Texte vor historischem Hintergrund situiert sind, wie etwa in Bernhard **Schlinks** Erfolgsroman *Der Vorleser,* von Köster (2000, S. 92 ff.) „im Kontext des Auschwitzdiskurses" interpretiert und für den Unterricht aufbereitet. Die von ihr (ebd., S. 101 ff.) skizzierte Unterrichtssequenz ist für den Deutschunterricht der gymnasialen Oberstufe gedacht, jedoch kaum durchführbar ohne Wissen(serwerb) über das 20. Jahrhundert, besonders 1933–45, in historischer Sicht.

Auf der anderen Seite kann und soll aber auch der Literaturunterricht eine Hilfsfunktion für das Fach Geschichte übernehmen. Vorbereitet werden kann das schon auf der Primarstufe an Hand von Büchern wie **Lisa. Ein Leben**, ein histori-

---

[4] Vgl. etwa Horst Albert Glasers 1982 zuerst erschienene, zehn Bände umfassende *Deutsche Literatur. Eine Sozialgeschichte.*

[5] Zur Kritik dieser Tradition aus konstruktivistischer Sicht vgl. auch Nutz 1999.

sches Bilderbuch von Klaus **Kordon**, illustriert von Peter Schimmel. Fast ein ganzes Jahrhundert erlebt die Heldin Lisa; zwei Weltkriege, das Wirtschaftswunder, die 68er-Revolte, die Wiedervereinigung ... all das bleibt aber streng perspektiviert, d. h. gebunden an Lisas Erfahrung. Diese Personalisierung historischen Wissens macht das Buch auch für Grundschulkinder schon fasslich; Sachaspekte wie die Entwicklung des Verkehrs und der Transportmittel zwischen 1900 und der Gegenwart werden durch die Sorgfalt des Illustrators Schimmel im *Sachkundeunterricht* erschließbar. (Für Berliner Kinder kommt, aus Kordons Biografie erklärbar, ein starker *heimatkundlicher* Aspekt hinzu.) Für erste Einblicke in die *Geschichte* des 20. Jahrhunderts ist das Buch ebenfalls brauchbar, auch wenn hier Einschränkungen zu machen sind, die sich der starken Raffung und altersgemäßen Reduktion der historischen Ereignisse verdanken.[6] *Fächer*verbindend ist solcher Unterricht zwar noch begrenzt, weil es das Fach Geschichte in der 4.–5. Jahrgangsstufe noch nicht gibt; *sachkundlich* lässt sich aber bereits in der Grundschule Manches thematisieren; auch *Religionslehre* ist oft betroffen, wenn es nämlich um Grundentscheidungen für oder gegen Werte und Normen geht. Ein offener Unterricht mit Hilfe der genannten Bücher wird im Übrigen auch integrativ in dem Sinn sein, dass außerschulische Erfahrungen stark einfließen: So hat sich Kordons Bilderbuch als außerordentlich geeignet für eine *gemeinsame Lektüre dreier Generationen* erwiesen. Großeltern können Text und Bilder mit den Kindern zu Hause besprechen und dazu erzählen, auch über „Schuldfragen" diskutieren. Auch können geeignete Zeitzeugen in die Schule eingeladen werden: Wieviele Lisas gibt es noch?

Auch für die Orientierungsstufe gibt es geeignete epische Texte zu wichtigen Ereignissen der europäischen Geschichte – etwa mit der autobiografischen Romantrilogie Judith **Kerrs**, der Tochter des in den 20er Jahren berühmten Literaturkritikers Alfred Kerr, der vor den Nazis fliehen musste. Die späte S I könnten die *Aufzeichnungen aus einem Erdloch* interessieren, die Wolfgang Koeppen, 1948 (bevor er als Romancier bekannt wurde) für Jakob **Littner** als Auftragsarbeit schrieb und in denen das fast unglaubliche Überleben eines jüdischen Deutschen authentisch geschildert ist.

Hierher gehören schließlich auch zwei von der Kritik kontrovers diskutierte narrative Texte: Ruth **Klügers** Autobiografie *weiter leben* (vgl. Köster 1997; Angerer 2000; Kammler 2000) und der erstaunliche semi-autobiografische *Roman eines Sckicksallosen* von Imre **Kertész**, den Klaus Morsch in der 9. Klasse des Gymnasiums Kulmbach für das vorliegende Buch erprobt hat (vgl. seine Darstellung unten, S. 137 ff.).

Neben Autobiografie und semi-autobiografischem Roman – Textsorten, die besonders die Geschichte des 20. Jahrhunderts episch begleiten – ist die *Biografie*

---

[6] So heißt es auf S. 19, den Beginn des 2. Weltkriegs meinend: „Zuerst bombardierten die deutschen Flieger ...". Natürlich hat der 2. Weltkrieg so nicht begonnen.

eine in diesem Zusammenhang zentrale Gattung: Gegenstücke zu Härtlings Dichterromanen sind in diesem Sinn die Arbeiten des unermüdlichen Arnulf **Zitelmann**: Er hat für Heranwachsende ab 14 die Lebensgeschichten von *Martin Luther*, *Thomas Münzer* oder *Martin Luther King* zu spannenden Erzählungen ausgestaltet. Von diesen Persönlichkeiten und ihren Zielen, Problemen und Weltbildern aus werfen LeserInnen jeweils einen instruktiven Blick in die Zeit, die diese Menschen geprägt hat und die von ihnen wiederum geprägt wird. Für die *Frauenbiografie* in Literaturgeschichte und Gegenwart der (Jugend-)Literatur verweisen wir auf die neue Darstellung von Hesse-Hoerstrup (2001).

Daneben gibt es in der Jugendliteratur zu verschiedenen Epochen packende literarische Darstellungen, die auf seriösem Quellenstudium beruhen (vgl. im Überblick Daubert Hrsg. 1998): Wie kam es zwischen dem 15. und dem 17. Jahrhundert zu den Hexenverfolgungen? Ingeborg **Engelhardt** hat das für Heranwachsende mit Hilfe von Quellen so dargestellt, dass Klischeevorstellungen überwunden werden können und eine auch geschichtswissenschaftlich wohl vertretbare Konkretisation möglich wird: *Hexen in der Stadt*. Einen Jugendroman von Sid **Fleischmann**, der das Motiv der Zeitreise nutzt, um einen Zwölfjährigen und seine ältere Schwester in das Nordamerika von 1692 zu schicken (*Das Geheimnis im 13. Stock*), hat Henne (2001) für ein fächerübergreifendes Arbeiten an den sozialgeschichtlichen Themen *Puritanismus*, *Hexenverfolgungen* und *Piraterie* vorgeschlagen und gut aufbereitet. Für die S II schlagen Krugmann / Radau (2000) Wolfgang **Lohmeyers** biografischen Roman über den Jesuitenpater Friedrich v. Spee (1591–1635), Beichtvater vieler Hexenprozessopfer, vor: *Der Hexenanwalt*.[7] Wer dazu noch den Katalog der Wanderausstellung *Hexen* nutzen kann,[8] hat alle Aussichten auf einen interessanten fächerverbindenden Unterricht, der auch das Fach Religionslehre einbezieht.

Eine andere für Geschichts- und Deutschunterricht zentrale Epoche ist die Zeit um 1800. Fächerverbindender Unterricht wird sie nicht nur von der „Weimarer Klassik", sondern auch vom *Räuberwesen* aus in den Blick nehmen: Wer und wie waren die Räuber wirklich, die in Schillers „tintenklecksendem Säkulum" ihr Unwesen trieben? Michail **Krausnicks** Jugendroman *Der Räuberlehrling*, basierend auf eigenem Quellenstudium und sorgfältig recherchiert, macht es anschaulich. – Ergiebig ist auch das 19. Jahrhundert. Wie sieht z. B. die „verschwiegene Geschichte" der Frau um die Mitte des Jahrhunderts im Proletariat aus? Karin **Grütter** / Annamaria **Ryter** haben Quellen und Dokumente ausgewertet und ein spannendes Stück Sozialgeschichte um die sechzehnjährige Arbeiterin Lisa daraus gemacht – eine Erzählung aus der gesellschaftlichen Praxis der Zeit, in der

---

[7] Auf ihr vielfältiges Projekt im „Fächernetz Deutsch" können wir hier nur empfehlend hinweisen.
[8] Vgl. Thomas Hauschild / Heidi Staschen / Regina Troschke: *Hexen. Katalog zur Ausstellung*. Hamburg: Hochschule für Bildende Künste 1979. – Kontaktadresse: Hamburgisches Museum für Völkerkunde. Binderstr. 14, 20148 Hamburg.

Marx und Engels ihre Theorie entwarfen: *Stärker, als ihr denkt!* (Unterrichtsanregungen bei Büll 1993).

Schließlich hat Heinrich Pleticha, der als Autor auch selbst immer wieder historische Stoffe bearbeitet, eine Anthologie mit Auszügen aus jugendliterarischen Texten erstellt, in denen historische Sujets oder historische Fragen thematisch werden. Mit ihr kann man fächerverbindend gut arbeiten.

Zwei einschränkende Bemerkungen sind allerdings zu machen: Literatur als Medium historischer Reflexion ist erstens begrenzt verfügbar und zweitens leicht zu überfordern:

- Begrenzte Verfügbarkeit: In einem Überblick über historische Belletristik für Jugendliche konstatiert Ott (1994) Einseitigkeit im aktuellen Angebot: Römerzeit, Mittelalter und Nationalsozialismus sind häufig, andere Epochen viel seltener vertreten.

- Auch ist Literatur nur „eine, wenn auch der Dominanz der Bildmedien bescheidene Möglichkeit, bei Jugendlichen Interesse an Vergangenheit zu wecken" (ebd., S. 136). Die literarische Lektüre, werde sie für den Geschichtsunterricht naiv betrieben, sei stets in Gefahr der „Verwechslung von Fiktion und Faktum" (ebd., S. 135). Auch der Geschichtsdidaktiker v. Borries (1998) warnt vor Überschätzung historischer Fiktion für den Erwerb von Geschichtsbewusstsein; eine empirische Befragung unter Neuntklässlern aller Schularten (Angvik/v. Borries 1997) zeigt, dass der historische Roman zwischen dem bei Jugendlichen beliebten historischen Spielfilm und dem unbeliebten Geschichtsbuch „eine Zwischenstellung als ausgesprochen weiblich getöntes Minderheitsmedium" einnimmt (v. Borries 1998, S. 175).

Nicht jede einschlägige Lektüre wird also bei den Lernenden 'ankommen'; Texte wie Fleischmanns Sf-Krimi können aber vielleicht nicht nur die Schüler*innen* erreichen. Wann immer möglich, sollte man jedenfalls – punktuell – fächerverbindend literarische Vorstellungsbildung mit „historischen Fiktionen und Fantasien" vernetzen und so Geschichtsbewusstsein durch die Literatur hindurch bilden; man trüge damit in Deutsch zum Geschichtsunterricht und in Geschichte zur literarischen Bildung bei.

3. Deutsch und eine Fremdsprache

Die modernen Fremdsprachen sind in vieler Hinsicht sozusagen die nächsten Nachbarn des Faches Deutsch in der Schule; sind doch auch sie als Schulfächer kommunikationsorientiert und arbeiten von einem erweiterten Literaturbegriff aus mit Texten aller Art, mit Kanon, Jugend- und Unterhaltungsliteratur sowie mit allen anderen Printmedien. Querverbindungen und Überschneidungen des Interesses an Texten, Themen und Problemstellungen sind daher vor allem zwischen Deutsch und Englisch/Französisch so vielfältig, dass wir sie unmöglich erschöpfend erfassen können.[9] Da die Fächerverbindung Deutsch/Fremdsprache bei den Lehrkräften an Gymnasium und Realschule recht häufig ist, scheint uns der Versuch aber auch verzichtbar: Mindestens diese KollegInnen sind sich ja bewusst,

- wie hoch der Anteil an literarischen Motiven und m. o. w. kanonischen Texten ist, die als Übersetzungen oder literaturgeschichtsnotorische Bezugstexte im Deutschunterricht ohnehin auftauchen;

- wie stark einzelne Epochen der Kulturgeschichte (Literatur, Kunst, Philosophie) geradezu von sprachen- und nationalitätenübergreifenden Grundideen leben, so dass Querverbindungen – etwa in der Aufklärung, den Jahren der Französischen Revolution[10] oder der Romantik – fast unvermeidlich sind;[11]

- wie wenig auch ein einsprachiger Fremdsprachenunterricht inhaltlich bzw. thematisch auf die Kontrastierung jeweiliger landeskundlicher Wissensbestände mit vergleichbaren 'einheimischen' verzichten kann;

- wie stark die deutschsprachige Literatur vor allem dort, wo sie sich als adressatenorientiert versteht (Kinder-, Jugend-, Unterhaltungsliteratur für Erwachsene) mindestens seit Karl May auf die Faszinationskraft besonders der angelsächsischen Welt setzt und Landeskunde bzw. Kulturgeschichte (aber auch Nationalitätenstereotypisierung!) immer auch mitbetreibt; der Indianerroman z. B. ist nicht tot, wie Texte von Rainer M. **Schröder** für Jugendliche und Kinderbücher von Ursula **Wölfel** (*Fliegender Stern*) oder Jo **Pestum** (*Büffelsohn und kleiner Stern*) zeigen; im Bereich der Unterhaltungsliteratur sei nochmals hingewiesen auf den *Ethnokrimi* etwa bei **Hillerman.**

Einige andere Titel, die ebenfalls schon genannt wurden, bieten sich besonders der Fächerverbindung Deutsch/Englisch an: Penelope **Fitzgeralds** *Blaue Blume* ebenso wie Alan **Lightmans** *Einstein*-Roman erlauben auf einfache Weise auch eine Behandlung einzelner Auszüge bzw. Kapitel im fächer-, d. h. sach- und sprachenverbindenden Unterricht. Ähnliches gilt für einige Schulklassiker, die sich, obwohl englischer, amerikanischer oder vereinzelt auch französischer Herkunft, im Deutschunterricht der S I als Lektüren etabliert haben, etwa:[12]

---

[9] Auf ein interessantes, die Fächer Deutsch und Englisch verbindendes Projekt zum Doppelthema „Fremd-Sein" und „Liebe", das eine Reihe von Gedichten, Kurzgeschichten und Textauszügen, aber keine Ganzschrift einbezieht, sei hingewiesen: vgl. Bickelmann-Junker/Lenkewitz in Brinkmöller-Becker (Hrsg.) 2000, S. 135–142.

[10] Vgl. hierzu die Handreichung von Plieninger u. a. (1993) zum fächerverbindenden Unterricht in Deutsch – Französisch – Geschichte.

[11] Auf den Vergleich von Werken verschiedener Sprachen in derselben Epoche weist auch Schacherreiter (1999, 29) hin. – Zur Aufklärung und ihren poetologischen sowie philosophischen Grundlagen bietet die Handreichung *Literatur und Philosophie auf der Oberstufe* des ISB München (2000, S. 170ff.) einen Vorschlag, mit Kleists *Erdbeben in Chili* fächerverbindend zu arbeiten.

[12] Soweit Titel genannt werden, kommen sie fast alle im Lehrplan für das bayerische Gymnasium von der 7. Jahrgangsstufe aufwärts vor.

- im Bereich der Kinderliteratur A. de St. **Exupérys** *Le Petit Prince* oder Judith Kerrs *When Hitler Stole Pink Rabbit,*

- im Bereich der Jugendliteratur J.D. **Salingers** *Catcher in the Rye*, Morton **Rhues** *The Wave*, Ray **Bradburys** *Fahrenheit 451*, Bücher von Myron **Levoy** oder Jean Craighead **George,**

- im Bereich der anspruchsvollen Unterhaltungsliteratur Romane von Richard **Adams** (*Watership Down*), Kurt **Vonnegut** (*Slaughterhouse Five*),

- im Kanonbereich **Goldings** *Herr der Fliegen,*[13] Melvilles *Moby Dick,*[14] oder **Huxleys** *Brave New World.*

Schließlich ist auch im Bereich des schulischen 'Kanons' rein nationalsprachlicher Literaturunterricht manchmal fast unmöglich; man denke nur an Büchners Drama *Dantons Tod* (vgl. Plieninger u. a. 1993 zur Fächerverbindung Deutsch-Französisch – Geschichte).

So schwer in solchen Fällen oft eine Passung zwischen fremdsprachlichen Fähigkeiten und inhaltlichem Leseinteresse zu erreichen ist, so wenig geht es doch an, solche Texte gleichsam deutschdidaktisch restlos zu vereinnahmen. Die durch die Unverfügbarkeit jeweils landestypischen Allgemeinwissens verursachte Sperrigkeit ist nicht selten größer, als man denkt (das gilt bis hin zu *Harry Potter!*), und ernste Verständnis- und Deutungsprobleme können resultieren, wenn z. B. deutsche Lernende die Bedeutung des Sports an amerikanischen High Schools (*The Wave*) gar nicht realisieren. Außerdem wird natürlich eine Chance verschenkt, kulturelles Fremdverstehen anzubahnen und nicht zuletzt auch die angelsächsische oder – in geringerem Ausmaß – die französische Literatur *als solche* zu würdigen gerade dort, wo – im Fach Deutsch – keine Sprachbarriere die schwächeren Lernenden an der Teilnahme am literarischen Gespräch verhindert. Dass fremdsprachliche literarische Texte „potenzierte Fremdheit" bieten (Schmidt 2000) und eine Herausforderung für interkulturelles Lernen darstellen, spricht gerade nicht dagegen, fächerverbindende Zugänge zu suchen (vgl. ebd, S. 58).

Ein letzter Hinweis zu dieser Fächerverbindung mag den manchmal erstaunlichen interkulturellen Rezeptionsphänomenen gelten (vgl. Schacherreiter 1999); in den Zeiten des Internet ist es realistisch geworden, etwa dem *Hesse-Kult* in den USA nachzugehen.

---

[13] Grundke (1983) skizziert ein Unterrichtsmodell über „Die Ralphs und die Jacks", d. h. über Gruppenprozesse in Goldings *Herr der Fliegen*, das uns durch einen Rückgriff auf das englische Original erweiterbar scheint.

[14] Mit der Jugendbuchfassung von Melvilles Roman arbeitet Falk (1998) im Rahmen eines fächerübergreifenden Projekts „Wale und Walfang". Die 6. Jahrgangsstufe erlaubte aber hier die Querverbindung mit Englisch nicht, sondern legte eher die zu Biologie und Geschichte, daneben auch Kunst und Religion nahe.

4. Deutsch und Erdkunde

Die beiden Fächer haben auf den ersten Blick wenig gemein: Der Unterricht in („deutscher") Literatur handelt vielfach von fiktionalen Welten, vor allem auch Innenwelten; der Geografieunterricht dagegen von wirklichen Welten – ihrer Entdeckung und Besiedlung, ihren Lebensbedingungen, Ressourcen, ihrer Bedeutung als Kulturräumen, usw. Dennoch gibt es Brücken zwischen diesen beiden so unterschiedlichen fachlichen Interessen; zunächst, darauf hat Schacherreiter (1999) hingewiesen, sind bestimmte *Textsorten* solche Brücken – allen voran *der Reisebericht.* (Zur Reiseliteratur in fächerübergreifender Sicht vgl. auch Theodor Karst in Frederking Hrsg. 1998) Unter dem Titel „Reisen einst und jetzt" hat Maria Dorninger z. B. Hans Tuchers *Pilgerfahrt* aus dem 15. Jahrhundert für einen fächerverbindenden Unterricht vorgeschlagen (vgl. in Bärnthaler/Tanzer Hrsg. 1999). Man denke aber auch an die Abenteuerliteratur, mit ihren – etwa bei Karl May – aufwändig abgesicherten Schauplatzschilderungen und Wegbeschreibungen.'Wirkliche' Geografie und fiktionale Welt der Literatur durchdringen einander.

Schließlich wird zunehmend Literatur – gerade auch Kinder- und Jugendliteratur *aus* der und/oder *über* die „Dritte Welt" – zu einem Aufgabenbereich, wo sich Vermittlung geografischen und (inter-)kulturellen Sachwissens und literarisches Lernen verbinden. Besonders einige Bücher des auf Grund seiner eigenen Lebensgeschichte sehr sachkundigen Klaus Kordon sind außerordentlich geeignet für eine solche Brückenfunktion.

Drei afrikanische Jugendbücher (Abdoua Kanta: *Leleee, das Hirtenmädchen* – Meja **Mwangi**: *Kariuki und sein weißer Freund* – Amu Djoleto: *Obodai und seine Freunde* haben Schade/Kindermann (1996) in einem fächerverbindenden Unterrichtsprojekt genutzt.[15]

Schließlich möchten wir aber auch hinweisen auf einen Grenzbereich zwischen (oft historischem) Tatsachenbericht und erzählender Literatur: Das Erlebnis, unbekannte Räume zu erschließen und ferne Länder, bis hin zu den unwirtlichen Polen, oft unter Lebensgefahr zu erkunden, hat immer wieder auch Literaten zu packenden Schilderungen gereizt, in denen sich Authentisches verbindet mit imaginierten Figuren und Begebenheiten. Beispielhaft seien hier drei literarische Darstellungen einer der berühmtesten Polexpeditionen überhaupt genannt, Sir Ernest Shackeltons Südpolexpedition (1914–16). Das Unternehmen musste zwar frühzeitig als gescheitert gelten, weil das Expeditionsschiff vom Packeis zermalmt wurde, ist aber dennoch in die Geschichte eingegangen, weil es dem Expeditionsleiter wider alle vernünftige Erwartung gelang seine gesamte Mannschaft so gut wie unversehrt in die Zivilisation zurückzubringen – ein-

---

[15] Zu **Kariuki** vgl. auch das Unterrichtsmodell von Martini 1997 sowie Rösch (2000, S. 149 f.), die sich kritisch damit, auch mit Schade/Kindermann, auseinandersetzt.

schließlich eines blinden Passagiers, den das Jugendbuch von **Zimmermann** (1999) kluger Weise zum Erzählmedium macht. Fakten und Anregungen dürfte sich die Autorin bei **Lansing** geholt haben, der bereits in den 50er Jahren die Überlebenden befragte und aus seiner Dokumentation einen semi-literarischen Tatsachenbericht machte, der nun ebenfalls in einer deutschen Ausgabe vorliegt (1999). Die durch Zimmermann übernommenen Schwarzweißfotos sind faszinierende Originaldokumente des Expeditionsfotografen, ihrerseits inzwischen publiziert (vgl. *Die Endurance*. Berlin Verlag 1999) und von einer dritten aktuellen Darstellung (Elizabeth Cody **Kimmels** *Ice Story*, dt. 2000) in einen Erzählbericht eingebaut. Aus einer solchen „Lektüre" lässt sich ein fächerübergreifendes Projekt für die ausgehende S I entwickeln, da das Jugendbuch ergänzt bzw. überprüft werden kann an Hand der anderen Quellen; historische (1. Weltkrieg!), geografische (Antarktis, v. a. klimatische und darstellungstechnische Fragen können erörtert werden. Es wird hier deutlich, was wir mit „Anreicherung" meinen. Inhalte und Ziele des Deutschunterrichts müssen darüber nicht vernachlässigt werden; so kann man der genretheoretischen und erzähltechnischen Frage nachgehen, warum Zimmermann die Biografie und das Alter des jungen Helden leicht verändert hat.

Besonders für manche männliche Lernende mit sonst eher literaturfernen Interessen, die für den unter Schülerinnen eher beliebten psychologischen Jugendroman ebenso schwer zu begeistern sind wie für fantastische Literatur, wäre eine solches Angebot an Text- und Bildmaterial eine Alternative.

5. Deutsch und eine Naturwissenschaft (Biologie, Physik)

Wenn von der frühen S I an in Deutsch Kurzreferate zu halten sind und die SchülerInnen die Themen selbst wählen dürfen, pflegen die im weiteren Sinn *biologischen* Themen stark vertreten zu sein. Vor allem Haus- und Wildtiere, aber auch Aspekte einheimischer Fauna sind vor allem bei den Mädchen beliebt. Natürlich gibt es dann in der Regel Sachliteratur, z. B. die *Was ist was*-Reihe des Tesloff-Verlags. Es gibt aber auch literarische Texte, die Wissensbestände aus der Biologie der Tier- und Pflanzenwelt mehr oder weniger anspruchsvoll aufbereiten. Spitzenreiter dürften die Wale und Delphine sein, obwohl insgesamt, wie Lindenpütz (1999, S. 76 f.) kritisch festhält, von einer gutgemeinten, aber nicht immer gut *gemachten* simplifizierend-pseudorealistischen Kinderliteratur keine überhaupt bedrohte Tierart ausgelassen ist. Wir beschränken uns hier auf einige der besseren Beispiele. Im Geist von *greenpeace* erzählt Nina **Rauprich** *in Die sanften Riesen der Meere* vom Interessenkonflikt der Walschützer mit den illegalen Walfängern in einem portugiesischen Fischerdorf. Weniger aufklärungsorientiert, aber literarisch dicht und dabei schon für Viertklässler fasslich (vgl. Lindenpütz 1999, S. 87 f.) erzählt die Australierin Katherine **Scholes** die anrührende Geschichte vom gestrandeten Zwergpottwal, der sein Überleben einem Zehnjährigen verdankt (*Sams Wal*).

Die Biologin Jean Craighead **George** wurde in vorliegendem Buch schon mehrfach erwähnt (zu George vgl. auch Lindenpütz 1999, S. 118–122). Ihr wohl bekanntester Roman, *Julie von den Wölfen*, hat das Zeug zum 'Schulklassiker'. Unterrichtsvorschläge von Haas (1981) und Lange (1995) beziehen sich darauf. Lange (ebd., S. 46) schlägt u. a. eine schriftliche „Umformung der Erlebnisse in Erkenntnisse" vor: Die Lernenden (7. Schuljahr) schreiben Julies „Bericht für Verhaltensforscher" und suchen dazu Stellen im Text zu folgenden Gesichtspunkten: Aufzucht der Jungen – Nahrungsbeschaffung und Jagd – Ordnung im Rudel – Verständigung und Sprache. Neben dieser eindringlichen Verhaltensstudie eines Wolfsrudels hat **George** auch einen Jugendroman vorgelegt, der vom Walfang der Inuit erzählt: *Der Ruf des weißen Wals*. Aus der Welt der Inuit erzählen schließlich auch mehrere Romane des 1930 als Sohn eines tschuktschischen Jägers geborenen Juri **Rytchëu** (*Wenn die Wale fortziehen; Die Suche nach der letzten Zahl*).

Neben solchen Einblicken in ökologische Zusammenhänge einer buchstäblich entlegenen Welt vermittelt die moderne Gegenwartsliteratur, besonders die für Heranwachsende, aber auch Wissen über einheimische Tierarten. Hier sind es vor allem Hund und Katze, die als jahrtausendelange Begleiter des Menschen thematisiert werden können. Schon für die Grundschule geeignet ist Elke **Heidenreichs** bezauberndes Kinderbuch *Nero Corleone*, von ihr selbst auch als Hörfassung vorgelegt: Ein kinderloses deutsches Paar bringt aus dem Italienurlaub den schwarzen Kater Nero und seine schielende Schwester Rosa mit nach Hause. Die Geschichte ist im Anklang an den Schelmenroman „personal" aus der Sicht Neros erzählt und erlaubt auf unterhaltsame Weise einen Nachvollzug der Eigenheiten und Lebensbedingungen von Hauskatzen sowohl in ländlicher Umgebung (der italienische Bauernhof) als in der Stadt. Für das Ende der Grundschulzeit oder die frühe S I kann man Natalie **Carlsons Boskos weite Wanderung** heranziehen (vgl. das Unterrichtsmodell von Venter 1978), eine Tiererzählung aus Kanada, die den langen Weg des vom St.-Lorenz-Strom auf einer Eisscholle abgetriebenen Schäferhundes Bosko zurück nach Hause schildert, wo er nach vielen Wochen stark geschwächt ankommt. Dort, auf der Farm, hat inzwischen ein neuer Wachhund seinen Platz eingenommen. Aber Boskos ehemalige Besitzer können durch die Vermittlung von Indianern aus der Gegend das Mädchen Angela ausfindig machen, das den Hund auf seinem Heimweg stromaufwärts schon einmal aufgenommen hat und noch um ihn trauert. Die spannende Handlung bringt den Hund in so unterschiedliche Sitationen, dass verhaltensbiologische Fragen sich immer wieder stellen und, durch Bereitstellung von Sachinformation, auch beantwortbar werden.

Als letztes Beispiel für eine gelungene literarische Darstellung biologischer und ökologischer Zusammenhänge sei Hanna **Johansens** Kinderbuch *Die Geschichte von der kleinen Gans, die nicht schnell genug war* angeführt. Das Buch ist nicht nur eine Sozialisationsgeschichte im Gewand der Tiererzählung; es gibt auch die Verhaltensbiologie der Graugänse richtig wieder, ohne dabei auf die Vermenschlichung der Tiere ganz zu verzichten: sie kommunizieren sprachlich miteinander. – Diesen Text haben Corinna Wirth (Grundschule) und Franz-Josef Scharfenberg (Gymnasium) für das vorliegende Buch erprobt (vgl. unten, S. 93 ff.).

Für das Fach *Physik* bietet sich ein Nachdenken über das Genre der *Sciencefiction*-Literatur (vgl. Melzer 1996 u. 2000; Lange 1998) und ihre wissenschaftlichen Grundlagen an. Besonders der „extrapolierende Typus" (Melzer 2000, S. 554), in dem die Autoren an reale Entwicklungen der jeweiligen Gegenwart anknüpfen und sie gedanklich weiterführen, ist ergiebig. So könnte Charlotte **Kerners** *Geboren 1999* (1989) nicht nur als „Warnutopie" gelesen und in die Geschichte der utopischen Literatur eingeordnet werden, sondern auch auf die von ihr unterstellten technischen, physikalischen und biomedizinischen Voraussetzungen hin untersucht werden. Sie sind z. T. heute schon Realität (Gentechnik), z. T. aber auch überholte Spekulationen.

Allgemein lautet die für das Fach Physik interessante Frage an SF-Texte: Welche der beschriebenen Erfindungen sind bereits realistisch, welche prinzipiell möglich, welche überhaupt unmöglich? Eine Schwierigkeit sei hier eingeräumt: Während die Texte sich in ihrer Mehrheit – von William **Sleators** *Das Haus der Treppen* (1976)[16] über Werke von Herbert W. Franke bis hin zu neueren Titeln von Andreas **Schlüter** – sich häufig für die S I am besten eignen (vgl. Melzer 2000, S. 562), dürften die fachwissenschaftlichen Grundlagen oft erst in der S II gelegt worden sein, da mechanische und elektromagnetische Kenntnisse bei weitem nicht ausreichen, sondern – wie etwa für Gudrun **Pausewangs** *Die Wolke* – aus der Sicht des Faches Atom-, Quantenphysik, bei 'klassischer' Sf-Literatur meist auch Relativitätstheorie benötigt werden. Nun ist aber ein fächerverbindender Gebrauch solcher Titel ja nicht auf Spannungslektüre angewiesen, braucht andererseits gerade für die oft nahe liegenden ethischen Problemdiskussionen (**Kerner, Pausewang**) eine fachliche Grundlage. Fächerverbindend sollte man deshalb solche Texte ruhig mit einer 'Verspätung' gegenüber altersangemessener Lektüre nutzen. Dann kann man sich sowohl den naturwissenschaftlichen als auch den literarisch-ästhetischen Problemen eines Textes von einem höheren (physikalischen *und* literarischen) Kenntnisstand der Lernenden aus kritisch nähern. Einige 'Klassiker' des Genres sind ja bereits eingeführte Schullektüre (vgl. die Anthologie von Lange 1992), andere drohen es – wie Andreas Schlüters Erfolgstitel – trotz durchaus problematischer Qualität gerade zu werden. Hier wäre es reizvoll, einen Text wie **Schlüters** *Achtung Zeitfalle!* (1996), der den Lernenden vielleicht aus der S I bekannt ist, im Literatur- und Physikunterricht der S II

---

[16] Hierzu hat Raulf (1998) für das 8./9. Schuljahr einen Unterrichtsvorschlag vorgelegt, der freilich weniger für physikalische als für behavioristische Wissensbestände ergiebig ist.

dann einer kritischen Prüfung zu unterziehen: Wo liegen die literarischen (erzähltechnischen) Schwächen des Romans, wo seine fachlichen Grenzen? Welche
Klischees über Computer und digitale Medien werden hier, durch beide Schwächen hindurch, kritiklos transportiert?

Zwei Vorschläge zur Fächerverbindung Deutsch-Physik seien noch gemacht, die
sich an ein anderes Genre anschließen, nämlich die *Biografie*. Zu beiden Texten
gibt es bereits deutschdidaktische Kommentare und Arbeitsanregungen, während ihr Einsatz im Physikunterricht wohl noch nicht durchdacht ist. Zum einen
ist Charlotte **Kerners** Biografie *Lise, Atomphysikerin* nicht nur ein Dokument
der Frauenemanzipation (ähnlich wie Evelyne Haslers *Die Wachsflügelfrau*),
sondern eben auch eine mit literarischer Vorstellungsbildung arbeitende Einführung in Denken und Probleme der Atomphysik und passt von daher in die S II.
Der andere Vorschlag ist ein Erfolgstitel aus der Erwachsenenliteratur: Alan
Lightmans Einstein-Roman *Und immer wieder die Zeit*. Diesen Titel hat Monika Gross, von der es auch ein Unterrichtsmodell zum Einsatz im Deutschunterricht gibt (Gross 1999), als Gegenstand fächerverbindenden Arbeitens kommentiert (vgl. unten S. 163 ff.).

6. Deutsch und Mathematik

Deutsch und Mathematik scheinen auf den ersten Blick kaum Berührungspunkte zu haben: Ist Deutsch auf Kommunikation als lebendigen Austausch von Gefühlen und Gedanken angewiesen als Fach, das kognitive Kompetenz nur als eine unter vier Zielbereichen kennt (vgl. Fritzsche 1994, Bd. 1), so gilt Mathematik als *das* Fach der strengen Logik, der Verstandesschulung und einer mit hohem
Aufwand zu erlernenden Kunstsprache. Das scheinen, im Sinn des berühmten
Essays von C. P. Snow von 1963, *zwei Welten* zu sein: 'Versorgt' Mathematik eher
die naturwissenschaftlichen Fächer mit den dort benötigten Grundlagen, so hat
Deutsch eine traditionelle Affinität zum musischen Bereich, neuerdings wieder
verstärkt durch die aktuelle Betonung der Bedeutung ästhetischer Erziehung.
Es gibt nur sehr wenige Versuche hier Brücken zu schlagen und die natürliche
Sprache, vor allem die Schriftlichkeit, als heuristisches Mittel auch für mathematisches Lernen in Anspruch zu nehmen (vgl. Ruf/Gallin 1998; Würker/Getrost
1998). Fast überhaupt nicht genutzt ist bisher das Potenzial, das manche literarische Texte für die mathematische Vorstellungsbildung, auch für einen Einblick in
die Geschichte der Mathematik bieten könnten.

Dabei wird auch von Seiten der Mathematikdidaktik aus (vgl. Heymann 1996)
inzwischen betont, dass das Fach – wie andere auch – zur Allgemeinbildung beizutragen und dafür eine Unterrichtskultur zu entwickeln habe, die sich u. a.
durch „Weltorientierung", „Lebensvorbereitung" und „Stiftung kultureller Ko-
härenz" (ebd., S. 8) auszeichnen solle.

Es könnte von hier aus auch für Mathematiklehrende von Interesse sein, dass es Autoren der Literaturgeschichte gibt, die sich – vor allem im 20. Jahrhundert – sowohl für schöne Literatur als für die Gedankengebäude der Mathematik interessiert haben; allen voran Robert **Musil**, der zeitlebens ein Grenzgänger zwischen den beiden Welten gewesen ist. Sein früher Internatsroman **Die Verwirrungen des Zöglings Törleß**, Kanontext der gymnasialen Oberstufe und Paradestück literarischer Schul- und Bildungskritik,[17] ist von Gabriela Paule auf sein Potenzial an literarisch-mathematischer Vorstellungsbildung hin untersucht worden (vgl. unten, S. 153 ff.). Als Text, der in Deutsch ohnehin irgendwann zur Sprache kommen wird, bietet er sich zuerst für eine Fächerverbindung Deutsch-Mathematik an. Schacherreiter (1999, S. 31) verweist in diesem Zusammenhang auch auf Friedrich Torbergs **Der Schüler Gerber**, wo sich ebenfalls Schulkritik am 'mathematischen Komplex' festmachen lässt (vgl. jetzt auch Maiwald 2001, S. 105 ff.).

Damit aber der Zusammenhang nicht als der einzig mögliche erscheint bzw. das (literarische) 'Leiden an der Mathematik' nicht das einzige fächerverbindende Thema bleibt, möchten wir auch auf den faszinierenden Roman **Die Suche nach der letzten Zahl** von Juri **Rytchëu** hinweisen (dt. 1995; als Taschenbuch 1997). In diesem Roman wird Amundsens historische Nordpolexpedition von 1918 zum Hintergrund einer interkulturellen Begegnung genommen: Amundsen findet in dem klugen Inuit Kagot, der während des Winters 1919/20, als das Schiff vor der tschuktschischen Küste im Eis festliegt, als Küchenhilfe angestellt wird, einen gelehrigen und interessierten Schüler, den er in dessen Freizeit im Lesen, Schreiben und eben auch in den Grundbegriffen der Mathematik unterweist. Kagots Insistieren darauf, dass es eine „letzte" (größte) Zahl geben müsse, zieht sich leitmotivisch durch den spannenden und psychologisch genauen Roman, der sozusagen verschiedene Dimensionen von Unendlichkeit thematisiert, darunter auch die mathematische. Darüber hinaus bietet sich Rytchëu, der seinem Buch eine geografische Karte der Beringstraße beigibt und authentische Quellen benutzt (Amundsens Autobiografie und seine Tagebücher), auch Worterklärungen nicht scheut, – besonders, aber nicht nur mit diesem Buch – als ein Autor an, der in einem fächerübergreifenden Unterrichtsprojekt erforscht werden kann: Geschichte und Geografie, Mathematik und Deutsch, auch Philosophie und nicht zuletzt Religionslehre in der S II fänden hier einen Gegenstand des Nachdenkens über so spannende Themen wie eurozentrisches Weltbild, Ursprungsmythen, Kulturkontaktprobleme, sowie allgemein den Vorstoß bis zur Grenze des (gedanklich, technisch) Möglichen.

Einen anspruchsvollen, vielschichtigen Roman zum Thema Mathematik und Alltagserfahrung hat auch der Franzose Dennis **Guedj** vorgelegt: **Das Theorem des Papageis** (1999). Im Bereich der Kinderliteratur schließlich hat sich Hans

---

[17] Hierzu vgl. Mix 1996; Abraham 1998, S. 50 ff.; Kämper-van den Boogaart 2000.

Magnus **Enzensberger** des Themas angenommen und eine fantastische Geschichte (***Der Zahlenteufel***) erzählt, die – übrigens nun doch wieder einherge-
hend mit Schulkritik – von einem Jungen handelt, dem nachts sein persönlicher
Nachhilfelehrer in mathematischem Denken erscheint – der Zahlenteufel, dessen knifflige und oft überraschende Gedankenspiele geeignet sind, jungen LeserInnen die Angst vor der Mathematik zu nehmen. – Auch dieses Buch hat Gabriela Paule für einen fächerverbindenden Einsatz kommentiert (vgl. S. 106 ff.).

Solche Anregungen sollen und können nun nicht aus dem Mathematik- einen
Lektüreunterricht machen; sie können auf der S I ein kleines, aber durchaus vor-
handenes Potenzial an gemeinsamen Interessen nutzen, indem Lektüreentschei-
dungen des Deutschunterrichts in solchen Fällen der Mathematiklehrkraft mit-
geteilt und von ihr nach Möglichkeit genutzt werden; und sie können vor allem
auf der S II zu selbstständigem Arbeiten an solchen Büchern führen, die dem
Kurs dann vorgestellt und dabei sowohl literarisch als mathematisch kommentiert werden könnten. Wer sagt denn, dass es dafür nicht in beiden Fächern
„Punkte" geben darf?

7. Deutsch und ein musisches Fach

Deutsch ist in wesentlichen Teilen seines fachlichen Spektrums ein musisches
Fach, das mit ästhetischer Erziehung befasst ist; nicht zufällig hat der *Stilbegriff*
in der Deutschdidaktik eine lange Tradition.[18] Der Umgang mit Literatur und anderen Medien, aber auch der Schreibunterricht, wo er sich als „kreativer" versteht, hat es mit Gestaltung(en) zu tun. Versteht man nun Kunst als dasjenige
Fach, in dem ein Gespür für Stilwillen und Gestaltcharakter ästhetischer Prozesse und Produkte entwickelt werden soll, so kann Deutschunterricht ihm zuarbeiten. Er kann das

- rezeptionsästhetisch, wenn er die Frage nach den „Stilgestalten" (z. B. einer
  Epoche) ebenfalls stellt (vgl. z. B. Sämmer / Wagener 2000 über „1900 – Umbruch der Moderne") ; und

- produktionsästhetisch, indem er über die Grenzen der verschiedenen Künste
  hinweg (Malerei, Dramatisches Gestalten, literarisches Schreiben) an literarischen Texten arbeitet (vgl. z. B. Boskamp u. a. 2000 über das Lesen und Gestalten künstlerischer Baumdarstellungen).

Freilich sind die eben genannten Unterrichtsmodelle (aus Brinkmöller-Becker
Hrsg.) für die S II erprobt worden, wo das Zusammenspiel der Künste schon relativ komplex erforscht werden kann. Aber auch in der S I ist, wie Launer (1999)
zeigt, Malen und Zeichnen im Anschluss an Gedichtrezeption möglich. Eher re-
zeptiv dagegen zeigt der Versuch von **Teichert** für das vorliegende Buch (vgl. un-

---

[18] Hierzu vgl. U. Abraham: *Stil Gestalten. Geschichte und Systematik der Rede vom Stil in der
Deutschdidaktik.* Tübingen: Niemeyer 1996.

ten, S. 128 ff.) sehr schön, wie eine Epoche der Malerei (Renaissance) in Zusammenhang mit einer Ganzschriftlektüre erarbeitet werden kann. Und für die Primarstufe deutet **Kepser** in seinem Beitrag über die Bilderbücher *Verdi* und *Stellaluna* Möglichkeiten an, Literatur und Kunstunterricht zu verbinden. Auch Duncker (1998) skizziert eine Möglichkeit, an Bildern von Giuseppe Arcimboldo in der Grundschule fächerverbindend zu arbeiten.

Einige weitere Möglichkeiten seien noch genannt. Wie eine Arbeit von Mai (1999) zeigt, gibt es im Roman des 20. Jahrhunderts (John Berger, Kurt Vonnegut, Luigi Malerba) vielfältige Wechselbeziehungen zwischen Literatur und Malerei. Das ist die *thematische* Ebene; auf der Ebene der Autorschaft gibt es ebenfalls Wechselbeziehungen: Berühmt geworden sind eine Reihe von *Doppelbegabungen*, z. B. Günter Grass, Alfred Kubin oder Hermann Hesse.

Anderen bildenden Künsten hat sich fächerübergreifendes Arbeiten demgegenüber eher zögerlich zugewandt; dass dies möglich wäre, zeigt immerhin ein Projekt einer (8.) Brandenburger Gymnasialklasse, die 1995 zu Tschingis Aitmatovs Erzählung *Sonnensegel* eindrucksvolle Kunstobjekte anfertigte und in einem schönen Ausstellungskatalog dokumentierte (*Der weiße Dampfer – ein künstlerisch-literarisches Projekt*, Berlin 1996).

Auf die Möglichkeit, *Buchillustrationen* auch unter kunstdidaktischem Aspekt zu behandeln, weist allgemein Schacherreiter (1999, S. 30) hin.

Die Verbindung von Deutschunterricht und *Musik* schließlich erscheint uns ebenfalls noch wenig genutzt (vgl. auch Holoubek 1998). Hinzuweisen ist hier auf

- vertonte Lyrik, z. B. von Goethe, Rückert, Heine, Eichendorff, Wedekind, Kästner, Tucholsky, Brecht u. a. (vgl. auch Schacherreiter 1999, S. 29 f.)
- die Zusammenarbeit von Schriftstellern und Musikern (vgl. z. B. Lucchesi / Shull 1988 zu Brecht)
- „Musik-Erzählungen" (Janson Hrsg. 1990), d. h. Musik als literarisches Motiv etwa bei Thomas Mann (z. B. *Dr. Faustus*; vgl. Schlee 1981), Eduard Mörike (*Mozart auf der Reise nach Prag*) oder Robert Schneider (*Schlafes Bruder*) (vgl. auch Kleßmann 1996 sowie Holoubek 1998, S. 66 ff.)
- Musiker als Gegenstand literarischer Texte (z. B. E. T. A. Hoffmann: *Ritter Gluck*; Wolfgang Hildesheimer: *Mozart*)
- Liedermacher und ihre Lieder bzw. Texte als mögliche Gegenstände in beiden Fächern, z. B. solche von Konstantin Wecker
- Sprache und Musik als (digitale bzw. analoge) Zeichensysteme im Vergleich und im Zusammenspiel, etwa in Arrangements kreativen Schreibens.

Im Rahmen dieses Überblicks können wir nur auf die sehr gute und materialreiche Arbeit von Holoubek (1998) verweisen, die in allen Bereichen Hinweise und weitere Literatur – auch didaktisch-methodische – enthält.

8. Deutsch und Sozialkunde

Literatur- und Sozialkundeunterricht haben vielfältige Berührungspunkte. Dennoch sind fächerverknüpfende Hinweise in der didaktisch-methodischen Literatur eher selten. Ein interessantes Projekt von Manfred Buhl und Bernhard Kühmel (dokumentiert in: Brinkmöller-Becker Hrsg. 2000) mit dem fächerübergreifenden Ziel einer Reflexion von *Normalität* in der S II enthält zwar (ebd., S. 220) einen Hinweis auf die Möglichkeit, fiktionale Texte einzusetzen, arbeitet aber nicht mit solchen. Fragt man nach literarischen Genres, die einer Reflexion des Verhältnisses von Individuum-Gesellschaft allgemein entgegen kommen, so bietet sich die literarische Utopie an, und zwar von den Anfängen bei Thomas Morus an (vgl. wiederum für die S II, Silke Urbanski ebd.). Als drittes Fach kann das Wahlfach Philosophie einbezogen werden (vgl. das Unterrichtsmodell in ISB Hrsg. 2000, S. 80 ff.). Bis in die Gegenwart hat diese Tradition utopische und dystopische Texte hervorgebracht, die Bedingungen menschlichen Zusammenlebens und seiner staatlichen Organisation reflektierbar machen; **Huxleys *Brave New World*** und **Bradburys *Fahrenheit 451*** wurden ja als Gegenstände eines Deutsch und Englisch verbindenden Unterrichts schon genannt. Speziell sozialkundlich interessant ist auch ein Roman des behavioristischen Psychologen B. F. **Skinner: *Futurum Zwei*.** An Ziele sozialkundlicher Lehrpläne freilich sind solche Texte, soweit wir sehen, nur sehr bedingt anschließbar, weil sie es ja eben nicht mit sozialer Wirklichkeit, sondern mit Gegenentwürfen zu tun haben. Und wo Wissenserwerb tatsächlich eine nennenswerte Rolle spielt – etwa in **Pausewangs *Die Wolke*** – handelt es sich eher um natur- als um sozialwissenschaftliches Wissen.

Dennoch sei festgehalten, dass eine ganze Reihe der in diesem Buch herangezogenen Texte der Kinder-, Jugend- und Erwachsenenliteratur Anknüpfungspunkte für sozialkundlichen Unterricht bieten, und zwar in folgenden Bereichen, die in sozialkundlichen Lehrplänen der S I breit vertreten sind: [19]

- *Alte Menschen* – ihre soziale Integration, materielle Lage, Generationenverhältnis (**Krauß**), auch als Zielgruppe in der Werbung;

- *Behinderte* und ihre – mangelnde – soziale Integration (**Härtling, Rusch**);

- *Migranten*, Asylanten andere „Außenseiter" (**Steinhöfel, Siege**);[20]

---

[19] Z. B. im Lehrplan für bayerische Hauptschulen, der für die verschiedenen Jahrgangsstufen ausdrücklich „fächerübergreifende Bildungsaufgaben" im Bereich Geschichte/Sozialkunde/Erdkunde ausweist, *Lebensgemeinschaften/Familie* und/oder *Behinderte* in Jahrgangsstufe 5, *Freizeitgestaltung* in 6, *alte Menschen* in 7, *Gewalt im Alltag* in 8. – Der Lehrplan für das sozialwissenschaftliche Gymnasium in Bayern sieht in Jahrgangsstufe 9 das Thema „Jugend und Medien" vor und in 10, unter ausdrücklichem Einbezug literarischer Texte, „Politische Utopie".

[20] Vgl. Weinkauff über Migrantenliteratur in Lange (Hrsg.) 2000, S. 775 ff. und Kurpjuhn 2000 über Außenseiter in der Kinderliteratur; beide Quellen nennen weitere Texte und Themen.

- *Freizeit und Medien* – Spiel, Sport und Unterhaltung im Prozess der Sozialisation (**Schlüter**);

- Reflexion gesellschaftlicher *Konventionen, Normen und Werte* (**Rauprich, Skinner**);

- *Sozialisationsbedingungen* und –ziele überhaupt (**Golding**; vgl. den Unterrichtsvorschlag von Grundke 1983); Wissenserwerb über *politischen Extremismus* (**Rhue, Hagemann**; vgl. die Unterrichtsmodelle von Frederking 1995 bzw. Koenen und Reiter; auch Engelhard 1996);

- rechtsradikal und rassistisch anders motivierte *Gewalt im Alltag* (**Boie, de Zanger;** vgl. dazu die Unterrichtsmodelle von Daubert 1997, Hartmann 1996 bzw. Brunken 1995; allgemein Rösch 2000b).

Hinzu kommt, wo immer möglich, in Zusammenarbeit mit dem Fach Geschichte die Möglichkeit von Wissenserwerb zur *Sozialgeschichte* verschiedener Epochen: **Stöver** über das 'alte Rom'; **Plate** über den Kinderkreuzzug, **Zitelmann** über die Bauernkriege, **Fitzgerald** und **Krausnick** über die Zeit um 1800; **Grütter/Ryter** über die Zeit der Industrialisierung; Geschichte und Ziele sozial-karitativer Bewegungen (**Hasler**).

MATTHIS KEPSER

Stellaluna und *Verdi* von Janell Cannon im Deutsch- und Sachunterricht der Primarstufe

Die Bücher

Die Bilderbücher *Stellaluna* und *Verdi* von Janell Cannon im Umfang von je 48 Seiten gibt es in einer großen Ausgabe (32,– DM) und in einer kleinen (9,90 DM).

Stellaluna erzählt von einem Flughund-Mädchen, das die Mutter verliert und bei einer Vogelfamilie aufwächst. Es nimmt die ihm fremdartige Lebensweise der Vögel an, bis es eines Tages seine Angehörigen wieder findet: Stellaluna fliegt fest an ihre Mutter gekrallt über den nächtlichen Urwald, als plötzlich eine Eule auf die beiden herab stößt. Das Flughund-Kind stürzt – noch flugunfähig – ab und landet in einem Nest. Drei Vogelkinder finden den hereingefallenen Gast ganz nett, auch wenn der seltsame Vogel nicht im Nest, sondern kopfüber unter dem Nest schlafen will. Stellaluna verspürt zwar keine Lust auf Insektennahrung, öffnet aber schließlich vom Hunger getrieben doch ihr Mäulchen. Und tatsächlich: Die Vogelmutter akzeptiert das fremde Kind als vierten Kostgänger. Nicht tolerieren kann sie jedoch Stellalunas merkwürdige Lebensgewohnheiten; so passt sich das Flughund-Mädchen den Vögeln an.

Als es Zeit ist das Nest zu verlassen, entdeckt Stellaluna, dass sie ebenso wie ihre Freunde fliegen kann. Immer weiter weg vom Nest wagen sich die jungen Flieger, bis Stellaluna eines Abends gar nicht mehr mit dem Fliegen aufhören kann. Erschöpft hängt sie sich schließlich mit Hilfe ihrer Daumen an einen Ast, als unerwartet ein Artgenosse auftaucht. Nicht genug wundern kann er sich über Stellalunas merkwürdige Ruhehaltung, denn ein ordentlicher Flughund hängt schließlich mit dem Kopf nach unten. Er führt den Sonderling zu seiner Flughundkolonie, wo Stellaluna ihre Mutter wiederfindet. Die bringt ihr nun endlich alles bei, was ein Flughund wissen muss, etwa die richtige pflanzliche Ernährung und das Fliegen bei Nacht. Am nächsten Tag will Stellaluna ihren Vogelfreunden die Freuden des Flughundlebens zeigen. Sich verkehrt herum an einen Ast zu hängen, das gelingt den jungen Vögeln noch. Den Versuch, bei Nacht durch den Wald zu fliegen, bezahlen sie aber beinahe mit dem Leben: Stellaluna rettet sie in letzter Sekunde vor dem Absturz. So stehen die Freude vor der Frage, wie man so verschieden sein und sich doch so ähnlich fühlen kann.

In *Verdi* möchte eine junge Pythonschlange nicht wie die älteren Schlangen werden, die die meiste Zeit nur faul in den Ästen hängen. Den normalen Entwicklungsgang kann er nicht aufhalten. Trotzdem findet Verdi am Schluss auch als Erwachsener zu seinem eigenen Lebensstil. Der junge Baumpython findet sein leuchtend gelbes Kleid mit den kräftigen schwarzen Streifen einfach wundervoll (vgl. Abb.). Ganz und gar nicht möchte er wie die trägen Erwachsenen werden. Verdi entwickelt eine neue Sprungtechnik, mit der er sich hoch in die Lüfte katapultieren kann, was die Alten aus der Ferne sorgenvoll beobachten.

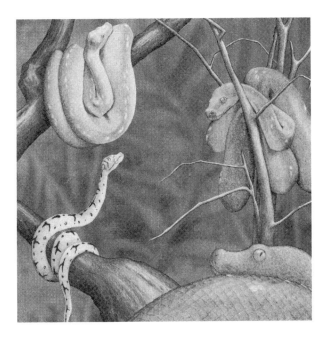

Eines Tages beginnt sich Verdis Haut zu schälen und zum Vorschein kommt eine blassgrüne Färbung. Entsetzt versucht Verdi auf alle erdenkliche Weise die grüne Farbe wieder los zu werden. Aber weder ein Bad im Fluss, bei dem er beinahe von einem dicken Fisch verspeist wird, noch eine Schlammpackung helfen. Schließlich schießt er sich mit Hilfe einer elastischen Schlingpflanze der Sonne entgegen, um von ihr seine gelbe Farbe wiederzuerlangen. Hart ist die Landung, Verdi bricht sich die Knochen. Die alten Schlangen bergen den Jungen und schienen den langen Körper mit Hilfe eines Astes. Bewegungsunfähig muss sich Verdi die Geschichten aus der ruhmvollen Vergangenheit der Alten anhören, die in ihrer Jugend sogar Wildschweine gejagt haben wollen. Als er wieder genesen ist, zieht er nicht mit ihnen, sondern rollt sich zusammen und verharrt auf seinem Baum. Erstaunt bemerkt er in seiner ruhigen Haltung Dinge, die ihm vorher gar nicht aufgefallen waren, z. B. die Geräusche des nächtlichen Waldes und die wechselnden Mondphasen. Verdi wird grün und träge wie die Alten. Bewusst wird ihm dies aber erst, als zwei junge, nervös zappelnde Schlangen auftauchen und sich über ihn lustig machen. Da bietet er dem Nachwuchs an, mit ihm in die Bäume zu klettern und zusammen zu springen. Mit etwas Übung gelingen dem Trio die tollsten Kunstsprünge.

Die Bilderbücher sind sich formal sehr ähnlich. Nach Danksagung (nur *Verdi*) und Widmung beginnen sie mit einer linken Bild- und einer darauf bezogenen rechten Textseite. Diese Reihenfolge wird anschließend umgedreht und bis zum

Schluss beibehalten. *Verdi* enthält auf den Seiten 14/15[1] zwei Bilder ohne Text, die Absprung und Flugfigur der jungen, übermütigen Python phasiert zeigen. Ein solches *Split-Panel*, wie man dieses Verfahren im Comic nennt, findet sich auch bei *Stellaluna*: Auf S. 25 sieht man in vier quadratisch angeordneten kleinen Bildern die vergeblichen Bemühungen der Flughündin, nach Vogelart auf einem Ast zu landen. Die Seiten 40/41 von *Verdi* sind als doppelseitiges Bild konzipiert und zeigen die nächtliche Urwaldwelt, wie sie von der Schlange wahrgenommen wird. Es ist das einzige Bild, das nicht eine der Hauptfiguren aufweist.

Cannon verwendet für beide Bücher eine Mischtechnik aus Acrylfarben und Primacolor-Stiften auf Bristol Karton, was ihren Bildern eine besondere Leuchtkraft verleiht. Charakteristisch sind sehr detailliert und naturgetreu gestaltete Vordergründe und eher verschwommene Hintergründe. In der naturkundlichen Tierfotografie erreicht man eine solche Einstellung mit heller Beleuchtung, offenen Blenden und kurzen Verschlusszeiten.

Die Textseiten sind mit einem Rahmen versehen, der im Falle von *Stellaluna* aus einer einfachen grauen Linie mit einer muschelförmigen Ausbuchtung am oberen Rand besteht, bei *Verdi* aus jugendstil-inspiriertem, grauem Rankenwerk. Meist greift noch eine kleine Schwarzweißskizze einen weiteren Handlungsabschnitt des Textes grafisch auf.

Im Prinzip kommt der Text jeweils ohne die Bilder aus. Erzählt wird im epischen Präteritum, linear und auktorial mit wechselnder Innen- und Außensicht sowie verschiedenen Erzählperspektiven, wobei der *point of view* überwiegend bei den Titelfiguren bleibt. Kommentierende Erzählereinmischungen gibt es nicht. Die Sätze sind relativ kurz und parataktisch gebaut, was zusammen mit dem alltagssprachlichen Wortschatz eine leichte Verständlichkeit garantiert. In den USA werden die Bücher für die Zielgruppe der Vier- bis Achtjährigen beworben. Der dramatischen Handlung gemäß ist die häufige Verwendung der wörtlichen Rede. Ein Stilpurist mag sich daran stören, dass Cannon bisweilen Onomatopoetica einsetzt, wie man sie aus dem Comic kennt: „Sie [Stellaluna] kletterte ins Nest, schloss die Augen und öffnete mutig ihr Mäulchen. *Plop!* Eine dicker, grüner Grashüpfer fiel hinein." (Cannon 1998, S. 14; Hervorh. im Orig.).

Beide Bücher können gattungstheoretisch als halbrealistische Tierfabeln bezeichnet werden. Realistisch sind sie, da die Tier- und Pflanzenwelt recht naturgetreu wiedergegeben wird und die Verhaltensweisen der vorgestellten Tiere weitestgehend der Realität entsprechen. Das naturkundliche Aufklärungsinteresse der Autorin dokumentiert der Anhang zu beiden Büchern, in dem Basisinformationen zur Ordnung der Schlangen (*Serpentens*) bzw. Fledertiere (*Chiroptera*) gegeben werden. Sie sind stilistisch deutlich anspruchsvoller als der Erzähltext gehalten und wenden sich eher an ältere LeserInnen.

---

[1] Beide Bilderbücher besitzen keine explizite Seitennummerierung. Angenommen wird die rechte Umschlaginnenseite als Seite 1.

Zur Tierfabel passen die Akteure, die der menschlichen Sprache mächtig sind, menschliche Gefühle äußern und auch bisweilen menschliche, soziale Verhaltensweisen zeigen. (So verarzten etwa die alten Schlangen den abgestürzten Verdi.) Die Geschichten enden mit moralischen Botschaften, die allerdings nicht explizit formuliert werden und die auch nicht in einem einfachen Lehrsatz ausgedrückt werden können. Bei *Stellaluna* ist es die Aufforderung, sich gegenüber dem Fremden zu öffnen, selbst wenn unüberbrückbare Differenzen bestehen bleiben. *Verdi* nimmt Kindern die Angst vor dem Erwachsenwerden, denn auch unter dem biologischen und sozialen Diktat bleibt die Freiheit, das jeweilige Erwachsensein unabhängig von sozialen Erwartungen individuell gestalten zu können. Damit greift die Autorin bekannte Themen und Motive aus der Kinder- und Jugendliteratur auf und variiert sie. Vor Verdi wollten etwa schon Pippi Langstrumpf, Annika und Thomas nicht groß werden, weil große Menschen niemals etwas Lustiges „haben", nicht spielen können und „Kumminalsteuern" bezahlen müssen.[2]

„Umgang mit Freunden und Fremdem" ist ein Thema, das schon vor den sich häufenden Übergriffen auf ausländische Mitbürger und Migranten, die in den letzten Jahren die Öffentlichkeit bewegten, in zahlreichen Lesebuchgeschichten behandelt worden ist (vgl. auch Rösch 2000). Nicht immer ist das so überzeugend geschehen wie im Falle von *Stellaluna*. In der Erzählung *Die Ente und die Eule* von Hanna Johansen geraten die Titelfiguren in heftigen Streit darüber, welche Lebensweise denn die normale und richtige sei: die schwimmende, tagaktive, gründelnde Existenz einer Ente oder die fliegende, nachtaktive, räuberische einer Eule. Die Kurzfassung für das Lesebuch „JoJo 3" endet mit der gegenseitigen „Erkenntnis", dass man eben verschieden sei und darüber nicht streiten müsse.[3]

Mit einem solchen Verhalten nach dem einfachen Toleranzmodell „Lass' du mich in Ruh – lass' ich dich in Ruh" lassen sich soziale Konflikte nicht lösen. Das komplexere Toleranzmodell fordert Bereitschaft zu offenem, neugierigen, kooperativen Verhalten ohne Differenzen zu negieren. In der Langfassung von *Die Ente und die Eule* (Johansen 1992) versuchen dies die tierischen Protagonisten zumindest. Ihre Existenzweisen erweisen sich jedoch als so inkompatibel, dass weder Empathie noch echte Verständigung stattfinden. Das ist bei *Stellaluna* anders: Ein komplexeres Toleranzmodell fordert hier die Bereitschaft zu kooperativem Verhalten, ohne Differenzen zwischen „Ente" und „Eule" zu negieren.

Tierfabeln gibt es zuhauf unter den Bilderbüchern; wahrscheinlich bilden sie die zahlenmäßig größte Gruppe. Auch Sachbücher, die durch leichte Anthropomor-

---

[2] Vgl. A. Lindgren, *Pippi Langstrumpf*, S. 385 f. Ob die „Krummeluspillen", die von den drei Kindern eingenommen werden, das Erwachsenwerden verhindern können, bleibt am Schluss des Romans offen.

[3] Vgl. E. Dransfeld et al. (Hrsg.): *JoJo Lesebuch* 3. Berlin: Cornelsen 1995, S. 158 f.

phisierungen Tier- und Pflanzenwelt den Kindern näher bringen wollen, sind nicht selten.[4] Als „halbrealistische Tierfabeln" sind die Bücher von Janell Cannon recht ungewöhnlich.

Die Autorin

Janell Cannon wurde 1957 in Minnesota geboren und arbeitete vor ihrer Karriere als Kinderbuchautorin und -illustratorin in öffentlichen Bibliotheken. Ihr malerisches Können entwickelte sie im Selbststudium. Nach eigenem Bekunden hatte sie schon immer eine Vorliebe für seltsame Tiere, die bei anderen auf Furcht oder Ablehnung stoßen, wie z. B. Spinnen, Fledertiere, Komodo-Drachen und Schlangen. Solche Tiere standen auch thematisch im Mittelpunkt ihrer Sommerprogramme für lesemüde Kinder. Bei der Vorbereitung auf eines dieser Programme stellte sie fest, dass kein gutes Kinderbuch über Fledertiere auf dem US-amerikanischen Buchmarkt zu haben war. Dies gab ihr den Anstoß, die Geschichte von *Stellaluna* zu erzählen. Für den deutschen Sprachraum ist wichtig zu wissen, dass im Englischen sowohl Fledermäuse als Flughunde als *bat* bezeichnet werden, so dass auch die Flughunde das „Vampir-Image" besitzen. Erklärte Absicht der Autorin war es daher in erster Linie, die Kinder über die wahre Natur der Flughunde (engl. *fruit bats*) aufzuklären. Sie hoffte durch ihre positive Darstellung dazu beizutragen, dass diesen Tieren mehr Verständnis und Respekt entgegengebracht werden. Erst in zweiter Linie beabsichtigte sie ein Buch über die Freundschaft zweier unterschiedlicher Kreaturen zu verfassen.[5] *Stellaluna* wurde in den USA ein ungeheurer Erfolg, etwa vergleichbar mit dem Erfolg des Bilderbuches *Regenbogenfisch* von Markus Pfister bei uns. Diverse Merchandising-Artikel sowie eine CD-ROM-Fassung (Living Books, Broederbund; keine deutsche Fassung erhältlich) ließen nicht lange auf sich warten. Ihr zweites Bilderbuch *Trupp, A Young Fuzzhead* (1995) ist der fantastischen Kinderliteratur zuzurechnen und erzählt von den Abenteuern eines katzenähnlichen, pelzigen Lebewesens bei den Menschen. Die Kritik hat es verhalten aufgenommen und es ist auch nicht auf Deutsch erschienen. Dagegen konnte sie mit der Geschichte von der jungen Baumpython *Verdi* (1997) an den Erfolg von *Stellaluna* anknüpfen. Im Herbst 2000 ist ihr viertes Buch *Crickwing* auf Englisch erschienen, das einer weiteren wenig geachteten Spezies gewidmet ist: den Kakerlaken.

Janell Cannon arbeitet und lebt heute mit ihrem Papagei und ihren zwei Katzen in Südkalifornien.

Leseanreize

Die Beschäftigung mit seltsamen Tieren wie Fledermäusen und Schlangen führt bei Kindern zu einer zwiespältigen Angstlust, zumindest solange sie nicht mit

---

[4] Verwiesen sei nur auf die *Guck mal...*-Reihe, im Kosmos-Franckh-Verlag, z. B. Hummel, B./Meffert, Chr. (Bearb.): *Fritz der Frosch*. Kosmos-Franck: Stuttgart 1990.
[5] Information des amerikanischen Verlags.

ihnen in direkte Berührung kommen. Nicht selten trifft man auf Kinder, die eine besondere Leidenschaft für sie entwickeln und ein beachtliches Bereichswissen über bestimmte Spezies aufbauen. Manche richten sich auch ein Terrarium ein, um darin beispielsweise Ringelnattern zu beobachten.[6] In vielen Zoos kann man die Grüne Baumpython gefahrlos bewundern und einige Tierparks (z. B. Basel) besitzen sogar eine Flughund-Kolonie, die gerade auf Kinder erfahrungsgemäß eine besondere Faszination ausübt. Insofern ist es nicht schwierig, Schülerinnen und Schüler für die beiden Bücher zu begeistern, zumal die Bilder sehr ansprechend gestaltet sind und sich die Texte zum Selbstlesen ab Ende der zweiten Klasse eignen. Die Geschichten informieren keineswegs erschöpfend über die dargestellten Tiere, was Nachfragen provoziert und einen weiterführenden Sachkundeunterricht motiviert.

Bei *Stellaluna* wird außerdem ein zentrales soziales Problem angesprochen, das zum Transfer von der Fabel auf die kindliche Realität herausfordert.

Rezeptionshilfen

Die systematische Zoologie zählt die Flughunde, die in *Stellaluna* die Hauptrolle spielen, zu den Säugetieren, Ordnung Fledertiere (*Chiroptera*), wo sie neben den Fledermäusen (*Microchiroptera*) eine eigene Unterordnung bilden. Sie sind also mit den Fledermäusen stammesgeschichtlich verwandt und teilen mit ihnen das Merkmal, dass ihre Hände zu Flügeln umgebildet sind. Ansonsten unterscheiden sie sich aber so weit, dass keine Kreuzung möglich ist. Viele Flughundarten sind deutlich größer als selbst die größten Fledermäuse, worauf auch der lateinische Name „Megachiroptera" hinweist. Die größte bekannte Spezies, der javanische Kalong (*Pteropus vampirus*), erreicht bei einer Körperlänge von 40 cm eine Flügelspannweite von 140 cm.[7] Allerdings gibt es auch kleine Arten, die sich in der Größe nicht von vielen Fledermäusen unterscheiden. Alle Flughunde sind nachtaktive Vegetarier und bevorzugen reife Früchte, Pollen oder Nektar als Nahrung (vgl. Cannon 1994, S. 40f.). Dabei sorgen sie auch für eine Verbreitung von Pollen oder Samen, so dass ihnen eine wichtige Rolle im Ökosystem zukommt. Allerdings führt diese Vorliebe zuweilen zu Konflikten mit Plantagenbesitzern. Ausnahmsweise fressen Flughunde auch Insekten,[8] was

---

[6] Baumpythons sind übrigens ebenfalls für eine private Haltung in Gefangenschaft geeignet und zum Import zugelassen. Allerdings braucht man dazu einen dicken Geldbeutel – ein Exemplar kostet in etwa 500 Euro – und viel Erfahrung, denn immerhin handelt es sich um eine Riesenschlange, die beachtliche Kräfte entwickelt. Auch dürfte die nachtaktive Schlange für Kinder kein sehr interessanter Beobachtungsgegenstand sein. Die zahlreichen Berichte im Internet zeigen aber, dass sie viele Freunde unter den Terrarienbesitzern hat.

[7] Nach anderen Berichten erreichen sie sogar eine Rumpflänge von bis zu 1 m und eine Flügelspannweite von bis zu 170 cm (Fledermaus-Anzeiger der Koordinationsstelle Ost für Fledermausschutz in der Schweiz vom September 1989, http://cave.lawo.de/ingohfgk/bts.htm).

[8] MS Encarta 99, Stichwort Fledertiere; Grzimeks Enzyklopädie Säugetiere. Bd. 1. München: Kindler 1988, S. 584f.

Stellalunas ungeliebte Ernährung bei den Vögeln (Würmer und Heuschrecken) plausibel macht. Da es auch vegetarische Fledermausarten gibt, ist die Ernährung ebenfalls kein sicheres Unterscheidungsmerkmal. Anders ist dies bei der Orientierung in der Dunkelheit: Alle Fledermäuse verwenden dazu eine Art Sonarortung, bei der sie hochfrequente und für den Menschen nicht wahrnehmbare Töne ausstoßen und die reflektierenden Schallwellen auswerten. Die Flughunde verlassen sich dagegen auch nachts auf ihre großen, lichtempfindlichen Augen (vgl. Cannon 1994, S. 38 f.) Nur eine in Höhlen lebende Art benutzt ebenfalls ein Echoprinzip, bei dem aber ein auch für den Menschen hörbares Klick-Geräusch ausgestoßen wird. Die sichersten Unterscheidungsmerkmale von Flughunden und Fledermäusen sind im Knochenbau und Gebiss zu finden.

Flughunde leben gerne gesellig in Kolonien (vgl. auch Cannon 1994, S. 34 f.) und bevorzugen tropische und subtropische Gefilde. In Europa sind Flughunde in ihrem natürlichen Lebensraum nur auf Zypern anzutreffen (Ägyptischer Flughund). Weitere Verbreitungsräume sind Ost- und Südafrika, Indien, Indonesien und Australien. Bei Stellaluna handelt es sich um einen Wahlberg Epaulettenflughund.[9] Das Licht der Welt hat sie daher in Afrika erblickt. Wie alle anderen jungen Flughunde ist sie von der Mutter getragen worden, wozu sie sich mit nadelspitzen Krallen im Fell der Mutter festgekrallt und mit den sogenannten Milchzähnchen an den Zitzen festgebissen hat (vgl. Cannon 1994, S. 6 f.). Zu den natürlichen Feinden der kleineren Flughundarten gehören Eulen. Das Schicksal Stellalunas, die durch einen Raubvogelangriff ihre Mutter zeitweise verliert (Cannon 1994, S. 8 f.), dürfte daher gar nicht so selten sein. Dagegen ist die folgende Adoption durch einen Vogel in das Reich der Phantasie zu verweisen, denn Vögel und Flughunde haben biologisch nichts gemein. Wahrscheinlich handelt es sich bei der Vogelfamilie um afrikanische Baumdrosslinge (*Turdoides jardinei*). Die etwa 23 cm großen Insektenfresser haben als Erwachsene gelbe oder orangefarbene Augen, Jungvögel dagegen braune.[10]

Verdis Aussehen, Leben und Lebensumwelt sind ebenso naturalistisch wiedergegeben wie die Stellalunas: Der Grüne Baumpython (*Morelia viridis*; *Chondropython*) gehört zur Ordnung der Schuppenkriechtiere (*Squamata*), Unterordnung Schlangen (*Serpentes*), Familie Riesenschlangen (*Boidae*).[11] Aus dieser Familie kommen auch die Boas, z. B. die bekannte *Boa constrictor*, die allerdings ihre Eier im Mutterleib ausbrüten und lebendgebärend sind (vgl. Cannon 1998, S. 49). Alle Riesenschlangen sind nicht giftig. Ihre Beute töten sie, indem sie sie umwickeln und erdrosseln. Baumpythons, die auch Vögel fressen, haben außer-

---

[9] Epomorphus wahlbergi pteropodidae), gekennzeichnet durch helle Haarbüschel an den Schultertaschen sowie weiße Haare am Vorder- und Hinterrand des Ohres. (Vgl. W. Schober: Mit Echolot und Ultraschall. Die phantastische Welt der Fledertiere. Freiburg u. a.: Herder 1983, S. 52.

[10] Vgl. Cannon 1998, S. 19 u. S. 23 sowie A. Gosler (Hrsg.): *Die Welt der Vögel*. Stuttgart: Franck-Kosmos 1991, S. 218.

[11] Zur Orientierung vgl. K. Griel: *Schlangen*. München: Gräfe und Unzer 1999.

dem extrem lange Zähne, mit der sie ihre Beute zu fassen versuchen. Auch Terrarienbesitzer müssen sich vor ihnen in Acht nehmen.

Chondrophytons sind in Neu Guinea, Indonesien und Teilen Nordaustraliens verbreitet. Im Gegensatz zu ihrem Namen sind Grüne Baumpythons keineswegs immer grün. Vielmehr differiert die Farbe der erwachsenen Tiere in Abhängigkeit von ihrem jeweiligen Lebensraum. Die Zeichnung Verdis – grün mit weißen Punkten, die fast zu einem Streifen zusammenwachsen – ist typisch für die Region Aru. Daneben gibt es rein grüne und sogar blaue Exemplare.[12] Alle Baumpythons wechseln außerdem ihre Farbe im Übergang vom Jungtier zum erwachsenen Tier. Babys sind entweder gelb oder braun mit unterschiedlicher Bänderzeichnung. Ihre endgültige Farbe erreichen sie nach mehreren Häutungen im Alter von sechs bis zwölf Monaten. Auf dieser Merkwürdigkeit, über deren Funktion Biologen heute noch rätseln, beruht die Grundidee zum Bilderbuch. Jungtiere haben viele Feinde.[13] Auch können alle Riesenschlangen prinzipiell schwimmen. Ein bevorzugter Lebensraum ist das Wasser aber für junge Baumpythons sicherlich nicht. Tatsächlich sind die Jungtiere sehr viel aktiver als die erwachsenen. Es ist durchaus denkbar, dass sie bei ihren Sprungübungen Vögel aufscheuchen. Die auf S. 31 abgebildeten Papageien sind besonders schöne Allfarblori (*Trichoglossus haematodus*), die in Australien und Neuguinea häufig angetroffen werden können. Sollte sich eine Schlange bei ihren Spielen die Knochen brechen, was physiologisch denkbar ist, darf sie freilich kaum auf die Hilfe der älteren Artgenossen hoffen (vgl. Cannon 1998, S. 32–39): Nach dem Schlüpfen sind die jungen Baumschlangen von Anfang an allein auf sich gestellt.

Ausgewachsene Pythons erreichen eine Länge von bis zu 2 m und wiegen etwa 2,5 kg. Ihr gesamtes Leben – Wasser sammeln, Nahrung besorgen, Paarung etc. – findet in den Wipfeln der Bäume statt. Die meiste Zeit verbringen sie dösend in jener typisch gewickelten Haltung, die Verdi auf dem Titelbild des Bilderbuches einnimmt. Wie alle Schlangen benötigen sie nicht täglich Nahrung; Baumpythons kommen mit einem größeren Beutetier pro Woche gut aus. Das erlegen sie als nachtaktive Tiere bevorzugt in der Dunkelheit. Was Verdi auf den Seiten 40–43 im nächtlichen Regenwald wahrnimmt, ist nicht romantische Natur, sondern sein teilweise recht exotischer Speiseplan: Tüpfelkuskus, Zwergflugbeutler, Korallenfinger, Wandelnde Blätter und Vögel.

Tüpfelkuskus[14] gehören zur Familie der Kletterbeutler (*Phalangeridae*) und sind

---

[12] Vgl. http://www.cbs-informatik.ch/Deutsch/Haltung/Chondros/chondros.html.

[13] Dass dazu typischerweise auch Raubfische wie die Welse gehören (vgl. Cannon 1998, S. 22–25) ist nicht wahrscheinlich. Zwar sind Welse (*Siluroidei*) in fast allen Gewässern der Welt verbreitet, besonders artenreich in tropischen Gebieten. Zur Familie der echten Welse gehört auch der bei uns heimische Waller, mit einer Länge von bis zu 3 m und einem maximalen Körpergewicht von 250 kg der größte einheimische Süßwasserfisch.

[14] Phalanger maculatus; vgl. Cannon 1998, S. 40 – linke obere Ecke.

als Beuteltiere (*Marsupialia*[15]) z. B. mit den Kängurus verwandt. Das Verbreitungsgebiet des nachtaktiven Tüpfelkuskus umfasst Australien und Neuguinea. Dem Namen zum Trotz sind nur männliche Exemplare tatsächlich getüpfelt. Die meisten Arten besitzen ein bräunliches Fell, es gibt aber auch Albinos. Ihr langer Schwanz und die besonders geformten Gliedmaßen machen sie zu geschickten Baumbewohnern, die sich von Früchten und Blättern ernähren. Den grünen Baumpython müssen sie besonders fürchten, denn Tüfelkuskus gehört zu seinen Lieblingsgerichten.

Mit dem Tüpfelkuskus verwandt ist der Zwergflugbeutler (*Petaurus breviceps*; vgl. Cannon 1998, S. 43), der ebenfalls die Bäume Australiens und Neuguineas bewohnt. Er ist nicht nur ein geschickter Kletterer: Auf der Bauchseite besitzt er Flughäute, die er durch das Strecken der Beine aufspannen kann, um so von Ast zu Ast und von Baum zu Baum zu segeln. Große Augen und Ohren sollen den nachtaktiven Zwergflugbeutler vor seinen Feinden wie dem Baumpython warnen.

Wenn kein Tüpfelkuskus oder Zwergflugbeutler zu erwischen ist, nehmen Chondropythons mit kleineren Beutetieren vorlieb, z. B. mit Fröschen. Der Korallenfinger[16] gehört zu den Laubfröschen, die in Australien und Neuguinea mit besonders lautem Quaken auf sich aufmerksam machen. An den Extremitäten besitzen die bis zu 11 cm großen Tiere Haftscheiben, mit deren Hilfe sie sich auf den Blättern von Büschen und Bäumen festhalten können. Auch größere Insekten wie Wandelnde Blätter[17] stehen auf dem Speiseplan der grünen Baumpython. Wandelnde Blätter gehören zur Familie der Gespensterschrecken, deren merkwürdiges Äußeres der perfekten Tarnung (Mimese) in ihrem jeweiligen Lebensraum dient. Die Tiere werden bis zu 20 Zentimetern groß und ernähren sich von Pflanzenteilen. Für das Fangen von Vögeln (vgl. Cannon 1998, S. 39 Mitte) haben die Grünen Baumpythons eine besondere Technik entwickelt: Als sogenannte Lauerjäger können sie aus ihrer Ruhestellung wie eine Feder blitzschnell nach vorne schnellen, um die begehrte Beute selbst noch im Abflug mit ihren Zähnen festzuhalten (vgl. Cannon 1998, S. 49).

Zielperspektiven

Beide Bilderbücher eignen sich dazu, Lernziele aus den Fächern Deutsch und Sachkunde (Heimat- und Sachkunde) in den Jahrgangsstufen 2 bis 4 fächerverbindend zu erreichen. Für *Deutsch* können das sein:

• Kinderliteratur kennenlernen und vergleichen: *Verdi* und ein Kapitel aus *Pippi Langstrumpf*, ggf. unter Einsatz eines Hörtextes;

---

[15] Das bekannte Comictier „Marsupilami" aus der belgischen Serie „Spirou" (Zeichner: Franquin) verdankt seinen Namen dieser Ordnungsbezeichnung.
[16] Litoria caerulea; vgl. Cannon 1998, S. 40 – linke untere Ecke.
[17] Phylium bioculatum; vgl. Cannon 1998, S. 41 unten Mitte.

- flüssig Lesen: lautes oder stilles Erlesen des Textes im Großgruppenunterricht;

- aus einfachen Texten selbstständig Informationen gewinnen: Entwicklung und Lebensweise von Flughunden bzw. Baumpythons aus dem Bilderbuchtext, den informativen Nebentexten oder ggf. zusätzlichen Sachtexten[18] entnehmen;

- sich mit Texten auseinandersetzen: Überprüfen, welche Inhalte der Bücher fiktiv und welche naturkundlicher Art sind; Ermitteln und Diskutieren der moralischen Absicht (v. a. *Stellaluna*); Vergleich der Verhaltensweisen mit eigenen Erfahrungen (v. a. *Stellaluna*);

- mit Texten kreativ umgehen: Ausgestaltung und Weitererzählen (schriftlich oder mündlich); szenisches Darstellen im Rollenspiel (z. B.: „Die Vogelkinder berichten der anfangs verständnislosen Mutter von ihren Erlebnissen bei den Flughunden"; „Stellaluna erzählt ihrer Mutter von ihrem Vogelleben"); Erfinden einer neuen Geschichte mit anderen Tieren als Protagonisten im Stil der beiden Bücher.

- Begegnung mit verschiedenen Textarten: Behandlung von *Stellaluna* im Kontext traditioneller Fabeln

- Erzählen: zu einem Bild aus einem der beiden Bilderbücher eine kurze (Fortsetzungs-) Geschichte verfassen (noch ohne Kenntnis des Originaltextes)

Im *Sachkundeunterricht* kann angestrebt werden:

- Vorurteile und Abscheu gegenüber bestimmten Tieren abbauen

- Leben, Eigenschaften und ökologische Funktion einheimischer und exotischer Tiere kennenlernen: einheimische Fledermäuse und Flughunde im Vergleich; Tiere des asiatisch-australischen Regenwalds; Schlangen

- den Regenwald als schützenswerte Region wertschätzen lernen.

Stellaluna lässt sich außerdem sehr gut mit Lernzielen des Ethik- bzw. Religionsunterrichts in Verbindung setzen („Umgang mit Fremdem"; „Toleranz gegenüber Menschen anderer Hautfarbe, Religion und Kultur"). In den USA gehört das Buch zu den vielempfohlenen Schullektüren, zu dem es auch zahlreiche Unterrichtsentwürfe im Internet gibt.

Verfahren, Tätigkeiten, Medien

Beide Bilderbücher eignen sich in der kleinen Bilderbuchausgabe als Ganzlektüre im Klassensatz. Man kann aber auch nur den Text, der ohne Bilder verständlich bleibt, auf einem Arbeitsblatt zur Verfügung stellen. Die Bilder lassen sich als Dias oder gescannt als Farbausdruck bzw. Datenprojektion (Beamer) für den

---

[18] Greenaway, Th./Dann, G.: *Sehen, Staunen, Wissen: Regenwald*. Hildesheim: Gerstenberg 1995. – Ling, M./Young, J.: *Sehen, Staunen, Wissen: Reptilien*. Hildesheim: Gerstenberg 1991. – Thiel, H. P./Würmli, M.: *Entdecke deine Welt. Kriechtiere*. Gütersloh: Bertelsmann 1996.

Unterricht aufbereiten. Eine bloße Vorstellung der Bilderbücher im Kinositz ermöglicht leider keine vertiefte Auseinandersetzung und kommt nur für eine Unterrichteinheit in Frage, die sich v. a. dem Thema „Umgang mit Fremdem" widmet.

Als zusätzliche Materialien sind je nach Lernziel denkbar:

- Auszüge aus Kinderlexika und Kindersachbüchern zu den erwähnten Tieren bzw. Lebensräumen (u. U. muss man Beiträge aus Sachbüchern für ältere Leser auf das Niveau der Primarstufe transponieren)

- Unterrichtsfilme (resp. Videos) zu Fledermäusen (ggf. auch Fledertieren allgemein) bzw. zur Tierwelt des Regenwaldes und Australiens

- einfache Pressetexte, die positive und negative Beispiele zum Umgang mit Fremden nennen

- weitere Fabeltexte

- Textauszug aus *Pippi Langstrumpf*.

Sollen sich die Kinder über bestimmte Tiere oder Lebensräume informieren, empfiehlt sich ein Lern- bzw. Übungszirkel: An den einzelnen Stationen finden die Lernenden einen Sachtext mit Arbeitsanweisungen vor (z. B. Kreuzworträtsel lösen, ein Tier auf einem Foto bestimmen; ein Plakat für den Tierschutz entwerfen). Sehr gut eignen sich beide Bücher für Projekte, an deren Ende beispielsweise eine Ausstellung über Fledertiere, über den Regenwald oder über Schlangen steht.[19]

Wer die Fächerverknüpfung auf den *Kunstunterricht* ausdehnen will, kann ein Klassenbilderbuch im Stil von *Stellaluna* bzw. *Verdi* herstellen: Als Protagonist wählt sich die Klasse ein anderes exotisches oder auch abstoßendes Tier (z. B. eine Vogelspinne) und informiert sich zunächst ausführlich über dessen Lebensraum und -gewohnheiten. Dann wird ein gemeinsamer *plot* entworfen und so unterteilt, dass jedes Kind eine Doppelseite mit Text und Bild beisteuern kann. Ein Erzählkern hierfür könnte so aussehen:

Eine Vogelspinne gerät in eine Bananenkiste und löst bei ihrer Ankunft in einem deutschen Großmarkt eine Panik aus. Dabei hat sie nur einen Wunsch: so schnell wie möglich wieder in ihre Heimat zurückzukommen.

Eine naturgetreue Abbildung der Tiere würde die Schülerinnen und Schüler überfordern. Als bildnerisches Verfahren bietet sich die Collage an, bei der Reproduktionen (Foto, Fotokopie oder Computerdruck) der entsprechenden Tiere aufgeklebt und die Hintergründe gezeichnet werden.

---

[19] An US-amerikanischen Schulen sind entsprechende Unterrichtssequenzen zu *Stelluna* durchgeführt worden, wobei die Kinder das Internet als virtuellen Ausstellungsraum verwendet haben z. B. http://www.genevaschools.org/spencer/clasroom/meehan/stellaluna.htm.

CORINNA WIRTH / FRANZ-JOSEF SCHARFENBERG

Die Geschichte von der kleinen Gans, die nicht schnell genug war von Hanna Johansen im fächerverbindenden Unterricht der Primar- und der Orientierungsstufe

Das Buch

Die Geschichte von der kleinen Gans, die nicht schnell genug war (1989) ist 1993 in Lizenzausgabe als Ravensburger Taschenbuch (Nr. 2046) erschienen, 5. Auflage 2000.

Das Buch erzählt in sieben Kapiteln die Entwicklungsgeschichte einer jungen Gans – ausgehend von der Eiablage durch ihre Mutter bis zur Landung als adultes Tier im Winterquartier. Die kleine Gans, Protagonistin dieses Buches, ist das letzte von sechs Geschwistern, das aus dem Ei schlüpft. Die „Letzte" gewesen zu sein, wird zu ihrem Schicksal; als Letzte lernt sie laufen, schwimmen und fliegen. Ständig fühlt sie sich dem Vorwurf ausgesetzt, dass alle Familienmitglieder auf sie warten müssen. Doch eines Tages rettet ihre Langsamkeit der Gänsefamilie das Leben.

In kindlich-naivem Erzählton schildert das Gänseküken als Ich-Erzähler das mühevolle und anstrengende, aber auch spannende Hineinwachsen in seine Lebensumwelt. Eine klar verständliche und sachlich einfach gehaltene Sprache, kurze Satzfügungen sowie häufige Wort- und Satzwiederholungen, die die Sprech- und Denkweise von Kindern imitieren, ermöglichen es bereits LeserInnen ab 8 Jahren, sich rasch in diese Tiererzählung einzulesen. In Genre und Stil hat man den Text charakterisiert als Beispiel einer modernen „erzählenden Tierdichtung"; dabei tritt die zentrale Tierfigur „innerhalb eines empirisch möglichen Geschehens" auf. Mit Ausnahme der Tatsache, dass die Tierfiguren fühlen, denken und sprechen können, handelt es um eine Charakterisierung der Gänse, „die dem entspricht, was in der wirklichen Welt für Tiere möglich ist." Damit liegt eine „realistische Tiergeschichte" vor.[1] Die „Anthropomorphisierung" (vgl. Stuck 1997, S. 294ff.) ist eher „schwach" und „behutsam inszeniert" (Steffens 1995, S. 44), weil die Vermenschlichung sich ausschließlich auf das „Reden und Denken" (Stuck) sowie die auftretenden Gefühle bezieht, ansonsten aber keine weiteren Anthropomorphisierungen vorkommen. Lebensraum und Verhaltensweisen innerhalb und außerhalb der Gänsefamilie werden im Gegenteil verhaltensbiologisch sehr exakt vorgestellt.

Zum Aufbau der Geschichte: Kapitel 1 fungiert als Einleitung in das Geschehen. Der Lebensraum mit der Gänsekolonie, die Eltern, das Nest und schließlich ein ungeborenes Küken werden vorgestellt. Kapitel 2 führt dieses Gänseküken als

---

[1] Vgl. Paukner 1992, zit. nach Stuck 1997, S. 290.

zentrale Hauptfigur ein, die Entwicklung vor dem Schlüpfen, das Schlüpfen selbst und die Prägung auf die Mutter werden beschrieben. In Kapitel 3 tritt die vollständige Familie mit Ganter und Geschwistern auf; das Verlassen des Nestes gekoppelt mit den Entwicklungsschritten Gehen, Stehen und Weiden findet statt und führt das Küken in die Welt der Gänsekolonie ein. In Kapitel 4 erweitert sich der Lebensraum für den kleinen Vogel, das Schwimmen auf dem See ist eine neue Leistung der jungen Gans. In Kapitel 5 wird das Küken mit der Gefiederumbildung langsam erwachsen, es lernt fliegen und lebt nun mit der eigenen und anderen Familien in der Gänsesozietät. Als Höhepunkt der Erzählung findet in Kapitel 6/7 im Herbst der Zug der Gänse statt, dabei wird die junge Gans durch ihr Verhalten zur zentralen Figur für die ganze Kolonie. Ein eigenes Schlusskapitel ist nicht vorhanden, diese Funktion übernimmt der letzte Absatz in Kapitel 7.

Angaben zur Zielgruppe, also Einordnungen des Buches für ein bestimmtes Lesealter, divergieren interessanterweise von erstlesergeeignet (vgl. Stuck 1997, S. 349) bis zur Lesestufe 8–10 Jahre.[2] Ausschnitte aus dem Text sind, wie sich gezeigt hat, auch noch in der Orientierungsstufe einsetzbar.

Die Autorin

Hanna Johansen-Muschg, geb. 1939 in Bremen, studierte Germanistik, Altphilologie, Pädagogik in Marburg und Göttingen. Von 1967 bis 1969 hielt sie sich in Ithaca, New York auf. Heute lebt sie mit ihren zwei erwachsenen Söhnen in Kilchberg bei Zürich. Seit 1993 ist sie Mitglied der deutschen Akademie für Sprache und Dichtung in Darmstadt. Hanna Johansen schreibt seit 1977 für Erwachsene und seit 1983 Kinderbücher; Kinderliteratur fasst sie nicht als etwas Nebensächliches auf, sondern gesteht ihr einen genauso großen Stellenwert zu wie der Erwachsenenliteratur. Die Kinderbücher wurden bisher in 16 Sprachen übersetzt.[3]

Die kleine Gans ist insbesondere vergleichbar mit *Die Ente und die Eule*, ebenfalls ill. von Käthi Bhend (1988; vergriffen), *Ein Maulwurf kommt immer allein* (1994) sowie (unter dem Namen Hanna Muschg) *Bruder Bär und Schwester Bär* (1983). Interessant für die Primarstufe ist auch *Felis, Felis. Eine Katergeschichte*, ill. von Käthi Bhend, (1987, 7. Aufl. 1993). Daneben hat die Autorin Romane und Erzählungen für Erwachsene vorgelegt, etwa *Die stehende Uhr*, (1978), *Die Analphabetin* (1982), *Ein Mann vor der Tür* (1988), *Kurnovelle* (1994), sowie Bände mit Geschichten und Erzählungen: *Über den Wunsch, sich wohlzufühlen*, 1985; (als dtv-Taschenbuch 1987); *Die Schöne am unteren Bildrand* (1990).

Hanna Johansen hat viele Preise und Auszeichnungen erhalten; unter anderem wurde sie durch den Marie-Luise Kaschnitz-Preis für das literarische Gesamt-

---

[2] Einordnung durch den Buchhandel, vgl. www.amazon.de/exec/obidos/subst/home/home.html/ 028-9128497-7236506.htm

[3] Vgl. www.klik.ch/firmen/naki/AutorenWerke/Autoren/Johansen.HTML

werk ausgezeichnet[4] und erhielt 1990 den Schweizer Jugendbuchpreis für *Die Geschichte der kleinen Gans ...*, *Felis, Felis, Die Ente und die Eule* sowie die *7 × 7 Siebenschläfergeschichten*. Ebenfalls für *Die Geschichte von der kleinen Gans ...* wurde ihr 1991 der Jugendbuchpreis des Landes Nordrhein-Westfalen zugesprochen.

Leseanreize für GrundschülerInnen

Der faszinierende Schlüpfvorgang und das niedliche Aussehen der Küken im Allgemeinen begeistert Grundschulkinder immer wieder und stimuliert sie zu vielen Fragen. Dieser Wissensdrang stellt eine gute Ausgangsbasis für die Auseinandersetzung mit dem vorliegenden Werk dar. Lernende im Grundschulalter werden sich für dieses Buch interessieren lassen. Besonders in den Jahrgangsstufen 3/4 ist eine intensive Bearbeitung der Geschichte möglich.

Trotz des sachkundlichen Schwerpunkts sollte nicht übersehen werden, dass Johansen in einfühlsamer Weise die Schwierigkeiten eines Wesens beschreibt, das erst in seine Lebensumwelt hinein wachsen und sich mit dieser auseinander setzen muss: Das Buch erzählt eine Sozialisationsgeschichte (vgl. Abraham 1998, S. 156f.). So kann man mit den Schülern gut nachvollziehbare Parallelen zu ihrem eigenen Leben ziehen, d.h. ihre Empfindungen und Erlebnisse mit denen des Kükens vergleichen. Die Auseinandersetzungen mit seinen Geschwistern und deren Ungeduld gegenüber körperlichen Unzulänglichkeiten, die Unsicherheit vor unbekannten Anforderungen, die Ängste des Verlassenwerdens oder die Frustration nicht ernst genommen zu werden, dürften Kindern bekannt sein. Deshalb werden sie sich schnell emotional von der Geschichte angesprochen fühlen und sich für eine Bearbeitung dieses Buches begeistern lassen.

Leseanreize für die Orientierungsstufe

Hauptthema ist die Entwicklung eines jungen Gänschens: Das Buch ist die „literarische Umsetzung von Konrad Lorenz' berühmten Forschungsergebnissen über das Leben der Graugans" (Stuck 1997, S. 309). Man vergleiche:

> „Fünf weiße Eier lagen in einem Nest. Niemand konnte sie sehen, weil sie mit Blättern und feinen Federn zugedeckt waren. Vor dem Nest stand eine große graue Gans. Die schaute hinein und konnte die Eier auch nicht sehen.
>
> 'Wo habe ich sie versteckt?' sagte die Gans.
>
> Dann setzte sie sehr vorsichtig einen großen Fuß vor den anderen, bis sie die Eier fühlen konnte. Nachdem sie jedes einzelne Ei mit dem Schnabel zurechtgelegt hatte, ließ sie sich nieder.
>
> (Johansen 1990, S. 9f.)
>
> „Hingegen haben wir viele Male beobachtet, daß die Gans [...] das Gelege sorgfältig mit Nestmaterial bedeckte, und zwar so, daß [...] die Daunen [(...)und Ästchen und Blätter einen äußeren Wärmeschutz und gleichzeitig einen Sichtschutz bilden. [...] Wenn sie [...]

---

[4] Ebd.

zurückkommt, 'weiß' die Gans offenbar nicht ganz genau, wo das Zentrum des sorgfältig verborgenen Nestes zu suchen ist. Sie geht schon mehrere Schritte entfernt mit immer vorsichtigerem Niedersetzen der Füße, [...] und zwar so lange bis sie tatsächlich auf ihnen steht. Zuerst findet der Schnabel mit einer kleinen Wendebewegung die Eier, dann legt sich die Gans [...] nieder." (Lorenz 1988, S. 205)

Schon der Vergleich der ersten Absätze des Kinderbuches mit der ethologischen Literaturquelle verdeutlicht die exakte Beschreibung des Gänseverhaltens in der Erzählung. Alle weiteren biologischen Aspekte, die im Text angesprochen werden, sind gleichermaßen genau dargestellt:

- im Funktionskreis Fortpflanzung und Entwicklung: die Nestsuche, das Brüten unter Einbezug des Ganterverhaltens und der Brutpausen (Kap. 1), der Schlüpfvorgang und die Objektprägung auf die Mutter (Kap. 2), das Hudern (Kap. 4), die Mauser und das Flüggewerden der Jungen (Kap. 5), die Zugunruhe, der Vogelzug über mehrere Raststationen ins Winterquartier (Kap. 6);

- im Funktionskreis Fortbewegung: embryonale Bewegungsmuster des Kükens im Ei (Kap. 1), die Fortbewegungsarten Gehen und Laufen (Kap. 3), Schwimmen (Kap. 4) und Fliegen gekoppelt mit dem Landen (Kap. 5);

- im Funktionskreis Ausdrucksbewegungen und -laute: Ausdruckslaute vor und nach dem Schlüpfen (Kap. 2), verschiedene Formen des Stimmfühlungslautes, der Weinlaut (Kap. 3) das Triumphgeschrei (Kap. 5), der leise Warnlaut (Kap. 7);

- im Funktionskreis Nahrungsaufnahme: Picken und Rupfen gekoppelt mit dem Lernen aus guter Erfahrung im Hinblick auf grüne Objekte (Kap. 3), Gründeln (Kap. 4);

- im Funktionskreis agonales Verhalten: die Rangordnungsauseinandersetzungen innerhalb der Familie, insbesondere das Auftreten genetisch bedingter Verhaltensweisen beim Küken vor ihrem eigentlichen Nutzen.

Trotz dieser fachwissenschaftlichen Exaktheit handelt es sich jedoch nicht um ein Sachbuch, sondern um einen erzählenden Text – zum einen, weil die biologischen Tatsachen narrativ umgesetzt werden, zum anderen, weil die Geschichte auch einen rein fiktionalen Anteil hat, der Kinder geradezu zur Identifikation mit der Hauptfigur auffordert.

Folgende *Stilmittel* setzt die Autorin gezielt ein: Der Textumfang wird durch „rhetorische Figuren der Wiederholung und durch häufig vorkommende reihende Verknüpfung",[5] also mit Hilfe von Amplifikationen erweitert: „Und so geschah es. Die Gänse schliefen und aßen und badeten sich und putzten sich. Und wenn sie nicht schliefen und aßen und badeten und sich putzten, dann balgten sich die kleinen Gänse" (Johansen 1990, S. 64 f.).

---

[5] Vgl. Stuck 1997, S. 312 ff.

Ohne genaue Zeitangaben werden die gleichen Handlungen wiederholt angeführt. Die biologische Entwicklung wird so für den Leser zeitlich gedehnt und verlangsamt, gleichzeitig aber intensiviert. Sehr oft wird dasselbe Wort mit der Konjunktion „und" verdoppelt, häufig handelt es sich dabei um Komparative:

> „'Wie soll das bloß weitergehen?' sagte die kleine Gans in ihrem kleinen Ei. Das kleine Ei war eigentlich ein ziemlich großes Ei. Aber auch ein großes Ei wird kleiner und kleiner, wenn die kleine Gans darin größer und größer wird" (Johansen 1990, S. 27).

Durch die Wiederholungen wird auch eine poetisierende Wirkung erzeugt: „Sie streckte den Hals. Nach oben ging es schwer, nach unten ging es leicht. Das war neu. Immer wieder versuchte sie es. Oben und unten. Oben und unten." Auch ganze (Teil-)Sätze werden wiederholt. Eine Besonderheit stellt der Satz „Ach du dickes Ei" (ebd., S. 10, 16, 94, 106) dar, der anfangs sprachlich doppeldeutig verwendet wird, am Schluss aber rein anthropomorph und somit übertragen eingesetzt wird. Die Autorin spielt dabei mit der „eigentlichen und uneigentlichen Bedeutung eines Ausdrucks" (Stuck 1997, S. 329), um eine belustigende Wirkung zu erzeugen.

Der leitmotivische Satz „immer müssen wir auf dich warten"[6] wird geradezu zur Standardansprache der anderen Gänse für das Gänsekind, selbst wenn er in der fiktionalen Handlung, für die er essentiell ist, von den Eltern ohne sachlichen Grund verwendet wird (vgl. Johansen 1990, S. 44). Die Antworten der kleinen Gans zeigen auf dieser Ebene die zunehmende Selbstständigkeit an: „'Nein,' sagte die kleine Gans. 'Nicht auf mich'" – „'Wer weiß wozu das gut ist', sagte die kleine Gans" (ebd., S. 63, 92, 102). Sie führen zum Höhepunkt der Geschichte hin, als sich diese Langsamkeit für die anderen Gänse erst vorteilhaft auswirkt:

> „'Wozu soll das gut sein', sagte die Gans die vorne flog. Aber niemand konnte ein Wort verstehen. Denn in diesem Augenblick raste etwas Großes, Dunkles, Schnelles vor ihnen durch die Luft. Ein Flugzeug. Und das Flugzeug war so schnell, daß es schon vorüber war, bevor sie es auch nur hören konnten. Für einen Augenblick erstarrten die Gänse. Dann schlugen sie vor Schreck alle gleichzeitig mit den Flügeln, so daß der ganze Zug in Unordnung geriet. Mit klopfendem Herzen flogen die Gänse weiter. Alle wußten es: Fast wären sie mit dem Flugzeug zusammengestoßen.
>
> Als sie sich von ihrem Schrecken wieder erholt hatten, dachte die kleine Gans: Wie gut daß ihr auf mich gewartet habt. Sonst wäre bestimmt ein Unglück geschehen." (Ebd., S. 102 f.)

Im Rahmen dieses Erzählabschnittes erscheint erstmals der Relativsatz „die nicht schnell genug war" und schließt den Bogen vom Titel zum Höhepunkt:

> „Eines Nachts aber, als sie wieder alle beieinander saßen und im Traum mit den Flügeln zuckten, hörte die kleine Gans von ferne ein Geräusch.

---

[6] Johansen 1990, S. 44, 58, 63, 79, 91, 94, 102, 104.

Sie wußte nicht was es war, aber das Geräusch gefiel ihr gar nicht.

Sie reckte den Hals in die Höhe und drehte den Kopf, um besser zu hören. Ach du dickes Ei, dachte die kleine Gans. Das sind Schritte.

Ich muß die andern warnen. '

Sie stieß einen Schrei aus. Der Schrei war kurz und leise, aber durchdringend.

Kaum hörten die Gänse den Schrei, da hatten sie ihn auch schon richtig verstanden. Sie wachten nicht einmal richtig auf. Sie stiegen sofort in die Luft, und schon waren sie weg.

Und die kleine Gans, die die Gefahr als erste gehört hatte, war wieder die letzte" (Ebd., S. 105f.).

Durch den Gegensatz die „erste" – die „letzte" wird natürlich auf die Bibel angespielt: „Aber viele Erste werden Letzte und Letzte Erste sein."[7] Aber die kleine Gans bleibt die Letzte, ihre Langsamkeit wird nicht aufgehoben, sondern bestätigt.

Überraschend ist der „multiperspektivische"[8] Ansatz der Geschichte (vgl. Steffens 1995, S. 44): Während im Kapitel 1 aus der Sicht der Gänsemutter erzählt wird, sind die restlichen Kapitel ausschließlich aus der Perspektive des Gänsekindes erzählt. Die Einfachheit der Erzählung in „Wortwahl, Syntax und Handlungsstruktur" (Stuck 1997, S. 349) bedeutet nicht eine „einfache Schreibweise", sondern „ist bei genauer Betrachtung eine kunstvolle Bündelung von gleichgerichteten Stilfiguren", die „zu einer ausgeprägten Verdichtung des Erzählten" (ebd., S. 350) führt.

Eine besondere Rolle spielen in diesem Buch die *Illustrationen*. Um Genauigkeit in der Darstellung bemüht sich nämlich nicht nur die Autorin, sondern auch die Zeichnerin Käthi Bhend. Ihre Bilder halten eine Balance zwischen emotionaler und sachlicher Auseinandersetzung mit dem Inhalt der Erzählung. Detailreich und liebevoll ausgestaltet zeichnet Bhend einerseits genaue biologische Abläufe wie die des Aufbrechens der Eierschale und erzählt andererseits in einfühlsamen Bildern, die fotografischen Momentaufnahmen gleichen, die Erlebnisse der Graugansfamilie nach. Die Bilder sind durchgehend wissenschaftlich exakt und verdeutlichen sehr genau einzelne Verhaltensweisen der Gänse, z.B. das Zischen[9] oder das Gründeln[10], da sie unmittelbar aus der ethologischen Quelle übernommen sind. Einige der Abbildungen gehen auch über den Text hinaus und zeigen typische Erbkoordinationen der Gänse, die im Text nicht erwähnt sind:

- das Gerade Vorstrecken[11]
- der Drohhals[12] aus dem Drohverhalten sowie

---

[7] Vgl. Matthäus, S. 19, 30.
[8] Steffens 1995, 44.
[9] Johansen 1990, S. 16 und Lorenz 1988, S. 198 sowie Tafel IV/2.
[10] Johansen 1990, S. 61 und Lorenz 1988, S. 179, Abb. 60 und 61.
[11] Johansen 1990, S. 19 und 47.
[12] Johansen 1990, 74.

• der Flügelbugkampf sowohl bei Gösseln als auch bei adulten Tieren[13] aus dem Kampfverhalten.

Die Autorin selbst hat die Funktion der Bilder kommentiert: „Es gefällt mir, den Text knapp zu halten und darauf zu vertrauen, dass die Illustratorin ihn ergänzen und vertiefen wird."[14] Dies gilt auch für den Namen der besprochenen Tierart, die Graugans *Anser anser L.*, der im Text nie erwähnt wird, aber schon dem Titelbild eindeutig zugeordnet werden kann. Übrigens sind auch die Abbildungen, die keinen unmittelbaren Bezug zur Handlung besitzen, botanisch oder zoologisch auswertbar, beispielsweise blühende Eschenzweige oder Graureiher am Seeufer.[15]

Als Besonderheit sei schließlich noch erwähnt, dass auf der Abbildung S. 8 das Gesicht von *Konrad Lorenz* als Vexierbild eingearbeitet ist (rechts oben).

Rezeptionshilfen

An sachlichen Zusatzinformationen sind die geografische Einordnung des Vogelzuges der Gänse notwendig (Einsatz von Atlanten und Karten) sowie – in der Orientierungsstufe – Information über Begriff und Phänomen der Anthro-

---

[13] Johansen 1990, S. 64, 65 und 74.
[14] Interview mit der Preisträgerin. In J. Gruntz/M. Känel: „Der Schweizer Jugendbuchpreis 1990 geht an Hanna Johansen und Käthi Bhend". *Schweizerische Lehrerzeitung*, Sept. 1990, 5–9.
[15] Johansen 1990, S. 26, 27 und 59.

pomorphisierung. *Fachsprachlich* ist der Text unproblematisch; außer vielleicht *Ganter* gibt es nichts, was den SchülerInnen fremd wäre.

Sprachlich könnte – bei noch wenig Vertrautheit mit literarischen Texten auf der Primarstufe – der Wechsel der Erzählperspektive anfangs Schwierigkeiten machen.

Zielperspektiven für die Primarstufe (Kl. 4)

Der neue bayerische Lehrplan, gültig ab dem Schuljahr 2001/02, versteht den Unterricht in der Grundschule als fächerübergreifendes Lehren und Lernen.

> „Fächerübergreifendes Unterrichten und Erziehen stellt die Verbindung zur Lebenswirklichkeit der Kinder her und entspricht deren Komplexität. (...) Die Verknüpfung von Zielen, Inhalten und Methoden verschiedener Unterrichtsfächer fördert die Motivation der Schüler, das Denken in Zusammenhängen sowie das Behalten und Anwenden des Gelernten."[16]

Mit dem vorliegenden Werk lässt sich diese Forderung recht gut verwirklichen. Es berührt drei Bereiche des Grundschulunterrichtes, nämlich aus dem Fach Deutsch die Lernbereiche „*Lesen und mit Literatur umgehen*" und „*Für sich und andere schreiben*", sowie den Teilbereich „*Wasser als Lebensraum für Tiere und Pflanzen*" des Faches Heimat- und Sachunterricht. Im Bereich „*Lesen und mit Literatur umgehen*" heißt es:[17]

> „Dabei wenden sie Verfahren zur Texterschließung an, entnehmen selbstständig Informationen und setzen sich aktiv mit der Aussageabsicht und den Gestaltungsmitteln unterschiedlicher Texte auseinander. Zudem lernen sie kritisch und wertend zu dem Gelesenen Stellung zu nehmen."[18]

Daraus ergeben sich hier folgende mögliche Ziele:

- sich ein vorliegende Werk kapitelweise inhaltlich zunehmend selbstständig erschließen können und in komprimierter Form mündlich zusammenfassen können

- unbekannte Begriffe mit Hilfe eines Lexikons klären zu lernen

- sich kritisch zu den Gedanken, Gefühlen und Erlebnissen der Protagonistin „Gans" äußern können

- ausgewählte Passagen ausdrucksvoll und gestaltend vortragen können

- prüfen können, welche Aussagen und Beschreibungen sachlich richtig sind und an welchen Stellen eine literarische Ausweitung der Thematik vorgenommen wurde.

Eng verknüpft mit dem Teilbereich „*Lesen und mit Literatur umgehen*" ist bei der Behandlung einer Ganzschrift sehr oft ein weiterer Lernbereich: *Für sich*

---

[16] Lehrplan für die bayerische Grundschule, Juli 2000, Sondernummer 1, S. 14.
[17] Ebd., Lernziel 4.4 der 4. Jahrgangsstufe.
[18] Ebd., S. 249.

und andere schreiben",[19] das heißt:

> „Die Schüler sollen ihre Fähigkeiten beim Vorbereiten, Schreiben und Überarbeiten von Texten weiterentwickeln und in freien und geplanten Schreibsituationen anwenden."[20]

Da die nun vorliegende Erzählung ein biologisches Thema literarisch verarbeitet, dürfen natürlich nicht die *sachkundlichen* Aspekte des Buches außer Acht gelassen werden. Der bayerische Lehrplan sieht hier im Teilbereich „*Wasser als Lebensraum für Tiere und Pflanzen*"[21] vor: „Die Schüler lernen das Wasser als vielfältigen Lebensraum für Tiere und Pflanzen kennen. Am Beispiel eines Tieres untersuchen sie dessen Angepasstheit an diesen Lebensraum."[22] Daraus ergeben sich folgende Lernziele:

- Einblick gewinnen, wie Graugänse ihre Jungen aufziehen
- Teile des Körperbaus einer Graugans benennen können
- erkennen, dass der Körper der Gans optimal an ihren Lebensraum angepasst ist
- Einblick gewinnen, mit welchen Verhaltensweisen sich die Graugans vor Gefahren schützt
- wenn möglich, Graugänse in ihrer natürlichen Umgebung beobachten und ihre Beobachtungen stichpunktartig notieren können
- selbstständig Informationen zum Thema „Graugänse" aus weiteren Medien entnehmen (Naturführer, Internet, Filme)
- Achtung vor dem Leben und Verständnis für Naturschutz entwickeln.

Es versteht sich hier von selbst, dass alle die angeführten Ziele in ihrer unterrichtlichen Verwirklichung stets eng miteinander verknüpft werden müssen und nicht nacheinander und separiert behandelt werden dürfen.

Zielperspektiven für die Orientierungsstufe

Im Biologieunterricht einer 6. Gymnasialklasse (Bayreuth) haben sich folgende Ziele als prinzipiell erreichbar erwiesen:

- Einblick in das Verhaltensinventar eines Vogels gewinnen, speziell im Funktionskreis Fortpflanzung,
- Kommunikation und Konfliktverhalten am Beispiel der Graugans als Nestflüchter und Zugvogel studieren (vgl. auch oben: Leseanreize)

Für den *Deutschunterricht*, parallel zum Einsatz des Textes in Biologie, ergeben sich als Zielperspektiven:

- literarisch erzählen und nacherzählen können, dabei bes. die Fähigkeit des Perspektivenwechsels und ihres Verständnisses erwerben

---

[19] Vgl. ebd.: Lernziel 4.2.1 der 4. Jahrgangsstufe.
[20] Ebd., 243.
[21] Ebd.: Lernziel 4.5.2 der 4. Jahrgangsstufe.
[22] Ebd., S. 263.

- nonverbale Vorgaben (Illustrationen) deuten und (auch) ihnen Informationen entnehmen können
- weitere Informationsquellen heranziehen und nutzen können (Sachtexte, Lexika, Karten)
- an einem einfachen Beispiel Struktur und Funktion(en) parabolischen Erzählens studieren und – eventuell unter Berücksichtigung anderer Texte der Autorin (z.b. *Die Ente und die Eule*) – auch über seine *Grenzen* kritisch nachdenken.

Verfahren, Tätigkeiten, Medien

In der *Grundschule* kann das Buch Klassenlektüre im Deutschunterricht werden, gekoppelt mit einer biologischen Auswertung im Heimat- und Sachunterricht. Folgende Verfahren und Tätigkeiten erwiesen sich dabei im Versuch (4. Klasse der Grundschule Gräfendorf) als günstig:

- die Inhalte der einzelnen Kapitel in Form eines Tagebuches aus der Sicht der „Kleinen Gans" und/oder eines Verwandten aus der Gänsefamilie, z. B. Bruder oder Schwester, zusammenfassen
- zu den einzelnen Kapiteln, allein oder in Arbeitsgruppen/Schreibkonferenzen, Sachtexte verfassen, die sich mit der Entwicklung von Gänseküken beschäftigen
- neue Handlungsträger in die Geschichte einfügen, die in eine Beziehung zum Gansküken treten sollen
- angelehnt an das vorliegende Werk, ein weiteres Tier, das am Wasser lebt (z. B. Schwan, Ente, Frosch) in seiner Entwicklung, literarisch ausgestaltet, beschreiben
- in einem Brief an die Autorin ihre Meinungen über das Buch äußern.

Fächerübergreifend an einem Thema zu arbeiten, kann die Chance für einen projektorientierten Grundschulunterricht sein. Bei der Erarbeitung des vorliegenden Themas in Gräfendorf wurde eine Mischform aus lehrerzentrierten Unterricht und Projektunterricht gewählt. Der Ablauf sei kurz skizziert:

In der *Einstiegsphase* (erste Begegnung mit dem Buch) wurden den Lernenden Wassergeräusche und Gänsegeschnatter vom Band vorgespielt. Dies stellte den Auftakt für ein erstes Brainstorming zum Thema „Gänse" dar und ist damit eine erste Verknüpfungsstelle der Fächer Deutsch und Heimat- und Sachunterricht. Das Zeigen einer *Zeichnung* von Käthi Bhend mittels einer OHP-Folie, *Ei im Nest liegend* (Johansen 1990, S. 22), und ein *Lehrervortrag* des Anfanges der Geschichte (S. 9 und 10) führten anschließend in die Tiergeschichte ein.

Eine anregende und zum Lesen einladende Bucheinführung sollte an dieser Stelle den Lernenden unbedingt die Möglichkeit bieten, das Werk auch manuell zu begreifen, d. h. das eigene Buch in den Händen zu halten, darin zu blättern, querzulesen, die Bilder zu betrachten und das Layout des Buches zu untersuchen. Erst dann wird es Kindern dieser Altersstufe möglich sein einen echten Bezug zur Lektüre und der nun kommenden Arbeit herzustellen. – Diese stille Phase des Unterrichts sollte frei sein von jedem gängelnden Arbeitsauftrag.

Der Abschluss dieser ersten Unterrichtseinheit beschäftigte sich mit der Frage, was der Titel des Buches „Die Geschichte von der kleinen Gans, die nicht schnell genug war" bedeuten könnte. Dazu lasen die SchülerInnen auch den Klappentext[23] und stellten Vermutungen über den möglichen Ausgang dieser Textpassage an.

Zu Beginn einer *projektorientierten mehrwöchigen Arbeit am Buch* wurde dann mit den Lernenden das weitere Vorgehen besprochen. Pflicht für alle Kinder war das tägliche häusliche Lesen mindestens eines Kapitels des Buches. Nur ein Kapitel zu lesen ist eigentlich eine recht kleine Aufgabe. Für manche Schüler war sie jedoch eine größere lesetechnische Herausforderung, denn der Text sollte nicht nur inhaltlich verstanden werden, sondern auch sprachgestaltend vorgetragen werden können. Darüber hinaus mussten zu Hause auch alle unbekannten Begriffe (z. B. *Ganter, Flaumfeder, Binsen*), so weit es möglich war, geklärt werden.

Das kapitelweise Vorgehen war für die tägliche schulische Arbeit mit dem Buch von großer Bedeutung. Am nächsten Tag wurde nämlich das jeweils vorbereitete Kapitel entweder noch einmal gemeinsam gelesen, auch mit verteilten Rollen, oder anhand eines der anregenden Bilder mündlich nacherzählt. So hatten die Kinder auch die Möglichkeit, ihre persönlichen Empfindungen und Gedanken zu der jeweils beschriebenen Situation zu äußern oder einen Transfer zu ihrem eigenen Leben herzustellen: „Zu Hause geht es mir genauso wie diesem kleinen Gänschen. Immer heißt es, das kannst du noch nicht, beeile dich endlich …".

So weit ist das vor allem Lese- und Literaturunterricht. Die anderen genannten Ziele aus den Bereichen „Für sich und andere schreiben" (Deutsch) sowie „Wasser als Lebensraum für Tiere und Pflanzen" (HSU) wurden vor allem in den *Arbeitsgruppen* parallel verwirklicht, die sich die Lernenden zu Beginn dieser Phase nach ihren Interessen und Fähigkeiten hin selbst ausgesucht hatten:

I. Literarische Arbeitsgruppen:

1. Gruppe: Einige Schüler wählten dabei die „kleine Gans" als Tagebuchschreiberin aus, die aus ihrer Sicht die täglichen aufregenden Erlebnisse einem fiktiven Gegenüber erzählt. Andere wählten als Schreiber eines der Geschwister des Gänsekükens.

---

[23] „'Wir gehen jetzt', hörte sie am anderen Morgen die Mutter sagen. Gehen, dachte die kleine Gans.
Wie soll ich das denn machen?
Die anderen waren schon aus dem Nest geklettert und warteten. Nur die kleine Gans blieb hocken.
Das lern ich nie, dachte sie."

2. Gruppe: Zwei sprachlich schwächer begabte SchülerInnen erstellten zu jedem Bild einen **Comic** von zwei oder mehreren Bildern und versahen ihn mit prägnanten Sprechblasen und kurzen erläuternden Bemerkungen.

3. Gruppe: Die Illustrationen als Vorlagen regten einige Schüler an, zu jedem Kapitel ein Teil eines **Dominos** zu erstellen.

II. Sachkundliche Arbeitsgruppen:

4. Gruppe: Diese Gruppe hatte zunächst einmal die Aufgabe, jedes Kapitel auf einen biologischen Sachverhalt hin zu überprüfen. Dies gelang allerdings, da die Schüler auf keinerlei Vorkenntnisse aufbauen konnten, trotz Rückgriffs auf häusliche Bücherschränke und Bibliotheken erst mit Hilfe der Lehrerin. Um folgende Fragen ging es:

– Wo bauen Gänse ihre Nester?
– Wie lange dauert das Brüten?
– Was muss die Gans beim Brüten tun?
– Wie schlüpft ein Gänseküken aus dem Ei?
– Woran erkennt ein Gänseküken seine Mutter?
– Was bringt eine Gänsemutter ihren Jungen bei?

5. Gruppe: *Erstellung einer biologischen Zeitleiste* mit dem Thema: „Entwicklung eines Gänsekükens vom Ei bis zum Flüggewerden". Diese Schüler beschäftigten sich ausschließlich mit dem Gänseküken und seiner körperlichen und geistigen Entwicklung. Sie malten, sich an die bildlichen Vorlagen des Buches anlehnend, Bilder, die den Reifungsprozess aufzeigten, und untertitelten diese mit kurzen Erläuterungen.

Die Gruppen 1 und 4 stellten ihre Zwischenergebnisse stets im Anschluss an das tägliche schulische Vorlesen vor. Für die anderen Gruppen gab es zum Schluss des Buchprojektes eine Präsentationsmöglichkeit.

Parallel zu dieser Arbeit am Buch wurde im Heimat- und Sachunterricht das Thema „Tiere am Gewässer" durchgenommen. Die in diesen Stunden durch Bücher, Filme und Anschauung am lebenden Objekt (Unterrichtsgänge zum Wasser) gewonnenen Erkenntnisse erwiesen sich für das Textverständnis der Lektüre und für die Arbeit in den Gruppen als sehr hilfreich.

Noch erweiterbar wäre dieser Projektunterricht durch Vorhaben wie die folgenden, die im Versuch nicht mehr ausgeführt werden konnten:

• Teile des Buches verändern und neue Geschehnisse in die Geschichte einfügen[24]

---

[24] In Kap. 3 werden die kleinen Gänseküken von ihrer Mutter zum ersten Mal auf die Weide ausgeführt. Hier könnte erzählt werden, dass das Gänseküken sich von der Familie entfernt und in Gefahr gerät (z.B. Begegnung mit einem Fuchs oder einem Greifvogel, in ein Loch fallen u.ä.). In Kap. 7 träumt die kleine Gans davon, die anderen Gänse aus einer Gefahr zu retten, weil sie so gut aufgepasst hatte. Dieser Traum könnte als Phantasieerzählung ausgestaltet werden.

- eine Parallelerzählung zum vorliegenden Buch verfassen[25]
- einen Brief an die Autorin schreiben.[26]

In der **Orientierungsstufe** bietet sich, ohne dass grundsätzlich alle bisher genannten Verfahren und Tätigkeiten hier ausgeschlossen wären (v. a. die letztgenannten sind noch reizvoll), auch das – weniger zeitaufwändige – *Vorlesen* von Auszügen bzw. *eigenes Lesen* als vorbereitende Hausaufgabe an. Daran kann sich die Erarbeitung biologischer Inhalte im *Unterrichtsgespräch* oder in der selbstständigen Erschließung anhand eines vorgegebenen Fragenkatalogs anschließen.

Im Biologieunterricht einer 6. Gymnasialklasse[27] wurde in diesem Sinn Kapitel 2 vollständig vorgelesen. Im Anschluss daran wurden im Unterrichtsgespräch folgende Lerninhalte am Text erarbeitet: Vorgang des Schlüpfens; Veränderungen im Aussehen nach dem Schlüpfen; Kontakte zwischen Küken und anderen Gänsen, speziell im Hinblick auf die Nachfolgeprägung. Als zusätzliche Unterrichtsmedien kamen Folien der entsprechenden Abbildungen zum Einsatz.

Die Resonanz der Lernenden auf das im Fachunterricht ungewohnte literarische Medium und ihre Mitarbeit im anschließenden offenen Unterrichtsgespräch war sehr positiv.

---

[25] Im Anschluss an das sachkundliche Thema „Tiere am und im Gewässer unterscheiden und benennen" könnten sich die Schüler ein am oder im Wasser lebendes Tier auswählen und, in Anlehnung an das Buch von Johansen, ähnlich literarisch verarbeitet dessen Werdegang erzählen.

[26] Nachdem sich die Lernenden über längere Zeit intensiv mit einem Buch auseinandergesetzt haben, werden sie auch neugierig auf die Person, die hinter diesem Buch steht und würden gerne mehr von ihr wissen. Dies sollte der Lehrer ausnutzen und versuchen mit Hilfe eines Klassenbriefes einen Kontakt zu dem jeweiligen Schriftsteller herzustellen.

[27] Im November 2000 am Richard-Wagner-Gymnasium Bayreuth.

GABRIELA PAULE

Der Zahlenteufel von Hans Magnus Enzensberger im Deutsch- und Mathematikunterricht der Orientierungsstufe

Das Buch

Das Kinderbuch *Der Zahlenteufel* von Hans Magnus Enzensberger ist erstmals 1997 bei Hanser erschienen und trägt den ermunternden und vielversprechenden Untertitel *Ein Kopfkissenbuch für alle, die Angst vor der Mathematik haben.* Zu dieser Spezies gehört auch der Schüler Robert, eine der beiden Hauptfiguren des Buchs. Wir lernen ihn kennen als ein Kind, das jede Nacht von schrecklichen Träumen geplagt wird. Es gelingt ihm aber mittels eines Tricks, der unliebsamen Träume einigermaßen Herr zu werden. Eines Tages erscheint statt eines der gefürchteten Ungeheuer der Zahlenteufel in Roberts Träumen und will ihn ausgerechnet in Rechenaufgaben verwickeln. Dabei hasst Robert alles, was mit Mathematik zu tun hat. Noch dazu entpuppt sich der Zahlenteufel trotz seiner geringen Größe als ziemlich herrischer und aufbrausender Zeitgenosse und Robert hat „keine Lust, sich von einem solchen Zwerg etwas gefallen zu lassen" (*Zahlenteufel*, S. 11). Der Zahlenteufel ist aber geschickt genug, Roberts Neugier zu wecken, und eröffnet ihm in insgesamt zwölf Träumen die abenteuerliche Welt der Zahlen. Dabei hält er Robert keine Vorträge über neue Stoffgebiete, sondern er führt ihn im mäeutischen Gespräch – die mathematischen Passagen sind durchgängig in Dialogform geschrieben – zu neuen Erkenntnissen. Dadurch hat Robert die Gelegenheit nachzufragen, zu widersprechen, weiterzudenken und sogar seinen „Lehrer" mit brillanter Beweislogik zu verblüffen.

Das Buch ist der Anzahl der Träume entsprechend in zwölf Kapitel eingeteilt. In jeder der Nächte betritt Robert an der Hand des Zahlenteufels mathematisches Neuland und gelangt zu ihn selbst überraschenden Erkenntnissen. Der Schwierigkeitsgrad dieser mathematischen Ausflüge ist steigend, es werden zunehmend auch Rückbezüge und damit Wiederholungen eingebaut, so dass im Verlauf des Buchs Zusammenhänge und Querverbindungen zwischen den einzelnen Kapiteln sichtbar werden.

Die mathematischen Themen, die gegenüber anderen in diesem Buch eindeutig im Vordergrund stehen, stammen größtenteils aus dem Gebiet der Zahlentheorie. Es geht um Zahlensysteme und Zahlenbereiche, um Primzahlen, um das Unendliche, um Zahlenfolgen und -reihen, um das Pascalsche Dreieck in verschiedensten Anwendungen, um Kombinatorik. Daneben wird auch das Prinzip des mathematischen Beweisens diskutiert und immer wieder Einblick in die Geschichte der Mathematik gewährt.

Die zahlreichen und farbenfrohen Illustrationen von Rotraut Susanne Berner tragen erheblich zum Lesevergnügen bei. Sie haben zum einen gliedernde Funktion, indem sie auf wiederkehrende Weise jedes Kapitel eröffnen und beschließen. Zweitens sind sie echte Illustrationen des Geschehens – sie stellen Roberts Erlebnisse mit dem Zahlenteufel bildlich dar. Und drittens dienen sie der Veranschaulichung mathematischer Sachverhalte, werden gewissermaßen didaktisch eingesetzt, indem sie dem Leser eine optische Hilfe bei der Beschäftigung mit komplexeren Fragestellungen geben.

Der Autor

Über den Literaten Hans Magnus Enzensberger (*1929) zu schreiben ist hier nicht der richtige Ort. Auch nur andeutend auf sein inzwischen kaum mehr überschaubares literarisches, essayistisches und publizistisches Werk einzugehen, würde hier zu nichtssagenden Verkürzungen zwingen. Stattdessen soll auf ein Gedicht Enzensbergers verwiesen werden, das ebenfalls die Mathematik thematisiert und eine unterrichtliche Beschäftigung mit dem *Zahlenteufel* gegebenenfalls ergänzen könnte. Das Gedicht *Die Mathematiker* ist 1991 im Gedichtband *Zukunftsmusik* erschienen:

> Die Mathematiker
>
> Wurzeln, die nirgends wurzeln,
> Abbildungen für geschlossene Augen,
> Keime, Büschel, Faltungen, Fasern:
> diese weißeste aller Welten
> mit ihren Garben, Schnitten und Hüllen
> ist euer Gelobtes Land.
>
> Hochmütig verliert ihr euch
> im Überabzählbaren, in Mengen
> von leeren, mageren, fremden
> in sich dichten und Jenseits-Mengen.
>
> Geisterhafte Gespräche
> unter Junggesellen:
> die Fermatsche Vermutung,
> der Zermelosche Einwand,
> das Zornsche Lemma.
>
> Von kalten Erleuchtungen
> schon als Kinder geblendet,
> habt ihr euch abgewandt,
> achselzuckend,
> von unseren blutigen Freuden.
>
> Wortarm stolpert ihr,
> selbstvergessen,
> getrieben vom Engel der Abstraktion,
> über Galois-Felder und Riemann-Flächen,
>
> knietief im Cantor-Staub,
> durch Hausdorffsche Räume.

> Dann, mit vierzig, sitzt ihr,
> o Theologen ohne Jehova,
> haarlos und höhenkrank
> in verwitterten Anzügen
> vor dem leeren Schreibtisch,
> ausgebrannt, o Fibonacci,
> o Kummer, o Gödel, o Mandelbrot,
> im Fegefeuer der Rekursion.

Zu dieser ganz anderen Perspektive auf reale „Zahlenteufel" wäre manches zu sagen. Einer, der draußen steht, schaut gleichermaßen staunend und befremdet auf eine ganz andere Welt, und er tut das auf humoristische Weise, die nicht frei von Hochmut ist. Die hier dargestellte Weltfremdheit und Lebensferne ist gewissermaßen das Komplement zum sportlichen Ehrgeiz, den der Zahlenteufel in Robert weckt. Zum Unterrichtsgegenstand kann ein solches Gedicht, ergänzt um ein weiteres des Autors,[1] freilich wohl erst in der S II werden (z. B. in Zusammenhang mit dem Thema 'Mathematik' in Musils *Törleß*, vgl. unten, S. 153 ff.).

Leseanreize

Die Darstellung und Aufbereitung der mathematischen Themen ist so einfach gestaltet, dass man das Buch ohne große Vorkenntnisse lesen kann – die Dialogstruktur und die bildlichen bzw. graphischen Veranschaulichungen tun das Ihrige dazu. In vielen Kapiteln geht es hauptsächlich um eine Demonstration dessen, was in den Zahlen „steckt", nicht aber um streng mathematische Beweise. Der Zahlenteufel zaubert ein Phänomen nach dem anderen hervor, seine Begeisterung und sein Tempo sind dabei für Robert mitunter Schwindel erregend. Dies wiederum ist eine Erfahrung, die viele Schülerinnen und Schüler mit Robert teilen. Aber der Zahlenteufel lässt nicht locker, er provoziert Robert, spornt ihn an, fordert und fördert ihn und gibt der Erkundungsreise dadurch einen sportlichen und vor allem spielerischen Charakter. Gerade dies kann Anreiz für die schulische Nutzung des Buchs sein: Mathematik als Abenteuerreise, eingebettet in die Geschichte einer entstehenden Freundschaft zwischen Robert und dem Zahlenteufel. Nicht bemühte Didaktisierung mathematischen Stoffes liegt hier vor, sondern heiter-souveränes Erzählen für Kinder mit der Funktion beiläufigen Wissenserwerbs, und zwar im Genre des fantastischen Romans, der derzeit Konjunktur hat.

Für den Mathematikunterricht also erscheint der *Zahlenteufel* in mehr als einer Hinsicht reizvoll. Der oben erwähnte spielerische Charakter, den Mathematik auch haben kann, ist bei der Lektüre des Buchs in jedem Fall erfahrbar. Befreit von der Notwendigkeit einer streng mathematischen Beweisführung, kann sich der Leser auf eine Entdeckungsreise begeben und mit Robert die Faszination

---

[1] *Von der Algebra der Gefühle*. In: Hans Magnus Enzensberger: *Kiosk. Neue Gedichte*. Frankfurt 1995.

und Irritation erleben, denen dieser ausgesetzt ist. Darüber hinaus entsteht bei Robert im Verlauf seiner Bekanntschaft mit dem Zahlenteufel der Wunsch zu erfahren, warum das alles so ist, wie es ist, warum in der Mathematik „immer alles zusammenpaßt" (*Zahlenteufel*, S. 161). Konfrontiert mit einer Fülle mathematischer Phänomene beginnt er allmählich nach den Gesetzen zu fragen, die alles zusammenhalten. Schülerinnen und Schüler einen solchen Weg mitgehen zu lassen, eröffnet ihnen möglicherweise neben einem logischen einen ästhetischen Zugang zur Mathematik und lässt sie gerade jenen Wesenszug des Fachs erahnen, der nicht zweckorientiert ist, sondern sich selbst genügt.

Der von Robert zurückgelegte Weg sei etwas genauer betrachtet: Zu Beginn erklärt er dem Zahlenteufel, warum er das Fach Mathematik so verabscheut. „Wenn zwei Bäcker in sechs Stunden 444 Brezeln backen, wie lange brauchen dann fünf Bäcker, um 88 Brezeln zu backen?" (*Zahlenteufel*, S. 12) Diese an Stumpfsinn nicht zu überbieten Schulaufgabe ist leider kein Zerrbild. Sie demonstriert nur in drastischer Form das Problem eines auf Anwendung ausgerichteten Mathematikunterrichts. Natürlich ist es ein sinnvolles Ziel, Schülerinnen und Schülern zu zeigen, wo sie das, was sie im Mathematikunterricht lernen, anwenden können. Von alltäglichen Problemen auszugehen und Schüler darauf bezogen zu mathematischen Erkenntnissen zu führen, ist sicher ein Königsweg, er ist – aus verschiedenen Gründen – aber nicht immer gangbar. Dennoch das Ziel der Anwendungsorientierung absolut zu setzen, kann solche Blüten treiben wie das obige Brezelbeispiel. Es geht hierbei nicht wirklich um die Beantwortung der in der Aufgabe gestellten Frage – wen könnte die schon interessieren? – „ sondern um das Prinzip der 'Einkleidung' einer Aufgabe. Lebensnähe wird so jedenfalls nicht hergestellt, im Gegenteil, die Sinnhaftigkeit von Mathematik erscheint dadurch – nicht nur für Robert – mehr als fraglich.[2] Der Zahlenteufel grinst nur dazu und klärt Robert auf, dass das Brezelbeispiel mit Mathematik „wirklich nichts zu tun" hat (*Zahlenteufel*, S. 12). Stattdessen nimmt er ihn mit auf die beschriebene Entdeckungsreise durch die Welt der Zahlen und bringt Robert so weit, dass er von selbst nach mathematischen Zusammenhängen und Gesetzmäßigkeiten fragt. Taktisch klug hält er ihn zunächst hin und steigert so den Erkenntnisdrang:

> „Wozu soll das ganze Kopfzerbrechen überhaupt gut sein? [...] Frag nicht so dumm! Das ist doch gerade das Spannende, daß es im Reich der Zahlen nicht so muffig zugeht wie bei deinem Dr. Bockel. Der mit seinen Brezeln! Sei froh, daß ich dir überhaupt solche Geheimnisse verrate" (*Zahlenteufel*, S. 62).

Immer wieder fragt Robert danach, warum beim Zahlenteufel „immer alles zusammenpaßt". Jener entgegnet:

---

[2] Dieses Prinzip der 'Einkleidung' zieht sich bis in Abituraufgaben hinein und führt dort zu absonderlichen Aufgabenstellungen, die dem Schüler zuzumuten in der Praxis tunlichst vermieden wird. Man denke nur an Abituraufgaben aus der Analytischen Geometrie, die dieser Anwendungsbezogenheit gerecht werden wollen (z. B. die „B3"-Abituraufgaben aus Baden-Württemberg!).

„Das ist eben das Teuflische an der Mathematik. Es paßt alles zusammen. Naja, sagen wir mal lieber: fast alles. Denn die prima Zahlen[3], du weißt ja, die haben ihre Mucken. Und auch sonst muß man verdammt aufpassen, sonst kann man leicht auf die Nase fallen. Aber im großen und ganzen geht es in der Mathematik wirklich sehr ordentlich zu. Das ist es ja, was manche Leute so an ihr hassen." (*Zahlenteufel*, S. 161)

Das ist natürlich keine Antwort auf Roberts Frage. Der lässt sich damit auch nicht abspeisen und moniert zunehmend, dass der Zahlenteufel ihm zwar vieles gezeigt, aber nur wenig davon bewiesen hat. In der 11. Nacht schließlich bekennt der Zahlenteufel Farbe und versucht Robert etwas über die Natur des Beweisens zu erklären.

„Du mußt entschuldigen, aber die Sache ist die: Etwas zeigen ist leicht und macht Spaß. Etwas vermuten ist auch nicht schlecht. Ausprobieren, ob die Vermutung stimmt, ist noch besser. Das haben wir ja oft genug getan. Nur leider ist das alles nicht gut genug. Auf den Beweis kommt es an [...].
– Hast du mal versucht, fragte er, einen reißenden Fluß zu überqueren? [...]
– Schwimmen geht nicht, weil dich die Strömung sofort wegtreiben würde. Aber mitten im Fluß liegen ein paar große Steinbrocken. Was machst du also?
– Ich suche mir Steine aus, die so nahe beieinander liegen, daß ich von einem Stein zum nächsten springen kann. Wenn ich Glück habe, komme ich rüber. Wenn nicht, bleibe ich stecken.
– Genauso geht es mit dem Beweisen. Weil wir aber schon seit ein paar tausend Jahren alles mögliche versucht haben, um über den Fluß zu kommen, brauchst du nicht von vorn anzufangen. Es liegen schon zahllose Steine im Fluß, auf die du dich verlassen kannst. Die sind millionenfach ausprobiert worden. Sie sind nicht rutschig, sie geben nicht nach, sie garantieren dir also einen festen Tritt. Wenn du eine neue Idee hast, eine Vermutung, dann siehst du dich nach dem nächsten festen Stein um. Wenn du den erreichen kannst, springst du, so lange, bis du das feste Ufer erreicht hast. Wenn du gut aufpaßt, kriegst du keine nassen Füße.
– Aber wo *ist* bei den Zahlen [...] das feste Ufer? [...]
– Das Ufer, das sind ein paar Sätze, die so einfach sind, daß es keine einfacheren mehr gibt. Wenn du bei denen gelandet bist, ist Schluß. Das gilt als Beweis." (*Zahlenteufel*, S. 216–219)

Durch die souverän verwendete Metapher kann man bereits in der S I etwas von dem Wagnis vermitteln, das in einem mathematischen Beweis steckt, und vielleicht auch etwas von der Besessenheit, die einen „richtige[n] Mathematiker" (*Zahlenteufel*, S. 216) ergreifen kann:

„Meinst du vielleicht, ein Zahlenteufel wie ich wäre jemals zufrieden mit dem, was er herausgefunden hat? Nie und nimmer! Deswegen brüten wir immerzu über neuen Beweisen. Ein ewiges Grübeln und Bohren und Tüfteln ist das. Doch wenn uns dann endlich ein Licht aufgeht – und das kann lange dauern, in der Mathematik sind hundert Jahre schnell vorbei –, na, dann freuen wir uns natürlich wie die Schneekönige. Dann sind wir glücklich." (*Zahlenteufel*, S. 217)

---

[3] Gemeint sind die Primzahlen.

Dr. Bockel, Roberts Lehrer, versteht es offenbar nicht, seinen Schülern etwas von diesem Wesen der Mathematik zu vermitteln. Er zieht sich – allzu klischeehaft – hinter seine Zeitung zurück, lässt seine Schüler über irgendwelchen Aufgaben brüten und isst heimlich Brezeln. Dennoch nimmt ihn der Zahlenteufel ein wenig in Schutz:

> „Ich glaube, du tust ihm unrecht. Dein Dr. Bockel muss sich tagaus, tagein mit euren Schulaufgaben herumplagen und darf nicht von einem Stein zum andern springen wie wir, ohne Lehrplan, einfach so nach Lust und Laune. Er tut mir richtig leid, der Arme." (*Zahlenteufel*, S. 224)

Mit dem – in der Mathematik sehr vollen – Lehrplan weist der Zahlenteufel deutlich darauf hin, dass es in der Schule anders zugeht als in Roberts Träumen. Sich aber als Mathematiklehrer hinter ein solches Argument zurückzuziehen, würde Chancen vertun, die sich gerade mit Enzensbergers Buch bieten. Insbesondere der Lehrplan der 5. und 6. Jahrgangsstufe lässt genug Raum für „mathematische Exkursionen", wie sie z. B. das Mathematikbuch 'Lambacher-Schweizer'[4] für alle Jahrgangsstufen vorsieht. Warum in diesem Sinne nicht einmal eine Lektürestunde mit Enzensbergers Buch erproben, zumal, wenn das dort vorgestellte Problem laut Lehrplan ohnehin bearbeitet werden muss? Vielleicht gewinnt man einige Lernende für die Lektüre des ganzen Buchs und eröffnet ihnen dadurch einen nicht alltäglichen Zugang zur Mathematik. Vielleicht machen sie dieselbe Erfahrung wie Robert.

Aus der Perspektive des *Deutschunterrichts* erscheint die ungewöhnliche Beziehung zwischen Robert und dem Zahlenteufel als interessanter Aspekt des Buchs. Der Zahlenteufel wird anfangs als nicht unbedingt sympathisch charakterisiert. Er schreit Robert gleich bei der ersten Begegnung an, er ist leicht aufbrausend und impulsiv, ziemlich herrisch und laut, und er kann seine Größe verändern, was Robert hin und wieder Angst macht. Aber dieser begegnet dem Zahlenteufel erstaunlich selbstbewusst, mit wenig Respekt vor dessen hohem Alter, und er ist sich sicher, dass er sich nichts von ihm gefallen lassen oder sich gar reinlegen lassen will. So ist das Verhältnis zwischen den beiden anfangs recht distanziert; je näher sie sich aber kennen lernen, desto sympathischer werden sie sich.

In seiner Eigenschaft als „Lehrer" verkörpert der Zahlenteufel nicht gerade das Idealbild eines verständnisvollen Pädagogen. Er führt Robert schonungslos seine Fehler vor, er schilt ihn mehrfach einen „Dummkopf" (*Zahlenteufel*, S. 16) und „blutige[n] Anfänger" (ebd., S. 25), auch vor Beschimpfungen wie „Zahlenzwerg! Schrumpfkopf! Aufgestellter Mausdreck!" (ebd.) schreckt er nicht zurück. Geduld ist ebenfalls nicht seine Sache, und in arroganter Art und

---

[4] Lambacher-Schweizer. Mathematisches Unterrichtswerk für das Gymnasium. Ausgabe Baden-Württemberg. hg. von August Schmid. Klett-Verlag. 1. Auflage 1995

Weise spielt er immer wieder seinen Wissensvorsprung aus. Gelegentlich schießt er dabei allerdings übers Ziel hinaus, was Robert sofort nutzt, ihn als Aufschneider zu entlarven und wenigstens so ein paar Punkte zu machen:

> „– Vorhin hast du doch behauptet, du wüßtest, wie es mit den prima Zahlen weitergeht. Du wolltest es nur nicht verraten.
>
> – Da habe ich den Mund dann wohl etwas zu voll genommen.
>
> – Gut, daß du auch mal was zugibst, meinte Robert. Manchmal hörst du dich an, als wärst du kein Zahlenteufel, sondern ein Zahlenpapst." (*Zahlenteufel*, S. 61)

Trotz – oder wegen – der geschilderten Eigenschaften des Zahlenteufels, die so gar nicht dem Bild eines guten Lehrers entsprechen, gelingt es ihm, Robert neugierig zu machen und ihn mit seiner Begeisterung anzustecken. Durch taktisch kluges Verhalten, durch Beharrlichkeit, Schlagfertigkeit und vielfache Provokationen lockt er Robert aus der Reserve und fordert ihn zum Denken und Streiten heraus. Schon nach kurzer Zeit fühlt sich Robert bei seiner Ehre gepackt und nimmt sich vor,

> „dem Zahlenteufel, wenn er wiederkam, zu beweisen, daß auch er nicht auf den Kopf gefallen war. Man müßte dem Kerl einmal eins auf die Nase geben, dachte Robert vor dem Einschlafen. Der bildete sich weiß Gott was ein [...]." (*Zahlenteufel*, S. 49)

Etwas später gelingt es ihm dann auch, den Zahlenteufel mit einer logisch perfekten Beweisführung zu beeindrucken, und er erntet dafür großes Lob. „Fabelhaft, Robert. Ich bin stolz auf dich." (*Zahlenteufel*, S. 74) Mit der Zeit steigt Robert in der Achtung des Zahlenteufels so weit, dass dieser ihn zum Abendessen in das Reich der Zahlen einlädt. Dort lernt er mehrere andere, bedeutende und weniger bedeutende Zahlenteufel kennen. Er wird als Zahlen-Lehrling anerkannt und erhält eine streng geheime Auszeichnung, den „pythagoräischen Zahlenorden fünfter Klasse" (S.248) in Form eines fünfzackigen goldenen Sterns. Dieser Orden ist auf erzählerischer Ebene das deutlichste Zeichen für die immer wiederkehrende Vermischung und Durchdringung der Traumwelt und der Realität: Als Robert am nächsten Morgen aufwacht, hat er tatsächlich den Orden um den Hals.

Zielperspektiven

Im Deutschunterricht können ausgewählte Kapitel

- Lesefreude an Hand eines schwungvoll erzählten fantastischen Kinderromans wecken

- eine (erste) Begegnung mit einem der wichtigsten Autoren des 20. Jahrhunderts anbahnen

- Satire (bes. Schulkritik) als literarische Ausdrucksform einführen.

Im Mathematikunterricht kann das Buch helfen

• einen ästhetischen Zugang zur Mathematik zu erkunden, besonders zur Zahlentheorie

• die Natur eines mathematischen Beweises zu reflektieren

• Angst vor dem Fach Mathematik abzubauen (vgl. den Untertitel des Romans) und in mathematisches Denken 'spielend' einzuführen

• einen ersten Einblick in die Geschichte der Mathematik zu gewinnen.

Verfahren, Tätigkeiten, Medien

In der Praxis wird man Enzensbergers Kinderbuch wohl kaum im Deutschunterricht 'behandeln'; es wird inhaltlich zu sehr von den mathematischen Sachverhalten dominiert. Die Komponenten Traum, Abenteuer und die Freundschaft zum Zahlenteufel sind nicht mehr als eine narrative 'Verpackung' der mathematischen Lektionen. Anders aber als bei der oben kritisierten Brezelaufgabe trägt diese 'Verpackung' hier enorm zum Lesevergnügen bei, ja sie scheint konstitutiv dafür zu sein, jene Leser und Leserinnen, die „Angst vor der Mathematik" (vgl. Untertitel) haben, überhaupt zu erreichen, ihre Lesebereitschaft zu wecken. Als Gegenstand eines Kurzreferats (*Buchvorstellung*), wie es als Schülerleistung mit gutem Grund in vielen Lehrplänen der Orientierungsstufe gefordert wird, eignet sich *Der Zahlenteufel* sehr gut, bekommen doch so auch die Zuhörer einen Tipp für eine vergnügliche Freizeitlektüre.

Auch als Impuls für ein offenes *Unterrichtsgespräch* über Schulangst eignet sich der Text; dafür genügen Ausschnitte. Denn sozusagen durch die Erzählung hindurch hat der mathematische 'Angsthase' zumindest die Möglichkeit, sich mit Robert zu identifizieren, Vorbehalte gegenüber der Mathematik auszudrücken und sich zu offenbaren, indem er sich hinter Robert 'versteckt' (der ja zunächst diese Vorbehalte sämtlich teilt). Das Unterlegenheitsgefühl dem „Lehrer„ gegenüber, das Robert ja besonders drastisch erlebt, weil der Zahlenteufel seine Position zuweilen arrogant ausspielt, ist Lernenden wohlbekannt (auch denen, die nicht in Mathematik 'schwach' sind). Die Kinder wissen sich also in bester Gesellschaft und trauen sich vielleicht in einer *Diskussion* über Unterrichtskommunikation und Lehrstile Parallelen zu ihrem eigenen Schulalltag zu ziehen. Und wenn man darüber hinaus weiß, dass Hans Magnus Enzensberger selbst kein Mathematiker ist, wird man vielleicht doch Zutrauen gewinnen und sich auch selbst an die Lektüre machen, die so schlimm doch nicht werden kann.

Als *Klassenlektüre* für den Deutschunterricht also scheint diese Erzählung nicht ergiebig genug zu sein – der Spannungsbogen ist zu flach, die über die Mathematik hinausgehende Handlung gibt zu wenig her. Aber für Ziele des mündlichen Sprachgebrauchs kann das Buch sehr wohl benutzt werden – schließlich müssen hier schwierige Sachverhalte versprachlicht werden. Der *Sprach*unterricht kann auf der Basis ausgewählter Abschnitte aus dem Roman den (mathematischen)

*Sach*unterricht ergänzen und erleichtern; die Aufgabe, mathematische Erkenntnis in Alltagssprache zu fassen, hat der Autor ja bravourös gelöst, und daran kann man lernen.

Eingepasst schließlich in einen Mathematikunterricht, der sich zum Ziel setzt, gerade auch die sportlich-spielerische und insbesondere die ästhetische Komponente des Fachs Mathematik erfahrbar zu machen, kann Enzensbergers *Zahlenteufel* insgesamt ein großer Gewinn sein.

MARKUS LOCHNER[1]

Hallo Sam, hier bin ich! von Russell Stannard im Deutsch- und Religionsunterricht der 7. Jahrgangsstufe

Das Buch

Das Kinderbuch *Hallo Sam, hier bin ich!* des britischen Physikers und Autors Russell Stannard erschien im Original 1992 und in deutscher Übersetzung erstmals 1993 (Loewes-Verlag). Seit 1996 liegt es als Fischer-Tb vor (DM 10,90), 2000 bereits in 4. Auflage (aus ihr wird im Folgenden zitiert).

Ein Junge namens Sam, dessen Alter ungenannt bleibt, vermutlich aber mit dem Alter der Zielgruppe (Kinder ab 10 Jahren) in Übereinstimmung steht, berichtet als Ich-Erzähler in Retrospektive von seinen Erlebnissen mit einem vermeintlichen Hacker. Er nimmt an, es handele sich um einen Computerspezialisten, denn wer sonst sollte ihm Botschaften auf den Bildschirm zaubern können?[2] Dass Gott es sein soll, der hier mit ihm in direkten (Schreib-) Kontakt tritt, ist für Sam undenkbar: „Zufällig glaube ich nicht an Gott." (Stannard 2000, S. 18)

Durch die nächtlichen Gespräche via Computer (Sam glaubt, sie würden durch Mikrofon und Lautsprecher ermöglicht, in Wirklichkeit hat sein Computer diese Ausstattung jedoch gar nicht) erfährt der Junge viel zu grundlegenden Themen: Von Bibel, Evolution und Schöpfung über Kirche, Religionen und göttliche Offenbarung bis hin zu Träumen, Gebeten, Gewissen, Tod und Himmel bzw. Hölle wird alles abgedeckt, was mit Glaube, menschlichem Selbstverständnis und Umgang mit Anderen zu tun hat. „Gott" (so wie Stannard ihn zeichnet[3]) zeigt Sam bei den Unterhaltungen der Beiden am Bildschirm Filme zur Einführung bzw. weiterer Verdeutlichung, so dass die nächtlichen 'Zusammenkünfte' den Eindruck einer Multimedia-Präsentation erwecken. Sams Lebenserfahrungen werden direkt einbezogen in die Gespräche und bieten die Möglichkeit der Überprüfung des von „Gott" Behaupteten. So kommt etwa die Theodizee – Frage anhand des Unfalls einer Mitschülerin zur Sprache.

Der Autor

Der Naturwissenschaftler und Physikdidaktiker Russell Stannard lehrte bis zu seiner Emeritierung an der Open University in Milton Keynes (England). Er ist daneben in Großbritannien als Kinderbuchautor bekannt; seine u. a. auch ins Deutsche und Französische übersetzten *Onkel-Albert*-Bücher (z. B. *Black Holes and Uncle Albert*, 1992; *Uncle Albert and the Quantum Quest*, 1995) sind als

---

[1] Den Autor dieses Kapitels erreichen Sie unter www.MarkusLochner.de; Stannard hat bei der Open University eine e-mail Adresse: F. R.stannard@open.ac.uk.

[2] 1992, als Stannards Buch in England erschien, standen *Chatrooms* noch nicht auf der Tagesordnung von Zehnjährigen.

[3] Im Folgende setze ich „Gott" in Anführungszeichen, wenn die literarische Figur gemeint ist.

SF für Kinder einzuordnen. Zur Frage nach Gott in einem naturwissenschaftlich geprägten Weltbild hat er außerdem vorgelegt: *Ist da oben jemand? Was ich schon immer über Gott wissen wollte* (Gießen: Brunnen-Verlag 1994). Mit seinen literarischen Veröffentlichungen verbindet Stannard folgendes Anliegen: „Meine Bücher sollen jungen Lesern die wichtigsten Dinge nahe bringen – Einsteins Relativitätstheorie und den Sinn des Lebens. Gleichzeitig versuche ich, zu unterhalten." (Stannard 2000, S. 2)

Dies ist ein ehrgeiziges Vorhaben; aber meiner Meinung nach hat es Stannard in gelungener Weise in die Tat umgesetzt. Mit vier eigenen und drei adoptierten Kindern ist der Wissenschaftler nicht nur mit seinem Fachgebiet, sondern auch mit Kindern bestens vertraut, was einem Jugendbuch nur zugute kommen kann. Das Buch ist deshalb für unser Thema unter didaktischen Gesichtspunkten betrachtet als besonders geeignet einzustufen, weil es Jugendlichen den „Zusammenhang zwischen der Identitätssuche und dem Glauben" (Stannard 2000, S. 3) aufzeigt.

Leseanreize

Besonders eindrucksvoll ist, wie Stannard es arrangiert, dass „Gott" Sam nicht mit Argumenten 'erschlägt', sondern ihn vielmehr zu eigenem Nachdenken anregt und ihm die dazu notwendigen Informationen gibt. „Gott" lehrt Sam also induktiv, nicht deduktiv. Auch ist „Gottes" Vorgehen mitnichten von Schwäche oder Beliebigkeit geprägt. (Am Anfang des Buches könnte man dies nämlich manchmal vermuten, denn man ist es vielleicht nicht gewohnt, Gott als einen so guten Freund und absolut liebevollen Begleiter zu erleben.) Das Gottesbild, das hier vermittelt wird, ist dazu angetan, nicht nur Christen 'aufzutauen', die in einem formalistischen Glauben erstarrt sind, sondern auch Menschen zu erreichen, die bisher nie etwas mit Gott zu tun haben wollten. Was für eine Chance für den Religions- und Deutschunterricht (für die 7. Jahrgangsstufe vgl. auch den Unterrichtsvorschlag bei Ablass 1997)!

„Gott" macht im Laufe der Geschichte deutlich, dass er sich nichts diktieren lässt, und dass sein Schweigen kein böser Wille ist, sondern den Menschen helfen soll, selbst zurecht zu kommen. Deshalb lässt er Sam auch zwischendurch einmal ohne die Gespräche mit ihm leben. Schließlich hält er Sam für reif genug, durch die konventionelle Art mit ihm in Kontakt zu treten: über das Gebet. Deshalb beendet er die Computer-Sitzungen und vertraut darauf, dass sich Sam aus eigenen Stücken an ihn wendet. Manche Lehrkraft wäre froh, Lernende so führen zu können.

Die Sprache des Buches ist modern, aggressiv, manchmal sogar respektlos, etwa wenn Sam sich über Gott ärgert: „Muss er so laut sein? Der Idiot!" (Stannard 2000, S. 23) Stilistisch spiegelt das Buch die Ausdrucksweise Heranwachsender gut wider. Insofern wirkt es auf junge Leser sicherlich authentisch. Es werden die verschiedensten Sprachebenen verwendet, so dass von liebevoll-gutmütigen

Ausdrücken bis zum drohenden Unterton alles vorhanden ist, was Farbe in die Sprache bringt. Der Leser wird direkt und relativ persönlich angesprochen. Man bekommt den Eindruck, Sams vertrauter Freund zu sein: „Fragt mich nicht, was sie an dem findet." (Ebd., S. 84)

In diesem Zusammenhang sei auch auf die Qualität der Übersetzung hingewiesen. Die deutsche Fassung erweckt den Eindruck, ein eigenständiges Werk zu sein, und nicht bloße Übertragung aus dem Englischen. Sie wird der großen Leistung Stannards gerecht, immer genau den richtigen Ton zu treffen. „Gott" ist nämlich nicht nur der 'lustige Gesprächspartner', sondern macht durchaus deutlich, dass es ihm ernst ist mit seinen Aussagen, was Sam dann auch einen „Schauder über den Rücken" (ebd., S. 109) jagt: „... Du wirst sehen ..., ihr werdet mich nicht leugnen können."

Die Dialogform der Erzählung ermöglicht es dem Autor, relativ kurze Sätze für direkte Antworten auf vorausgehende Fragen zu verwenden. So werden etwa Prädikate weggelassen, was der Konversation umgangssprachliche Lebensnähe und Authentizität verleiht. Diese Form des Erzählens durch *Zeigen* (d. h. durch die Befähigung des Lesers, an dem Geschehen mit Hilfe von Dialogen unmittelbar teilnehmen zu können) wird begleitend zu einer anderen verwendet: dem Erzählen durch *Beschreiben* (d. h. der Ich-Erzähler legt die Dinge aus seiner Sicht dar).

Im Folgenden werden die von Gott und Sam in ihren Dialogen behandelten *Themen* vorgestellt. Die Relevanz dieser Problemfelder für einen fächerübergreifenden, sich mit religiösen Grundfragen auseinandersetzenden (Deutsch-) Unterricht ist meiner Meinung nach als hoch einzustufen.

Die Aufgabe Gottes

Am Anfang der Entdeckungsreise durch Raum und Zeit nimmt „Gott" Sam mit auf eine Reise durch die Geschichte des Universums. Ganz im Sinne computergestützten ästhetischen Lernens darf der Schüler Teil einer 'Multimedia-Präsentation' werden, deren Authentizität ihn verblüfft. Physikalische Fakten werden hier von Stannard naturwissenschaftlich fundiert und dennoch leicht verständlich dargeboten. Als Gott zu erkennen gibt, dass er stolz ist auf das von ihm Geschaffene, kann Sam gar nicht glauben, was er da hört. Gott soll es sein, der mit ihm spricht? Unmöglich! Wie schon erwähnt, gibt Sam an, nicht an Gott zu glauben. Er sei schon aus dem Alter heraus, erklärt er, und versucht, sein Gegenüber mit einer Frage aus dem Konzept zu bringen (die Einstellung, Glaube sei nur etwas für Kinder und alte Leute, ist heute weit verbreitet): „Okay, Gott. Wenn du die Welt erschaffen hast, wer hat dann dich erschaffen?" (Ebd., S. 19) Eine alte Frage, neu gestellt von einem jungen, klugen Menschen. Die Antwort lässt nicht lange auf sich warten: „Niemand hat mich erschaffen, weil ich kein Ding oder Wesen bin, das erschaffen werden könnte. Ich bin der Ursprung. Ich bin ... ganz einfach." (Ebd., S. 20)

Um dies noch klarer zu machen, lässt Stannard „Gott" sich selbst mit einem Autor vergleichen, der das Drehbuch der Welt geschrieben habe. Die von ihm skizzierten Figuren (= Menschen) entwickelten ein Eigenleben (= freier Wille des Menschen, sich für oder gegen Gott zu entscheiden), so dass das Leben als Gesamtheit eine Kombination aus vorgefertigtem Drehbuch und eigenständigen Protagonisten darstelle. Im Gegensatz zu Sams Auffassung von einem Gott, der heutzutage nicht mehr nötig sei, weil die Welt ja schon funktionierend eingerichtet wäre, stellt „Gott" sich als ein fürsorglicher Schöpfer dar, der die Menschen schuf, um sie zu lieben und wiederum geliebt zu werden. Später wird Sam auch erfahren, dass „Gott" zum Beispiel Ärzte benutzt, um Kranken zu helfen! Die Vorstellung von einem Schöpfer, der sich nach dem Schöpfungsakt zurückzieht und die Welt sich selbst überlässt, wurde von der Weltanschauung des *Deismus* geprägt. Interessant ist auch, dass nach dieser Lehre die Schöpfung an sich als Beweis für die notwendige Existenz eines Schöpfers gilt (Betrachtet man eine Uhr, dann zweifelt man auch nicht an der Existenz des Uhrmachers!). Im Buch sieht Gott sich selbst nicht nur als Autor, sondern auch als Figur in der Geschichte. Untrennbar mit Gott ist also auch das Bild vom Menschen, der als grundsätzlich gut dargestellt wird, verknüpft. Es gibt kaum eine schönere Definition für den Grund der menschlichen Existenz als diese: „'Ich wollte jemanden, den ich lieben kann', antwortete er. 'Ich wollte, dass jemand mich liebt. Ich wollte jemanden, der mit mir die Freude am Dasein teilt. Nichts anderes.'" (Ebd., S. 53)

Trotz aller Ausführungen muss Sam gestehen: „Genaugenommen, ich würde ganz gern an Gott glauben. Aber ich kann nicht. Es gibt keinen Beweis." (Ebd., S. 22) Auch später bleibt Sams Misstrauen gegenüber Gott und Glaube bestehen. Da versucht „Gott" es mit einem anderen Beispiel: Rundfunkwellen sehe man auch nicht, trotzdem glaube man an sie. Doch „Gott" weiß, dass seine Existenz nicht beweisbar ist, und so kann er Sam nur auf der affektiven Ebene ansprechen. Er erzählt ihm, dass viele Menschen bei der Betrachtung der Natur, etwa eines nächtlichen Sternenhimmels, die Gegenwart des Schöpfers spürten. In einer pantheistischen Gottesbeschreibung setzt er seinen „Körper" und die Gesamtheit der Natur gleich. Wenn man Naturwissenschaften studiere, dann erkenne man auch seine Absichten:

> „Nicht von sich aus ist die Welt so schön, verstehst du? Sie ist so schön, wo sie meinen Willen widerspiegelt. Es gibt Menschen, die fühlen sich mir in einem Garten besonders nah. Hier offenbare ich meine Gegenwart. Die Schönheit von Natur ... Musik ... Poesie. Das sind Möglichkeiten für Menschen, mit mir in Verbindung zu sein." (Ebd., S. 73)

Die Folge dieser neuen Erkenntnis sei dann ein verantwortungsbewussterer Umgang mit allen Dingen.

Schöpfung und / oder Evolution?

Ein weiteres großes Thema der nächtlichen Unterhaltungen wird die Frage nach Schöpfung und / oder Evolution sein. „Gott", der ja als liebevoller und fürsorglicher Freund beschrieben wird, führt seinem Schützling vor Augen, dass dieser nur eine „Laune der Natur. Ein zufälliges Ereignis, verloren in der Unendlichkeit des Weltraums" (ebd., S. 23) wäre, wenn es niemand gäbe, der seine Existenz gewollt habe und steuere. Sam ist dies jedoch ziemlich egal. „Gott" akzeptiert Sams Meinung, lässt ihn aber wissen, dass es eine Absicht hinter seinem Leben gebe und dass er nicht zufällig da sei. Der Schöpfer persönlich habe ein Interesse an ihm. Für den Unterricht, und zwar für alle humanistischen Fächer, ist die Frage nach dem Sinn des menschlichen Daseins, die hier angesprochen wird, von zentraler Bedeutung.

„Gott" erklärt Sam die Grundzüge der Evolutionstheorie aus seiner Sicht: Entwicklung durch natürliche Auslese sei festgelegt, welches individuelle Tier aber dem Selektionsprozess zum Opfer falle, sei Zufall. Auslese bedeute auch, dass jede überlegene Eigenschaft zur Fortpflanzung komme. Der Mensch stamme von Tieren ab, es finde eine Entwicklung von einfachen zu komplexeren Strukturen statt. Welchen Status hat er also in einem solchen System? Was unterscheidet ihn vom Tier? Die Antwort laute: Intelligenz. Über die Entdeckung des Selbst mit Hilfe des Bewusstseins und die Verwendung von Sprache als Kommunikationsmittel untereinander finde die Menschheit schließlich zu ihm, Gott, zurück. Die Befähigung des Menschen zur Kontaktaufnahme mit dem Schöpfer ist also das distinktive Merkmal für das Menschsein. „Gott" bezieht sich in seinen Beispielen auf Sams Erfahrungswelt (etwa, wenn er die extrem geringe Wahrscheinlichkeit eines nicht gesteuerten, zufälligen Entstehens von Kohlenstoff mit unglaubwürdigen Detektiv-Filmen vergleicht, die Sam kennt). Doch nicht nur die Entstehung der Erde, sondern des ganzen Universums wird Sam von seinem neuen Freund erklärt. All dies wird, wie schon gesagt, mit wissenschaftlicher Präzision geschildert, die dennoch äußerst leicht zu erfassen ist. Eine der wichtigsten Aussagen dieses Abschnittes der Erzählung ist, dass Gott sich der Evolution und der Naturgesetze bedient habe, um das Universum ins Leben zu rufen. Es sei ein Balanceakt gewesen, der nötig war, um die sensiblen Kräfteverhältnisse so auszutarieren, dass Leben möglich werden konnte. Die Welt habe also nicht auf natürlichem Wege entstehen können, jemand habe die wenigen Urkräfte steuern mussen. Dabei ist natürlich zu beachten, dass der Schöpfer Sam gegenüber durchaus deutlich macht, dass er sehr wohl die Zukunft überblicken kann und nicht über riesige Zeiträume hinweg herumprobieren musste, bis alles funktionierte. Seine große Leistung wird als die Fähigkeit beschrieben, die Naturkräfte vor Beginn einer wie auch immer gearteten Entwicklung optimal zu definieren und der Natur dann ihren Lauf zu lassen. Allerdings entfernt sich Stannard sowohl von biblischen Aussagen als auch von wissenschaftlich fundierten Untersuchungen, wenn er „Gott" schildern lässt, dass es viele andere, genauso hoch entwickelte Formen von Leben im Universum gebe, die ihm ebenso wichtig seien wie die Menschen.

Beachtenswert finde ich, dass „Gott" auch die Grenzen der Wissenschaft aufzeigt. Er sensibilisiert seinen Schüler für die Tatsache, dass Naturwissenschaften nur ganz bestimmte Fragen behandeln könnten, und dies seien nicht die wichtigsten. (Man sollte diese Beobachtung im Unterricht nicht ohne den Hinweis thematisieren, dass der Autor selbst Naturwissenschaftler *ist*.) Auch hätten manche Theorien gar nichts mehr mit wissenschaftlichem Arbeiten zu tun. Als Leser bemitleidet man ihn fast schon, wenn er ergänzt: „Manche halten es für vernünftiger, daran zu glauben als an mich. Kann mir nicht denken, warum." (Ebd., S. 53)

Abgesehen vom Inhalt ist diese Stelle ein weiterer Beweis für die emotionale Überzeugungskraft, die in diesem Buche steckt. Durch seine Äußerungen (und *ausschließlich* durch diese; denn nur bei Sam kennen wir das, was er sagt, *und* das, was er denkt) wird „Gott" als naher, einfühlsamer, verständnisvoller, aber auch seinen Willen bestimmt äußernder Freund charakterisiert.

Die Rolle der Bibel

Im Zusammenhang mit der Frage nach Schöpfung und/oder Evolution spielt die Bibel eine wichtige Rolle. Sam traut ihren Aussagen jedoch nicht. Auch „Gott" selbst nimmt bei der Rechtfertigung der Bedeutung der Bibel eine Position ein, die bibeltreuen Christen zu weit gehen wird. Der Wert biblischer Geschichten sei nicht damit zu begründen, dass sie genauso geschehen seien, wie es geschrieben steht, sondern mit ihrer Aussagekraft für das eigene Leben. Die Leute aus *Neighbours*[4] würden ja auch nicht existieren, trotzdem sehe Sam sie gerne, weil sie sich so lebensnah verhielten. Der Schöpfungsgeschichte wird Relevanz für das Leben heute zugeschrieben, indem „Gott" darauf hinweist, dass der Mensch schon damals den Auftrag hatte, die Erde zu pflegen und sie zu erhalten. Umweltschutz sei also nichts Neues. Die zweite wichtige Botschaft, die wir durch die ersten Kapitel der Bibel erfahren könnten, sei die Erschaffung des Menschen als göttliches Ebenbild. Je intensiver ein Mensch also Gott nacheifere, desto mehr erfahre er auch über sich selbst. Sowohl die beiden (sich mit wissenschaftlichen Maßstäben gemessen widersprechenden) Schöpfungsberichte der Bibel als auch die Geschichte von Adam und Eva seien nicht wörtlich zu nehmen. Sie bezögen ihren Wert jedoch aus tief in ihnen verborgenen Wahrheiten (zum Beispiel aus der Existenz eines Schöpfergottes).

Es fällt auf, dass die biblischen Aussagen sehr auf den Menschen zentriert dargestellt werden, die Problematik des Sündenfalls und der daraus resultierenden Notwendigkeit eines göttlichen Heilsplanes zunächst ausgeblendet sind. Die Rede ist nicht von *Sünde* (die ja Bewusstsein voraussetzen würde), sondern von *Trieb*, der als Resultat des selektierenden Überlebenskampfes der Vorfahren des Menschen auch in das Verhalten von uns heute eingegangen sei. „Gott" geht

---

[4] Eine englische Vorabendserie, vielleicht am ehesten vergleichbar mit *Gute Zeiten, Schlechte Zeiten*.

induktiv vor: Er insistiert nicht darauf, dass Sam seinen eigenen Standpunkt übernimmt, sondern stellt verschiedene Meinungen vor und überlässt es seinem Schüler, wie er sie einordnet. Übrigens begegnen wir auch in diesem Buch einer aufgeklärten Einstellung gegenüber anderen Religionen: Die Bibel wird im gleichen Atemzug mit anderen heiligen Schriften genannt.

Wiederum kommt die Bibel ins Spiel, wenn es um die Diskrepanz zwischen Wundern und Wissenschaft geht. „Gott" und Sam sind sich darin einig, dass die Natur gewissen Gesetzen folgt. „Ich muss es schließlich wissen; es sind meine Gesetze." (Ebd., S. 58) Es liegt auf der Hand, dass Sam überhaupt nicht mehr weiß, was er glauben soll, wenn „Gott" selbst den Wahrheitsgehalt der Heiligen Schrift in Zweifel zieht: „'Was ist mit den Wundern in der Bibel? Hast du die getan?' 'Spielt das eine Rolle?' 'Natürlich spielt das eine Rolle. Wenn du sie nicht getan hast – dann lügt die Bibel.'" (Ebd., S. 60)

Nochmals weist „Gott" darauf hin, dass der eigentliche Nutzen der biblischen Geschichten in ihrer Wirkung auf den Menschen bestünde. Im speziellen Fall der wundersamen Brotvermehrung etwa komme es darauf an, den Hunger der Menschen nach dem wirklichen Sinn des Lebens zu wecken. Ein erfülltes, glückliches Leben zeichne sich demnach nicht durch materiellen Wohlstand, sondern durch ein Verhalten voller Liebe, Geben und Vergeben und verantwortungsbewusstes Handeln als Resultat einer Hingabe an Jesus aus. Wenn man nicht an Wundergeschichten glauben will oder kann, dann hat man also immer noch die Möglichkeit, sich darauf zu konzentrieren, was die Geschichten über einen selbst zu sagen wissen. Noch einmal zurück zu Sam, der behauptet: „Lieber sehe ich der Wahrheit ins Gesicht, als dass ich mich mit einem bequemen Märchen zum Narren halte." (Ebd., S. 54)

Das „bequeme Märchen" bezieht sich hier auf ein Leben im Glauben. „Gott" entgegnet sehr überzeugend, indem er unterstreicht, dass ein Leben mit ihm in Wirklichkeit ein Leben *durch* ihn sei, dass den Menschen ihr Leben nicht selbst gehöre, sondern sie sich nach Gottes Willen richten sollten. Somit widerlegt er Sams These von Religion als einer bequemen Selbsttäuschung. Didaktisch äußerst klug ist seine abschließende ironische Bemerkung, in der er im Gegenzug ein Leben ohne Verantwortung ihm gegenüber als frei und bequem brandmarkt: „So bequem, dass ich überrascht bin, dass sich überhaupt jemand für mich entscheidet!" (Ebd., S. 55)

Kirche

Verhält sich Sam bei den schon behandelten Themen kritisch und zum Teil ablehnend, so stellt man eine wirkliche Oppositionshaltung seinerseits fest, wenn es um das Thema Kirche geht. Harte Worte werden verwendet, wenn es darum geht, darzustellen, wie langweilig und scheinheilig Sam alles bewertet, was mit Kirche zu tun hat. Scheinheiligkeit deshalb, weil er glaubt, es sei dem Pfarrer im Grunde egal, ob er, Sam, zum Gottesdienst komme oder nicht. „Gott" referiert im Folgenden mehrere Gründe für die Wichtigkeit der Existenz seiner Kirche und des Gottesdienstes:

- Die Kirche sei *sein Haus*, wo Menschen sich ihm besonders nahe fühlen könnten. Es erscheint mir wichtig für eine authentische Analyse des Buches, die Nennung von *Moscheen* und *Synagogen* synonym zu dem Begriff der *Kirche* durch Gott zu erwähnen. Diese Stelle deutet an, dass für den Gott, den Stannard hier zeichnet, die Religionen der Menschheit nur regional unterschiedliche Ausprägungen des einen Glaubens an ihn sind.

- Das *Beten in ungestörter Ruhe* sei ein weiterer Beweggrund für den Besuch der Kirche. Eindrucksvoll wird dies begründet: „So ist es auch mit dem Leben. Tritt einen Schritt zurück. Dann siehst du vielleicht, wie ich meine Absichten in dir verwirkliche. Ereignisse, die, als sie geschahen, keinerlei Sinn ergaben – wer weiß – vielleicht erkennst du bald, wie sie sich in dein Leben fügen." (Ebd., S. 88)

- Die *Feier des Abendmahls* (respektive die Eucharistie in der katholischen Kirche).

- Die *Gemeinschaft der Gläubigen*: Gott erklärt, dass es manchen Menschen gelänge, ganz alleine zum Glauben an ihn zu finden. Dies sei aber so, als wolle man eine Naturwissenschaft lernen, ohne von Experten (Lehrern) darin unterrichtet zu werden. Die Aufgabe eines Pfarrers ist es demnach, die notwendigen Hintergrundinformationen für den Glauben bereitzustellen. Man gehe in die Kirche, um von Spezialisten (Theologen) die Offenbarung Gottes in den Schriften und somit ihn selbst kennen zu lernen. Dabei sei es aber wichtig, selbst nachzukontrollieren, was einen da gelehrt werde. Die Begegnung mit Gott finde außerdem statt durch die Betrachtung der Schöpfung.

Kontaktaufnahme

Es wurden bereits Möglichkeiten aufgezeigt, wie der Mensch von sich aus mit Gott in Verbindung treten kann. Wie aber nimmt Gott mit den Menschen Kontakt auf? Diese Frage wird beantwortet, wenn „Gott" Sam eröffnet, dass *er* hinter Phänomenen wie Tagträumen oder Gewissen stecke. Die Motivation für das Holen von Hilfe für einen Mitschüler sei von ihm gekommen. Der menschliche Verstand sei aufgeteilt in Bewusstes und Unbewusstes, wobei Letzteres von Erinnerungen, aber auch von vererbten Instinkten beeinflusst werde. Außerdem könne auch Gott Einfluss auf das Unbewusste ausüben, so dass Tagträume und Gewissen als Kommunikationsmedium zwischen ihm und den Menschen verstanden werden könnten. Sam entgegnet, dass Gott nicht immer auf Gebete reagiere. Die Antwort folgt prompt: jedes Gebet würde beantwortet werden, nur manchmal laute die Antwort auf eine Bitte eben 'Nein'. Gott wolle immer das Beste für den Menschen, aber manchmal fehle diesem der Überblick und die Weitsicht für sein Leben.

Eine triviale Erklärung für Kinder? Ich denke nicht. Stannard geht jedem Zweifel nach, wenn er Sam zu Recht fragen lässt, ob unsere Gedanken nicht allein aus unserem Unterbewussten kommen könnten und gar nichts mit Gott zu tun haben müssten. Glaube wäre dann also ein bloßes Wunschdenken. Eine direkte Antwort scheint „Gott" hier zunächst schuldig zu bleiben, aber er gibt Denkanstöße: wenn man die religiöse Herausforderung, an ihn zu glauben, aufnähme, dann ändere man sein Verhalten dahingehend, dass man sich dem Willen Gottes unterordne, und nicht seinem eigenen. Der Glaube an Gott kann demnach kein Wunschdenken sein, da er negative Erfahrungen beinhaltet, die unmöglich menschlichen Wünschen entsprechen können. „Gott" erklärt sein Schweigen – das scheinbare Nicht-Antworten auf Gebete – folgendermaßen: „So ist es auch zwischen mir und meinen Freunden. Ich lasse sie ein paar Schritte allein machen. Natürlich, niemals sind sie wirklich allein. Aber ich lasse sie es denken. Das stellt ihre Treue auf die Probe. Würde das auch so sein, wenn ich nur ein Ergebnis des Wunschdenkens wäre?" (Ebd., S. 110)

Ein weiterer Grund für den zeitweiligen Abbruch der Kommunikation zwischen Sam und „Gott" im Folgenden ist die Tatsache, dass „Gott" nicht einfach so mit Sam weiter plaudern könne, wenn dieser einem anderen Menschen Unrecht getan habe. Das Verhalten unseren Mitmenschen gegenüber beeinflusst also auch unsere Beziehung zu Gott! An dieser Stelle findet eine Art Wende in der Beziehung zwischen dem Jungen und „Gott" statt: Sam erfährt nun auch die ernste Seite Gottes, wenn jener davor warnt, dass man ihn einmal nicht werde leugnen können. Das Charakterbild, das hier Gott umschreiben soll, gewinnt dadurch nur an Glaubwürdigkeit.

Das Böse

Wie kommt das Böse in die Welt? Auch dies ist eine Frage, die so alt ist wie die Menschheit selbst. Nach christlichem Verständnis (was aufgrund der vielen Glaubensrichtungen innerhalb des Christentums an sich ja schon die Gefahr birgt, zu sehr verallgemeinernd zu sein) existiert das Böse in der personifizierten Form des Satan, der einst der strahlendste Engel war (Luzifer von lat. *lux* = Licht). Die Möglichkeit, sich mit Hilfe des freien Willens auch gegen Gott zu entscheiden, befähigte ihn zur Rebellion gegen den Schöpfer. Die Folge war der Ausschluss aus dem Himmel und die Verbannung auf die Erde, wo Satan seither versucht, Menschen durch Versuchung zum Bösen auf seine Seite zu bringen.

In Stannards Buch geht „Gott" natürlich auch auf die Frage nach dem Ursprung des Bösen ein. Grundvoraussetzung für dessen Existenz sei der freie Wille (s. o.). Gott habe freie, grundsätzlich gute Menschen schaffen wollen. Das Risiko dabei sei gewesen, dass sie also auch die Freiheit haben, seine Liebe nicht zu erwidern: „Ich erschaffe keine bösen Menschen. Ich erschaffe ganz einfach Menschen. Ich erschaffe Menschen, die frei sind." (Ebd., S. 117)

Böses entstehe dann, wenn man sich von ihm als der Quelle aller Liebe und Güte abwende. Ambivalent wird die Lebensform des Teufels geschildert: weder ganz personal noch als bloßes Prinzip des Bösen existiere er in einer besonderen

Weise. Es gebe nämlich sehr unterschiedliche Arten von Existenz. Der 'Hacker' verdeutlicht dies am Beispiel von Sams liebster Musikgruppe. Der Name der Gruppe existiere für sich, obwohl er keine Person sei. Dennoch sei es wichtig, sich auch die personale Komponente des Teufels vor Augen zu halten, um nicht Gefahr zu laufen, seine Macht zu unterschätzen.

Außer der Freiheit gibt es nach Stannards Ausführungen aber noch einen anderen Grund, warum Menschen von Gott nicht von Natur aus ohne Potential zum Bösen geschaffen worden seien. Sam fasst zusammen: „Wenn alle Menschen immer und ewig liebevoll und gut wären, dann würde niemand verstehen, was du mit Wörtern wie Liebe und Güte meinst. Du musst also auch das Gegenteil davon deutlich machen." (Ebd., S. 123)

Theodizee

Eine interessante Veränderung in Sams Denken ist zu beobachten: wenn er „Gott" vorwirft, ein guter Gott hätte das Böse niemals zugelassen, so anerkennt er damit die göttliche Identität seines Gesprächspartners, im Gegensatz zum Beginn ihrer Unterhaltungen. Die Stimmung in diesem Buchabschnitt ist emotional sehr aufgeladen. Das Theodizee – Problem, die Frage, warum ein allmächtiger und liebender Gott Leid zulässt, ist eng mit dem Wesen des Bösen (s. o.) verknüpft. Nun geht es nicht mehr um Leid, das von Menschen initiiert wird, sondern um Leid, das ohne menschliches Zutun existiert (Aids, Katastrophen, Unfälle etc.). Während Sam darauf besteht, eine Welt erschaffen zu wollen, in der kein Leid gibt, weist „Gott" ihn darauf hin, dass es ohne Leid keinen Liebesbeweis geben könne (zum Beispiel wäre liebevolle Krankenpflege ohne Krankheit gar nicht möglich). Das Böse könne, so der Gott des Buches, Leid verursachen. Denkt man diese Überlegungen zu Ende, so kommt man zu dem Schluss, dass selbst das Böse letztlich etwas Gutes auslösen kann, obwohl dies ursprünglich von Satan nicht intendiert war.

In dieser Diskussion über Liebe wird auch das Wesen von Sexualität und Liebe durch „Gott" näher bestimmt: Sexualität muss demnach kein Beweis für Zuneigung oder gar Liebe sein, sondern nur ein Beleg für das Bedürfnis nach Lustbefriedigung. Richtig verstandene Sexualität sei jedoch etwas Wundervolles, weil sie Symbolcharakter habe und die tiefe und dauerhafte Beziehung zweier Menschen zueinander ausdrücke. Die Rechtfertigung des Leides wegen seines heilsamen Potentials bekommt hier eine pädagogische Dimension: wenn man nie leiden habe müssen und immer alles bekommen habe, was man sich wünschte, dann sei eine Krankheit gar nicht so schlecht, um eine innere Umkehr des Menschen einzuleiten. Auch auf andere Menschen habe die Krankheit einen guten Einfluss, wenn manche sich in Fürbitten für den Kranken an Gott wendeten und dabei zusätzlich dem Kranken eine Freude machen würden. Dankbarkeit ist also eine Folge von Leid.

Ein Grund, warum dieses Buch einen bleibenden Eindruck bei den Lesern hinterlassen wird, ist die Gründlichkeit, mit der Stannard den Problemen auf den Grund zu kommen versucht. Sam ist nämlich keineswegs zufrieden mit den Ausführungen „Gottes": „Aber trotzdem kann mich das alles nicht überzeugen, dass es soviel Leid in der Welt geben muss. Nur wegen ein bisschen Liebe. Nur wegen der Dankbarkeit. Der Preis ist zu hoch! Das ist es nicht wert. Na komm, sag mir eine bessere Erklärung." (Ebd., S. 136)

Aber „Gott" hat keine. Er kann seinen Freund nur darauf hinweisen, dass trotzdem viele Menschen an ihn glaubten, weil sie ihm *vertrauen* würden. Der Beweis für seine Liebe zu den Menschen sei durch Jesus erbracht worden, durch den er sich selbst um der Menschen willen ins Leid am Kreuz begeben habe.

Als beeindruckend empfinde ich die Argumentationsstrategie „Gottes", der nicht wie in einer Debatte dem Gegenüber sofort Antithesen an den Kopf wirft, sondern sich für die Erklärungen Zeit nimmt und durch Beispiele und Eingreifen in die Erfahrungswelt Sams den großen Bogen hin zu den Wahrheiten des Glaubens spannt.

Rezeptionshilfen

Ein Eindruck, worum es bei der Theodizee – Problematik geht, wurde schon oben vermittelt. Hier sei trotzdem noch einmal auf den Terminus eingegangen: Der *Brockhaus* definiert den Komplex als den Versuch, in Theologie und Philosophie den Widerspruch zwischen Gottes Allmacht und Güte und dem in der (seiner) Welt vorhandenen physischen Übel, des moralischen Bösen und der vielfältigen Übel zu erklären.

Auch *Deismus* sollte erklärt werden. Das selbe Nachschlagewerk beschreibt den Begriff als Anschauung der Aufklärung, wonach Gott nach der Schöpfung keinen Einfluss mehr auf die Welt nimmt und zu ihr auch nicht in Offenbarungen spricht. Der Deismus steht somit zwischen dem *Theismus* und dem *Atheismus*. Kennzeichnend für den Deismus ist die Vorstellung einer natürlichen Religion als Maßstab aller Weltreligionen sowie teilweise das Verständnis von Religion als einer Ethik in mythischer Formulierung.

Zielperspektiven

Wenn Gottes Gegenwart in der Natur gefühlt wird, dann resultiert daraus ein verantwortungsbewusster Umgang mit ihr. Verantwortung ist natürlich ein ganz besonders wichtiger Punkt, der bei jeder Beschäftigung mit Glaubensfragen zur Sprache kommen muss. So sollte auch in einem fächerverbindenden Deutsch- und Religionsunterricht unter Verwendung von literarischen Vorlagen (Schöpfungsbericht der Bibel, Stannards Buch) auf die Verantwortung hingewiesen werden, die mit der Aufgabe des Menschen verknüpft ist: im Schöpfungsbericht ist die Rede von „bebauen" *und* „bewahren" (Genesis 2, 15.)! Auf diese Weise kann modernen Jugendlichen verdeutlicht werden, dass es sich bei der Bibel nicht um ein verstaubtes Dokument handelt, das für die heutige Zeit nichts Relevantes mehr beinhaltet. Der christliche Glaube gründet sich ja geradezu auf einen verantwortungsvollen Umgang der Menschen untereinander, der aus der Liebe erwachsen soll. Unterrichtsziele sind beim fächerübergreifenden Prinzip in all seinen Varianten naturgemäß vielfältig. So möchte ich es hier mit der kurzen und doch so anspruchsvollen Absicht des Autors halten, dessen Ziel es ist, Jugendlichen sowohl naturwissenschaftliche Grundlagen („Einsteins Relativitätstheorie"), als auch den Sinn des Lebens beizubringen. Im Einzelnen verweist jedes Thema, das oben angesprochen wurde, auf ein potentielles Unterrichtsziel: Die Bedeutung der Bibel, die Rolle der Kirche in einer säkularen Welt, die Rechtfertigung Gottes, die Frage nach dem „Wie" des Betens und der verantwortungsbewusste Umgang mit dem Nächsten – all das sind Felder, für die es sich lohnt, Unterrichtszeit zu erübrigen, weil sie durch die Kombination von Wissensvermittlung *und* Persönlichkeitsbildung den Erziehungsauftrag der Schule ernst nehmen.

Aufgabe des Deutschunterrichts kann es schließlich auch sein, im Rahmen der Medienkunde einen Überblick über die *Geschichte des Buches* von mittelalterlichen Handschriften bis hin zur CD-ROM zu geben. Nicht immer hatten Gläubige Zugang zur Bibel, sondern mussten auf das ihnen Gesagte vertrauen!

Tätigkeiten, Verfahren, Medien

Stannards Erzählstil legt die Verwendung von Auszügen seines Buches für das *szenische Lesen* im Unterricht nahe. Freude am Laut-Lesen im Unterricht und die damit einhergehende Chance des eigenständigen Weiterlesens zu Hause tragen sicherlich nicht unerheblich zur Lesesozialisation der jungen Menschen bei. Außerdem werden rhetorische Fähigkeiten und Techniken erworben. Das Lesen vor der ganzen Klasse stärkt zudem das Selbstbewusstsein der Schüler. Darüber hinaus können weitere Dialoge zwischen „Gott" und dem Ich-Erzähler im *literarischen Rollenspiel* entwickelt werden.

Bei der Beschäftigung mit der Bibel in diesem Rahmen kann der Status der Heiligen Schrift zum Thema *schriftlichen Sprachgebrauchs* gemacht werden: Ist sie ein Buch wie jedes andere oder nimmt sie eine besondere Stellung ein? Wie steht es mit anderen heiligen Büchern?

Aus dem Problem, ob (zumindest) die drei großen monotheistischen Weltreligionen unterschiedliche Ausprägungen des Glaubens an ein und den selben Gott sind, ergeben sich natürlich wichtige Fragen für den Religionsunterricht: auch wenn die grundlegenden ethischen Verhaltensnormen in den großen Weltreligionen sich ähneln, so bleiben doch Zweifel, ob die Unterschiede zwischen ihnen nicht zu groß sind, um ein und denselben Gott zu repräsentieren. Auch dies liefert Stoff für *Diskussionsrunden*, über die dann – ganz im Sinne eines fächerverbindenden Unterrichts – zum Beispiel Protokolle angefertigt werden könnten.

Dieses Buch erscheint mir nicht nur aufgrund der behandelten Themen, sondern auch wegen seiner Ehrlichkeit und Gründlichkeit der Argumentation sowie der versierten Sprachverwendung für den Einsatz im Unterricht der Sekundarstufe besonders geeignet.

FALK TEICHERT

Meister Joachims Geheimnis von Sigrid Heuck in Deutsch, Geschichte und Kunst für die 8. Jahrgangsstufe

Das Buch

Meister Joachims Geheimnis erschien erstmals 1989 in einer Hardcover-Ausgabe im K. Thienemanns Verlag. Seit 1996 ist es als Taschenbuch in der Reihe *Fischer Schatzinsel* erhältlich (DM 12,90).

Im Mittelpunkt der Erzählung steht ein bildsüchtiger Junge, der sich immer tiefer in ein Gemälde des niederländischen Landschaftsmalers Joachim Patinir verstrickt. Eine Ich-Erzählerin bekommt anonym ein Manuskript zugeschickt, das sich als Tagebuch des 16-jährigen Peter Stensbeck entpuppt, der durch die Niederschrift seinen Seelenfrieden wiedererlangen wollte: Der Junge lebt seit der Scheidung seiner Eltern bei seiner Mutter, die tagsüber in einer Apotheke arbeitet. Als Einzelkind ist er fast immer allein in der Wohnung. Aber der introvertierte und musisch begabte Junge langweilt sich nicht, sondern liest, hört Musik oder malt. Sein ruhiges Leben gerät erst aus den Fugen, als er eines Tages in der Auslage einer Buchhandlung einen Bildband über den niederländischen Maler Joachim Patinir entdeckt und spontan kauft. Zu Hause angekommen taucht er in die Bilderwelten des Malers ein. Auf dem Gemälde *Der Heilige Christophorus* entdeckt der Junge am Ufer des Flusses eine Leiche. Entschlossen, das Geheimnis um den Toten zu lüften, stellt er Nachforschungen an. Doch weder in der Fachliteratur über Patinir[1] noch in der Legende vom Heiligen Christophorus finden sich Hinweise zur Lösung des Falles. Als auch weitere Versuche, Licht ins Dunkel zu bringen, fehlschlagen, verfällt er auf die Idee, sich mittels einer Art Meditation in die Zeit und den Ort des Geschehens zu versetzen, was gelingt. Peter findet sich im Antwerpen des 16. Jahrhunderts wieder. Er schließt Freundschaft mit Jan, einem Malerknecht, bewirbt sich bei Joachim Patinir als Lehrling und verliebt sich bald darauf in Britta, die Tochter seines Lehrherrn. In der Malerwerkstatt steht er eines Tages vor dem Gemälde, in das er meditativ eingestiegen ist. Schließlich bekommt er auch den Faden in die Hand, der ihn zur Lösung des Falles führt. Bei dem Toten handelt es sich um einen Kunsthändler namens Michel van Wulfen, dem seine Gier nach vier Christophorusskizzen von Albrecht Dürer zum Verhängnis geworden ist.

Kurze Zeit später wird Peter unsanft in die Gegenwart zurückgeholt, in der er sich nicht mehr zurechtfindet. Im darauffolgenden Frühjahr verschwindet der Junge spurlos. Peters Mutter findet die Tagebuchaufzeichnungen ihres Sohnes und schickt sie mit der Bitte um Veröffentlichung an die Ich-Erzählerin, in der Hoffnung, auf diesem Wege ein Lebenszeichen Peters zu erhalten.

---

[1] Benutzt wurde Pons, Maurice / Barret, Andre: *Patinir oder die Harmonie der Welt.* Köln 1981 (vergriffen).

Das Jugendbuch verbindet Elemente der fantastischen Literatur mit denen des Detektivromans. *Meister Joachims Geheimnis* ist eine gerahmte Einzelerzählung, deren Rahmen die Glaubwürdigkeit der Binnenerzählung unterstützt. Für die Rahmen- und die Binnenerzählung lässt die Autorin zwei Ich- Erzähler agieren. Binnenerzähler ist der 16-jährige Peter; bei der namenlosen Ich- Erzählerin handelt es sich um eine Schriftstellerin oder Lektorin, die vielleicht autobiografische Züge der Autorin trägt. Indem Sigrid Heuck ihren Helden in ein Bild hineinsteigen lässt, greift sie auf ein Motiv zurück, das in der Literaturgeschichte eine lange Tradition hat und auch in jüngsten Erzähltexten wieder anzutreffen ist. So beginnt E. T. A. Hoffmanns 1815 verfasste Erzählung *Die Fermate* mit diesem Motiv und in Hans Magnus Enzensbergers 1998 veröffentlichtem Jugendbuch *Wo warst du, Robert?* wird der Romanheld durch seine Imaginationsfähigkeit in Gemälde, Fotografien und Kinobilder hinein katapultiert. Diese Art der Zeitreise richtet sich an 12- bis 14-Jährige und kommt erfahrungsgemäß ihrem Wunsch entgegen, sich in fremde Situationen hineinzuversetzen, sie in Rollenspielen nachzuerleben und sie sich auf diese Weise anzueignen.

Die Autorin

Siegrid Heuck gehört zu den profiliertesten deutschsprachigen Kinder- und Jugendbuchautorinnen. 1990 erhielt sie für ihr Gesamtwerk den Großen Preis der Deutschen Akademie für Kinder- und Jugendliteratur. Die Autorin und Illustratorin wurde 1932 in Köln geboren und lebt seit 1949 im bayerischen Voralpenland. Sie studierte zunächst Mode-Grafik, besuchte danach die Akademie der bildenden Künste in München und machte sich anschließend als freiberufliche Grafikerin selbstständig. Sigrid Heuck verfasste und illustrierte bis Ende der achtziger Jahre mit großem Erfolg Bilderbücher, ehe sie sich der Kinder- und Jugendliteratur widmete. Bereits ihr Erstlingswerk *Das Mondkuhparadies* wurde 1960 in Mailand mit einer Silbermedaille ausgezeichnet. Das Bilderbuch *Pony, Bär und Apfelbaum* verkaufte sich seit seinem ersten Erscheinen 1977 über 500 000 Mal und erschien in 15 Sprachen. Auch ihre Jugendbücher wurden vielfach übersetzt und international mit Preisen gewürdigt. Neben den Jugendbüchern *Saids Geschichte oder Der Schatz in der Wüste* und *Mondjäger* gehört der Jugendroman *Meister Joachims Geheimnis*, für den sie 1990 mit dem Österreichischen Jugendbuchpreis ausgezeichnet wurde, zu ihren bekanntesten Werken.

Leseanreize

Der Jugendroman setzt die Geschichte einzelner Menschen des frühen 16. Jahrhunderts in Beziehung zu einem Jungen unserer Tage. Dabei werden in die Romanhandlung historische Persönlichkeiten der damaligen Zeit als Haupt- oder Nebenfiguren eingebunden, die den Zeitgeist in besonderer Weise repräsentieren und für die Lernenden ggf. einen Wiedererkennungswert in Bezug auf den Stoff des Geschichts- und/oder Kunstunterrichts haben.

Auch wenn Sigrid Heuck den Prozess einer Identitätsfindung im Rahmen einer Zeitreise zeichnet, zielt das Buch eher auf die Auseinandersetzung mit dem fremden Zeitalter. Neben der Vermittlung von fundierten historischen Fakten ermöglicht der Roman den Schülerinnen und Schülern auch Einblicke in Malerei und Musik, in das Stadtleben der damaligen Zeit und in die Anfänge der Reformation. Die Renaissance hat durch die Entstehung sich vom Mittelalter lösender Denkweisen und durch die Formulierung eines neuen Menschenbildes einen ganz Europa erfassenden Umbruch herbeigeführt. Das Jugendbuch zeichnet neben Innovation, Aufbruch und Verkündigung humanistischer Ideale auch die negativen Erscheinungsformen dieser Umbruchzeit: Zerstörung, Intoleranz und Unmenschlichkeit. Peters Recherchen und Abenteuer bieten zahlreiche Anknüpfungspunkte für die Fächer *Deutsch, Kunst und Geschichte*. Damit ist der Roman ein seltener Glücksfall für den fächerübergreifenden Unterricht, in dem der Deutschunterricht eine Schlüssel- und Mittlerposition einnimmt.

Meister Joachims Geheimnis erfüllt zudem alle praktischen Voraussetzungen für eine Lektüre im Unterricht. Es ist als günstiges Taschenbuch erhältlich; seine 256 Seiten sind für 12- bis 14-Jährige gut zu bewältigen, weil Spannung aufgebaut wird:

„Es begann damit, dass ich am Ufer des Flusses eine Leiche entdeckte.

Zwei Männer hielten das schmale Floß, auf dem sie festgebunden war, doch ich konnte von meinem Standpunkt aus nicht erkennen, ob sie im Begriff waren, es an Land zu ziehen oder in die Strömung zu stoßen.

Der tote Mann trug einen roten Pullover und eine helle Hose, die von den Knien an abwärts deutlich dunkler wurde. Das sah so aus, als wäre er in seinen letzten Lebensstunden noch durch einen Sumpf gewatet. Unter seinem Gürtel steckte ein Stück Papier.

Der Fluss strömte gemächlich dahin. Nur ein kurzes Stück hinter der Stelle, an der sich die Leiche befand, teilte er sich in zwei Arme. Sie umschlossen eine felsige Insel, auf deren höchster Erhebung sich eine mächtige Burg befand. Hinter der Insel mündete der Fluss ins Meer. An seinem rechten Ufer, dort, wo das Land zurückbleiben musste und das Wasser sich bis an die Grenzen des Himmels zu erstrecken begann, war eine Stadt zu erkennen.

Lange betrachtete ich den toten Mann und überlegte, wer er war und wie er gestorben sein könnte. War er ermordet worden? Was bedeutete das Papier, das unter seinem Gürtel steckte? War es ein Brief, ein Testament vielleicht, oder einfach ein leeres Blatt?

Je länger ich darüber nachdachte, umso mehr wurde der Gedanke den Fall aufzuklären, zu einer fixen Idee, die mir heute noch wie eine Art von Verhexung vorkommt.

Es begann wie ein Stich in meinem Kopf und nahm langsam von mir Besitz wie eine Seuche, die sich zuerst kaum spürbar, doch unaufhaltsam in mir auszubreiten begann. Es fiel mir schwer, an etwas anderes zu denken. Alltägliche Ereignisse traten in den Hintergrund. Die Schule, das Zusammenleben mit meiner Mutter und alles andere verlor an Wichtigkeit. Vielleicht war es wirklich eine Art Verzauberung, denn das, was geschah, kommt mir heute wie ein geheimnisvolles Abenteuer vor, vielleicht auch wie die Erweiterung meines Wahrnehmungsvermögens, die mit modernen naturwissenschaftlichen Erkenntnissen nicht zu erklären wäre." (Heuck 1996, S. 15 f.)

Das Jugendbuch wird durch zahlreiche qualitativ gute Reproduktionen von Zeichnungen und Stichen Albrecht Dürers aufgelockert und entlastet den Lehrenden bei der Suche nach Bildquellen zu Stadtansichten sowie Kleidung und Aussehen der Menschen des 16. Jahrhunderts. In der Buchmitte findet sich eine doppelseitige farbige Reproduktion des Gemäldes *Der Heilige Christophorus* von Joachim Patinir. Im Anhang werden den jungen Leserinnen und Lesern biographische Angaben zu den im Roman erwähnten historischen Persönlichkeiten und viele brauchbare Literaturhinweise zu Geschichte, Kunstgeschichte, Musik oder Literatur angeboten, die eine eigenständige Recherche ermöglichen.

Da die Renaissance im Geschichtsunterricht aller Bundesländer für die 8. Jahrgangsstufe verbindlicher Unterrichtsgegenstand ist, sollte die Erzählung möglichst in dieser Schulstufe behandelt werden. Dafür spricht auch, dass in dieser Altersgruppe im Fach Kunst u. a. Erfahrungen im Umgang mit historischen Kunstwerken gesammelt werden sollen, da sie als künstlerische Aneignung von Wirklichkeit Einblicke in kunsthistorische Zusammenhänge und Einsichten in die Entstehung und Veränderung von Motiven, Stilen und Funktionen ermöglichen. Während das Fach Geschichte in den Rahmenrichtlinien explizit den Einsatz von Jugendbüchern fordert, um eine facetten- und variantenreiche Unterrichtsgestaltung zu ermöglichen, gilt es die fiktionale Literatur für den Kunstunterricht noch zu entdecken, da hier die Unterrichtsverfahren unmittelbar von grundlegenden Fachmethoden der Produktion und Rezeption bestimmt werden. Die in Antwerpen spielende Handlung schildert den Lernprozess des Helden nicht nur psychologisch, sondern auch *sachlich* (kunsthistorisch) ergiebig:

> „Es hatte sich so ergeben, dass Meister Joachim, während er sprach, die Arbeiten seiner Schüler weiter korrigierte, hier einen Schatten vertiefte, dort eine Linie veränderte und dabei immer wieder den über den Stuhl drapierten Faltenwurf mit der vor ihm liegenden Zeichnung verglich. Hinter ihm standen die beiden Jungen und beobachteten das, was er tat, während Jan, Lucas und ich uns seitlich von ihm aufgestellt hatten.
>
> Da erhob auf einmal Jan seine Stimme: 'Darf ich auch etwas fragen?'
>
> 'Aber natürlich. Du weißt, dass ich mich über Fragen freue, gleichgültig, wer sie stellt, Knecht oder Lehrling. Fragen verraten Interesse.'
>
> 'Wenn ich die Tafeln betrachte, die zu Lebzeiten unserer Großeltern und Urgroßeltern gemalt worden sind, fällt mir auf, dass die Figuren fast immer das ganze Bild einnehmen. Nur selten ist ein Stück Landschaft zu sehen, oft nur durch ein winziges Fenster oder ein Loch in der Mauer. Eure Landschaften dagegen stoßen fast überall an die Ränder der Tafeln, und die Figuren sind oft so klein, dass man sie suchen muss. Sie wecken in dem Betrachter durch ihre Weite und Tiefe so etwas wie Fernweh, vielleicht auch den Wunsch zu reisen. Erlauben das Eure Auftraggeber?'
>
> Damit sprach er aus, was ich selbst empfunden hatte, als ich diese Landschaften zum ersten Mal sah. Doch Meister Joachim lachte darüber. 'Die Zeiten ändern sich eben', erklärte er. 'Vor mehr als zweihundert Jahren malte ein Maler die Muttergottes fast immer vor einer goldenen Wand. Doch die Welt besteht nicht nur aus Gold und aus Wänden. Als die

Künstler das erkannten, begannen sie ihre Figuren in Räume zu setzen. Aber ist ein Raum ohne Fenster nicht ähnlich der Zelle in einer Festung? Also begannen sie Öffnungen zu malen, durch die zuerst nur der Himmel und dann auch ein wenig von der Erde zu sehen war. Es war, als stiegen die Heiligen herab und begännen mitten unter uns zu leben. Inzwischen habt ihr sicher schon davon gehört, dass mutige Kapitäne auf der Suche nach einem Seeweg nach Indien und dem von Marco Polo so gerühmten Cathay viele neue Länder entdeckt haben. Sie berichteten nach ihrer Rückkehr, dass die Erde unendlich viel größer ist, als wir dachten. Das ist es, was ich auf meinen Bildern wiederzugeben versuche. Die Landschaft, das ist die Welt, so wie Gott sie erschaffen hat. Und der Mensch ist nur ein winziger Teil davon, auch wenn er ein Heiliger ist. Eine kleine Figur vermittelt dem Betrachter jedoch deutlicher die gewaltige Größe der Schöpfung als eine große. War es das, was du wissen wolltest?' Jan nickte." (Ebd., S. 127f.)

Zielperspektiven

In *Deutsch* können die SchülerInnen

• mit Sigrid Heuck eine der profiliertesten deutschsprachigen Jugendbuchautorinnen kennen lernen

• Freude am Lesen gewinnen bzw. behalten und die Bereitschaft entwickeln, sich mit Literatur selbstständig zu befassen

• den Aufbau und die sprachliche Gestaltung des Romans erfassen und beschreiben

• für die Analyse des Textes wichtige fachspezifische Begriffe sachgerecht verwenden

Der *Kunstunterricht* profitiert, indem sie

• ein Bild systematisch beschreiben lernen

• die Sprache von Bildern und die Wirkung von Bildern entdecken, sie verstehen und sich ihrer bewusst bedienen

• mit dem Gemälde *Der Heilige Christophorus* ein Erzählbild bzw. eine Überschaulandschaft kennen lernen

• die Bedeutung der Renaissance für unsere Gegenwart erkennen sowie Ursachen für das sich in der Renaissance ändernde Welt- und Menschenbild benennen können

• am Beispiel eines historischen Gemäldes den neuen Stil in der Malerei als Ergebnis der veränderten Einstellung zum Menschen und zur Natur erkennen

• mit Patinir einen Künstler kennen lernen, der die Landschaftsmalerei maßgeblich beeinflusst hat, und Einblicke in die Werkstatt- und Ausbildungssituation des Renaissance-Malers gewinnen

• das Gestalten von Bildern als einen spannenden, die Phantasie anregenden Vorgang erfahren

In Bezug auf das Fach *Geschichte* können sie

• Einblicke in das Stadt- und Alltagsleben der damaligen Zeit gewinnen und dabei die rein kognitive Wissensvermittlung zugunsten der Herausbildung emotionaler Betroffenheit und historischer Vorstellungskraft überwinden

- die Rolle der Reformation und ihre Folgen erkennen
- zu einem verständnisvollen Verhalten gegenüber visueller Kultur motiviert werden.

Fächerübergreifend schließlich können sie

- in ihrer Ich-Entwicklung gefördert werden
- ästhetische Kompetenz, bes. Fähigkeiten im systematischen Aufschlüsseln von Bildsprache, erwerben
- über produktionsorientierte Verfahren ihr Textverständnis vertiefen
- eine mögliche Aneignungsform von Kunst kennen lernen, indem sie den Suchbewegungen eines Romanhelden folgen
- durch literarisch gestützte Vorstellungsbildung zum Verständnis der Grundlagen der modernen Welt befähigt werden.

Verfahren, Tätigkeiten, Medien

Das hier vorgestellte Unterrichtsmodell wurde im Rahmen eines unterrichtsbegleitenden Projekts mit dem Titel *Cyberspace, Time- Grabber, Imagination* in einer 8. Klasse am Niedersächsischen Internatsgymnasium in Esens durchgeführt. Neben *Meister Joachims Geheimnis* kamen dabei – weniger ausführlich – das Jugendbuch *Achtung, Zeitfalle* von Andreas Schlüter und der Kunstcomic *Albrecht Dürer. Ein Sprung über die Alpen* zur Bearbeitung.[2] Alle drei Bücher behandeln auf unterschiedliche Weise Zeitreisen in die Renaissance. Aus schulorganisatorischen Gründen habe ich auf die Mitarbeit eines Geschichtskollegen verzichtet und die Unterrichtseinheit alleine durchgeführt (vgl. dazu auch den Bericht in Teichert 1999).

In Anlehnung an die Chronologie des Romans – Peter steigt im Mai in das Bild ein – habe ich mit der Lektüre im Frühjahr begonnen. Die Gestaltung der Einheit ging anfangs grundsätzlich von einer gemeinsamen schrittweisen Lektüre im Unterricht aus, da die Kenntnis des Romanendes eine gemeinsame Spurensuche verhindert hätte. Erst zu einem späteren Zeitpunkt fand auch eine häuslich vorbereitete Lektüre Berücksichtigung.

Die Lernenden hatten sich je eine leere Zigarrenkiste o. ä. besorgt. In diese 'Schatzkiste' wurden alle für den Unterricht benötigten Materialien gelegt: Jugendbuch, Lupe, Diareproduktion des Gemäldes, getrockneter Seetang, ein Tütchen mit Salz und eine gefaltete und versiegelte Fotokopie der Christophorusskizzen von Albrecht Dürer. Um einem 'heimlichen Vorauslesen' vorzubeugen, verblieben die Kistchen nach jeder Unterrichtsstunde zunächst im Klassenschrank. In der Einstiegsstunde habe ich der Klasse die Seiten 9 bis 11 vorgelesen

---

[2] Pfaender, Martin / Simon, Karl-Heinz: *Albrecht Dürer: Ein Sprung über die Alpen.* Stuttgart 1997.

und bin damit in die Rolle der Ich-Erzählerin geschlüpft, die ein geheimnisvolles Manuskript zugeschickt bekommen hat. Gemeinsam wurde anschließend die Ausgangssituation verdeutlicht und als Tafelbild festgehalten. Danach wurden die Charaktereigenschaften, die die Ich-Erzählerin aufgrund einer Analyse der Handschrift beim Verfasser des Manuskripts vermutet, gesammelt und nach der Lektüre von S. 15–19 auf ihre Richtigkeit überprüft und ergänzt. Im Folgenden wurden von den Schülerinnen und Schülern Peters Lebensumstände und sein Verhältnis zu seinen geschiedenen Eltern erarbeitet. Dabei kam besonders sein gestörtes Verhältnis zur Mutter in den Blick. Die Klasse fertigte Rollenmonologe, die die Gedanken und Einschätzungen zur Person Peters aus der Sicht seiner Klassenkameraden, seiner Lehrer und seiner Eltern wiedergeben sollten. Abschließend wurde über Standbilder die Außenseiterrolle Peters herausgearbeitet. Auf diese Weise machten sich die Jugendlichen ein erstes Bild über die Persönlichkeitsstruktur des Romanhelden. Um nachvollziehen zu können, welche Faszination von den Bildern des Landschaftsmalers Patinir für Peter ausgeht, habe ich einige Gemälde als Diareproduktionen im Klassenraum gezeigt. Die Bilder wurden kurz beschrieben und die Klasse tauschte ihre Beobachtungen und Empfindungen aus. In diesem Rahmen entstanden schon 'kleine Geschichten', auf die wir später bei der Definition 'Erzählbild' zurückgreifen konnten. Daran anschließend wurde Peters Beschreibung des mysteriösen Gemäldedetails als Fotokopie ausgeteilt. Parallel dazu schlugen wir die Reproduktion des bisher ausgesparten Gemäldes in der Mitte des Buches auf. Die Klasse vollzog mit der Lupe Peters Beschreibungen nach, machte eigene Entdeckungen und stellte Mutmaßungen über den Toten an und folgte schließlich Peters Recherchen. Die Lektüre wurde häufig unterbrochen, um der Klasse Raum zu geben, eigene Strategien zu entwickeln und diese anschließend mit Peters Vorgehensweise zu vergleichen. Peters Recherchen zum Heiligen Christophorus eröffneten die Möglichkeit, die Textform Legende einzuführen und eine Inhaltsangabe der Legende zu verfassen. Dazu wurden jeweils Szenen gemalt, die besonders beeindruckt hatten. Die Bilder wurden im Klassenraum ausgehängt und von den Jugendlichen kommentiert. Mit Hilfe von Zusatzmaterialien, der Lektüre selbst und der Daten im Anhang erstellte die Klasse eine Biographie des Malers Patinir. Die Ergebnisse wurden auf Tapete übertragen und zu den Schülerbildern gehängt.

Im weiteren Unterrichtsverlauf kam das Zeitalter der Renaissance zur Bearbeitung. In Kleingruppen sammelte die Klasse in der Bibliothek Informationen zu dieser Epoche:

Cole, Alison: *Bilderlebnis Kunst. Renaissance*. Stuttgart 1995.

Harbison, Craig: *Eine Welt im Umbruch*. Köln 1995.

duMont Video Edition: *Die großen Epochen der europäischen Kunst*. Teil 6: Renaissance. DuMont Buchverlag Köln 1993. 55 Min.

Die große Bertelsmann-Enzyklopädie des Wissens. Die Zeit der Renaissance. München 1993.

Miquel, Pierre: So lebten sie zur Zeit der großen Entdeckungen. Hamburg 1979.

Friedländer, M. J.: *Von van Eyck bis Bruegel*. Frankfurt 1986, bes. S. 107 f.

Zu Hause wurde das Zusammengetragene mit dem Geschichtsbuch ergänzt, im Unterricht gemeinsam auf Tapete stichpunktartig festgehalten und mit Peters Recherchen verglichen. Dabei wurde herausgestellt, welche wissenschaftlichen Erkenntnisse und technischen Errungenschaften der damaligen Zeit noch immer unser Denken und Handeln beeinflussen. Ein Arbeitsblatt und ein Film runden diese Unterrichtsphase ab. Im Romanfortgang geschilderte historische Ereignisse oder typische Alltagsszenen[3] wurden thematisiert und in den epochalen Gesamtkontext eingefügt und kritisch reflektiert.

Im Zentrum des nächsten Unterrichtsschritts stand der Versuch, Peters meditativen Einstieg in das Gemälde nachvollziehbar zu machen. Eine Schülerin hatte frischen Seetang aus der Nordsee mitgebracht, den wir in eine Schüssel mit Wasser füllten und auf das Lehrerpult stellten. Dahinter platzierten wir einen Ventilator, der den Meeresgeruch im Klassenraum verteilte. Dann legten wir eine Tonkassette mit Renaissancemusik von Josquin Deprez ein[4] und projizierten das Dia *Der Heilige Christophorus* im abgedunkelten Klassenraum an die Wand. Zum Schluss nahm die Klasse sich aus den Salztütchen eine Prise auf die Zunge und „tauchte in das Bild ein". Nach angemessener Zeit lud ich die Klasse zu einer gelenkten Fantasiereise ein, las S. 64–68 vor und schaltete wie in der Romanvorlage zum Schluss Projektor, Recorder und Ventilator ab. Dem spontanen Äußerungen zur Fantasiereise folgte eine Diskussion über die Machbarkeit und Glaubwürdigkeit der im Buch geschilderten meditativen Erfahrungen Peters. Die Meinungen gingen weit auseinander; einige Schülerinnen und Schüler nahmen sich vor, die Meditation zu Hause zu wiederholen. Ausgehend von Peters zweitem Einstieg in das Bild (Heuck 1996, S. 75 f.) konnten die Jugendlichen im weiteren Verlauf der Einheit Peter selbst erfundene Abenteuer erleben lassen. Ausgangssituation hierfür war ein Aufeinandertreffen Peters mit dem Kriegsheer auf der rechten Seite des Gemäldes. Im Folgenden war der Malerknecht Jan Bezugspunkt für eine intensive Beschäftigung mit dem Lehrberuf des Malers und des Malerknechts im 16. Jahrhundert. Arbeitsblätter zur Ausbildung und zur Werkstattsituation gaben den Schülerinnen und Schülern zusätzliche Informationen an die Hand. In diesem Rahmen erstellte die Lerngruppe auf der Grundlage der Personenbeschreibungen im Roman Zeichnungen von Peter und

---

[3] Z.B. die Verhaftung eines Luthcranhängers und das Anstecken seines Hauses (S. 103 f.), die Tischgespräche im Hause Patinirs (S. 135 f.) oder die Sozialstruktur im Spiegel des Kirchenbesuchs (S. 191 f.).

[4] Verwendete Musik: Renaissance Masterpieces. Ockhem / Josquin / Morales / Lheritier / Rogier / Clemens. München 1994, Naxos 8.550843.

Jan. Bildbeschreibungen und Analysen von Werken Dürers, Boschs, Bruegels, Massys'und Patinirs, die im Buch jeweils eine mehr oder weniger gewichtige Rolle spielten, vermittelten einen Einblick in die Kunst der damaligen Zeit. Dazu wurden benutzt:

> 5555 Meisterwerke. 10 CD-Roms und Bildkatalog. Berlin 2000.
>
> Friedländer, M. J.: Von van Eyck bis Bruegel. Frankfurt/M. 1986, S. 107f.
>
> Criegern, Axel v.: Bilder interpretieren. Düsseldorf 1990.
>
> Cole, Alison: Bilderlebnis Kunst. Renaissance. Stuttgart 1995.
>
> Frayling, Christopher und Helen/Ron van der Meer: Das Kunstpaket. München 1993.
>
> Kirchner, Constanze/Kirschenmann, Johannes (Hrsg.): „Wenn Bilder lebendig werden …". Hannover 1996.
>
> Kirschenmann, Johannes/Schulz, Frank: Praktiken moderner Kunst. Stuttgart 1996.

Zu den Bildbetrachtungen wurde jeweils eine Kurzbiographie des Künstlers erstellt. Bildvergleiche mit früheren Werken und die Behandlung des Werkstattgesprächs zwischen Patinir und seinen Lehrlingen (Heuck 1996, S. 126f.) verdeutlichten den grundlegenden Wandel in der Natur- und Menschendarstellung. In diesem Rahmen beschäftigten wir uns eingehend mit der 'Überschaulandschaft' und dem 'Erzählbild'. In diesem Zusammenhang kamen auch Farbgestaltung und Perspektive in den Blick. Praktische Übungen zur Farb- und Luftperspektive rundeten diesen Komplex ab. Ein kurzes Referat über den Kunsthandel im 16. Jahrhundert leitete über zur schriftlichen Aufgabe, einen Bericht über die Ereignisse, die zum Tod des Kunstkäufers Michel van Wulfen geführt haben, zu verfassen. In diesem Rahmen wurden auch die Kopien der Christophorusskizzen Albrecht Dürers entsiegelt.

Im Weiteren erläuterte die Lerngruppe alle auf dem Gemälde dargestellten Bildmotive und fügte in eine von mir vorgefertigte Umrisszeichnung des Gemäldes mit seinen wichtigsten Motiven an den entsprechenden Stellen die jeweils dazugehörende Geschichte ein. Im nächsten Schritt wurde die komplexe Romanstruktur analysiert (Rahmenhandlung, Ich-Erzählsituation, Zeitebene, Vorausdeutung und Rückblick). Da das mysteriöse Romanende für viele Schülerinnen und Schüler erfahrungsgemäß unbefriedigend ist, folgte der Problematisierung des spurlosen Verschwindens Peters abschließend die Aufgabe, ein neues Romanende zu verfassen.

KLAUS MORSCH

Roman eines Schicksallosen von Imre Kertész im Deutsch- und Geschichtsunterricht der 9. Jahrgangsstufe

Das Buch

Der *Roman eines Schicksallosen* des Ungarn Imre Kertész ist eine der beeindruckendsten literarischen Neuerscheinungen zum Thema 'Auschwitz' der letzten Jahre.[1] Der Roman erschien erstmals 1975 in Budapest, 1990 in deutscher Übersetzung und 1996 dann in einer inzwischen erfreulich erfolgreichen Neuübersetzung von Christina Viragh im Rowohlt Verlag Berlin. Er wurde von der Literaturkritik intensiv diskutiert und liegt seit 1998 als Taschenbuch vor (DM 16,90).

Der Ich-Erzähler György Köves aus Budapest berichtet, was er vom Frühjahr 1944 bis in den Sommer 1945 erlebt und erlitten hat. Zu Beginn des Romans ist György fast fünfzehn Jahre alt, ein eher introvertiertes und rührend-naives Kind, dem es wichtig ist, dass „die Zacken [des Judensterns, K. M.] nicht so lächerlich verschnitten sind" (S. 15); am Ende, nach nur wenigen Monaten, ist er ein hasserfüllter (S. 270), „verschrumpelter Greis" (S. 182). Im Frühjahr 1944, wohl im April, bekommt György schulfrei, weil sein Vater sicher für „lange" ins „Arbeitslager" (S. 13) muss. Während die Erwachsenen den Vater stillschweigend sozusagen für immer verabschieden, sind dem Jungen die Tränen der Stiefmutter und manche Abschiedsrituale eher „peinlich" (S. 19). György ist übermüdet, in der Nacht hatte es wieder einen Fliegeralarm gegeben, und gelangweilt (S. 14). Deswegen wünscht er sich insgeheim sogar, sein Vater „wäre nicht mehr da", bekommt aber sofort ein schlechtes Gewissen, weil er erkennt, dass es „ein schlechtes Gefühl" (S. 21) ist. So wird eine Exposition und dann eine Geschichte präsentiert, in der ein schreckliches Schicksal aus der Perspektive des fast Fünfzehnjährigen (vgl. S. 8) erstaunlich unterkühlt erzählt wird; gerade durch diese verstörend verzerrte Berichterstattung offenbart sich hier und im weiteren Verlauf des Romans aber das Grausame des Erzählten.

Zwei Monate nach der Verhaftung des Vaters, es ist Sommer geworden, muss auch György zum Arbeitsdienst. Der Ich-Erzähler berichtet von Bombenangriffen auf Budapest, aber auch von beruhigender Post des Vaters und davon, dass der „Onkel Vili" meine, man müsse nur noch „eine kurze Übergangszeit" durchstehen (S. 36), denn „die Landung der Alliierten habe 'das Schicksal der Deutschen endgültig besiegelt.'" (S. 36) Nach nur wenigen Wochen wird György zusammen mit den Kameraden aus dem Arbeitsdienst verhaftet, um in ein Lager nach Deutschland verbracht zu werden. Die Verhafteten verbringen fünf Tage in

---

[1] Zu weiterer thematischer Schullektüre in didaktischer Sicht vgl. Köster 2001.

einer Ziegelei, kaum einer denkt an Widerstand oder Flucht, einige meinen
„Hoffnung einzig aus dem Glauben schöpfen" zu können (S. 76). György aber
und einige andere wüssten jetzt lieber, ob sie sich denn nun zur „Reise" nach
Deutschland gleich melden sollten oder nicht, immerhin wäre man am Anfang
nur „zu sechzig in einem Wagen", was als „Vergünstigung" (S. 68) gilt – und nicht
zuletzt hat György am Gymnasium auch Deutsch gelernt, kann „'Wer reitet so
spät durch Nacht und Wind' auch ohne Buch auswendig" (S. 143). Die Reise von
der Ziegelei ins Ungewisse nach Deutschland dauert drei Tage, in der Morgen-
dämmerung des vierten Tages kommen György und die Mitgefangenen in Ausch-
witz-Birkenau an.

Was jugendliche LeserInnen nun auf den nächsten knapp 170 Seiten (Kapitel 4 –
8) über das Leben in den Konzentrationslagern erfahren, erschließt sich Stück
für Stück aus der Perspektive des zunächst völlig unerfahrenen, beinahe kennt-
nis- und ahnungslosen Ich-Erzählers György. Mit erstaunlicher Gelassenheit beschreibt er die Abläufe in dem Durcheinander der Ankunft: Die Neuankömmlin-
ge müssen alles Gepäck abgeben, es erfolgt eine erste Selektion nach dem Ge-
schlecht, gleichzeitig werden Alte, Schwache, Mütter mit kleinen Kindern mit
Autos abtransportiert, Fachleute werden ebenso ausgesondert wie Zwillinge,
Zwerge und Kinder. György ahnt noch nichts davon, dass hier die ersten Gruppen zur Vernichtung und zu speziellen medizinischen Versuchen aussortiert wurden, dass „einige, vor allem die Frauen, [...] sich schlecht und recht zu säubern,
sich schönzumachen, sich zu kämmen" begannen (S. 88), registriert er mit Ver-
wunderung und durchschaut nicht ihre Absicht, „frischer" erscheinen zu wollen,
um nicht ausselektiert zu werden. Dass er und seine minderjährigen Kameraden
sich den aufgeregten Zurufen einiger Lagerinsassen zufolge als sechzehnjährig
und arbeitsfähig ausgeben sollen, belustigt ihn. Dass ihnen diese kleine Lüge das
Leben zunächst rettet, durchschaut er ebenfalls nicht. In fabrikmäßiger Routine
erfolgt die sogenannte ärztliche Selektion, die György wieder mit naiver Neu-
gierde und geradezu sportlichem Interesse verfolgt, mit einem Trick, den er später durchschaut (S. 125), werden die Gefangenen dazu gebracht, versteckte
Wertsachen, Geld, Gold, Edelsteine abzugeben: Ein Röntgenapparat spüre alle
verborgenen Wertsachen auf, und die Ungehorsamen würden streng bestraft
werden. Der Ich-Erzähler beschreibt ausführlich die weitere Prozedur: Ausklei-
den, Rasur, Bad, Desinfektion, Einkleiden mit Sträflingskleidung. Er wirkt jetzt
etwas verstört, die Anwesenheit der deutschen Soldaten, die auf alles ein Auge
haben, beruhigt ihn aber wieder: „sie wirkten schmuck, gepflegt, und als einzige
in diesem Durcheinander ruhig und fest" (S. 96).

Am Abend des vierten Tages wird György zusammen mit anderen Häftlingen
nach Buchenwald verbracht, die Fahrt im Güterwaggon dauert „auch diesmal
drei Tage" (S. 136). Weil es ihm hier relativ gut geht („immerhin kann man waag-
recht schlafen", S. 141), ist er sehr enttäuscht, dass er am Abend des vierten

Tages ins Konzentrationslager Zeitz umquartiert wird, wo er gleich am Anfang seine erste brutale körperliche Züchtigung erleidet, weil er mit einem Mitgefangenen während des Appells geredet hat (S. 146).

In Zeitz nimmt die körperliche und seelische Zerstörung Györgys von Tag zu Tag zu, und in Zeitz beginnt György parallel zu seiner Zerstörung das Überleben zu lernen, in einem kameradschaftlichen Mitgefangenen, Bandi Citrom, findet er einen guten Lehrmeister: Zunächst verdichten sich die Erlebnisse aus den Eisenbahnfahrten und den ersten Tagen in den Konzentrationslagern zu der Erfahrung, „daß auch die Gefangenschaft ihren Alltag hat" (S. 151). Erst verlangsamt sich die Zeit fast bis zum Stillstand, zugleich nimmt er rasende Veränderungen wahr, vor sich, um sich herum und in sich. Euphemistisch beteuert er, sich „redlich" bemüht zu haben, ein „guter Häftling" zu werden (S. 151): Selbsttötung und Revolte kommen einfach nicht in Frage (S. 152), man darf sich auf keinen Fall gehen lassen, man muss sich waschen, immer alles rationieren, und die wichtigste Tugend ist „Eigensinn" (S. 154). Dieser Eigensinn ist allerdings situationsabhängig: Während zunächst für manche eine Gebetsmeditation oder die Suche nach einer gewissen Nähe in einer religiösen oder landsmannschaftlichen Gruppe dazu gehören, für György eher in Erinnerungen zu schwelgen (S. 172) oder sich Freiheitsvisionen hinzugeben, geht es wenige Zeit später vor allem nur noch darum, Qualen, Leiden, Schläge zu vermeiden und Energie zu sparen (S. 161); trotz aller Bemühungen und aller Selbstbeherrschung nimmt der seelische und der körperliche Verfall rapide zu. Es gibt immer weniger zu Essen, die Arbeit ist gleichbleibend hart und die Aufseher reagieren besonders den Erschöpften gegenüber, zu denen auch György bald gehört, immer brutaler (S. 182). Entzündungen und Hautkrankheiten (Krätze) machen den Häftlingen zu schaffen. György lässt sich gehen, schlägt wild um sich, gerade auch, wenn man ihm helfen will, lässt sich schlagen, entfremdet sich seelisch und auch körperlich immer mehr und verliert sich schließlich, kaum dass er begonnen hatte, sich ansatzweise zu finden. György wird regelrecht apathisch, nimmt selbst elementarste Reize wie Hunger, Kälte und Schmerzen fast nicht mehr wahr, verliert seine Erinnerung und erst recht seine Phantasie, die ihm wochenlang im Behauptungskampf sehr geholfen hatte. Lediglich das Abendessen bleibt ihm so wichtig, dass er sich lange medizinisch nicht versorgen lässt, nur um das Abendessen nicht zu verpassen. Umso erstaunlicher und sehr anrührend ist, dass er, mehr tot als lebendig, wahrnimmt, dass ein Klappsitzstuhl „hübsch" ist (S. 191). Erstaunlich ist auch sein Schamgefühl: Er stinkt, was ihm unangenehm ist.

György kommt ins Lager-Krankenhaus nach Gleina (S. 192ff.), es wird Winter (1944/45), er muss zurück nach Zeitz, in eine neue Lazarettbaracke aus Stein, was er kaum noch mitbekommt. Die Phlegmone (S. 198) wird schlimmer, er ist dem Tode nahe (S. 200). Ein instinkthafter Überlebenswille rettet ihn: Er wärmt sich an der Fieberhitze eines Bettnachbarn (S. 201), der in der Nacht stirbt;

György meldet es nicht gleich, hält bei der Essensausgabe dessen Napf mit hin, bekommt somit die doppelte Ration. Jetzt macht ihm aber auch noch Ungeziefer zu schaffen. Erst wehrt er sich gegen die Flöhe und Läuse, muss aber bald aufgeben, weil er zu schwach ist. Weil er mehr tot als lebendig ist und nicht mehr arbeiten können würde, kommt er nach Buchenwald zurück, wohl, weil es dort ein Krematorium gibt (S. 203). Er ist nun auch nicht mehr in seinem Körper („dieses Ding", 204), er ist „die Qual der Gereiztheit los", „die Körper, die an (ihn) gepresst waren, störten (ihn) nicht mehr" (S. 204), die Lebensflamme ist aber noch nicht erloschen, und seine Sinne flackern auf: Es ist der „Duft von Kohlrübensuppe" (S. 209), der in ihm die „leise(n) Sehnsucht" weckt: „ein bißchen möchte ich noch leben in diesem schönen Konzentrationslager" (S. 207).

Das ist sicher eine der zentralen Thesen des Ich-Erzählers, der als erlebendes Ich jetzt gerade auf eine möglichst schmerzlose Tötung hofft, auch in der schlimmsten Lage gibt es so etwas wie Glück und Hoffnung. Der jetzt reflektierende Ich-Erzähler stößt mehr und mehr an die Grenzen des Erzählbaren: In Erwartung des Gastodes stellt György erstaunt fest, dass aus den Duschen Wasser kommt, und gleich wird wieder Schamgefühl lebendig: Aus „Eitelkeit" sagt er den Pflegern, er habe keinen „Durchmarsch" (S. 211).

Es wird Frühling, und György geht es langsam wieder „richtig gut" (S. 248ff.). Den alltäglichen Terror draußen bekommt er nur vom Krankenlager aus mit. Sein „Problem" ist, dass die Wunden zu heilen beginnen und er wieder zur Arbeit müsste. Zugleich aber hört man die ersten Zeichen von Kampfhandlungen in der Ferne (S. 250f.). Pjetka rettet Kranke, meldet, alle könnten laufen, sonst wären sie liquidiert worden. Die Vorbereitungen zur Evakuierung des Lagers laufen, alle Juden sollen raus, György kommt aber dank der Hilfe Pjetkas davon, dafür muss ein anderer Kranker dran glauben, was sich György so zurecht legt, dass der andere „da draußen mehr Chancen" (S. 255) habe. Es wird geschossen, der Lager-Widerstand tritt in Aktion, ein versteckter Karabiner wird hervorgeholt, das Lager wird befreit (11.4.45), György verfolgt die Aktionen vom Bett aus, hört die Durchsagen aus den Lautsprechern, es ist viel von Freiheit die Rede; György macht sich aber mehr Sorgen darüber, ob es denn eine Suppe zum Abendessen gibt.

Im Sommer 1945 kommt György nach Budapest zurück. Ein amerikanischer Journalist will aus seinem „Schicksal" eine Artikelserie machen, dazu soll gleich ein Wiedersehensfoto geschossen werden. György will das nicht und wimmelt den Journalisten ab, den Zettel mit der Adresse des Journalisten wirft er kurz darauf weg. Einige Zeit später schreibt er seine Geschichte wohl aus eigenem Antrieb auf, sie handelt vom angeblichen „Glück der Konzentrationslager" (S. 286), vom verzweifelten Versuch, Geschichte, seine Geschichte und den existenziellen Verlust von Heimat und Geborgenheit zu begreifen.

Der Autor

Biographische Hinweise zum Autor sind im Falle von Imre Kertész alles andere als nur pflichtgemäße Zusatzinformation. Imre Kertész hat eigenen Angaben in einem Interview zufolge (*DER SPIEGEL* 18/1996, S. 224ff.) autobiographische Züge in seinen Roman integriert: Auch der 1929 in Budapest geborene Kertész wurde 1944 nach Auschwitz deportiert und 1945 in Buchenwald befreit. Seit 1953 lebt er in Budapest als freier Schriftsteller und Übersetzer. Er schreibt Romane, Erzählungen und Theaterstücke und wurde mit mehreren Preisen ausgezeichnet. Im Sommer 1961 begann Kertész mit der Arbeit am *Roman eines Schicksallosen*. Mehr als ein Dutzend Jahre vergingen bis zur Fertigstellung des Romans.

Weitere von Imre Kertész zur Zeit in Deutschland lieferbare Titel sind *Die englische Flagge. Erzählungen*. Reinbeck 1999 (Rowohlt-Tb. 22572); *Fiasko. Roman*. Reinbeck 1999 (Rowohlt-Tb. 22909); *Galeerentagebuch. Roman* . Reinbeck 1993. Neuausg. 1999; *Eine Gedankenlänge Stille, während das Erschießungskommando neu lädt* . Essays. Reinbeck 1999 (Rowohlt-Tb. 22571); *Ich, ein anderer. Roman*. Reinbek 1999 (Rowohlt-Tb. 22573); *Kaddisch für ein nicht geborenes Kind. Roman*. Neuausg. Reinbek 1999.

Leseanreize

In diesem Roman geht es natürlich primär um die Konzentrationslager-Erfahrungen des fünfzehnjährigen Ich-Erzählers György, was alleine deswegen schon viele gleichaltrige Schüler etwa einer 9. Jahrgangsstufe von vornherein zum Lesen anreizt. Die historischen Zusammenhänge, vor allem aber atmosphärisches Weltwissen werden automatisch und ohne den „Geruch", den ein Unterrichtswerk aus dem Geschichtsunterricht vielleicht haben könnte, mitgeliefert. Was junge Leser aber wohl nicht unbedingt erwarten, was sie aber sicher mindestens unbewusst sehr schnell fesseln wird, ist die Beschreibung des durch die Kriegsereignisse und den Terror des Nationalsozialismus zutiefst und gewaltsam verkürzten Prozesses des Erwachsenwerdens. Jugendlichen vermittelt sich so nicht nur anschaulich und authentisch, aber auch irritierend die Wirklichkeit des NS-Terrors, sondern auch eine zugespitzt erlebte Sozialisationsproblematik, die schmerzhafte Ablösung von den Eltern, erste geradezu rührend harmlose erotische Erfahrungen, eine Orientierung an der formalen Wirklichkeit von Gesetzen und Normen und nicht zuletzt eine Selbstfindung durch brutalen Selbstverlust.

Weil etwa dieser irritierende und spannungsgeladene Prozess von Selbstfindung und Selbstverlust exemplarisch wie durch ein Brennglas erzählt wird, drängen sich Bezüge auf zur Sozialisation heutiger Jugendlicher, die im Sinne der modernen Soziologie kaum noch klassifizierbar ist, sondern eher als „eigenes Leben" (Ulrich Beck) in soziale Milieus eingeordnet werden kann: Auf dem Hintergrund des Romangeschehens könnten so zum Beispiel die Problematik von Scheidungskindern, die Bedeutung von Familie, Freunden oder Heimat, aber

auch ethische Fragestellungen wie die Dimension von Freundschaft, Kamerad-
schaft oder Vertrauen diskutiert werden. Vor allem aber wird es bei der Behandlung dieses Romans darum gehen müssen, die Fragen der Schuld und Verantwortung abzuklären und den Fragen des Menschenbildes und der Menschenwürde
nachzuspüren – hier sollten nach Möglichkeit über den Deutsch- und Geschichtsunterricht hinaus auch Bezüge zum Ethik- und Religionsunterricht hergestellt werden.

Wichtig für die Rezeption gerade auch Jugendlicher ist dabei sicher, dass es in
diesem Roman zwar Täter und Opfer gibt, die Täter aber werden nicht als blut-
rünstige Bestien beschrieben, sondern distanziert-neutral und manchmal sogar
mit einer gewissen Achtung und Bewunderung. Die Opfer wiederum sind nicht
klischeeartig 'gut', sondern Menschen mit Schwächen und Fehlern. György ist
ein Scheidungskind, war einige Zeit auf einem Internat und lebt jetzt von Tag zu
Tag wechselnd einmal bei der Mutter und einmal bei dem Vater und der Stiefmutter. Über die Eltern erfahren wir, dass sie nach ihrer Scheidung „lange um den
Besitz meiner Person gestritten" hatten (S. 32), die Stiefmutter heiratet bald
nach dem Weggang des Vaters den Verwalter des väterlichen Geschäftes
(S. 278 f.) und die Mutter versucht György an sich zu binden, indem sie den Vater als allein Schuldigen an dem Familiendrama hinstellt (S. 32). György ahnt in
dieser existenziellen Situation die Brüche der Wahrheit, die Untiefen subjektiver
Wahrnehmung; allerdings bleibt seine Erkenntnis vage und die Komplexität der
Vorgänge und die ereignisreichen Tage beginnen ihn „einigermaßen zu ermüden" (S. 33). Auch Freunde und Nachbarn, die den Vater verabschieden wollen,
sind alles andere als 'gute' Menschen. Der Ich-Erzähler berichtet von Animositä-
ten und Streitigkeiten selbst in diesen schweren Stunden. Man spürt zum Teil lange zurückliegende seelische Verletzungen, Rivalitäten, man spürt die Sehnsucht
fast aller, akzeptiert, gemocht oder gar geliebt zu werden und man erfährt von
den merkwürdigen Widersprüchen des Alltäglichen, die ebenfalls für eine ge-
lenkte schulische Nutzung des Buches sprechen: Während der Vater wohl für immer gehen muss, klagt die schwerhörige Großmutter vor allem über ihre eigenen
Leiden, etwa ihren Bluthochdruck. Hier offenbart sich immer wieder ein angesichts der Thematik und der Tragik des Geschehens geradezu erstaunlicher, aber
vielleicht auch wieder verständlicher leiser und sehr feiner Humor des Autors,
nicht des Erzählers (!), der sich wohl vor allem auch aus seiner Lebenserfahrung
ergibt; es ist jedenfalls eine Haltung, die man in einem derartigen Werk sicher
nicht erwartet und die leicht in Zynismus umschlagen kann. Zusammenfassend
lässt sich sagen, dass Jugendlichen von heute zunächst einmal gewissermaßen
„Normalität" begegnet: Der „Held" des Romans ist ein Scheidungskind, er ist
Gymnasiast, er ist aufgewühlt von Empfindungen, die er nicht begreifen und ka-
nalisieren kann, er weiß sich nicht zu helfen und hilft sich damit, dass er mit oft
verzweifelter Beherrschung das 'Normale', 'Normative' in den Abläufen des

Lebens und in den Beziehungen der Menschen untereinander sucht. Um zu entscheiden, ob er zur Mutter oder zur Stiefmutter soll, hält er sich an das Urteil des Gerichts: „Aber soviel ich weiß, hat das Gericht mich eben meinem Vater zugesprochen, und demzufolge hat sein Beschluss doch Gültigkeit." (S. 38) Auch den Unterschied zwischen Juden und Nichtjuden könne man „nicht einfach selbst bestimmen", genau dafür sei „der gelbe Stern da, soviel ich weiß" (S. 44). Als es darum geht, sich zu entscheiden, ob man gleich mit dem ersten Transport mit nach Deutschland verbracht werden möchte, sind es vor allem formale Gründe, die György überzeugen, „Manieren" eines deutschen Offiziers, dessen „Sachlichkeit", der Hinweis dieses Offiziers darauf, dass in Deutschland zur Zeit jeder gebraucht werde, besonders Fachkräfte (S. 78f.). György fühlt sich ernst genommen, und es sind die klaren, einfachen Antworten, die ihn ansprechen. Selbst in dieser Extremsituation der Abreise ohne Abschied in eine völlig ungewisse Zukunft ist er um Normalität bemüht: Die Sommerdämmerung ist „an diesem letzten Tag [...] besonders friedlich und warm", und der Vorortzug fährt „fahrplanmäßig" am Ziegeleigelände vorbei (S. 80), das alles beruhigt den einfache Zusammenhänge und Handlungsanweisungen speziell von „Autoritäten" suchenden Jungen.

Leseanreize und Identifikationsangebote für Jugendliche können auch andere entwicklungspsychologische Fragestellungen sein, insbesondere die Polarität zwischen einem ausgeprägten Harmoniebedürfnis und Selbstzweifeln beziehungsweise einem gestörten Selbstwertgefühl: Als György zum Beispiel zum Arbeitsdienst in die Erdölraffinerie muss, meint er zwar, dass er „altersmäßig noch nicht ganz vollwertig" (S. 34) sei, was sicher aus dem durch die gestörte Familiensituation, aber auch aus der gesellschaftlichen Diskriminierung der Juden über Jahre gewachsenen Bedürfnis resultiert, es allen Recht machen zu wollen. Aus diesem Verdrängungsmechanismus heraus empfindet er sogar den Arbeitsdienst „mit den Jungen zusammen [...] als vergnüglich (und als) gesund" (S. 35) und registriert scheinbar nicht, dass nun auch ihn menschenunwürdige staatsterroristische Maßnahmen treffen, Freiheitsberaubung, Nötigung, Versklavung. György ist in dem Sinne „schicksallos", dass er keine eigene, aus sich selber gewachsene Meinung hat, keine aus seinem Wesen resultierende Prägung, er ist von außen bestimmt und er akzeptiert diese äußeren Maßstabe als Wahrheiten, er braucht diese Maßstäbe, selbst wenn sie ihm schaden, was er nicht erkennt, als Halt und Orientierung. So stiftet der Judenstern Identität und so strukturiert der Terror der Konzentrationslager das Leben und vermittelt damit (das suggeriert in irritierender Weise dieser Roman) Halt, Orientierung und sogar „Glück" (S. 287), das zumindest ist einer der letzten Gedanken des Ich-Erzählers.

György ist ein Kind, umso tragischer ist sein Schicksal im Sinne einer alters- und bewusstseinsbezogenen „Fallhöhe" zu empfinden. Dass seine Kameraden und er beim Arbeitsdienst die Hemden ausziehen dürfen, weil sie so schwitzen,

bewertet er als „Menschlichkeit" (S. 54).[2] Allerdings scheint dieses erzählende
Ich im Erzählvorgang seinen Hass permanent zu unterdrücken und schildert die
Vorgänge chronologisch quasi „personal" oder sogar „neutral" aus der jeweiligen Bewusstseinsstufe des erlebenden Ichs. Die Naivität Györgys als erlebendes
Ich wird in diesem Zusammenhang wieder besonders deutlich: Der kleine Mos-
kovics holt sich beim Arbeiten mit freiem Oberkörper einen kräftigen Sonnen-
brand, die Haut löst sich später in „langen Fetzen" ab, was alle und vor allem
auch György nur schrecklich lustig finden (S. 54).[3]

Wie schon in der Passage, in der der Vater „für immer" verabschiedet wurde, interessieren György nicht so sehr Recht und Gerechtigkeit, die Legitimität der
Nazis und ihrer ungarischen Kollaborateure, sondern wie die Menschen um ihn
herum miteinander umgehen, wie sie sich in dieser schwierigen Situation verhalten, mit welcher Mimik und mit welcher Gestik sie reagieren und wie man Mimik
und Gestik deuten könnte.[4] Wieder wird deutlich, dass György schon viele Jahre
lang besonders Vater und Mutter genau beobachten musste, um in diesem Familiendrama Stimmungen möglichst schnell zu erahnen, Fronten zu erkennen und
das eigene Verhalten möglichst automatisch und natürlich unbewusst anpassen
zu können. Mehrere Seiten lang beschreibt der Ich-Erzähler zum Beispiel die
Reaktionen und Verhaltensweisen der Verhafteten, Beschwerden, Bestechun-
gen, Intrigen, und macht sich vor allem auch Gedanken darüber, warum es falsch
wäre, einen Fluchtversuch zu unternehmen: Der fremdbestimmte und auf Gewissen und Norm hin sozialisierte Junge sagt altklug: „aus Anstand" (S. 65). Als
„anständig" empfindet er auch die Aufseher, weil sie unbestechlich sind, und
auch die Deutschen sind für ihn „im Grunde genommen [...] anständige Menschen" (S. 73). Von der Arbeit im Lager in Deutschland, wo sie hinverbracht
werden sollen, erwartet er ganz konsequent „geordnete Verhältnisse, Beschäftigung, neue Eindrücke, einen gewissen Spaß" und er hofft, „ein Stückchen von
der Welt sehen" zu können (S. 74). Selbst die erste (zumindest sprachliche) Begegnung mit direkter Brutalität erreicht ihn nicht: Als ein Offizier mit der obligatorischen Reitpeitsche in der Hand, der György in seiner Ahnungslosigkeit „an
die Helden im Film" erinnert, den Gendarmen lautstark befiehlt, „dieses ganze
jüdische Gesindel" (S. 66) in den Pferdestall zu sperren, muss er „fast [...] ein
bißchen lachen" (S. 67), kommt sich vor wie im Theater und denkt jetzt vor allem leicht amüsiert an das Gesicht der Stiefmutter, die sich bestimmt darüber
wundern werde, dass er nicht nach Hause komme. Dass man während der mehr-
tägigen Bahnfahrt in den Güterwaggons nichts zum Trinken hatte, wertet der

---

[2] Oder sollte man diese Bewertung als blanken Zynismus des Ich-Erzählers sehen? Immerhin hasst
    das erzählende Ich nach seinen KZ-Erfahrungen *alle* (S. 270).
[3] Eine wichtige Stelle zur Charakteristik des braven, rechtschaffenen, extrem naiven Ich-Erzählers
    findet sich auch auf S. 57.
[4] Nicht zufällig zieht sich durch den ganzen Roman bei der Beschreibung von Menschen eine auffälli-
    ge, das Äußere betreffende Tiermetaphorik, stellvertretend für viele Beispiele: S. 21, 31, 83, 154.

Ich-Erzähler als „recht unangenehm" (S. 67), der Tod einer alten Frau während
der Zugfahrt vor allem wegen des Wassermangels wird von ihm als „verständlich" bezeichnet, sie sei eben krank und alt gewesen (S. 86). Was er durch das mit
Stacheldraht vergitterte kleine Fenster des Güterwagens als erstes vom Konzentrationslager wahrnimmt, ist bezeichnender Weise der Sonnenaufgang, wenig
später erst entziffert er auf einem Gebäude den Ortsnamen „Auschwitz-Birken-
au" (S. 87).

Auch auf dem Weg über das Lagergelände hin zum obligatorischen Bad siegt Györgys Harmoniebedürfnis: Er und seine Kameraden sehen einen Fußballplatz.
Vergnügt und in völliger Verkennung der Realitäten planen sie, dort nach der Arbeit Fußball zu spielen (S. 102), auch andere Annehmlichkeiten werde es sicher
für sie, für die „freien Leute" (S. 103), geben. Aber nur eine Stunde nach ihrer
Ankunft in Auschwitz, kahlgeschoren und angezogen wie alle anderen Gefangenen, muss er seine Bewertung korrigieren. Ein Sträfling ist er zwar „natürlich"
nicht, aber ein „Gast in der Gefangenschaft" (S. 114). Der zumindest partielle
Verlust seiner „schicksallosen", fremdbestimmten Kindheit[5] wird geradezu
bruchlos und brutal schlagartig ersetzt durch die Fremdbestimmtheit des KZ-In-
sassen. Der Ich-Erzähler beschreibt diesen radikalen Wandel so minutiös, dass
die erzählte Zeit immer wieder geradezu identisch ist mit der Erzählzeit (S. 87–
131). Aber auch weiterhin relativiert der zutiefst verunsicherte und eigentlich
rührend harmoniesüchtige György seine Beobachtungen, ausdrücklich betont
er, was er erzähle, sei nur *sein* persönliches Schicksal, *seine* Erfahrung, sei nicht
unbedingt übertragbar (z. B. S. 132). Als György zusammen mit anderen nach
Buchenwald verbracht wird, hofft er wieder auf eine Verbesserung der Situation,
wieder sucht er Versäumnisse, ein Versagen, Verantwortung und Schuld vor allem bei sich selber (S. 137).

Diese Beurteilung verändert sich aber während der monatelangen Lagertortur
radikal: Paradoxerweise ist György in den letzten Wochen seines Buchenwald-
Aufenthalts immer weniger bereit und in der Lage, positive Motive hinter den
Verhaltensweisen der Menschen um ihn herum zu vermuten, obwohl er jetzt immer wieder auch Menschlichkeit und Hilfe erlebt (von Bandi Citrom, Pflege-
Helfern, dem Häftlings-Arzt, besonders von Pjetka, seinem Pfleger: u. a. S. 227,
229 f., 247 ff.). Während er Terror anfänglich verleugnet, übersehen oder zum
Beispiel als notwendig oder durchaus verständlich entschuldigt hat, interpretiert
er jetzt Hilfe als „Eigensinn" und „Methode" (S. 247). Das Mitleid der Häft-
lings-Ärzte und –Pfleger ist ihm „peinlich" (S. 234) und Maßnahmen des Lager-
widerstandes begreift er nicht (S. 234). Dabei interessieren sich einige politische
Gefangene wirklich für sein „Schicksal" (wichtige Nennung dieses Titelbegriffs

---

[5] So etwas wie die scheinbare Schamlosigkeit der öffentlich ihren Säugling stillenden Zigeunerin im
Nebenlager befremdet ihn nach wie vor (S. 123), und einen Begriff wie *ein warmer Bruder* (S. 147)
versteht er immer noch nicht.

auf S. 234), wollen ihre Einstellung, ihre Wut auch mit seinen Informationen untermauern und bestätigen. György beobachtet aber wieder vor allem sämtliche Regungen, Mimik, Gestik, Verhaltensweisen extrem genau.

György, der sich vor seiner Odyssee in verschiedenen Konzentrationslagern wenigstens auf formale Regeln der Justiz oder der Behörden, auf das äußere Erscheinungsbild von Offizieren, Ärzten oder eines Lagergeländes verlassen zu können glaubte, vertraut nun nicht einmal mehr denen, die es gut mit ihm meinen. Er hat den Terror in den Lagern erlebt, die beinahe völlige seelische und körperliche Auslöschung, aber auch die Kollaboration seiner Landsleute, die Passivität sehr vieler seiner Glaubensgenossen, hat erlebt, wie sich sogar die Lagerinsassen gegenseitig ausgespielt, Grüppchen gebildet, andere ausgegrenzt, den eigenen Vorteil gesucht, „Eigensinn" entwickelt haben, und auch er selber hat das ja getan, nur um etwas zu Essen zu bekommen. Er hat leidvoll erfahren und internalisiert, dass es oft besser ist zu täuschen und dass man meist getäuscht wird.

Der Roman macht diesen Prozess des Verlustes von Vertrauen und Geborgenheit vor allem auch durch einen geradezu provozierend „unaufgeregten" und nicht im geringsten effektheischenden Erzählstil selbst in den grausamsten Passagen deutlich. So entsteht gerade für viele jugendliche Leser eine sicher produktive Mischung aus altersgemäßen Identifikationsangeboten und einer irritierenden Distanz, die sich aus der Art des Erzählens ergibt. Der Held ist 15 Jahre alt, und es wird aus der zumindest in der ersten Hälfte des Romans sehr kindlich-naiven Perspektive dieses Jugendlichen chronologisch, fast ohne Vorausdeutungen und mit nur wenigen Rückblenden in Ich-Form erzählt. Weiterhin ist das Erzählte beispielhaft und authentisch. Das Unbegreifliche ist vielleicht am Einzelschicksal am ehesten zu begreifen, noch dazu, wenn es in weiten Teilen wirklich erlebt ist.

Erzählweise und Sprache des Romans unterstreichen die Leseanreize und tragen ebenfalls sehr zu einer spannenden und produktiven unterrichtlichen Deutung des Werks bei. Im ersten Teil des Romans fällt auf, dass der Ich-Erzähler wohl vor allem auch wegen seiner oben ausführlich beschriebenen generellen Verunsicherung zutiefst um Objektivität bemüht ist. Dieses Bemühen drückt sich zum einen in einem manchmal protokollartigen Stil aus, der immer wieder von sehr genauen sinnlichen Wahrnehmungen geprägt ist (wie verändern sich Gesichter, wenn sich das Licht verändert? S. 23), von pedantischer Wiedergabe von Gesprächen und Meinungen, gerne in indirekter Rede dargestellt, von einer bemüht nüchternen und sachlichen Darstellung, mit manchmal geradezu nominalistischer „Bürokraten"-Sprache (zum Beispiel S. 35, 40f., 142) und vor allem durchgehend mit Relativierungen, wenn er das Wahrgenommene einmal erklären oder deuten muss: „Da bin ich allerdings nicht sicher" (S. 30/32).

Zum ambivalenten Charakter des jugendlichen Protagonisten passt aber auch, dass er plötzlich nach präzisesten und bemühtesten Schilderungen der Geschehnisse nicht mehr weiter weiß oder abgelenkt wird: Die Erklärungen seines Onkels Lajos über die neue Rolle Györgys als Familienoberhaupt und damit nunmehr Beteiligter „am gemeinsamen jüdischen Schicksal" (S. 26) lässt er, ohne sie richtig zu verstehen (S. 27), geduldig über sich ergehen, achtet mehr auf Onkel Lajos „Finger(n), die außen mit Haarbüscheln bedeckt und innen leicht feucht waren" (S. 27), und als er mit ihm für den Vater beten soll, achtet er auf die im Gebet „feucht zuckenden, fleischigen Lippen" (S. 28) des Onkels und dann auf das, was er „über die Schultern von Onkel Lajos hinweg durch das Fenster " sieht, die größere der Schwestern nämlich, die im gleichen Haus leben (S. 28). In diesen Passagen, in denen die Konzentration Györgys nachlässt, wirkt die Beschreibung der Wahrnehmung wie in einem Videoclip, die Sätze werden mehr und mehr zu Ellipsen.

Rezeptionshilfen

Lernende erlesen sich Stück für Stück im Laufe des Erzählerberichts über die Erfahrungen des Fünfzehnjährigen vermittelt Weltwissen, etwa über die Wirklichkeit der Konzentrationslager. Mit György lernen sie zum Beispiel nach und nach Begriffe aus dem Lagerleben kennen und begreifen; sie erfahren mit ihm die Unterschiede zwischen einem Konzentrations-, einem „Vernichtungs"- und einem „Arbeitslager" (S. 128); sie lernen die Begriffe „Blocksperre" (S. 120), „Blockältester" (S. 120), „die himmlische Telefonnummer" (S. 121), „Krematorium" (S. 121), „Zulage" (S. 141), „Stubendienst" (S. 149) oder „Latrine" (S. 150) kennen. Mit György durchschauen sie auch die Strategien und Tricks der Nazis und ihrer Helfershelfer, die Gefangenen möglichst unaufwändig, geräuschlos und schnell abzuservieren (vgl. S. 125). So erklären sich viele Vorgänge, Zusammenhänge und Begriffe von selbst. Der lange Zeit naive, später vor allem misstrauische György lässt seine LeserInnen am minutiösen Beobachten, Nachdenken und Bewerten teilhaben. Natürlich erfordert eine produktive Rezeption des Romans zugleich aber auch eine kritische Distanz zum Erzähler, der die Welt auf der Grundlage seines subjektiven Erfahrungshintergrundes deutet. Dazu sollte der Deutschunterricht erzähltechnische Grundlagen liefern, insbesondere den Unterschied zwischen erlebendem und erzählendem Ich und Besonderheiten der Ich-Erzählung (Nähe beziehungsweise Distanz zum Erzählgegenstand, Glaubwürdigkeit, Wissensvorsprung des Erzählers und Umgang mit seinen Kenntnissen): György als erzählendes Ich weiß eigentlich von Anfang an alles, erzählt aber immer nur so viel, wie György als erlebendes Ich wissen kann. So entsteht eine intensive Spannung zwischen dem unterdrückten Hass des erzählenden Ichs und der irritierenden Naivität des erlebenden Ichs. Das Unbegreifliche und Unerhörte lässt sich offensichtlich nur fassen in einer Haltung des Erzählers, die den Anschein erwecken will, möglichst sachlich und möglichst

objektiv sein zu wollen. Diese Erzählhaltung geht sogar so weit, dass die eklatan-
ten Verbrechen lieber etwas beschönigt und entschuldigt werden. Weil der Erzähler aber Opfer ist, offenbart sich die Grausamkeit der Verbrechen umso deutlicher.

In jedem Falle hilfreich ist auch Kartenmaterial: Zum einen kann über historische Karten die politisch-geografische Gestalt europäischer Staaten gegen Ende
des Zweiten Weltkrieges verdeutlicht werden, zum anderen lässt sich die Odyssee Györgys von Budapest über Auschwitz, Buchenwald, Zeitz, Buchenwald zurück nach Budapest besser nachvollziehen. Eine Karte mit der Verteilung der
Konzentrationslager im „Großdeutschen Reich", die in den meisten Geschichts-
büchern der 9. Jahrgangsstufe zu finden ist,[6] veranschaulicht das System der
Haupt-, Außen- und Vernichtungslager und informiert über die Zahl der ermor-
deten Juden (nach Herkunftsländern). Historische Sekundärliteratur zum Nationalsozialismus, speziell zum Holocaust und zum System der Konzentrationslager liegt in großer Fülle und leicht erreichbar vor. Umfassend und grundlegend
informiert zum Beispiel Michael Rucks *Bibliographie zum Nationalsozialismus*
über deutsch-, englisch- und französischsprachige Nachkriegsliteratur zur NS-
Herrschaft,[7] ein Handbuch mit essayistischen Überblicksdarstellungen, einem
Sachlexikon und einem kommentierten Personenverzeichnis bietet die *Enzyklopädie des Nationalsozialismus*, herausgegeben von Wolfgang Benz, Hermann
Graml und Hermann Weiß.[8]

Zielperspektiven

Seit vielen Jahren besuchen die Schüler unserer 9. Jahrgangsstufe (Caspar-Vischer-Gymnasium Kulmbach) im Rahmen des Geschichtsunterrichts eine KZ-
Gedenkstätte. Wir fahren aufgrund der relativen Nähe entweder nach Buchenwald oder nach Flossenbürg. Die allermeisten Schüler sind bei diesen Besuchen
sehr konzentriert, interessiert und meist auch emotional berührt. Allerdings geben viele SchülerInnen auch zu, sie könnten sich nicht recht vorstellen, wie es in
einem Konzentrationslager tatsächlich ausgesehen habe, weil sie mit groben
Steinen markierte Flächen (Buchenwald) oder gar eine parkähnliche Anlage
(Flossenbürg in den Sommermonaten) vorfänden; sich den grausamen Alltag
wirklich vorstellen oder gar begreifen zu können, ist natürlich nicht nur für SchülerInnen schwierig. In letzter Zeit kommt immer häufiger hinzu, dass einige
offen ihre Enttäuschung darüber äußern, dass man so wenig „geboten" bekom-
me, etwa Folter- oder Vernichtungsszenarien. Manche helfen dann einfach nach,
indem sie Wasser- oder Stockflecken an einer weißen Wand allen Ernstes als

---

[6] Vgl. zum Beispiel *Geschichte für Gymnasien* 9, Oldenbourg 1994, Seite 176.
[7] Ruck, Michael: Bibliographie zum Nationalsozialismus, 2 Bände und eine CD-ROM, Darmstadt
2000.
[8] Benz, Wolfgang/Graml, Hermann/Weiß, Hermann: Enzyklopädie des Nationalsozialismus auf
CD-ROM, Stuttgart 1998.

Blutreste identifizieren. Auf die Frage, was sich ihnen denn besonders eingeprägt habe, verweisen sie bezeichnenderweise etwa auf die in Buchenwald ausgestellten Lampenschirme aus tätowierter Menschenhaut. Um diese auf Gruseleffekte ausgerichtete Sensationslust zu ernüchtern und um zugleich dem legitimen Bedürfnis interessierter Jugendlicher auf Unterstützung der Vorstellungskraft zu entsprechen, kann man parallel zur Behandlung der nationalsozialistischen Terrorherrschaft im Geschichtsunterricht Kertész' Roman im Deutschunterricht behandeln. Grundsätzlich sieht der gymnasiale Geschichte-Lehrplan in Bayern für die 9. Jahrgangsstufe im Rahmen der Behandlung der NS-Rassenpolitik „nach Möglichkeit" eine „Studienfahrt zu einer KZ-Gedenkstätte, einem regionalen Konzentrations- oder Außenlager"[9] vor. Außerdem empfiehlt der Lehrplan die Veranschaulichung antisemitischer Politik an einem Einzelschicksal und verweist dabei ausdrücklich auf ein „literarisches Beispiel".[10]

Die genannten Gründe sprechen sicherlich für eine Behandlung zum Beispiel des hier vorgestellten Romans von Imre Kertész in der der 9. Jahrgangsstufe. Der genannte Lehrplan bietet dafür noch mehr Bezüge: So deckt der Roman zum Beispiel gleich drei der fünf dort genannten Beispiele thematischer Literaturbetrachtung ab: „Junge Menschen in der Auseinandersetzung und im Konflikt", „Krieg, Verfolgung und Unterdrückung" und „Schuld, Verbrechen und Recht". Wie oben gezeigt wurde, bietet der Roman speziell zu diesen drei Themenbereichen sehr viel Anschauungs- und Diskussionsstoff. Lebensbezüge des Textes (Aktualität, Realitätsbezug, Problemgehalt)[11] lassen sich an diesem authentischen Roman leicht herstellen, er bietet wegen seiner provozierend nüchternen Art hervorragende Möglichkeiten, „Erfahrungen, Einstellungen und Standpunkte zum dargestellten Problem"[12] zu überprüfen, und er regt permanent dazu an, über Absichten und Wirkungen dieses Textes zu reflektieren. Diese hier beispielhaft genannten Grobziele lassen sich in diesem Fall besonders gut gemeinsam in den Fächern Deutsch und Geschichte (evtl. in Kooperation mit den Fächern evangelische und katholische Religionslehre bzw. Ethik) erreichen.

Verfahren, Tätigkeiten, Medien

Neben den üblichen Möglichkeiten zur Texterschließung im Deutschunterricht einer 9. Jahrgangsstufe wie etwa der Inhaltsangabe, der Textzusammenfassung,

---

[9] KWMBl I So.-Nr. 8/1992, S. 392.

[10] Weil es um Personen mit unantastbarer Würde geht, sollte man im Gegensatz zur meiner Meinung nach verkürzenden Forderung des Lehrplans, die „Bedeutung deutscher Juden für die internationale Kultur anhand ausgewählter Biographien" (ebd., S.392) im Unterricht zu behandeln, ganz bewusst ruhig auch einmal die Biografie eines „unbedeutenden" Juden, noch dazu eines Jugendlichen, heranziehen. Die NS-Rassenpolitik war nicht deswegen verbrecherisch, weil sie z.B. Juden betroffen hat, die „für die internationale Kultur" bedeutend waren, sondern weil sie millionenfach Personen betroffen hat, die zum Beispiel auch jüdischen Glaubens waren (für György spielt der jüdische Glaube übrigens eine eher untergeordnete Rolle).

[11] KWMBl I So.-Nr. 7/1992, S. 329.

[12] Ebd.

der Erörterung oder der Diskussion bieten sich bei dem vorliegenden Roman noch eine ganze Reihe weiterer Verfahren, Tätigkeiten und Medien an. So lässt sich Weltwissen, wie ich oben darzustellen versuchte, aus diesem Roman zum einen erlesen als Erzählung über existenzielle Erfahrungen in deutschen Konzentrationslagern aus der Perspektive eines Jugendlichen. Dabei können ausgewählte Textstellen gemeinsam im Unterricht bearbeitet werden, aus denen grundsätzliche Kenntnisse über Konzentrationslager,[13] den Lageralltag[14] und das Erscheinungsbild von Konzentrationslagern[15] abgeleitet werden können. So könnte zum Beispiel die Passage des Romans, in der der Ich-Erzähler die Ankunft in Buchenwald und speziell den Weg vom Bahnhof zum Lager beschreibt,[16] im Geschichtsunterricht an Hand eines Lagerplans[17] nachvollzogen werden. Eine erste Orientierung für einen eventuellen späteren Besuch in der KZ-Gedenkstätte Buchenwald wäre damit auch bereits nachhaltig durchgeführt.

Im Deutschunterricht sind neben den oben angesprochenen eher üblichen auch eine Reihe besonderer Unterrichtsformen möglich: Viele Textpassagen eignen sich ganz hervorragend für eine szenische Umsetzung (Dramatisierung, Hörspiel), etwa die hochdramatische Passage, in der geschildert wird, wie György die Zementsäcke schleppen muss,[18] oder das Gespräch zwischen György und dem amerikanischen Journalisten im letzten Kapitel des Romans.[19] Auch eine lyrische Umsetzung der Leseeindrücke verbunden mit den Eindrücken eines Besuchs in einer KZ-Gedenkstätte sind denkbar. Eine Schülerin einer 9. Klasse verfasste gegen Ende der Behandlung des Themas in einer von mir angesetzten „Meditationsstunde" folgendes Gedicht:

Nummer 5718

Mit dem gelben Dreieck
Was hat dich hierher gebracht?
Unmenschlichkeit?
Hass?
Ich glaube, es war Gleichgültigkeit
Weil die anderen weggesehen haben
– von Anfang an –
deshalb bist du hier
vielleicht
vielleicht deshalb

---

[13] Vgl. Kertész, zum Beispiel S. 127 f.
[14] Vgl. Kertész, zum Beispiel S. 120–126/139–142/148–150.
[15] Vgl. Kertész, zum Beispiel S. 134 f./136–139.
[16] Vgl. Kertész, S. 136–139.
[17] Vgl. Lageplan des Buchenwald-Führers „Ein Rundgang durch die Gedenkstätte", Weimar-Buchenwald 1993, Gesamtübersicht auf der Innenseite des Schutzeinbandes und verschiedene Detailpläne im Inneren des Führers.
[18] Vgl. Kertész, S. 186–188.
[19] Vgl. Kertész, S. 268–276.

das ist jetzt nicht mehr wichtig
jetzt nicht mehr
denn du bist am Ende
du wurdest zu oft geschlagen
und hast zu viele sterben sehen
du kannst nicht mehr
kannst nicht eine Stunde länger bleiben
willst endlich frei sein
und läufst los
mit offenen Armen

in den Zaun
380 Volt
endlich frei

(Anna Mädl)

Bewährt hat sich ebenfalls der Einsatz des bei den Landesbildstellen ausleihbaren Spielberg-Films *Schindlers Liste*. Einige Passagen, die den Lageralltag zeigen, lassen sich als (beinahe) authentisches Anschauungsmaterial vergleichend oder ergänzend heranziehen (vgl. auch das Unterrichtsmodell bei Köppert 1999). Nicht zuletzt empfiehlt sich die von Imre Kertész selber und von Ulrich Matthes gelesene Hörbuch-Fassung des Romans[20] als eindrucksvolle Bereicherung des Lektüreunterrichts.

Um die Selbsttätigkeit der Schüler anzuregen, sind auch Buchvorstellungen von Schülern denkbar. Zur Auswahl stehen eine Fülle von Jugendbüchern, Romanen und Erzählungen zum Thema. Diese Buchvorstellungen könnten zum Beispiel auch in einer möglichst visualisierten Fassung zusammen mit Unterrichtsergebnissen, den selbst verfassten Gedichten, Dramatisierungsversuchen (Videoeinspielung, Hörspiel-Cassetten) und historischem Material zu einer Ausstellung zum 27.1. (Gedenktag an die Opfer des Nationalsozialismus) ausgestaltet werden. Damit würde der Lektüreunterricht zum Lektüreprojekt.

---

[20] Hörbuch: *Roman eines Schicksallosen, 3 Cassetten*. Autorisierte Lesefassung. 270 Min. (Audio Books; Literatur). Sprecher: Ulrich Matthes und Imre Kertész. 2000. Mit Booklet. (DHV Der HörVerlag).

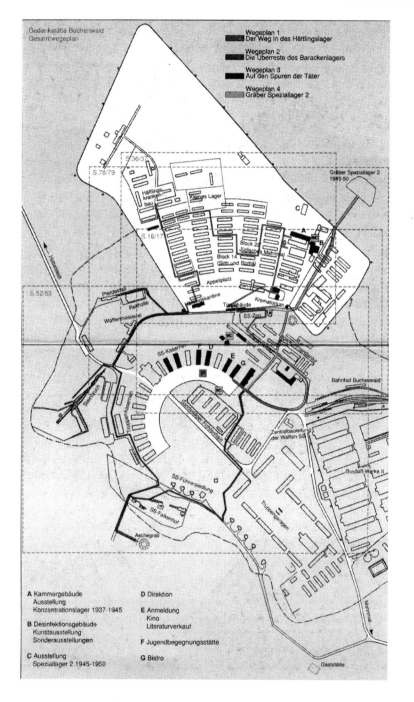

Gedenkstätte Buchenwald – Lageplan

GABRIELA PAULE

Die Verwirrungen des Zöglings Törleß von Robert Musil im Deutsch- und Mathematikunterricht der 11. Jahrgangsstufe

Das Buch

Der erste, autobiografisch geprägte Roman von Robert Musil, *Die Verwirrungen des Zöglings Törleß* (1906), erzählt einen kurzen Lebensabschnitt des Kadettenschülers Törleß und seiner Kameraden. Die erzählten Ereignisse und deren Konsequenzen sind durchweg auf die Hauptfigur Törleß und seine Suche nach geistiger und sinnlich-seelischer Erkenntnis bezogen. In diesem Entwicklungsabschnitt ist er Unsicherheiten, Verwirrungen und Leidenschaften ausgesetzt, die ihn herausfordern, gefährden, schuldig werden lassen und letztlich zu einer Erweiterung seines Bewusstseins beitragen.

Die Handlung setzt ein bei Abschied und Abreise von Törleß' Eltern nach einem Besuch in der Kadettenanstalt. Rückblenden auf Törleß' bisherige Internatszeit schließen sich an, in denen der Leser vom Heimweh, der engen Bindung an die Mutter und dem „erste[n], mißglückte[n] Versuch des jungen, auf sich selbst gestellten Menschen" erfährt, „die Kräfte des Inneren zu entfalten" (*Törleß*, S. 10). Törleß sucht nach einer anderen, wahreren Wirklichkeit jenseits der leeren Konventionen der Gesellschaft, deren Sinnbild für ihn die Kadettenanstalt ist. Als Vorbereitung auf die künftige Militärlaufbahn ihrer Schüler sind deren oberste Prinzipien Gehorsam und Unterwerfung unter die Normen der Gesellschaft. Aber das durch dieses Erziehungskonzept Verdrängte bricht sich Bahn in der geheimen Gegenwelt der „roten Kammer" auf dem Dachboden der Anstalt: Sie wird zur Folterkammer für den Zögling Basini. Seine Kameraden Beineberg und Reiting, die einen Diebstahl Basinis entdeckten, zeigen ihn nicht bei der Schulleitung an, sondern geben ihm scheinbar eine Chance zur Besserung. Sie fordern von ihm absoluten Gehorsam. Basini geht darauf ein und begibt sich in totale Abhängigkeit von den beiden Kameraden, die ihn daraufhin aus sadistischen Motiven systematisch quälen, foltern und sexuell missbrauchen und ihn schließlich der Klassengemeinschaft ausliefern. Auch Törleß beteiligt sich an diesen Grausamkeiten, jedoch nicht aus sadistischen Motiven, sondern aus Interesse an den dunklen Seiten der eigenen Existenz. Die Handlung um Basini, einschließlich der homoerotischen Beziehung zu ihm, ist für Törleß ein Teil seiner Suche nach einer zweiten Wirklichkeit hinter den Begriffen und Regeln der äußeren Welt. Als er am Endpunkt eines geistigen Prozesses angekommen ist, wendet er sich schließlich von Basini ab, trennt sich von der Gruppe der Kameraden und verlässt die Kadettenanstalt. Dem geht ein erwachendes Interesse an philosophischen Problemen sowie an der mathematischen Formallogik voraus, die der junge Held zur Bewusstseinserweiterung nutzt. Er weiß jetzt, „daß es feine, leicht verlöschbare Grenzen rings um den Menschen gibt, daß fiebernde Träume um die Seele schleichen, die festen Mauern zernagen und unheimliche Gassen aufreißen" (*Törleß*, S. 140).

Der Autor

Robert Musil (1880–1942) begann nach seiner Schulzeit ein technisches Studium an der Militärakademie in Wien und führte damit die Berufstraditionen der Familie fort. Die Offiziersausbildung brach er jedoch ab und wechselte an die Technische Hochschule Brünn. Nach dem sich anschließenden Militärdienst arbeitete er als Assistent an der Technischen Hochschule Stuttgart und begann in dieser Zeit (1902–1903) seinen ersten Roman zu schreiben, *Die Verwirrungen des Zöglings Törleß*. Er gab sein technisches Studium auf und wechselte nach Berlin, wo er von 1903 bis 1908 Philosophie, Logik und Psychologie studierte und mit einer Dissertation über den Physiker und Wissenschaftsphilosophen Ernst Mach (1838–1916) abschloss.[1] Nach dem großen Erfolg des 1906 veröffentlichten *Törleß* wandte er sich ganz der Schriftstellerei zu. Seinen Lebensunterhalt verdiente er dabei in verschiedenen Stellungen: „Ich war Bibliothekar, Redakteur der 'Neuen Rundschau', höherer Beamter der Bundesministerien des Äußeren und für Heereswesen in Wien, Theaterkritiker, zwischendurch kriegsüber im Felde."[2]

Sein wohl bekanntestes Werk ist der (unvollendete) Roman *Der Mann ohne Eigenschaften*, an dem er sein Leben lang arbeitete. Daneben schrieb er Novellen (*Vereinigungen, Drei Frauen*), das *Schauspiel Die Schwärmer* und die Posse *Vinzenz und die Freundin bedeutender Männer*. In verschiedenen Essays entfaltete er seine theoretischen Einsichten. Nach der Machtübernahme durch die Nationalsozialisten kehrte Musil nach Österreich zurück, emigrierte aber 1938 zusammen mit seiner Frau in die Schweiz, nachdem seine Bücher in Deutschland und Österreich verboten wurden. In Genf lebte und arbeitete er unter schwierigen Bedingungen bis zu seinem Tode.

Musil gilt als einer der „philosophischsten" Autoren des 20. Jahrhunderts (vgl. v. Wright 1982). Auch sein lebenslanges Interesse an mathematischem Denken (vgl. Jäßl 1963; Kaizik 1980) sei hervorgehoben.

Leseanreize

Der *Törleß* wird wegen seiner sachlichen und sprachlichen Komplexität als Schullektüre in der Regel erst in der S II gelesen. Auch die persönliche Entwicklung der Schülerinnen und Schüler kommt einer Lektüre in Klasse 11 oder 12 entgegen. Die 16–18jährigen haben die eigene Pubertät noch nicht lange hinter sich gelassen; sie befinden sich noch in der Adoleszenz. Diese von Krisen beherrschte

---

[1] Robert Musil: *Beitrag zur Beurteilung der Lehren Machs*. Berlin-Wilmersdorf: Dissertationsverlag Carl Arnold 1908.

[2] Brief an Josef Nadler vom 1.12.1924. In: Robert Musil: *Briefe 1901–1942*, hrsg. Von Adolf Frisé, Reinbek: Rowohlt 1981, S. 367.

Lebensphase, die von Rollenunsicherheit und beginnender Geschlechtsreife geprägte Suche nach der eigenen Identität ist das Hauptthema des *Törleß*. Die zahlreichen Verwirrungen, denen Törleß dabei ausgesetzt ist, betreffen ganz verschiedene Facetten des Menschseins: Ethische Fragen werden beispielsweise durch das Verhältnis von Törleß zu Basini aufgeworfen. Törleß benutzt Basini lediglich für sein Problem der Selbstfindung, er hat kein echtes persönliches Interesse an ihm, sondern verdinglicht ihn als Studienobjekt. Als er erkennt, dass Basini ihm nichts mehr nützen kann, lässt er ihn fallen und entzieht sich darüber hinaus nahezu jeder Verantwortung.

Daneben haben psychologische Aspekte eine besondere Bedeutung im *Törleß*. Es gibt zahlreiche Untersuchungen, die sich mit dem Freudschen Einfluss auf Musils Erstlingsroman beschäftigen. Unter einem solchen Gesichtspunkt könnte insbesondere die Zusammenarbeit des Fachs Deutsch mit einem Grundkurs Psychologie fruchtbar sein.

Auch eine Analyse des Romans unter sprachlichem Aspekt dürfte für eine Oberstufenklasse lohnend sein. Insbesondere die sich immer wieder äußernde Sprachnot des Törleß bietet sich hierfür an: Die Leistungsfähigkeit der Sprache als Ausdruck von Wirklichkeitserfahrung wird Törleß zum Problem. Für seine „andere" Wirklichkeit, die er intuitiv-mystisch erfährt, fehlen ihm die Worte. Am deutlichsten ist dies in seiner Rede vor dem Lehrerkollegium am Ende des Romans sichtbar.

Die beispielhaft skizzierten Themenbereiche des Romans sind alle auf Törleß' dualistische Wahrnehmung der Wirklichkeit und die daran geknüpfte Suche nach Erkenntnis bezogen: Auf der einen Seite steht eine nach vernünftigen Prinzipien funktionierende Verstandeswelt, die durch logisch-kausales Denken geprägt ist, das nach Exaktheit und Ordnung strebt. Diese ihn umgebende empirische Welt umfasst aber eine zweite, geheimnisvolle, dunkle und beunruhigende Sphäre. Törleß erfährt, dass diese beiden Welten sich nicht ausschließen, sondern dass zwischen ihnen „nicht nur ein Übergang besteht, sondern ihre Grenzen heimlich und nahe und jeden Augenblick überschreitbar aneinanderstoßen" (*Törleß*, S. 46/47). Die Wahrnehmungsfähigkeit von Törleß geht aber noch darüber hinaus, wenn er Erlebnisse einer „anderen" Wirklichkeit beschreibt. Ihm erscheint es, als würde er die Ereignisse „mit einem Sinn mehr" (*Törleß*, S. 71) aufnehmen als seine Kameraden. Dinge enthüllen ihm ihr eigenes, „unheimliches Leben" (*Törleß*, S. 66). Diesem „Sinn mehr" entspricht ein alogischer, akausaler Zugang zur Welt, der sich nur in Bildern und Gleichnissen auszudrücken vermag und Törleß' intellektuelle Verwirrungen mit verursacht.

Völlig unerwartet entdeckt er dann ausgerechnet in der Mathematik, die er eindeutig der logischen, vom Verstand gesteuerten Welt zuordnete, das Einbrechen der „anderen" Wirklichkeit und mehr noch, eine funktionale Verbindung der beiden Bereiche des Rationalen und des Irrationalen. Dies erschließt ihm die

Mathematik als ein beunruhigendes Denkmodell. So wird ihm z.B. – im Gras liegend und den Himmel betrachtend – der zunächst abstrakt und substanzlos erscheinende mathematische Begriff der Unendlichkeit zum Erlebnis.

> „'Das Unendliche!' Törleß kannte das Wort aus dem Mathematikunterricht. Er hatte sich nie etwas Besonderes darunter vorgestellt. Es kehrte immer wieder; irgend jemand hatte es einst erfunden, und seither war es möglich, so sicher damit zu rechnen wie nur mit irgend etwas Festem. Es war, was es gerade in der Rechnung galt; darüber hinaus hatte Törleß nie etwas gesucht.
>
> Und nun durchzuckte es ihn wie mit einem Schlage, daß an diesem Worte etwas furchtbar Beunruhigendes hafte. Es kam ihm vor wie ein gezähmter Begriff, mit dem er täglich seine kleinen Kunststückchen gemacht hatte und der nun plötzlich entfesselt worden war. Etwas über den Verstand Gehendes, Wildes, Vernichtendes schien durch die Arbeit irgendwelcher Erfinder hineingeschläfert worden zu sein und war nun plötzlich aufgewacht und wieder furchtbar geworden. Da, in diesem Himmel, stand es nun lebendig über ihm und drohte und höhnte." (*Törleß*, S. 63)

Eine ähnliche Erfahrung macht Törleß mit den irrationalen und insbesondere den imaginären Zahlen. Sie sei im Folgenden vorgestellt und auf den Mathematikunterricht bezogen.

Zielperspektiven

Die Lehrpläne einiger Bundesländer sehen die Einführung der komplexen Zahlen als Wahlpflichtthemen in den Jahrgangsstufen 11 bzw. 12 (Grund- und Leistungskurs) vor. Für das bayerische Gymnasium werden beispielsweise in der Jahrgangsstufe 11 der mathematisch-naturwissenschaftlichen Ausbildungsrichtung drei Wahlpflichtthemen zur Auswahl gestellt:

- Komplexe Zahlen (Grundlagen; Abbildungen)
- Sphärische Trigonometrie (Grundlagen; Anwendungen auf die Erd- und Himmelskugel)
- Komplexe Zahlen (Grundlagen) und Sphärische Geometrie (Grundlagen)

Mit ca. 60 Stunden entfällt auf diesen Block ein gutes Drittel der zur Verfügung stehenden Unterrichtszeit des gesamten Schuljahres. Neben dem Hauptthema dieser Jahrgangsstufe, die Einführung in die Infinitesimalrechnung, wird ihm damit eine beachtliche Bedeutung zugemessen.

Für das Wahlpflichtthema „Komplexe Zahlen" ist der bayerische Lehrplan ausdrücklich so angelegt, dass die Schülerinnen und Schüler Einblick auch in den historischen Prozess der Konstruktion der komplexen Zahlen und damit verbundener Schwierigkeiten gewinnen sollen. Dies geschieht in zwei Schritten: Zunächst werden wesentliche Prinzipien für Zahlenbereichserweiterungen erarbeitet. Solche Zahlenbereichserweiterungen haben die Schüler im Verlauf der Unter- und Mittelstufe bereits an einigen Beispielen kennengelernt (von den natürlichen Zahlen über die ganzen Zahlen zu den rationalen und schließlich den reellen Zahlen). Die Notwendigkeit dieser Erweiterungen hatte sich immer dadurch ergeben, dass bestimmte Probleme in der gegebenen Zahlenmenge nicht mehr lösbar waren. Beispielsweise ist die Gleichung $x^2 = -1$ in der Menge der reellen Zahlen nicht lösbar. Man sucht also eine „größere" Zahlenmenge, in der dies kein unlösbares Problem mehr darstellt. Die Konstruktion solcher „größerer" Zahlenmengen geschieht dabei nach folgenden Prinzipien: In dem neuen Bereich sollen a) nach Möglichkeit die bisherigen Rechengesetze ihre Gültigkeit behalten, er soll b) aber algebraisch leistungsfähiger sein als der Ausgangsbereich. Darüber hinaus sollen c) die neuen Zahlen mit Hilfe der alten Zahlen konstruiert oder dargestellt werden können.

Auf dieser Grundlage wird dann der historische Weg zu den komplexen Zahlen vorgestellt und insbesondere eine damit einhergehende Schwierigkeit thematisiert: Die Verwendung der imaginären Einheit i durch Euler war zwar erfolgreich, aber letztlich mathematisch ohne Fundament. Euler führte die imaginäre Einheit per Definition ein (durch die Bedingung $i^2 = -1$) und rechnete mit ihr wie mit einer reellen Zahl. Das oben erwähnte Konstruktionsprinzip c) ist hierbei aber gerade nicht erfüllt, was Anlass zum Zweifel an der Existenz dieser neuen Zahl i gibt. Denn das Verfahren, für ein gewünschtes Objekt einfach einen Buchstaben zu setzen, ihm dadurch einen Namen zu geben und mit ihm zu rechnen, sagt noch nichts über seine Existenz aus.

Genau hier setzen auch die Überlegungen von Törleß an. Das Problem der imaginären Zahlen stellt sich ihm aber weit über die mathematische Konstruktion hinaus als eine existentielle Frage des Menschseins. Er will eben gerade nicht stehen bleiben bei der Erklärung der Zahl i als „rein mathematische Denknotwendigkeit" (*Törleß*, S. 77). *Für den Mathematikunterricht steckt in dieser existenziellen Perspektive eine Chance, die nicht ungenutzt bleiben sollte.* Zum einen kann den Schülerinnen und Schülern ein überraschender Lebensbezug der mathematischen Denkweise eröffnet werden – ein Anliegen, um das sich der Mathematikunterricht nicht genug bemühen kann. Zum anderen ermöglicht dieses Beispiel zu demonstrieren, dass die Mathematik eine lebendige Wissenschaft ist, in der um Antworten, um Existenzbeweise gerungen wird und deren Denkmodelle neben einer zu entdeckenden Ästhetik auch philosophische Relevanz haben können. Schülern begegnet das Fach Mathematik allzu häufig nur als scheinbar formalistisches System, bestehend aus fertigen Ergebnissen, die man 'lernen' muss, die man 'kapiert' oder eben nicht. Möglichkeiten der Grenzüberschreitung, die andere Facetten des Fachs sichtbar machen, können da hilfreich sein.

Wie das erwähnte Existenzproblem im *Törleß* diskutiert wird, sei im Folgenden etwas näher erläutert. Törleß, auf der Suche nach einer Vereinigung der beiden von ihm als getrennt erlebten Wirklichkeiten, stellt fest, dass sie sich gerade in der Mathematik zu vermischen scheinen. Als er die Unendlichkeit des Himmels erlebt, erfährt er gleichzeitig die Diskrepanz zwischen dem Erfahrenen und dem mathematischen Begriff, der diese Erfahrung auszudrücken vorgibt. Ähnlich ergeht es ihm mit der Zahl i. In dem Gespräch mit Beineberg gibt er sich mit dessen Erklärungen nicht zufrieden und stellt die Existenz dieser Zahl in Frage:

> „Das ist es aber gerade. Die gibt es doch gar nicht. Jede Zahl, ob sie nun positiv ist oder negativ, gibt zum Quadrat erhoben etwas Positives. Es kann daher gar keine wirkliche Zahl geben, welche die Quadratwurzel von etwas Negativem wäre." (*Törleß*, S. 73)

Auf Beinebergs Antwort, man würde eben so tun als ob, insistiert er mit der Frage:

> „Wie kann man aber, wenn man bestimmt, ganz mathematisch bestimmt weiß, daß es unmöglich ist? [...] Aber das Merkwürdige ist ja gerade, daß man trotzdem mit solchen imaginären oder sonstwie unmöglichen Werten ganz wirklich rechnen kann und zum Schlusse ein greifbares Resultat vorhanden ist!" (*Törleß*, S. 73/74)

Anfang und Ende einer solchen Rechnung sind im Bereich des Wirklichen, des (mathematisch) Reellen angesiedelt, und sie

> „hängen miteinander durch etwas zusammen, das es gar nicht gibt. Ist das nicht wie eine Brücke, von der nur Anfangs- und Endpfeiler vorhanden sind und die man dennoch so sicher überschreitet, als ob sie ganz dastünde? Für mich hat so eine Rechnung etwas Schwindliges; als ob es ein Stück des Weges weiß Gott wohin ginge. Das eigentlich Unheimliche ist mir aber die Kraft, die in solch einer Rechnung steckt und einen so festhält, daß man doch wieder richtig landet." (*Törleß*, S. 74)

Eine solche Perspektive auf ein mathematisches Problem kann dabei helfen, Lernende erst einmal aufmerksam zu machen auf den notwendigen, aber zur Zeit Eulers noch ausstehenden Existenzbeweis für die Zahl i und die grundlegenden Irritationen, die dies auslöste. Dass Eulers Vorgehen dennoch gerechtfertigt war, konnte erst im 19. Jahrhundert bewiesen werden, was nebenbei ein Licht auf die bewegte Geschichte der Mathematik wirft. Gauß löste das Problem durch die Veranschaulichung im Zweidimensionalen und konnte so den imaginären Zahlen Gegenständlichkeit zuschreiben: Die komplexen Zahlen werden definiert als Paare reeller Zahlen, an deren Existenz es keinen Zweifel gibt. Durch geschickte Definition von Addition und Multiplikation nach den Prinzipien der Zahlenbereichserweiterung entspricht dann der imaginären Zahl i das Zahlenpaar (0;1).

Das Beispiel der imaginären Zahlen weist auf ein immer wiederkehrendes Problem der Mathematik, was sich zu Beginn des 20. Jahrhunderts zu einer Grundlagenkrise des Fachs ausweitete:

> „Denn die Pioniere der Mathematik hatten sich von gewissen Grundlagen brauchbare Vorstellungen gemacht, aus denen sich Schlüsse, Rechnungsarten, Resultate ergaben, deren bemächtigten sich die Physiker, um neue Ergebnisse zu erhalten, und endlich kamen die Techniker, nahmen oft bloß die Resultate, setzten neue Rechnungen darauf und es entstanden die Maschinen. Und plötzlich, nachdem alles in schönste Existenz gebracht war, kamen die Mathematiker, – jene, die ganz innen herumgrübeln – darauf, dass etwas in den

Grundlagen der ganzen Sache absolut nicht in Ordnung zu bringen sei; tatsächlich, sie sahen zuunterst nach und fanden, dass das ganze Gebäude in der Luft stehe. Aber die Maschinen liefen! Man muss daraufhin annehmen, dass unser Dasein bleicher spuk ist; wir leben es, aber eigentlich nur auf Grund eines Irrtums, ohne den es nicht entstanden wäre. Es gibt heute keine zweite Möglichkeit so phantastischen Gefühls wie die des Mathematikers.“[3]

„Aber gerade durch diesen „intellektuellen Skandal“ erlangte die Mathematik ihre außerordentliche Stellung, denn es gelang ihr, die im Denken begründete und über das Wirkliche auch hinausreichende Kraft ihrer Kalküle zu beweisen.“ (Kaizik 1980, S. 22 f.).

Mathematik-Schulbücher legen zum Teil großen Wert auf die Bewusstmachung solcher grundlegender fachlicher Aspekte und kommen damit unserer Zielsetzung entgegen. Helmut Dittmann beispielsweise begründet im Vorwort seines Buchs *Komplexe Zahlen* den von ihm gewählten Zugang: „Die komplexen Zahlen werden als Paare reeller Zahlen konstruiert, *nachdem* das historische Vorgehen [...] aufgezeigt und einer Kritik unterzogen worden ist [...] [D]as historische Vorgehen [bietet] den Ansatz für eine Kritik, die das *Problem der mathematischen Existenz* erst deutlich macht. Bietet man die komplexen Zahlen von vornherein als Paare an, so wird ein charakteristisches Problem verschüttet, ehe es überhaupt aufgetreten ist. Für den Mathematikunterricht wäre damit eine Chance dieses Stoffgebiets vertan.“ (Dittmann 1977, S. 3)

Um genau diesen kritischen Punkt kreisen die Überlegungen des Zöglings Törleß. Noch ganz am Ende des Romans, wo er sich dem Lehrerkollegium erklären muss, nimmt Törleß rückblickend Bezug auf sein Problem bei Rechnungen mit den imaginären Zahlen:

> „Ich sagte, daß es mir an diesen Stellen scheine, wir könnten mit unserem Denken allein nicht hinüberkommen, sondern bedürften einer anderen, innerlichen Gewißheit, die uns gewissermaßen hinüberträgt.“ (*Törleß*, S. 135).

Diese philosophisch-religiöse Perspektive auf die Mathematik lässt Törleß nach der „Kraft“ dieser Rechnung suchen, was ihn zu seinem Mathematiklehrer führt. Der Besuch endet aber enttäuschend, da sich der Lehrer hinter sein Fachwissen zurückzieht und die Mathematik letztlich als totes, in sich abgeschlossenes System darstellt. Konstrukte wie die Zahl i erklärt er als „rein mathematische Denknotwendigkeiten“ (*Törleß*, S. 77). Dass er vielleicht dennoch mehr von Törleß’ Beunruhigung ahnt, als er ihm zu verstehen gibt, deutet der Schluss des Romans an, wo er Törleß’ Abschlussrede mit folgenden Worten kommentiert: „Es scheint, daß er zu großen Augenmerk auf den subjektiven Faktor aller unserer Erlebnisse gelegt hat und daß ihn das verwirrte und zu seinen dunklen Gleichnissen trieb.“ (*Törleß*, S. 138)

---

[3] Der mathematische Mensch. Zit. nach: Robert Musil: *Gesammelte Werke in 9 Bänden*, hrsg. Von Adolf Frisé, Reinbek: Rowohlt 1978, Bd. 8, S. 1006.

Törleß aber erlebt im Gespräch mit seinem Lehrer die Konfrontation zweier entgegengesetzter Standpunkte, nämlich den formalistischen sowie den nach einem natürlichen, lebendigen Hintergrund suchenden. Für Törleß geht es immer um das Leben als Ganzes. Er möchte erfahren, was die Mathematik über sich hinaus aussagen kann, was es an Natürlichem in der Mathematik zu entdecken gibt. Beineberg, der die extreme Position des Irrationalismus vertritt, entgegnet er in einem Gespräch:

> „wenn mich die Mathematik quält, so suche ich dahinter ganz etwas anderes als du, gar nichts Übernatürliches, gerade das Natürliche suche ich, – verstehst du? gar nichts außer mir, – in mir suche ich etwas; in mir! etwas Natürliches! Das ich aber trotzdem nicht verstehe! Das empfindest du aber geradeso wenig wie der von der Mathematik." (*Törleß*, S. 83)

Darin spiegelt sich das Anliegen Musils „die Mathematik nicht in ein formalistisches Ghetto" davonlaufen zu lassen, wo sie dann „mit sich selbst zu Mahle sitzt", sondern ihr Denken in stetigem Einklang mit der menschlichen Wirklichkeit sich entwickeln zu lassen. Anders ausgedrückt geht es dem jungen Musil darum, die Phänomene der reinen Mathematik, die repräsentativ für die Kraft des exakten Denkens stehen und in ihrer technischen Verwertbarkeit unumstritten sind, nicht als etwas Totes erkennen zu müssen, das zusammenhanglos neben den unmittelbaren Erlebnissen des lebendigen Denkens stehen muß." (Kaizik 1980, S. 20)

Schülerinnen und Schülern davon etwas begreiflich zu machen, ist ein erklärtes Ziel der Mathematik-Didaktik. Leider dominiert in der Praxis – aus ganz verschiedenen Gründen – allzu oft der eher formalistisch orientierte Mathematikunterricht. Will man die alltäglichen Pfade einer solchen Schulmathematik verlassen, stößt man bei Lernenden leicht auf Widerstände. Dies hängt auch mit der Angst zusammen, das Fach würde dann noch komplexer und unverständlicher, als es von vielen Schülern ohnehin erlebt wird. Sie haben sich eingerichtet in einer festen Vorstellung davon, wie Schulmathematik eben zu sein hat, und eine Erschütterung dieser Ordnung kann zunächst einmal Irritationen und Blockaden auslösen. Neues, Aufregendes, Experimentelles und Ungesichertes wird da schnell zur Bedrohung. Man wird also sensibel vorgehen müssen bei einer Unterrichtseinheit, die sich gleichzeitig eines mathematischen Problems und seiner literarischen Verarbeitung annehmen will.

Verfahren, Tätigkeiten, Medien

Verschiedene Formen eines fächerübergreifenden bzw. die Fächer Mathematik und Deutsch verbindenden Unterrichts bieten sich am Beispiel des *Törleß* an. Vom Mathematikunterricht her gedacht erscheint es nicht notwendig, den ganzen Roman als Klassenlektüre zu lesen. Die das Fach bereichernden Perspektiven und Gedanken zum Thema imaginäre Zahlen sind auch ausschnitthaft verständlich und bearbeitbar (vgl. die Zitate oben). Man kann sie im Zusammen-

hang der Diskussion um die Existenz der Zahl i in den Mathematikunterricht
einbinden und dadurch einen rein formalistischen Zugang zum Körper der komplexen Zahlen vermeiden. Schon durch die (wenige Seiten lange) Lektüre der
Gespräche zwischen Törleß und Beineberg bzw. Törleß und dem Mathematiklehrer wird deutlich spürbar, welche Irritationen existentieller Art ein philosophischer Zugang zu dem Problem auslösen kann. Dies in Verbindung gebracht
mit dem historischen Klärungsprozess innerhalb der Mathematik dürfte Schülern neue Dimensionen erschließen und das Schulfach Mathematik in ein vielleicht ungewohntes Licht rücken. Dazu scheint es nicht einmal nötig, den
Deutschlehrer einzubeziehen – die 'Grenzüberschreitung' ist in dieser Variante
vom Mathematiklehrer allein zu bewältigen und auch organisatorisch problem-
los in den Fachunterricht einzubauen.

Ein Unterrichtsprojekt, das die beiden Fächer noch enger verbindet, indem die
Fachlehrer einander zuarbeiten oder gemeinsam an der Klassenlektüre beteiligt
sind, könnte für das Gymnasium folgendermaßen aussehen.[4] Wenn durch die Infinitesimalrechnung in Klasse 11 der Begriff der mathematischen Unendlichkeit
präsent ist und das Stoffgebiet „komplexe Zahlen" danach im letzten Drittel der
11. Jahrgangsstufe bearbeitet wird, bietet sich im Fach Deutsch eine Lektüre im
selben Zeitraum an. Das ist auch mit dem Lehrplan Deutsch vereinbar, der für
Klasse 11 den beginnenden Durchgang durch die Literaturgeschichte vorsieht,
dabei aber auch schon Werke aus dem 20. Jahrhundert mit berücksichtigt. Je
nachdem, in welchen Kontext man die Lektüre des Romans stellt – denkbar wäre
z. B. eine Reihe literarischer Texte zum Thema Adoleszenz / Schule – wird man
unterschiedliche Schwerpunkte wählen. In jedem Fall lässt sich aber so die Episode über die imaginären Zahlen – anders als bei nur ausschnitthafter Lektüre –
im größeren Zusammenhang von Törleß' Erkenntnisprozess betrachten. Dabei
wären die sinnlich-triebhaften von den geistig-intellektuellen Verwirrungen zu
unterscheiden, die beide, aufeinander bezogen und sich wechselseitig bedin-
gend, den Erkenntnisprozess vorantreiben. Ein Beispiel für die Suche nach geistiger Erkenntnis ist die Beschäftigung mit den imaginären Zahlen, die Beunruhigung über einen irrationalen Abgrund selbst der Mathematik. Will man diesen
Aspekt vertiefen, könnte im weiteren Verlauf detaillierter auf Musils intensive
Auseinandersetzung mit der Mathematik eingegangen werden. Beispielsweise
zeigt schon der Essay *Der mathematische Mensch* (1913)[5] eine Entwicklung innerhalb dieser Auseinandersetzung auf: Die Position Musils zur Mathematik hat
sich seit dem *Törleß* bereits verändert. Eine solche Lektüre könnte nach
Möglichkeit ebenfalls vom Mathematiklehrer begleitet werden. Im Mathematikunterricht selbst längere Texte zu lesen erscheint jedoch aufgrund des dichten
Lehrplans gerade in dieser Jahrgangsstufe als nicht machbar. Doch eine gut

---

[4] Es liegt der Lehrplan für das bayerische Gymnasium zugrunde.
[5] Vgl. *Gesammelte Werke*, Bd. 8, S. 1004–1008.

aufeinander abgestimmte Kooperation der beiden Fachlehrer muss daraus keinen Nachteil entstehen lassen.

Das Tandem Deutsch/Mathematik, das sich bei erstem Hinsehen nicht gerade aufzudrängen scheint und dessen Textkorpus viel schmaler ist als das anderer Fächerverbindungen, hat, so sollte gezeigt werden, ein Potential, das insbesondere das Fach Mathematik bereichern kann. Facetten dieses Schulfachs sichtbar zu machen, die in den philosophischen, ästhetischen oder religiösen Bereich deuten, trägt dazu bei, das Fach aus einem formalistischen Korsett zu befreien. Dass dies auch durch die Lektüre literarischer Texte gelingen kann, sollte das Beispiel *Törleß* demonstrieren.

MONIKA GROSS

Einstein's Dreams von Alan Lightman im Deutsch- und Philosophieunterricht der S II

Das Buch

Der Roman *Einstein's Dreams* von Alan Lightman erschien erstmals 1993 in New York bei Pantheon Books. Die deutsche Erstausgabe wurde 1994 im Verlag Hoffmann und Campe unter dem Titel *Und immer wieder die Zeit – Einstein's Dreams* veröffentlicht. Als Taschenbuch (Heyne) ist der Roman bei uns seit 1998 erhältlich (DM 16,90).

Über die Entstehung seines Buches hat Alan Lightman in einem Interview gesagt:

„Der Titel *Einstein's Dreams* war zuerst da. Er fiel vom Himmel herab! In diesen Worten steckte für mich eine wunderbare Spannung zwischen einem rationalen und wissenschaftlichen Verständnis der Welt (Einstein) und einem intuitiv-irrationalen (den Träumen). Diese beiden Elemente standen am Anfang, und ich habe dann ein Buch zu schreiben versucht, das zu diesem Titel passt."[1]

Alan Lightmans Roman ist ein Versuch, dem Phänomen Zeit mit anderen Mitteln als denen diskursiver Logik und wissenschaftlicher Betrachtung beizukommen. Sein Buch spielt phantasievoll mit der Verwirrung, die ein Nachdenken über die Zeit auslöst. „Wir alle wissen, wie merkwürdig die Zeit manchmal zu fließen scheint. Mal vergeht sie überhaupt nicht, mal fliegt sie davon, mal haben wir das Gefühl, Situationen schon einmal erlebt zu haben. Die Zeit ist ein ungeheuer tiefes psychisches Phänomen, und ich wollte mit diesem Gegensatz spielen: mit der physikalischen und der seelischen Zeit."[2]

Die Rahmensituation des Romans hat einen historischen Hintergrund: Bern im Jahre 1905, als der junge Albert Einstein (*1879), noch ein kleiner Patentbeamter, die Grundzüge seiner neuen Theorie der Zeit, der Relativitätstheorie, entwickelte. Man stelle sich vor: Er sitzt an seinem Schreibtisch im Berner Patentamt; seine Erkenntnisse beschäftigen ihn unaufhörlich, selbst in Momenten, in denen sein Kopf erschöpft auf seine Arme sinkt und er sich seinen Träumen überlässt, in denen seine mathematischen Gleichungen sich in Geschichten und Bilder verwandeln, als würden sie einfach eine andere Gestalt annehmen. Diese Träume sind es, von denen der Roman gewissermaßen als *Traumtagebuch* erzählt. Jeder Traum bildet ein Kapitel des Romans. So ist in einem Traum die Zeit ein in sich gekrümmter Kreis: Das Leben der Menschen ist von endlosen Wiederholungen bestimmt. In einem anderen Traum fließt die Zeit nicht gleichmäßig,

---

[1] Das Interview wurde gezeigt in der Sendung *Bücherjournal* auf NDR 3 am 28.4.1994. Der Autor des Filmbeitrags war Christoph Bungartz.

[2] Vgl. ebd.

sondern sprunghaft: Die Menschen erleben plötzlich Visionen und Einblicke in ihre Zukunft.[3] Und wie sähe eine Welt aus, träumt Einstein, in der es einzig auf Geschwindigkeit ankommt und in der alles ständig in Bewegung ist? „Häuser und Wohnungen, mit Rädern versehen, schwanken über den Bahnhofsplatz oder rasen durch die Enge der Marktgasse"; jemand, „der bei Sonnenaufgang aus seiner Haustüre kommt, gelangt im Laufschritt auf den Erdboden, rennt dem Bürogebäude nach, in dem er beschäftigt ist." In einer solchen Welt der hohen Geschwindigkeiten ist jeder immerzu damit beschäftigt, Zeit zu gewinnen, schneller zu sein als die anderen, und so träumen diese Menschen denn von nichts anderem als „von Geschwindigkeit, von Jugend, von Aufstieg".[4]

Die Traumwelten, die Lightman in dreißig kleinen Kapiteln erfindet, muten fast surreal an, und doch hat jede ihre eigene Logik. Das Besondere dabei ist Lightmans Blick auf die Zeit: Er macht ihr Wesen fassbar, indem er in einer Vielzahl von Gedankenspielen kleine Welten beschreibt, die unterschiedliche zeitliche Ordnungen besitzen. Aber bei aller Fiktionalität haben alle diese merkwürdigen Welten etwas mit unserem Erleben von Zeit zu tun.

„Ich kenne viele Menschen", so der Autor, „die Zeit so erleben wie in einer dieser Welten. In einem Kapitel träumt Einstein von einer Welt, in der es zwei Sorten Menschen gibt: Die einen sind stets in Eile und tun alles sofort. Die anderen sitzen im Café und haben das Gefühl, dass alles auch morgen erledigt werden kann und dass das Leben ihnen noch vieles bieten wird. So hat jede dieser Traumwelten mit ihrem Zeitgefühl einen realistischen Kern."[5]

Im Alltag – auch in der Schule – denken wir selten über die Zeit wirklich nach. Lightman rückt das Phänomen Zeit in unser Bewusstsein, indem er menschliche Erfahrungen mit Zeit in scheinbar verrückte Geschichten einkleidet, aber bei genauerer Betrachtung merkt der Leser: ver-rückt wird sein Blick auf die Zeit, er haftet nicht mehr an der Oberfläche unreflektierter Wahrnehmungen, sondern dringt tiefer. Ihre besondere Qualität gewinnen Lightmans Traum-Welten jedoch erst durch die Spannung zwischen dem, was der Leser als fantastisch erlebt, nämlich dem Gedankenspiel, und der vollkommen realistischen Auskleidung von Einsteins Vorstellungen. Einsteins Träume haben nichts Märchenhaft-Versponnenes. In ihnen wird nicht fabuliert, sie bilden keine Gegenwelten zu unserer Realität. Im Gegenteil: sie erkunden unsere an Zeit gebundene, der Zeit unterworfene Wirklichkeitserfahrung.

In gewisser Weise ähnelt die Lektüre des Romans dem Betrachten von Bildern. Der Leser wandert wie durch eine Zeit-Galerie, entdeckt auf manchen „Bildern" sein eigenes Zeitgefühl, begegnet der Verfremdung des Vertrauten, stutzt, lässt sich verwirren, betrachtet manches mit verändertem Blick, sieht andere,

---

[3] Es handelt sich um die Träume vom 14. April und vom 22. Mai 1905.
[4] Die Zitate entstammen dem Traum vom 29. Mai 1905 – S. 104, S. 105, S. 107, S. 108.
[5] Vgl. Anmerkung 1.

bisher nicht wahrgenommene Dimensionen von Zeit. Die Bilder, auf die der Blick des (lesenden) Betrachters fällt, zeigen Situationen des menschlichen Alltags, die jeder kennt. Nichts Spektakuläres haftet ihnen an, aber sie vibrieren vor Lebendigkeit, weil die Menschen in Einsteins Träumen nicht über Zeit nachdenken, grübeln oder philosophieren, vielmehr erleben sie die Zeit mit allen ihren Sinnen. So heißt es z. B. in dem Kapitel über den Ort, an dem die Zeit stillsteht:

> „Regentropfen hängen in der Luft. Uhrpendel schweben in halbem Schwung. Hunde heben die Schnauze in stummem Geheul. Erstarrte Fußgänger stehen auf staubigen Straßen, die Beine angewinkelt, wie von Stricken gehalten. Im Raum hängen die Düfte von Datteln, Mangofrüchten, Koriander und Kreuzkümmel."[6]

Damit steht im Zentrum des Romans ein Verständnis von Zeit, das im subjektiven Erleben wurzelt. So öffnet Lightman den Blick des Lesers für das schillernde Wesen der Zeit. Denn Einsteins Träume zeigen, dass die Messbarkeit von Zeit nicht viel sagt über ihr eigentliches Wesen, das sich eher im subjektiven Zugang, in der Präsenz eines wahrnehmenden Bewusstseins offenbart als in objektiven Messungen und Einteilungen.

Der Autor

Alan Lightman wurde 1948 in Memphis/Tennessee geboren. Bereits während der Schulzeit entwickelte er ein ausgeprägtes Interesse an naturwissenschaftlichen wie auch an poetisch-literarischen Themen. Das führte zum einen dazu, dass er ein Physik-Studium in Princeton absolvierte und in den 70er Jahren zunächst in Cornell, später in Harvard als *assistant professor of astronomy* tätig war. Parallel dazu begann er, Gedichte in Literaturzeitschriften zu publizieren. In den 80er Jahren schrieb er darüber hinaus Essays über naturwissenschaftliche und philosophische Fragestellungen, die u. a. im *New Yorker* und in der *New York Times* erschienen sind. Seit 1989 ist Alan Lightman Professor für Astrophysik am *Massachusetts Institute of Technology*. Seine publizistische Tätigkeit in den vergangenen Jahren umfasst Bücher und Zeitschriftenartikel zu wissenschaftlichen Themen, daneben aber auch zahlreiche Erzählungen und Romane, in denen er die Themen, die ihn als Wissenschaftler beschäftigen, aufgreift und literarisch gestaltet.

Einstein's Dreams war sein erstes umfangreiches belletristisches Werk. Der 1993 erschienene Roman *Good Benito* wurde ebenfalls ins Deutsche übersetzt (*Der gute Benito*), ist aber in der deutschen Fassung nicht mehr lieferbar. Von seinen Büchern zu naturwissenschaftlichen Themen liegt die 1992 erschienene Sammlung mit Essays *Time for the Stars* erstmals seit 2000 in deutscher Sprache vor. Sie trägt den Titel *Zeit für die Sterne*.

---

[6] Traum vom 14. Mai 1905, S. 80.

Leseanreize

Viele junge LeserInnen würden von sich aus diesen Roman vielleicht nicht unbedingt lesen. Denn er befriedigt nicht das Bedürfnis, in eine spannende aufregende Romanwelt einzutauchen. Sein Reiz besteht eher darin, dass er zum Nachdenken und zum Gespräch anregt, weil er sehr viel Raum lässt, sich zu dem, was erzählt wird, in Beziehung zu setzen; und weil er eine faszinierende Vorstellungswelt ausgestaltet.

Das Fehlen einer durchgehenden Handlung und die philosophische Dimension sind zwei Besonderheiten des Romans, die es sinnvoll erscheinen lassen, den Roman frühestens in der 11. Klasse einzusetzen, insbesondere im Rahmen einer Unterrichtsreihe zum Thema Zeit. Jugendliche interessieren sich in der Regel sehr für dieses Thema, da sie in vielfältiger Weise gezwungen sind, sich im Alltag damit auseinanderzusetzen und die Erfahrung machen, dass man den Umgang mit Zeit oft erst lernen muss.

Rezeptionshilfen

Zu Beginn der Unterrichtseinheit sollte auf den historischen Hintergrund des Romans kurz hingewiesen werden: Albert Einstein war 23 Jahre alt, als er 1902 eine Stelle am *Eidgenössischen Patentamt für geistiges Eigentum* in Bern annahm. In dieser Zeit entwickelte er die Spezielle Relativitätstheorie, die Bestandteil seiner 1905 entstandenen Arbeit *Elektrodynamik bewegter Körper* war, die er 1907 als Habilitationsschrift einreichte.[7]

Um den SchülerInnen deutlich zu machen, dass die Romanfigur Einstein nicht identisch ist mit dem historischen Einstein, sollte man darauf hinweisen, dass die Rahmensituation des Romans zwar die Lebensdaten Albert Einsteins aufgreift, diese aber nur das *setting* markieren: Bern im Jahr 1905, als der junge Einstein am Patentamt beschäftigt war und die Grundzüge seiner neuen Theorie der Zeit, die Relativitätstheorie, entwickelt hat. Einsteins Träume im Roman und auch seine Handlungen, die in wenigen „Zwischenkapiteln" beschrieben werden, sind nicht nur fiktional, sondern *fiktiv*.

Besonderer Vorbereitung im Unterricht bedarf auch die Erzählweise. Mit einem Roman verbinden Leser – und insbesondere junge – eine Geschichte mit einer möglichst spannenden oder interessanten Handlung, mit Figuren, die in Beziehung zueinander treten und zwischen denen es mitunter zu dramatischen Konflikten kommt. Diese Erwartung wird enttäuscht. Und auf diese Enttäuschung müssen die SchülerInnen vorbereitet werden, indem man deutlich macht, dass Lightmans Roman konventionelle Erwartungen an einen Roman nicht erfüllt. Diese Vorbereitung kann so aussehen, dass die Lehrkraft im Vorwege die Struktur des Romans vorstellt oder dass er einen Traum vorliest und an ihm die Konzeption des Romans illustriert.

---

[7] Eine verständliche Zusammenfassung der Grundgedanken der Speziellen Relativitätstheorie findet sich bei Johannes Wickert: *Einstein*. Reinbek: Rowohlt 1991, S. 42–52.

Zielperspektiven

Oben wurde bereits darauf hingewiesen, dass die erzählerischen Besonderheiten des Romans ihn eher für die Oberstufe geeignet erscheinen lassen, sinnvollerweise im Rahmen einer Unterichtseinheit zum Thema Zeit. Das anzustrebende Ziel wäre in diesem Fall, eine Vorstellung vom Phänomen Zeit in seiner ganzen Rätselhaftigkeit und Komplexität zu vermitteln. Da der Roman Zeit-Erfahrungen darstellt, d. h. Zeit im Spiegel eines wahrnehmenden Bewusstseins zeigt, liegt es nahe, die Wahrnehmung bzw. das Erleben von Zeit ins Zentrum der Unterrichtseinheit zu stellen. Die Beschäftigung mit dem Roman kann dann dazu führen, die jeweils eigene Wahrnehmung von Zeit „anzuschauen", sie abzugrenzen von anderen möglichen Wahrnehmungen, generell ein Bewusstsein für die Zeit auszubilden.

Die hier skizzierten Ziele befinden sich in Übereinstimmung mit dem Hamburger Lehrplan für das Fach **Deutsch,** in dem es heißt: Die SchülerInnen sollen „Literatur als Erweiterung des eigenen Horizonts erfahren". Und insofern, als der Roman dazu einlädt, das eigene Verhältnis zur Zeit zu erforschen, bietet die Auseinandersetzung mit ihm „die Möglichkeit zur Erweiterung des Selbstverständnisses und der Orientierung in der Welt." Bei der Auswahl literarischer Texte sei zu berücksichtigen, dass diese „Schülerinnen und Schülern einen Anreiz bieten, von einem naiven Leseinteresse zu einem erweiterten Textverstehen vorzudringen." Darüber hinaus sollen sich die Texte „durch Vielschichtigkeit und Mehrdeutigkeit auszeichnen." Sie sollen so ausgewählt werden, dass Schüler sie ungekürzt lesen können und dabei durch Inhalt, Sprache und Struktur Widerstände bieten. „Sie sollen Phantasie freisetzen und sprachliche Kreativität fördern." Diese Kriterien erfüllt der Roman und wird insofern auch der Forderung gerecht, dass die für den Unterricht ausgewählten literarischen Texte die „sprachliche und ästhetische Wahrnehmungsfähigkeit" der SchülerInnen erweitern sollen.[8]

Für die Lernenden kann die Arbeit mit Lightmans Roman bedeuten, dass sie ihre eigenen *Wahrnehmungen* und die damit verbundenen *Einstellungen* darstellen und reflektieren. Für *Leseverhalten und literarische Kompetenz* bekommen sie neue Impulse, indem sie sich mit einem literarischen Werk auseinandersetzen müssen, das sich landläufigen Vorstellungen von einem Roman widersetzt. Durch literarisches Schreiben erfahren sie literarisches Handwerkszeug in der Anwendung. Damit werden sowohl die individuellen *Möglichkeiten des Ausdrucks* als auch die *Fähigkeit der Analyse* gefördert.

Der Einsatz des Romans im **Philosophieunterricht** kann auf dem Hintergrund folgender im Lehrplan festgelegter Zielsetzungen begründet werden: „Schülerinnen und Schüler sowie Lehrerin oder Lehrer erkennen philosophische Implikationen in eigenen und fremden nichtphilosophischen Kontexten"; „sie

---

[8] Hamburger Lehrplan Deutsch (gymnasiale Oberstufe), 1989, S. 8.

explizieren im Alltag vorhandene Orientierungen begrifflich genauer und überprüfen sie",[9] so dass sie Hilfe für die eigene Orientierung im Sprechen, Denken
und Handeln gewinnen. Dieses Ziel ergibt sich aus einem der Grundanliegen
dieses Fachs: „Philosophie fragt nach *Normen und Werten".*[10]

Insofern der Roman dazu auffordert sich mit der Frage der Zeit zu befassen,
könnte er vermitteln zwischen einer vorphilosophischen, am eigenen Erleben
der SchülerInnen orientierten Reflexion und „der Verknüpfung mit überliefer-
ten Denkbemühungen bis heute".[11] Ein Nachdenken über die Zeit könnte somit
bedeuten, den eigenen Umgang mit ihr zu reflektieren. Die Beschäftigung mit
dem Roman kann zur kritischen Auseinandersetzung mit einer Lebensweise führen, deren Motor die ungebremste Beschleunigung ist, wie sie zum Ausdruck
kommt im Bedürfnis nach immer schnelleren Informationen, in einem sich ständig steigernden Arbeitstempo und im permanenten Zeitdruck. Die tiefe philosophische Dimension des Themas Zeit betrifft eben nicht nur die Frage nach ihrem
Wesen, sondern berührt immer auch die Frage nach *Werten,* auf deren Grundlage sich tragfähige Lebensentwürfe gestalten lassen.

So kann die Beschäftigung mit Lightmans Roman im Philosophieunterricht nicht
nur zu einem genaueren *Verständnis* des Phänomens Zeit verhelfen, sondern ermöglicht auch eine problemorientierte *Reflexion* eigener Erfahrungen und Ge-
wohnheiten. Die Erörterung unterschiedlicher Wahrnehmungen und Einstellungen führt zu tieferen *Einsichten* in die Bedingungen menschlichen Denkens und
Handelns.

Verfahren, Tätigkeiten, Medien

Im Literaturunterricht lassen sich die oben skizzierten Zielsetzungen folgendermaßen konkretisieren. Da der Roman aufgrund seiner besonderen Erzählweise
zum „literarischen Phantasieren" inspiriert und den Dialog mit dem Leser geradezu herausfordert, liegt es nahe, ihn vermittels produktionsorientierter
Schreibaufgaben zu erschließen.

Im Sinne einer *Einstimmung auf den Roman* könnten bereits vor der eigentlichen Textlektüre Schreibaufträge folgender Art gestellt werden (vgl. auch Gross
1999):

- Stellen Sie sich vor, der Zeitpunkt des Weltuntergangs sei allgemein bekannt.
  Wie wirkt sich dies Wissen auf das Handeln der Menschen aus?

- Stellen Sie sich vor: Sie leben in einer Welt ohne Zukunft. Wie denken und
  handeln Sie?

- Stellen Sie sich vor: Sie leben in einer Welt, in der Ungleichzeitiges gleichzeitig
  existiert, z. B. ein mittelalterlicher Stadtteil und ein moderner.

---

[9] Hamburger Lehrplan Philosophie (gymnasiale Oberstufe), 1990, S. 4
[10] Ebd. S. 9
[11] Ebd. S. 5

Der *Austausch* über die danach entstandenen Texte der SchülerInnen bildet eine erste Annäherung an den Roman. Diese Texte können als Vorform weiterer Kapitel des Romans angesehen werden, die von den Lernenden im Laufe der Unterrichtseinheit zu schreiben wären. Allerdings sollten diese Schreibversuche gut vorbereitet werden, indem zunächst zumindest ein Kapitel zunächst gemeinsam gelesen und dann im Hinblick auf die Besonderheiten der Erzählweise näher untersucht wird. Für eine konzentrierte Untersuchung der Darstellungsweise eignet sich z. B. der Traum, der von der „klebrigen Beschaffenheit" der Zeit handelt: von der Neigung der Menschen, Zeit festhalten zu wollen, einer vergangenen Lebensphase innerlich verhaftet zu bleiben.[12] Dieser Traum führt dem Leser unmittelbar den Realitätsgehalt der von Lightman beschriebenen Welt vor Augen, gleichzeitig fasziniert die verfremdende Beschreibung eines vertrauten Phänomens so sehr, dass die SchülerInnen genügend motiviert sind, um die Erzählweise des Autors zu analysieren. Denkbar wären Arbeitsaufträge wie „Bestimmen Sie Standort und Funktion des Erzählers" oder „Untersuchen Sie seinen Umgang mit der Zeit und seine Präsentation des Themas".

Entscheidend für die Struktur des Textes ist die Konzentration auf einen Augenblick, der gezeigt wird, als würden mehrere Filmkameras gleichzeitig an verschiedenen Orten ein Geschehen festhalten. Die Zeitebene, auf der sich der Erzähler bewegt, ist immer wieder von neuem das Jetzt, der gegenwärtige Moment, den er beobachtend erlebt. Im vermittelnden Blick des Erzählers werden die gleichzeitig stattfindenden Abläufe miteinander verbunden. So wird mit jeder Momentaufnahme ein bestimmter Aspekt des Zeiterlebens beleuchtet. Eine weitere Besonderheit der Erzählweise ist der Wechsel von anschaulichen Beschreibungen konkreter Alltagssituationen und eher reflektierenden Kommentaren, in denen sich der Erzähler deutlicher bemerkbar macht.

Im Anschluss an diesen eher *analysierenden Einstieg* in den Roman können nun *Schreibaufgaben* gegeben werden, in denen die Schüler-Innen in bewusster Nachahmung des Autors Situationen imaginieren, in denen sie ihre Erfahrungen mit der Zeit oder ihre Vorstellungen von ihr gestalten. Dabei könnte es z. B. um den Unterschied zwischen „gemachter" Zeiteinteilung durch Uhren, Kalender etc. einerseits und Zeitempfinden andererseits gehen. Ausgangspunkt wäre in diesem Fall der Traum, in dem unterschieden wird zwischen der „Körperzeit" und der „mechanischen Zeit". Die Lehrkraft gibt folgende Sätze aus diesem Traum vor: „Viele sind überzeugt, dass es die mechanische Zeit nicht gibt. Wenn sie an der riesigen Uhr in der Kramgasse vorbeikommen, sehen sie sie nicht, und sie hören auch nicht ihre Glocken, während sie in der Postgasse Pakete aufgeben oder zwischen den Blumen im Rosengarten umherschlendern". – „Und dann gibt es jene, die meinen ihr Körper existiere nicht. Sie leben nach der mechanischen Zeit. Morgens um sieben Uhr stehen sie auf. Um zwölf nehmen sie ihr

---

[12] Traum vom 10. Mai 1905, S. 69 ff.

Mittagessen, um sechs ihr Abendessen ein."[13] Der sich anschließende Arbeitsauftrag könnte lauten: Setzen Sie dieses Kapitel fort. Versetzen Sie sich in einen
Menschen, für den die eine oder die andere Zeit gilt. Beschreiben Sie das innere
und das äußere Erleben dieses Menschen in einer bestimmten Situation.

In der anschließenden Unterrichtssequenz sollten die SchreiberInnen die Möglichkeit haben, ihre Ideen miteinander zu vergleichen und über die Gestaltung
ihrer Texte zu sprechen. In ähnlicher Weise kann nun mit anderen Träumen gearbeitet werden. Dabei sollten Aspekte aufgegriffen werden, die im Unterricht zur
Sprache kommen – Zukunftsängste etwa, das innere Umgehen mit der eigenen
Vergänglichkeit oder die Fixierung auf Jugendlichkeit. Zu diesen und vielen anderen Aspekten bietet der Roman Denkanstöße und Schreibanregungen.

Abgesehen von dem so entstehenden Bewusstsein für das eigene Verhältnis zur
Zeit wird auf diese Weise erfahrbar, was literarisches Schreiben heißt: Arbeiten
mit Vorstellungen, Phantasien und Erinnerungen, Handhabung von Gestal-
tungsmitteln, bewusstes Umgehen mit Sprache.[14]

Ein grundsätzlich anderer Ansatzpunkt für die Besprechung des Romans im
Deutschunterricht ist seine besondere Form, etwa im Rahmen einer Unterrichtsreihe mit dem Schwerpunkt *Formen des Romans*. Denn *Einstein's Dreams*, vom
Autor selbst zwar als Roman bezeichnet, illustriert gerade die Schwierigkeit, die
eine Klassifizierung des Romans bereiten kann. Ein Vergleich mit anderen Romanen zeigt, dass in der personalen Struktur von *Einstein's Dreams* das Roman-
hafte an dem Buch liegt. Die Erarbeitung dieses Strukturelements ist zu verknüpfen mit dem inhaltlichen Verständnis des Romans: Das, wovon der Text erzählt, muss verstanden werden als Ausdruck eines Traumbewusstseins, vergleichbar mit der literarischen Darstellung von Bewusstseinsvorgängen, sei es
denen der Erinnerung oder denen der Erwartung. Im Falle von Einsteins Träumen könnte man sagen, dass die Bewusstseinsvorgänge des Naturwissenschaft-
lers in Traumvorgänge umgeschlagen sind.[15]

Im Zentrum des *Philosophieunterrichts* stehen in der Regel Reflexionsprozesse.
Der *Einstieg* in eine Unterrichtseinheit zum Thema Zeit mit dem Ziel kritischer
Reflexion ist möglich über die Frage: Welche Situationen in Ihrem Alltag führen
dazu, dass Zeit für Sie zum Problem wird?

In einem solchen Gespräch wird es um die *Darstellung unterschiedlicher Erfahrungen* mit der Zeit gehen. Aspekte wie die folgenden könnten dabei zur Sprache kommen: Wie entsteht Zeitdruck? Wie gehe ich damit um? Wie fühle ich
mich, wenn ich unter Zeitdruck stehe? Wodurch entsteht der Eindruck von Zeit-
knappheit?

---

[13] Traum vom 24. April 1905, S. 30 und S. 31.

[14] Die Darstellung der Gedanken zur Vorbereitung der Schreibaufgaben und zu den Aufgaben selbst
entstammt zum Teil der Beschreibung eines von mir vorgestellten Unterrichtsmodells zum Thema
Zeit in *PD* 154 (1999).

[15] Ein Roman zum Thema Zeit, der sich in besonderem Maße eignet, um im Unterricht behandelt zu
werden, ist der Roman *Der Plan von der Abschaffung des Dunkels* von Peter Hoeg. Er ist als Taschenbuch erhältlich (Rowohlt 1998).

Im Anschluss könnte nun der Romantext herangezogen werden. Zunächst stellt der Lehrende den Roman vor und erläutert insbesondere seinen Aufbau. Anschließend lesen die SchülerInnen den Traum vom 29. Mai 1905 und bearbeiten schriftlich die Aufgabe: Welche Bedeutung hat Geschwindigkeit in Einsteins Traum?

In Einsteins Traum hat Schnelligkeit einen hohen Wert. Die sich in ständiger Bewegung befindenden Häuser und Gebäude wirken wie eine Potenzierung der unablässig rennenden Menschen. Einzig auf Geschwindigkeit kommt es an; Muße, Ruhe zählen (für die meisten) nicht. Der hohe Wert der Geschwindigkeit kommt auch darin zum Ausdruck, dass beim Verkauf von Häusern nicht nur Fläche und Zuschnitt eine Rolle spielen, sondern auch die Geschwindigkeit, mit der sie sich bewegen.

Auf diese Weise lässt sich ein Unterrichtsgespräch vorbereiten, das mitten hinein führt in eine Erörterung der herrschenden „Geschwindigkeitsregeln" und ihrer Korrespondenz mit bestimmten Werten. Damit die Lernenden die Traumbilder auf ihr eigenes Leben beziehen, kann man zusätzlich einen Impuls geben: Angenommen, Sie lebten in dieser Welt: Würden Sie eher zu denjenigen Menschen zählen, die nachts von „Geschwindigkeit, Jugend und Aufstieg" träumen, oder zu denjenigen, die nicht mehr wissen wollen, „wie schnell sie selbst und wie schnell ihre Nachbarn und Konkurrenten sich bewegen"?

Darüber hinaus lässt sich die folgende ironische Selbstdarstellung eines „Speed Freaks" nutzen um – aus der Perspektive eines solchen „Freaks" – *Gegentexte* anzuregen:

„Speed Freaks im Anfängerstadium mögen sich vielleicht über langsame Internetverbindungen aufregen oder über Menschen, die zu ausschweifend erzählen. Über diese Phase sind wir, die wahren Speed Freaks, längst hinweg. Uns setzen bereits flackernde Neonröhren zu, die das Betreten von Kellern oder fremden Badezimmern um wenige Sekunden verzögern. Oder die Zeit, die Polaroidfotos benötigen, um sich von schwarzen Quadraten endlich in Partyfotos zu verwandeln. Welcher Lügner hat bloß das Wort Sofortbildkamera erfunden?, fragen wir uns. Durch Schütteln oder den Einsatz mehrerer Haarföns gleichzeitig versuchen wir den chemischen Entwicklungsprozess zu beschleunigen – um endlich sehen zu können, wie Maria der Weißwein aus der Nase kommt, oder wie Lars mitsamt der Stehlampe zu Boden geht." (Christoph Koch, *SZ* vom 3.12.2000)[16]

Die vorgeschlagenen Aufgaben zwingen die Lernenden dazu, sich mit bestimmten Aspekten der eigenen Lebenswirklichkeit direkt und konkret auseinander zu setzen. Auf diese Weise rücken sie näher an die *Fragen* heran, die ein

---

[16] Folgende Texte aus dem philosophischen Arbeitsbuch von Norbert Tholen bieten die Möglichkeit, diese Fragen vertiefend zu behandeln: Christoph Koch, Generation Accelaration, in: *Süddeutsche Zeitung*. Jetzt. (Beilage) vom 4.12.2000; Staffan B. Lindner: Warum wir keine Zeit mehr haben (ebd., S. 40–45); Niklas Luhmann: Die Knappheit der Zeit und die Vordringlichkeit des Befristeten (ebd., S. 52–59). Interessante Texte zu diesen Fragen finden sich auch in *Du. Die* Zeitschrift der Kultur, Heft Nr. 10; *Die Zeit*, Oktober 1997.

„Anschauen" des Geschwindigkeitswahns aufwirft und die im Mittelpunkt der nächsten Unterrichtssequenz stehen sollten:

- Warum sind wir von der Beschleunigung des Lebens so fasziniert?
- Mit welchen Werten kollidiert eine Lebensweise, für die Tempo eine so große Bedeutung hat?
- Wie kommt es überhaupt dazu, dass in unserer Wahrnehmung Zeit immer knapper wird?[17]

Für die Auseinandersetzung mit diesen Fragen bietet der Romantext zahlreiche Impulse. So hängt z. B. ein anderer Traum Einsteins eng mit demjenigen von den „schnellen Häusern" zusammen. Hier träumt Einstein von einer Welt, in der alle Menschen in den Bergen leben. „Irgendwann in der Vergangenheit haben Wissenschaftler entdeckt, dass die Zeit langsamer fließt, je weiter man vom Erdmittelpunkt entfernt ist." Also zogen die Menschen, um möglichst lange jung zu bleiben, in die Berge. Je höher hinauf, desto besser. Höhe wird zum Statussymbol. Im Laufe der Zeit vergessen sie zwar, warum höher als besser gilt, aber die Gewohnheit lässt sie die Kälte der Berge und die dünne Luft ertragen. „Schließlich sind die meisten so dünn geworden wie die Luft, knochig und vorzeitig alt." (S. 18)

Folgende Aufgabe kann ein Gespräch über diesen Traum initiieren: „In diesem Traum werden die Menschen, die der Sucht nach „Höhe" nicht verfallen sind, als *verwegen* bezeichnet. Nehmen Sie Stellung." Damit wäre ein Ansatzpunkt geschaffen, um über den unsere Zeit bestimmenden Jugendkult nachzudenken und zu erkennen, dass die Verabsolutierung jugendlicher Werte auf einen starren Zeitbegriff verweist, der versucht, Prozesse des Alterns und Sterbens auszuklammern. Einsteins Traum entlarvt den illusionären Charakter dieser Vorstellung. Er zeigt, dass Einstellungen zur Zeit „gemacht" werden und dass Menschen für ein fremdbestimmtes Umgehen mit Zeit empfänglich sind, wenn sie den Bezug zu ihrem eigenen Erleben von Zeit verloren haben und deshalb eine Orientierung von außen brauchen. Ausgehend von diesem Traum ließe sich zeigen, dass Zeitbegriffe gesellschaftliche Werte spiegeln – Zusammenhänge, die es zu durchschauen gilt, will man Herr über seine eigene Zeit sein und nicht Opfer subtiler Lenkungen und Suggestionen durch die von den Medien offerierten Bilder, Symbole und Leitfiguren.

Folgende Medien wurden benutzt:

Johannes Wickert: *Einstein*. Bildmonographie, Reinbek: Rowohlt 1991.

Norddeutscher Rundfunk: *Bücherjournal* vom 28.4.1994

Norbert Tholen: *In der Zeit – Über die Zeit – Mit der Zeit. Ein philosophisches Arbeitsbuch*. Frankfurt: Diesterweg 1997.

Süddeutsche Zeitung. Jetzt (Beilage) vom 4.12.2000.

---

[17] Traum vom 26. April 1905, S. 34 ff.

MATTHIS KEPSER

Und Nietzsche weinte[1] von Irvin D. Yalom im Deutsch- und Psychologieunterricht der Sekundarstufe II

Das Buch

When Nietzsche Wept heißt I. D. Yaloms Roman im amerikanischen Original (1992). Ins Deutsche übertragen hat ihn Uda Strätling; er lag 1996 in 9. Auflage vor. Die Taschenbuchausgabe (München: btb) kostet derzeit 18.– DM.

Der Roman erzählt von einer fiktiven Begegnung zwischen dem Wiener Arzt Josef Breuer und dem Philosophen Friedrich Nietzsche, während derer beide die Grundlagen der Psychoanalyse erarbeiten.

Venedig 1882. Der bekannte Wiener „Diagnostiker" Doktor Josef Breuer[2] macht Urlaub mit seiner Familie, als ihn ein geheimnisvolles Billett zu einem Treffen mit einer schönen jungen Russin lockt. Lou Salomé[3] trägt ein ganz besonderes Anliegen vor: Ein Freund von ihr, der weithin unbekannte Philosophieprofessor Friedrich Nietzsche,[4] leide unter entsetzlichen Kopfschmerzen, Übelkeit und Magenbeschwerden. Das Ausmaß seiner Verzweiflung sei so groß, dass er unverhüllt von Selbstmord spreche. Nun habe sie von einer neuartigen „Redekur" gehört, die er, Josef Breuer, gegen seelische Beschwerden entwickelt habe. Leider wäre ihr Freund jedoch ein sehr schwieriger Patient, dessen Stolz es verhindere seine Hilfsbedürftigkeit anzuerkennen. Man müsse also ein verdecktes Behandlungsverfahren finden, das Nietzsches Verzweiflung beseitige.

Breuer lehnt zunächst eine solche Therapie ab, zumal die „Redekur" nur eine Experiment gewesen sei. Aber Lou Salomé lässt nicht locker. Vier Wochen später besucht sie den Diagnostiker in seiner Wiener Ordination und berichtet Näheres von ihrem Verhältnis zu Nietzsche. Der wesentlich ältere Philosoph habe sich unglücklich in die schöne Russin verliebt; obendrein habe sich Nietzsches intrigante Schwester Elisabeth eingemischt, so dass das Klima zwischen ihr und Nietzsche mittlerweile vollkommen vergiftet sei. Die ganze Angelegenheit müsse streng geheim gehalten werden, denn Nietzsche wittere überall Verrat. Tatsächlich gelingt es Lou Salomé unter verdeckter Vermittlung eines mit Nietzsche befreundeten Professors, den kranken Philosophen zu einem Besuch bei Breuer zu überreden. Nietzsche erweist sich in jeder Hinsicht als kooperativ, soweit es um seine körperlichen Beschwerden geht. Hier kommt Breuer auch schnell zu einer

---

[1] Für die kritische Durchsicht des Manuskripts und wertvolle Hinweise danke ich Dr. Elisabeth Angenvoort-Reiß (Nietzsche-Fachfrau, Regensburg), Dr. Bernd Fallert (Verhaltenstherapeut, Reutlingen) und Dr. Manfred Schmidt (Lehranalytiker, Köln).

[2] Josef Breuer (1842–1925), authentische Figur.

[3] Eigentlich Lou Andreas-Salomé (1861–1937), authentische Figur.

[4] Friedrich Nietzsche (1844–1900).

klaren Diagnose: Migräne. Mit einer Mauer umgibt Nietzsche aber seine seelischen Nöte. Breuers Angebot, Nietzsche kostenlos in einer Privatklinik zu behandeln, wird barsch zurückgewiesen. Nietzsche fürchtet die angebotene Hilfe,
da sie doch nur Breuers Macht stärke, ihn aber in seinem eigenen Selbstbewusstsein schwäche. Nur ein erneuter, fürchterlicher Migräneanfall verhindert die so-
fortige Abreise des Philosophen. In dieser Situation bietet ihm Breuer eine Behandlung auf Gegenseitigkeit an: Er werde sich bei einem Klinikaufenthalt ausschließlich auf Nietzsches körperliche Symptomatik konzentrieren. Umgekehrt
müsse sich ihm Nietzsche als Arzt des Geistes und der Seele zur Verfügung stellen, denn auch er, Breuer, leide unter Verzweiflung. Besessen vom Gedanken an
den Verfall und das Alter, verstrickt in erotische Phantasien, die um eine ehemalige Patientin kreisen, entfremdet von seiner Familie, denke auch er gelegentlich
an Selbstmord.

Nietzsche, der sich zunächst gegen eine praktische Nutzanwendung seiner Philosophie sträubt, willigt ein und bezieht inkognito ein Zimmer in der Lauzon-Kli-
nik. Breuer bespricht unterdessen das weitere Vorgehen mit dem jungen Arzt
Sigmund Freud, der mit der Familie Breuer freundschaftlich verbunden ist. Sie
planen, Nietzsche herauszulocken, indem sich Breuer ihm anvertraut, um später
umgekehrt Nietzsche zu ermutigen sich Breuer anzuvertrauen.

Überzeugt davon, dass nur rückhaltlose Offenheit zum Erfolg des Behandlungs-
plans führen kann, erzählt Breuer seinem Patienten-Berater ausführlich von seiner Begegnung mit der 21jährigen Bertha Pappenheim alias Anna O. Die „er-
greifend schöne" Patientin begann unter Hypnose Geschichten zu erzählen, die
mit ihren Krankheitssymptomen in enger Verbindung zu stehen schienen, was in
der Folge die Symptome zum Verschwinden brachte. Breuers Interesse an Bertha war aber nicht nur beruflicher Art: Er verliebte sich in seine Patientin. Die er-
folgversprechende neuartige Therapie fand ein jähes Ende, als Bertha plötzlich
behauptete von Breuer ein Kind zu erwarten. Auf Drängen seiner Frau delegier-
te Breuer die weitere Behandlung an einen Kollegen, worauf die Symptome wieder in Erscheinung traten. Selbstvorwürfe, ein schlechtes Gewissen gegenüber
seiner Frau und erotische Träume fesselten seitdem Breuers Bewusstsein.

Nietzsche beginnt seine Beratung mit philosophischen Gesprächen über den
Willen zur Macht, die Selbstverantwortung jedes Einzelnen sowie das Verhältnis
von Mann und Frau. Zwar kommen sich beide Männer dabei näher – der distanzierte Nietzsche geht sogar zum persönlichen Du über. Breuer jedoch sehnt sich
nach persönlicher Unterstützung und nicht nach gelehrter Unterweisung. Immer
stärker wird sein Verlangen nach Veränderung seiner Situation, ohne dass er sich
dazu in der Lage fühlt.

Nietzsche reagiert zunächst mit einer Verfeinerung der Methode, die Breuer bei
der Behandlung von Bertha entwickelt hatte, dem „chimney-sweeping". Doch
Breuers Assoziationen werden für Nietzsche nur zu einer neuen Bestätigung

seiner philosophischen Theorien. Breuer wehrt sich mit aller Macht, seine obsessiven Gedanken an Bertha aufzugeben. Nietzsche entwickelt daraufhin einen „psychologischen Feldzug", um Breuers Geist zu befreien. Aber keine der Maßnahmen, an die Nietzsche freilich selbst kaum glaubt (und die unschwer als verhaltenstherapeutische Standardtechniken zu identifizieren sind), führt zum Erfolg. Die Beratung steckt in der Krise, zumal es auch Breuer nicht gelingt, den Philosophen dazu zu bringen sich ihm gegenüber zu öffnen.

Einen Durchbruch erringen beide, als sie sich darauf einigen, nicht die Symptome beseitigen zu wollen, sondern der tieferen Bedeutung nachzugehen, die die Symptome haben. So zeigt sich bei der konsequenten und nun von Nietzsche nicht mehr philosophisch kommentierten Anwendung des „chimney-sweeping": Die Aussicht auf ein Leben mit Bertha ist für Breuer eine Möglichkeit, dem wenig leidenschaftlichen, gleichförmigen, ja trostlosen Leben zu entkommen, das er im Moment führt – ein Gedanke, der ihm unwillkürlich Tränen in die Augen treibt. Seinen Höhepunkt erreicht der Beratungsprozess bei einem Spaziergang der beiden Männer auf einem Friedhof und in der Simmeringer Heide. Bertha ist nicht nur der Vorname von Breuers Patientin, sondern auch der seiner früh verstorbenen Mutter und der seiner ältesten Tochter, was Nietzsche veranlasst, auf die Macht des Unbewussten hinzuweisen. Breuers Obsession gelte nicht dem konkreten Menschen Bertha, sie gelte unerfüllten Sehnsüchten und bedrängenden Ängsten. Als zentrale Angst, die sich auch in Breuers Träumen niederschlägt, macht Nietzsche die Angst vor dem Tod ohne die tröstenden Hoffnungen der Religion aus. Er entwickelt vor Breuer einen weiteren Kerngedanken seiner Philosophie, die „Lehre" von der ewigen Wiederkehr des Gleichen als Prüfstein für die eigene Lebensgestaltung. Entsetzt weicht Breuer bei dem Gedanken zurück, sein Leben könne sich so, wie es ist, *ad infinitum* wiederholen. Und Nietzsche gibt Breuer zu bedenken: „Besser, Sie brechen die Ehe, als dass die Ehe Sie bricht".

Tatsächlich scheint Breuer Nietzsches Rat zu befolgen, denn im folgenden Kapitel trennt er sich von Frau, Familie und Beruf um sich selbst zu finden. Seine Reise führt ihn zunächst in die Schweiz, wo er das Sanatorium besucht, in dem Bertha jetzt untergebracht ist. Aber das Wiedersehen wird zu einer großen Enttäuschung: Breuer beobachtet seine ehemalige Patientin von einem Fenster des Sanatoriums aus und muss feststellen, dass sie sich gegenüber ihrem neuen Arzt genauso verhält wie ihm gegenüber. Er ist als Arzt (und Mann) austauschbar, ersetzbar. Mit dieser Erkenntnis verliert die Obsession ihre Gewalt, er spürt auf einmal Gleichgültigkeit. Erschüttert von einem unendlichen Einsamkeitsgefühl erwägt Breuer, seinen Schritt rückgängig zu machen, setzt dann aber doch seine Reise fort und fährt zum Ausgangsort des Romans, nach Venedig. Als er sich bei einem Barbier den Bart abnehmen lässt, erblickt er im Spiegel das deprimierte, eingefallene Gesicht eines alten Mannes. Plötzlich ergreift ihn ein Schwindelgefühl; er schlägt die Augen auf und blickt in das Gesicht Sigmund Freuds: Alles Vorige erweist sich als Gedankenexperiment unter Hypnose, zu dem Freud Breuer assistiert hat. Nach dem in der Trance Erlebten ist Breuer bereit sein Schicksal selbst anzunehmen. Das Verhältnis zu seiner Frau und seiner Familie bessert sich schlagartig, die Bertha-Obsession bleibt verschwunden.

Breuer berichtet Nietzsche von seiner „Genesung", was den verschlossenen Philosophen endlich dazu bringt, seinerseits von seiner Obsession zu Lou Salomé zu erzählen. Nietzsche fühlt sich durch Breuers Offenheit beschämt. Das ist der Augenblick, in dem Breuer die ganze Wahrheit aufdeckt. Er berichtet von Lou Salomé und ihrem Anliegen, den Philosophen heimlich zu kurieren, was bei Nietzsche sofort eine Migräne-Attacke auslöst. Als Breuer die genauen Umstände und Details seiner Begegnung mit Lou Salomé mitteilt, muss Nietzsche erkennen, wie wenig besonders sein eigenes Erlebnis mit der schönen Russin war. Verlust und Trauer überwältigen ihn, angestaute Emotionen entladen sich in einem befreienden Tränenstrom. Trotz der mächtigen freundschaftlichen Gefühle, die Nietzsche mit Breuer in diesem Moment teilt, lehnt der Philosoph das Angebot ab, seinen Platz in der Familie Breuer einzunehmen. Ihm ist ein anderer Weg vorgezeichnet, den er anzunehmen hat: *Amor fati* – liebe dein Schicksal!

Die Geschichte wird im Wesentlichen streng chronologisch aus der Perspektive Breuers mit wechselnder Innen- und Außensicht erzählt.[5] Vorherrschendes Stilmittel ist der wortmächtige Dialog, in dem die beiden Geistesgrößen Nietzsche und Breuer ihre Gedanken entwickeln und ihr Leben einer kritischen Betrachtung unterziehen. Ergänzend treten sowohl fiktive als auch historisch belegte Tagebuchaufzeichnung und Briefe hinzu. Sie geben einerseits Einblick in Nietzsches Leben und Gedankenwelt, andererseits dienen sie als Kommentare zum Geschehen. Trotz der Dialoglastigkeit und der relativen Handlungsarmut bleibt das Buch spannend. Im illustrierten Anhang erläutert der Autor die historischen Grundlagen des Romans, der sich als gelungene Mischung von Fiktion und Wirklichkeit erweist. Von einem Zusammentreffen Nietzsche / Breuer / Salomé weiß die Historie nichts, obwohl eine solche Begegnung geografisch wie zeitlich denkbar gewesen wäre. Warum hier die Überlieferung schweigt, wird im Roman sehr geschickt begründet (Lücke in der Biografie Nietzsches, Geheimhaltungsauftrag Lou Salomés, Nietzsches Stolz, verlorengegangene Briefe). Auch entwickeln Breuer und Nietzsche die theoretischen wie praktischen Grundlagen der Psychoanalyse auf einem Niveau, das erst Breuers Schüler Sigmund Freud erreichen sollte. Auf Tatsachen beruhen aber das komplizierte Verhältnis zwischen der jungen Lou Salomé und Friedrich Nietzsche, die Freundschaft zwischen Sigmund Freud und Josef Breuer sowie die vielleicht nicht nur professionelle Beziehung zwischen Breuer und Bertha Pappenheim. Lou Salomé als Verbindungsglied zwischen Nietzsche und der Psychoanalyse einzuführen, ist ein naheliegender

---

[5] Eine Ausnahme ist etwa S. 285, wo ein auktorialer Erzähler durchschimmert.

Gedanke, da sie später selbst Schülerin Freuds und Psychoanalytikerin wurde. Auch ist die geistige Verwandtschaft zwischen der Psychoanalyse und der Philosophie Nietzsches, wie sie der Roman aufzeigt, nicht von der Hand zu weisen. Sigmund Freud gehörte zu den wenigen, die Nietzsche schon früh rezipierten (vgl. Figl 1996; Gasser 1997), und die Forschung ist sich einig, dass zentrale Konzepte wie etwa das des Unbewussten bei Nietzsche bereits vorgedacht waren (vgl. Mertens 1997, S. 64).

Einflüsse Nietzsches und der Psychoanalyse auf die Literatur sind hinlänglich bekannt. Fiktionale Bücher, die Geschichte, Theorie und Praxis der Psychoanalyse zu einem zentralen Thema machen, gibt es nicht sehr viele. Ein unterhaltsamer und empfehlenswerter Kriminalroman, der Einblicke in die Ausbildung und Tätigkeit der Psychoanalytiker gewährt, ist *Denn am Sabbat sollst du ruhen* der israelischen Autorin Batya Gur (1996). Dem Leben Lou Salomés geht Marianne Wintersteiner in ihrem Buch *Lou von Salomé. Ein biographischer Roman* (1996) nach. Nietzsches Leben und Werk hat neuerdings Otto A. Böhmer (*Der Hammer des Herrn*, 2000) fiktional verarbeitet.

Der Autor

Irvin D. Yalom, geb. 1934, ist psychoanalytisch ausgebildeter Psychiater und lehrte bis zu seiner Pensionierung an der Universität Stanford. An die wissenschaftliche Öffentlichkeit ist Yalom mit Veröffentlichungen zur Theorie und Praxis der Gruppenpsychotherapie sowie 1980 mit dem Buch *Existential Psychotherapy* (dt. *Existentielle Psychotherapie*, 1989) getreten. Unter Rekurs auf Nietzsche, Heidegger und andere entwickelt er darin die Psychoanalyse weiter. Dabei geht es ihm hauptsächlich um die Macht des Todes und die Abwehrmechanismen, die Menschen im Hinblick auf den Tod entwickeln. Sein erster Roman *Und Nietzsche weinte* trägt deutliche Züge seiner Theorie. Das Buch wurde ein ungeheurer Erfolg in den USA wie im Ausland, wenn auch die Kritik gelegentlich Yaloms Nietzsche-Bild in Zweifel zog. Es folgte der Roman *Die rote Couch* (Orig. 1996, dt. 1998), der im heutigen psychoanalytischen Milieu spielt, *Die Liebe und ihr Henker* (Orig. 1989, dt. 1999), eine Sammlung von zehn fiktiven Fallgeschichten (einschließlich einer Einführung in seine Existentielle Psychotherapie) sowie 2000 die Anthologie *Die Reise mit Paula* (Orig. 1999).

Leseanreize

Unter dem Gesichtspunkt der Identifikation scheint sich das Buch eher an Erwachsene im mittleren Lebensalter zu richten. Der 40jährige Josef Breuer erlebt eine Phase, die man modern als *midlife crisis* beschreiben würde. Rezensionen im Internet verweisen dagegen auch auf ein deutlich jüngeres Publikum, das sich durch den Roman angesprochen fühlt. Man kann sich das auf zweierlei Weise erklären: Seelische Erschütterungen, die viele Jugendliche erleben, und Lebenskrisen älterer Menschen scheinen durchaus verwandte Seiten zu besitzen. Das *tertium comparationis* liegt wohl darin, dass in beiden Entwicklungsabschnitten das bisher gelebte Leben überprüft und in Frage gestellt wird. Vielleicht wird ein Roman, dessen Protagonist nicht zu einer unmittelbaren Identifikation einlädt, akzeptiert, weil die Problemlage in der Distanz weniger konfliktbehaftet scheint. Man bedenke, dass ein Klassiker der nicht-intentionalen Jugendliteratur, Hermann Hesses *Steppenwolf* (1927), einen 50jährigen zum Protagonisten hat. Wie Breuer und Nietzsche steckt auch Harry Haller in einer existentiellen Krise und denkt an Selbstmord. Gemeinsam ist beiden Romanen nicht zufällig die Botschaft *Gnoti seauton* („Erkenne Dich selbst"), denn Hesses Roman wurde ebenfalls von der Psychoanalyse (wenngleich C. G. Jungscher Richtung) inspiriert. Hervorzuheben ist, dass *Und Nietzsche weinte* eine Lösung der Krise anbietet, die man als gelungenen Entwicklungsschritt vom Jugendalter ins Erwachsenendasein ansehen kann. Auf das radikale Infragestellen folgt bei dem Protagonisten Breuer nicht der Bruch mit der eigenen Herkunft, sondern die modifizierte Annahme. Diesem 'normalen' Entwicklungsgang wird in der Person Nietzsches aber auch ein abweichender Lebensplan entgegengesetzt, ohne dass dieser verurteilt wird: Aus innerer Notwendigkeit heraus kann der Philosoph nicht dem bürgerlichen Weg folgen. Auch Lou Salomé wird als junge Frau vorgestellt, die mit den gesellschaftlichen Konventionen ihrer Zeit bricht. Selbstbewusst, selbstständig, bildungshungrig und ihrer weiblichen Attraktivität gewiss ist sie eine Gegenfigur zur Hysterikerin Bertha Pappenheim – und eine positive Identifikationsfigur für junge Leserinnen. Man kann die weibliche Hysterie als Reaktion der Frauen deuten, die unter überkommenen Rollenerwartungen zu Beginn der Moderne leiden, aber keine Möglichkeit sehen, dagegen zu opponieren. Die selbstzerstörerische Rebellion findet nach innen gewandt seelisch und körperlich statt. „Amor fati", der Wahlspruch, mit dem sich Nietzsche am Schluss von Breuer verabschiedet, ist daher keineswegs als konservative Mahnung zu verstehen, dem von Familie und Gesellschaft vorgezeichneten Lebensweg vorbehaltlos zu folgen. Vielmehr steht dem „Amor fati" Nietzsches Aufforderung „Werde, der du bist!" gleichberechtigt zur Seite.

Reizvoll für Jugendliche ist darüber hinaus die unterhaltsame Begegnung mit der Philosophie Nietzsches – v. a. *Menschliches, Allzumenschliches* (1878/79) und *Die fröhliche Wissenschaft* (1882) – und der Psychoanalyse. Letztere stellt der Roman nicht nur in ihren theoretischen Grundlagen vor, wie das im Schulunterricht gelegentlich getan wird, sondern er gibt auch Einblick in die psychoanalytische Behandlungspraxis, was Schülerinnen und Schüler erfahrungsgemäß besonders interessiert. Nebenbei vermittelt Yalom etwas von der geistigen Atmosphäre des *Fin de Siecle*, die durch eine allseitige Verbindung von Schriftstellern, Musikern, Philosophen und Wissenschaftlern geprägt ist. Erwähnt werden neben den historischen Handlungsträgern Breuer, Freud, Nietzsche und Lou Salomé auch der mit Nietzsche eine lange Zeit befreundete Richard Wagner

(S. 11 f., 415), die in Wien tätigen Komponisten Johannes Brahms, Anton Bruckner (S. 25), Gustav Mahler (der später von Freud behandelt worden ist) und Hugo Wolf (S. 26), die Wiener Schriftsteller Theodor Herzl (S. 26) und der „zügellose" Arthur Schnitzler (S. 26, 223), die Frauenrechtlerin Malwida von Meysenbug (S. 31), der in Wien lehrende Philosoph und Psychologe Franz Brentano (S. 113, 173, 279, 376) und der Berliner Philosoph Eduard von Hartmann (S. 344) sowie weitere, eher unbekannte Zeitgenossen. Diesen Spuren im fächerübergreifenden Unterricht nachzugehen, kann ein motivierendes und gewinnbringendes Unternehmen sein.

Rezeptionshilfen

Der Romantext stellt ein außerordentlich komplexes Geflecht historischer und intertextueller Bezüge her: Yalom ist nicht nur als Psychoanalytiker ein Fachmann, sondern er ist auch Liebhaber und genauer Kenner der Werke Nietzsches. Wenn deshalb im Folgenden wesentliche Stellen und Abschnitte des Romans aus psychologischer und philosophischer Sicht kommentiert werden, so soll damit dem interessierten Nutzer eine Rezeptions- und Unterrichtshilfe geboten werden. Keineswegs wird unterstellt, fächerübergreifender Unterricht habe das Ziel, solche Bezüge alle aufzuarbeiten.

Die Literaturverweise beschränken sich im Wesentlichen auf gut greifbare, preisgünstige und für die Schule geeignete Lehrwerke. Auf ausführliche Zitate ist aus Platzgründen verzichtet worden. Die Texte Nietzsches sind zudem leicht über das Internet in einer für die Schule ausreichenden Editionsqualität verfügbar.[6]

Wenn im Nachfolgenden bisweilen von „der Psychoanalyse" die Rede ist, so ist das eine unzulässige Verallgemeinerung, denn heute existieren etliche Schulrichtungen (vgl. Mertens 1997, S. 15 ff.). Eine gute und schülernahe Einführung in die Theorie Freuds findet sich übrigens auch in Jostein Gaarders Philosophie-Roman *Sofies Welt* (1993).

Häufig genannte Werke Nietzsches werden unter folgenden Siglen zitiert:

MA – *Menschliches, Allzumenschliches*
GD – *Götzendämmerung*
FW – *Die Fröhliche Wissenschaft*
Z – *Also sprach Zarathustra. Ein Buch für Alle und Keinen*
JGB – *Jenseits von Gut und Böse*

S. 10 Krankheitsgeschichte und Selbstmordabsicht Nietzsches: Nietzsche litt seit seiner Jugend unter starken Kopfschmerzen. Um das Jahr 1880 steigerten sie sich zu Migränenanfällen, die teilweise bis zur Bewusstlosigkeit führten (vgl. Frenzel 1966, S. 86 f.). Nietzsche sprach des öfteren von Selbstmord. Wie ernst seine Absichten aber gewesen sind, ist umstritten. Vgl. z. B. den höchst ironischen Brief an Malwida von Meysenbug vom 13. Mai 1877: „[…] kurz, ich bin heute wider in der Stimmung des 'heitern Krüppeltums', während

---

[6] http://gutenberg.aol.de/nietzsch/

ich auf dem Schiff nur die schwärzesten Gedanken hatte und in bezug auf Selbstmord allein darüber in Zweifel blieb, wo das Meer am Tiefsten sei, damit man nicht gleich wieder herausgefischt werden und seinen Errettern noch dazu eine schreckliche Masse Gold als Sold der Dankbarkeit zu zahlen habe." (vgl. Frenzel 1966, S. 88). – Drei Abschiedsbriefe von Nietzsche aus den Jahren 1879/80 erwiesen sich als spätere Fälschungen der Schwester (vgl. Frenzel 1966, S. 87). Man bedenke auch, dass Selbstmord und „Amor fati"-Maxime einander ausschließen.

S. 12 Brief Wagners: Der Brief ist echt, allerdings zur erzählten Zeit des Romans (1882) bereits zehn Jahre alt. Nietzsche war hier schon in innere Distanz zu seinem früher so verehrten Freund Richard Wagner gegangen.

S. 18f. Anna O./Bertha Pappenheim: Vgl. Anm. zu S. 66 ff. und 234 ff. sowie Anhang des Romans S. 440 f.

S. 20 Hysterie: Als Symptome der hysterischen Persönlichkeit galten früher psychogene Körperfunktionsstörungen wie etwa Lähmung und Blindheit ohne organische Ursache oder Dämmerzustände mit eingeschränktem Bewusstseinsfeld. In den aktuellen Diagnoseschlüsseln DSM IV und ICD 10 ist die Bezeichnung „hysterisch" durch „hysterionisch" ersetzt, um herabsetzende Konnotationen zu vermeiden. Die hysterionische Persönlichkeitsstörung ist vor allem charakterisiert durch übertriebene Emotionalität und übermäßiges Streben nach Aufmerksamkeit.

S. 25 der ältere Schnitzler: Arthur Schnitzlers Vater war Professor für Medizin.

S. 29 (auch S. 232f.) Mesmerismus: Der deutsche Arzt Franz Friedrich Anton Mesmer (1734–1815) entwickelt eine Heilverfahren, bei dem er Patienten in einen tranceähnlichen Zustand versetzte (Mesmerismus). Zunächst als unwissenschaftlich abgetan, wurde die Hypnose im 19. Jahrhundert als therapeutisches Instrument in der Psychotherapie wiederentdeckt (Jean Martin Charcot). Nicht nur Breuer, auch Freud, der die Hypnose 1885 bei Charcot erlernt hatte, praktizierten sie. Allerdings distanzierte sich Freud bald von dieser „zudeckenden Methode" und ersetzte sie durch die „aufdeckende" der Psychoanalyse. Milton Erickson entwickelte in den 70er Jahren des vorigen Jahrhunderts mit der Hypnotherapie ein eklektizistisches Therapie- und Diagnoseverfahren, in dessen Mittelpunkt verschiedene Formen von Trancezuständen stehen (vgl. Revenstorf 1982 ff., Bd. III, Kap. 11.5).

S. 30 Vorsokratiker: Vor allem Heraklit (ca. 500 v. Chr.). In Fragment 53 heißt es, dass „der Krieg Vater aller Dinge ist und von allem der König". Alles Weltgeschehen ist Streitgeschehen (vgl. Schadewaldt 1978, S. 367).

S. 30 Schopenhauer: Arthur Schopenhauer (1788–1860). Nietzsche bezeichnete sich wie Richard Wagner als Schopenhauerianer. Mit ihm teilte er dessen Vorstellung vom Leben als Kampf, die Hochschätzung des „Willens" sowie die „Artistenmetaphysik", der zufolge die Musik einen Zugang zum wahren Gehalt der Erscheinungen bietet (vgl. Wuchterl 1990, S. 197 f.).

S. 31–37 pythagoreische Freundschaft zwischen Paul Rée, Lou Salomé und Nietzsche: Diese tragische Begegnung hat tatsächlich stattgefunden (vgl. Frenzel 1966, 100–106).

S. 37 Morgenröthe: Gemeint ist *Morgenröthe. Gedanken über moralische Vorurteile.* Chemnitz 1881.

S. 40: Relativität von Gut und Böse: Moralische Kategorien wie „Gut und Böse" hinter sich zu lassen, gehört zu Nietzsches zentralen Anliegen. Bereits vor seiner bekannten

Schrift *JGB* (1886) unterzieht er sie einer radikalen Kritik. So macht er im 45. Stück von *MA I* darauf aufmerksam, dass „Gut und Böse" mit der Frage der Macht eng verbunden sind. In der Seele der Herrschenden bedeutet „Gut sein" die Macht zu vergelten. Die Ohnmächtigen diffamieren dagegen die Mächtigen gerne als „böse" um aus Schwäche Stärke zu machen (vgl. auch *FW,* 1. Buch, 19. Stück).

S. 60 Spinoza: Baruch Spinoza (1633–77), niederländischer Philosoph. Wichtigster Vertreter des Pantheismus, einer Lehre, die Gott in allen Erscheinungen gespiegelt sah.

S. 60f. Traum Breuers: Die Traumdeutung ist ein Kern psychoanalytischer Theorie und Praxis. Das Erscheinungsjahr von Freuds gleichnamigem Werk 1900 gilt vielen als das Geburtsjahr der Psychoanalyse schlechthin. Freud unterscheidet den manifesten Trauminhalt, die sogenannten Tagesreste und Wünsche bzw. Ängste, die sich im Traum in verstellter Weise ausdrücken. In den Tagesresten finden sich häufig Erlebnisse und Begebenheiten des vorangegangen Tages. Sie haben zu tun mit einem latenten, vorbewussten Traumgedanken und einem unbewussten Wunsch bzw. Ängsten. Allerdings werden letztere nicht direkt ausgedrückt, da es sich um Triebimpulse handelt, die während des Erziehungsprozesses tabuisiert und ins Unbewusste verdrängt worden sind. Im Schlaf wird die Zensur gelockert, verschwindet aber nicht ganz (vgl. Legewiehle/Ehlers 2000, 126–132). Mit Hilfe der Assoziationen des Patienten kann man den latenten Traumgedanken bzw. dem unbewussten Wunsch auf die Spur kommen (Rekonstruktion der Traumarbeit). Dass genaue Zahlenangaben von manifester Bedeutung sind, zeigt Freud im Kapitel VI der *Traumdeutung* (Die Traumarbeit, Abschnitt F. Beispiele). Hier findet sich auch die Beschreibung eines Traumes, in dem Lebenszeit in Geldwerten symbolisiert wird. Freud verweist in diesem Zusammenhang auf das Sprichwort *Time is money.* Zur Erzählzeit des Romans haben weder Breuer noch Freud dem Traum größere Bedeutung zugesprochen (vgl. Breuer/ Freud 1991).

S. 64ff. Behandlung Bertha Pappenheims: Vgl. Breuer/Freud 1991, S. 42–66. Bertha Pappenheim, die zeitweise nur in Englisch kommunizierte, bezeichnete das kathartische Wiedererinnern traumatischer (verletzender) Erlebnisse als „talking cure" (Redekur) oder humoristisch als „chimney-sweeping" (Kaminfegen, vgl. Breuer/Freud 1991, S. 50). Die Heilung der „Trinkhemmung" ist zum „Klassiker" unter den psychoanalytischen Fallberichten geworden (vgl. Breuer/Freud 1991, S. 54f.). Auch Freud verwendete die Katharsis-Methode, bis er entdecken musste, dass das Verfahren neurotische Symptome nur vorübergehend oder gar nicht zum Verschwinden brachte.

S. 68 Helmholtzens Theorie: Hermann von Helmholtz (1821–1824), dt. Physiologe und Physiker.

S. 74 Professor Overbeck: Professor der Kirchengeschichte, der 1870 als junger Gelehrter nach Basel kam. Nietzsche war mit ihm befreundet und beide bezogen eine gemeinsame Wohnung (vgl. Frenzel 1966, S. 41).

S. 77 Wie ungewöhnlich nachlässig von mir: Die Psychoanalyse erklärt solche „Fehlleistungen" mit unbewussten, tabuisierten Wünschen, die sich in der Fehlleistung ihren Weg bahnen (Primärvorgang). Neben dem Vergessen von Vorsätzen gehört auch der bekannte „Freudsche Versprecher" zu den Fehlleistungen.

S. 92 okkultes Blut: geringe Menge, die nicht durch Augenschein wahrgenommen werden kann.

S. 92 für ihren Lebenswandel typischen Tag: Gehört zu den Standardmethoden der Psychodiagnostik.

S. 93 Chloral-Hydrat: Ältestes künstlich hergestelltes Schlafmittel. Heute wegen erheblicher Nebenwirkungen nicht mehr in Gebrauch.

S. 97 (auch 128) Gleichnis vom Steg: FW, 1. Buch, 16. Stück (Ueber den Steg). Vollständiger zitiert auf S. 128 des Romans. Dem Tenor nach: Freundschaft zerbricht, wenn man sich zu nahe kommt.

S. 97 (auch 130, 158f.) Kunst der psychologischen Zergliederung: Im zweiten Hauptstück „Zur Geschichte der moralischen Empfindungen„aus *MA* beschäftigt sich Nietzsche mit Vor- und Nachteilen der psychologischen Beobachtung für die Philosophie (Stück 35–38). Vorurteilslos angewandt erlaubt die Psychologie den Ursachen für moralische Empfindungen nachzugehen.

S. 103 eigener Vater Religionslehrer: Carl Ludwig Nietzsche (1813–1849), Pfarrer in Röcken bei Lützen (Sachsen). Starb als Friedrich Nietzsche fünf Jahre alt war.

S. 103 Gott erschaffen und [. . .] längst getötet haben: Nietzsche gehörte bekanntlich zu den radikalsten Atheisten. Die vielleicht anschaulichste Formulierung der berühmten Nietzsche-These „Gott ist tot" findet sich in „Der tolle Mensch" (*FW,* 3. Buch, Stück 125). Diese „Parabel" eignet sich auch als Unterrichtsmaterial sehr gut.

S. 104 „Werde, der du bist": Vgl. *FW,* 3. Buch, Stück 270 sowie *Z.* Vierter und letzter Teil. Das Honigopfer. (1891)

S. 105 Pandora das Faß: Vgl. *MA* I, Stück 71.

S. 105 sein Ende beschleunigen dürfen: Nietzsche hat sich immer wieder für das Recht des Menschen ausgesprochen sein Leben selbst beenden zu dürfen (vgl. z. B. *MA* I, Stück 88 sowie Anm. zu S. 114).

S. 106 Das Vorrecht der Toten: FW, 3. Buch, Stück 262: Sub specie aeterni. – A.: „Du entfernst dich immer schneller von den Lebenden: bald werden sie dich aus ihren Listen streichen!" – B.: „Es ist das einzige Mittel, um an dem Vorrecht der Todten theilzuhaben." – A.: „An welchem Vorrecht?" – B.: „Nicht mehr zu sterben."

S. 113 Die Feinde der Wahrheit: MA I, Stück 483. Ein ganz wunderbarer Aphorismus!

S. 116 Gedanken sind die Schatten: FW, 3. Buch, Stück 179.

S. 116 Niemand stirbt jetzt an tödlichen Wahrheiten: MA I, Stück 516.

S. 116 Was ist an einem Buch: FW, 3. Buch, Stück 248.

S. 117 Das Siegel der erreichten Freiheit: FW, 3. Buch, Stück 275.

S. 117 Wie die Knochen: MA I, Stück 82 („Haut der Seele").

S. 122 Langzeit- oder Querschnittserhebung. Klassische empirische Forschungsmethoden sowohl der Medizin als auch der Psychologie. Obwohl die Langzeiterhebung in allen Fällen, in denen das Lebensalter eine unabhängige Variable für ein Symptom bzw. eine Verhaltensänderung darstellt, die bessere Methode ist, werden aus Kostengründen und wegen der Drop-Out-Gefahr (Ausfall von Versuchspersonen) Querschnittuntersuchungen bevorzugt.

S. 124 zerebrale Geburtswehen: Vgl. *MA* I, Stück 107.

S. 125 Homunkulus im Unbewussten: Freud unterscheidet drei psychische Qualitäten: bewusst, vorbewusst und unbewusst. Bewusst sind nur die momentane Wahrnehmung und die gerade erlebten Gedanken bzw. Gefühle. Vorbewusst sind Gedächtnisinhalte, auf die das Bewusstsein zurückgreifen kann. Unbewusst sind biologische fundierte Triebe bzw. deren psychische Repräsentanzen, d. h. Wünsche, Affekte und Vorstellungen. Diese waren ursprünglich einmal bewusst, sind aber verdrängt worden, weil sie als unvereinbar mit Realitäts- und Erziehungsansprüchen erlebt worden sind. Ängste (v. a. vor Bestrafung) verhindern, dass Unbewusstes ins Bewusstsein vordringen kann, was als Widerstand bezeichnet wird. Mit den psychischen Qualitäten stehen in lockerer Übereinstimmung die postulierten Instanzen des psychischen Apparats „Es", „Ich" und „Über-Ich". Im „Es" herrschen die unbewussten Triebe und Wünsche. Das „Über-Ich" ist teilweise ebenfalls unbewusst und enthält die während der Sozialisation übernommenen Ansprüche der Erziehungsinstanzen. Das „Ich" ist die bewusste Handlungsinstanz, die die Forderungen des Es und des Über-Ichs mit der Realität in Einklang zu bringen versucht. Neurotische Symptome entstehen nach Ansicht der Psychoanalyse immer dann, wenn die Abwehrarbeit, die das „Ich" gegenüber dem „Es" zu leisten hat, nicht befriedigend gelingt (vgl. Legewie / Ehlers 2000, S. 132–138). Freud vergleicht die psychische Konfliktsituation mit der von Ross und Reiter: Das Ross (Es) gibt die Energie für die Lokomotion her, der Reiter (Ich) bestimmt das Ziel. Aber leider ereignet sich selten der ideale Fall, dass der Reiter das Ross dahin führt, wohin es auch selbst gerne gehen will (Freud, *Neue Folge der Vorlesungen zur Einführung in die Psychoanalyse*, Kap. 31. Die Zerlegung der psychischen Persönlichkeit). Das Bild von Reiter und Ross verwendet auch Nietzsche gerne (vgl. z. B. *FW*, 5. Buch, Stück 275). Man bedenke dabei, dass das Reiten damals noch zur alltäglichen Erfahrungswelt gehörte.

S. 127–130: Verschiedene Anspielungen auf *FW*, 3. Buch: *Er hält aus Trotz* (Stück 229) – *Er ist so höflich!:* (Stück 237) – *Alle Dinge tief finden* (Stück 158).

S. 130 aus der Ferne zu studieren. Vgl. z. B. FW, 2. Buch II, Stück 78 und 5. Buch, Stück 380 („Der Wanderer redet").

S. 136 es handelt sich um statistische Größen: Ein Grundproblem auch der empirisch arbeitenden Psychologie und Psychotherapie. Im Gegensatz zu einem Teil der Naturwissenschaften kann die Psychologie keine eindeutigen Kausalgesetze, sondern nur statistische Wahrscheinlichkeitsaussagen formulieren.

S. 141 (vgl. auch 245) Sie schöpften aus der Migräne irgendeinen Gewinn: Freud machte als erster darauf aufmerksam, dass Krankheit auch Vorteile für den Patienten mit sich bringen kann, beispielsweise Zuwendung (vgl. z. B. Freud, *Vorlesungen zur Einführung in die Psychoanalyse.* 24. Die gemeine Nervosität). Der Krankheitsgewinn macht verständlich, warum z. B. Psychosomatosen so schwer heilbar sind. Die Theorie ist heute über die Psychoanalyse hinaus allgemein akzeptiert.

S. 142 „Sie haben allem wissenschaftlichen Verkehre entsagt?" Wieder ein Fauxpas!: Breuer unterliegt hier der sogenannten Gegenübertragung, bei der der Analytiker eigene Wünsche und Ängste auf seinen Patienten projiziert. Die Gefahr der Gegenübertragung soll durch die Lehranalyse verringert werden, bei der angehende Analytiker sich selbst besser kennen lernen und eigene Neurosen bearbeiten sollen (vgl. dazu Thomä / Kächele 1996). Innere Monologe, wie die von Breuer geführten, muss auch der praktizierende Psychoanalytiker halten um die Fallen der Gegenübertragung zu reflektieren. Die „normale" Übertragung, also das Projizieren von Wünschen und Ängsten auf eine andere Person, ist dagegen ein zentrales Ereignis während der psychoanalytischen Behandlung. Der Psychoanalytiker stellt seine Person durch ein möglichst neutrales Verhalten für die Übertragung zur Verfügung. In der Übertragung kommt es zu einer Neuauflage der verdrängten

Konflikte des Klienten, wobei nun eine andere, „gesunde" Lösung gefunden werden kann.

S. 143 „Die Geburt der Tragödie": Die Geburt der Tragödie aus dem Geiste der Musik (Leipzig 1872) war Nietzsches erstes Werk, in dem er als wesentlichen Grundzug des Griechentums das Tragische hervorhebt. Erklärt wird das Tragische aus dem Dualismus von Apollinischem (bildnerischer Trieb, Klarheit und Licht, Harmonie, Rationalität) und Dionysischem (leidenschaftliche Musik, Finsternis und Chaos, sexuelle Raserei, Irrationalität). Während Nietzsche hier beide Prinzipien noch als gleichwertig ansieht, bekennt er sich später als Jünger und Eingeweihter Dionysos (vgl. Wuchterl 1991, 195 f.).

S. 144 Kriegsschule des Lebens; Was mich nicht umbringt, macht mich stärker: Dieses berühmte und von den Nationalsozialisten missbrauchte Zitat findet sich an zwei Stellen (*Götzendämmerung* 1889, Sprüche und Pfeile 8; *Ecce homo* 1908, „Warum ich so weise bin", 2. Kapitel). Zur erzählten Zeit des Romans gehörte es ganz bestimmt nicht zu Nietzsches Repertoire. Die Interpretation als „zweiter Grenzstein" der Selbstprüfung ist problematisch, denn es besitzt im Gesamtwerk des Philosophen keinen zentralen Stellenwert. Eine angemessene Interpretation gelingt wohl am besten, wenn man es als Variante der „Amor fati"-Maxime betrachtet.

S. 151 Thoreau: Thoreau, Henry David (1817–1862), amerikanischer Schriftsteller und Philosoph. Sein Erfahrungsbericht *Walden. Oder das Leben in den Wäldern* gehört zu den Klassikern radikaler Zivilisationskritik.

S. 159 eine falsche Ethik: Vgl. Anm. zu S. 97. Die folgende „Quintessenz" ist Yaloms Interpretation.

S. 160 Sklavenmoral: Vgl. *JGB* (1886), Stück 260. Sklavenmoral ist demnach Nützlichkeitsmoral, die das Leiden der Unterdrückten erleichtern soll und Macht, an der die Sklaven nicht teilhaben, verachtet. Das Gegenteil ist Herrenmoral, die im Wesentlichen der kraftvollen Selbstbejahung dient.

S. 160 (auch S. 330, 335) seine Begierde: „Man liebt zuletzt seine Begierde, und nicht das Begehrte." (*JGB*, Stück 175). Nietzsche kritisiert Altruismus und Mitleids-Moral als per se positive Werte. Ihre Einlösung garantiert dem „guten" Menschen Anerkennung und das Gefühl moralischer Überlegenheit. Keineswegs handelt es sich also um ein selbstloses Wirken. Nietzsches Widerstand gegen eine Behandlung ist durchaus verständlich, denn er wittert hinter Breuers Engagement eigene Bedürfnisse des Arztes. Ähnliche Erfahrungen führten bei Freud zur theoretischen Grundlegung der Gegenübertragung (vgl. Anm. zu S. 142).

S. 205 f. „Professor Nietzsche, auch Sie befürworten doch wissenschaftliche Methoden: Das hier beschrieben Verfahren bezeichnet die Wissenschaftstheorie als induktive Methode. Das Gegenteil wäre die Deduktion als Ableitung vom Allgemeinen zum Besonderen. Die meisten empirischen Psychologen fühlen sich dem kritischen Rationalismus verpflichtet, der der Deduktion den Vorzug gibt. Demnach sind aus einer Theorie Hypothesen abzuleiten, die so formuliert werden müssen, dass sie an der Wirklichkeit überprüfbar sind. Nur solche Hypothesen, deren Richtigkeit durch empirische Untersuchungen widerlegt werden kann (Falsifikationsprinzip), werden akzeptiert.

S. 206 Gespenst des Nihilismus. Als Nihilisten bezeichneten sich insbesondere zeitgenössische russische Intellektuelle, die das Christentum ablehnten. Nietzsche sah voraus, dass ein wesentliches Problem der Moderne sein wird, wie man mit dem Atheismus zurecht kommt. Nihilismus dürfe nur ein Übergangsstadium sein. Der „Übermensch" werde ein neues, strikt säkulares Wirklichkeitsverständnis aufbauen (vgl. Wuchterl 1990, S. 202).

S. 209 Per Handschlag: Am Anfang fast jeder Psychotherapie steht ein Therapievertrag, der Rechte und Pflichten von Klient und Therapeut regelt. Der Vertrag ist weniger ein Dokument von juristischem als vielmehr von therapeutischem Wert, da er die gemeinsame Arbeitsbasis klärt. Im Falle der Psychoanalyse kann der Vertrag Länge und Häufigkeit der Sitzungen, die Bezahlung, die voraussichtliche Dauer und die Abstinenzregel beinhalten, die besagt, dass der Therapeut keine über die Therapie hinausreichende persönliche Beziehung mit dem Klienten eingeht und der Klient dies auch akzeptiert (vgl. Legewie / Ehlers 2000, S. 390 f.).

S. 209 Peter Gast: Künstlername von Heinrich Köselitz. Der junge Musiker verehrte Nietzsche so leidenschaftlich, dass er ihm seit seiner Baseler Zeit unentgeltlich als Sekretär diente, als Herausgeber seiner Schriften fungierte und Nietzsche bis zu seinem Tode begleitete.

S. 217: Das Wiener Allgemeine Krankenhaus: Freud arbeitete 1882, die erzählte Zeit des Romans, noch am physiologischen Institut der Universität als Instruktor. Erst ein Jahr später sollte er seine dreijährige Assistenzzeit am Wiener Allgemeinen Krankenhaus beginnen.

S. 218: Zigarren: Freud war süchtiger Zigarrenraucher. Er konnte von den Zigarren selbst im Endstadium seines Krebsleidens (urspr. Gaumenkrebs) nicht lassen.

S. 225: Aufnahme ins Ich: Wenn Unbewusstes gegen des Widerstand des Patienten ins Bewusstsein getreten ist und damit für das Ich handhabbar wird, ist die Psychoanalyse beendet.

S. 228 Ich hatte gedacht, es wäre uns gedient, wenn wir Ihre Probleme in eine Abstufung bringen könnten. Nietzsche schlägt hier einen Plan vor, wie ihn die klassische, symptomorientierte Verhaltenstherapie (VT) zur Behandlung von Angststörungen aufstellen würde. Grundannahme der VT ist, dass psychische Störungen Ergebnis einer ungünstigen Lerngeschichte des Klienten sind (Behaviorismus). Die Therapie besteht darin, unerwünschte Verhaltensweisen zu löschen. Der südafrikanische Psychiater Joseph Wolpe entwickelte das Verfahren der systematischen Desensibilisierung in sensu: Zusammen mit dem Klienten wird eine Liste von angstauslösenden Situationen aufgestellt (Verhaltensanalyse) und in eine hierarchische Reihenfolge gebracht (Angsthierarchie). Dann erlernt der Klient ein Entspannungsverfahren (meist progressive Muskelrelaxation). Während der Entspannung muss sich der Klient eine angstauslösende Situation vor Augen stellen. Begonnen wird mit der Situation, die am wenigsten angstbesetzt ist. Durch die physiologische Entspannung desensibilisiert sich der Klient gegenüber der vorgestellten Situation, wobei sich herausgestellt hat, dass auch in der realen Situation keine Angst mehr empfunden wird (vgl. Legewie / Ehlers 2000, S. 403–406). Die Psychoanalyse lehnt das symptomorientierte Vorgehen der VT ab, da nicht die „wahren" Ursachen der Störung beseitigt würden. Solange nicht die verdrängten Wünsche und Ängste ins Bewusstsein geholt werden, kommt es nach Ansicht der Psychoanalyse bei einer symptomorientierten Behandlung nur zu einer Symptomverschiebung. Deshalb wird Breuer „immer unwohler" (vgl. S. 229). Die VT glaubt, genügend empirische Belege dafür gesammelt zu haben, dass es nicht zur Symptomverschiebung kommt.

S. 230 Gelegentlich gibt es bei Patienten mit irrationalen Ängsten eine Methode zu ihrer psychischen Beruhigung zu finden. Auch dieses als Konfrontations- oder Expositionstherapie bezeichnete Verfahren gehört zu den Methoden der Verhaltenstherapie. Die Klienten sollen dabei lernen, dass sich in irrational angstbesetzten Situationen nichts ereignet, was ihre Ängste als Schutzreaktion rechtfertigen würde (vgl. Legewie/Ehlers 2000, S. 407). Eine extreme, aber auch nachweislich recht erfolgreiche Variante der Konfrontationstherapie in vivo ist die Reizüberflutung (*flooding*). Dabei wird der Klient solange einer angstbesetzten Situation (z. B. Spinnen) ausgesetzt, bis die gelernte Fluchtreaktion nicht mehr auftritt. Yaloms Protagonist Breuer diskreditiert die Therapie als Kindererziehung: „Zu dergleichen benötigt man keinen Arzt" (S. 230 unten).

S. 234ff. Alles begann vor zwei Jahren . . .: Im Folgenden wird die Behandlungsgeschichte Bertha Pappenheims wiedergegeben, die Breuer etwas beschönigend und unvollständig unter dem Titel: „Beobachtungen I. Frl. Anna O." veröffentlicht hat (vgl. Breuer/Freud 1991, S. 42–66). In Breuers Krankenbericht erscheint Bertha Pappenheim durch seine Behandlung vollständig geheilt. Der Therapieabbruch, ausgelöst durch die Schwangerschaftsbehauptung, wird nicht geschildert (vgl. Breuer/Freud 1991, 60 sowie den Anhang des Romans S. 440f.).

S. 242 Ich wusste, dass sie die Liebe, welche sie ihm entgegenbrachte, auf mich übertrug. Ich wollte, dass sie mich liebte. Beispiel für eine therapeutisch gewollte Übertragungssituation (siehe auch Anm. zu S. 142). Bertha verhält sich gegenüber Breuer wie zu ihrem Vater, von dem sie sich emotional nicht lösen konnte. Die Psychoanalyse würde hier wohl eine ödipale Störung annehmen, die auf Frauen angewandt von Freud als Elektrakomplex bezeichnet wird. Gemäß der psychoanalytischen Entwicklungstheorie verlieben sich Kinder im Alter von etwa 4-6 Jahren in den gegengeschlechtlichen Elternteil und entwickeln heftige eifersüchtige Gefühle gegenüber dem gleichgeschlechtlichen. Der Konflikt wird bei einer gesunden Entwicklung durch Identifikation mit dem gleichgeschlechtlichen Elternteil gelöst. Breuer verfällt der Gegenübertragung, indem er in Berta Pappenheim seine Sehnsüchte projiziert, was die Therapie zum Scheitern verurteilt.

S. 247 Wie öffne ich ihm die Augen . . .: Nietzsche artikuliert aus psychoanalytischer Sicht die Erfahrung, dass der Klient Breuer eine Form des Widerstands praktiziert. Er verhindert die schmerzliche Bewusstwerdung von Verdrängtem.

S. 247 (auch 428) ein hartes Bett. Vgl. Z, Zweiter Teil, Von den Mitleidigen.

S. 252 (auch S. 351) Träume. Was hier Nietzsche in den Mund gelegt wird, sind eher psychoanalytische Ansichten und Theorien. Theoretische Äußerungen Nietzsches zum Traum sind selten. So macht er den Traum für die Entstehung der Metaphysik verantwortlich, da die Traumerfahrung die Frage nach Sein und Schein aufwirft (*MA* I, Stück 5). Im Traum würden wir außerdem eine Phase vergangener Menschheitsgeschichte erleben, in der der Mensch noch nicht die höheren Verstandes- und Vernunftfunktionen kultiviert hatte (ebd., I, 12. u. 13. Stück). Letzteres deckt sich insofern mit psychoanalytischer Theoriebildung, als Psychoanalytiker den Traum als Pforte zum Unbewussten betrachten. Im Folgenden machen sich Nietzsche und Breuer an die Rekonstruktion der Traumarbeit, indem sie versuchen, den latenten Trauminhalt herauszufinden.

S. 254 Das letzte Ziel sollte sein . . .: Hier formuliert Breuer Grundgedanken der psychoanalytischen Behandlung. Das letzte Ziel ist, dass der Klient unabhängig von seinem Therapeuten wird. Der Weg dahin besteht in einer radikalen Offenheit, die auch zeitweise emotionale Abhängigkeit mit sich bringt.

S. 256 Der Liebende will im letzten Grunde eine unbedingte Macht: Vgl. FW, 1. Buch, Stück 14. Nietzsche kritisiert hier den bürgerlichen Hochwert „Liebe" und zeigt, dass sich hinter dem scheinbar altruistischen Gefühl der Liebe häufig ein egoistisches Streben nach Macht und Besitz verbirgt.

S. 257 Die Sinnlichkeit ist eine Hündin: Vgl. Z, Erster Teil, Von der Keuschheit: „Rathe ich euch zur Keuschheit? Die Keuschheit ist bei einigen eine Tugend, aber bei Vielen beinahe ein Laster. Diese enthalten sich wohl; aber die Hündin Sinnlichkeit blickt mit Neid aus Allem, was sie thun."

S. 262 Das entscheidende Abzeichen . . . ist der Wille: Bezieht sich direkt auf FW, 5. Buch, Stück 347.

S. 263 Man muss noch Chaos haben: Z. *Vorrede. 5.*

S. 263 Wieder werden Sie mir zu abstrakt . . . : Rationalisierung wird in der Psychoanalyse als Widerstand gegenüber verdrängten, peinlich empfundenen Wünschen und Ängsten aufgefasst.

S. 265 Wir wollen die Stunde mit derselben Aufforderung schließen . . . : Solche „Hausaufgaben" sind Teil vieler Psychotherapien.

S. 272: Oder gab er den Sokrates zu Breuers Alkibiades? Der Feldherr Alkibiades war Schüler des Sokrates und Gesprächspartner in einigen von Platon geschilderten Dialogen (Alkibiades, Symposion).

S. 276 „Ah! Zweite Väter interessieren mich höchstlich!", sagte Nietzsche, „bitte erzählen Sie doch mehr darüber." Die Aufforderung „Erzählen Sie doch mehr darüber" gehört zu den medial vermittelten Standardfloskeln der Psychoanalyse. Tatsächlich wird sie in der psychoanalytischen Praxis eher gemieden.

S. 282 Brief Friedrich Nietzsches: Der Brief ist echt.

S. 291: Besuch Lou Salomés: Gar nicht so selten wünschen nahe Angehörige eines Klienten vom Psychoanalytiker Auskünfte über den Stand der Therapie. Er wird dies im Allgemeinen (unter Berufung auf die ärztliche Schweigepflicht) ablehnen, evtl. verbunden mit den Ratschlag, selbst eine therapeutische Unterstützungsmaßnahme in Anspruch zu nehmen.

S. 302: Sei ein Mann. Nietzsche gehörte zu den Verehrern Goethes. Das Motto zur zweiten Auflage des *Werther* zitiert er in *FW*, 2. Buch, Stück 99 (Die Anhänger Schopenhauer's.)

S. 303 (auch 320ff.): „Vergessen Sie die Regeln nicht, Josef": Was Nietzsche hier noch unter dem Etikett des „chimney-sweeping" einfordert, entspricht dem Prinzip der freien Assoziation. Es gehört zu den psychoanalytischen Grundtechniken und dient der Entdeckung latenter Trauminhalte oder der Hintergründe für neurotische Störungen (vgl. Langewie/Ehlers 2000, S. 129 und 383). Die folgenden Einfälle Breuers demonstrieren das Verfahren sehr gut.

S. 304: . . . dass sich hinter Ihrer Besessenheit nämlich die grundlegendere Existenzangst verbirgt. Yaloms eigene Theorie für die Entstehung bestimmter Neurosen.

S. 304: Tragödie aufhört, tragisch zu sein. Bezieht sich direkt auf *JGB*, Zweites Hauptstück, Stück 30.

S. 309–311: Die nächste Sitzung begann ähnlich hitzig: Nietzsche bombardiert Breuer erfolglos mit dem Arsenal verhaltenstherapeutischer Standardtechniken. Das Versprechen, den Anweisungen frag- und widerstandslos Folge zu leisten, ist die Karikatur eines verhaltenstherapeutischen Vertrags zu Beginn der Therapie. Die Aufforderung, Breuer solle sich Berta mit hysterischen Symptomen (zuckend, stumm, halluzinierend etc.) vorstellen, entspricht einer verdeckten Sensibilisierung. Die Technik haben Verhaltenstherapeuten insbesondere bei Suchterkrankungen eingesetzt, wobei das Suchtverhalten mit aversiven Vorstellungen gedanklich gekoppelt und so gelöscht wird. Es folgt die Beschreibung der sogenannten Gedankenstopptechnik, die für die Behandlung dysfunktionaler Gedanken entwickelt wurde. Der Klient soll sich zunächst eine Folge von unerwünschten Gedanken vorstellen, bis der Therapeut „Halt" ruft und der Klient darauf aufmerksam gemacht wird, dass die Gedanken tatsächlich aufgehört haben. Später übernimmt der Klient die Kontrolle über seine Zwangsgedanken selbst, indem er bei deren Auftreten laut „Halt!" schreit. Hilfreich ist dabei ein Gummiband, das man am Handgelenk trägt und zuschnappen lässt (vgl. Revenstorf 1982 ff. II, Kap. 8.3). Ein Tagebuch, wie Breuer es führen soll, benutzen Verhaltenstherapeuten zur Verhaltensanalyse, Verhaltenskontrolle durch den Klienten und zur Therapieerfolgsmessung. Wenn Breuer den Auftrag bekommt, in regelmäßigen Abständen an Bertha zu denken, so handelt es sich um eine sogenannte paradoxe Intervention. Ursprünglich von dem Neo-Psychoanalytiker und Erfinder der Logotherapie Viktor Frankl erfunden, wird die Technik heute auch bisweilen von Verhaltenstherapeuten verwendet und als Variante der Konfrontationsverfahren betrachtet (vgl. Anm. S. 230). Ebenso benutzen die Familientherapeuten der Mailänder Schule (Mara Selvini Palazzoli) das Verfahren (vgl. Revenstorf 1982 ff. IV, Kap. 13.3). Die letzte Methode, bei der Breuer für jeden zwanghaften Gedanken an Bertha eine bestimmte Geldsumme an einen antisemitischen Verein zahlen soll, ist eine Form der operanten Konditionierung, bei der ein unerwünschtes Verhalten durch aversive Folgen bestraft und damit gelöscht wird. Münzsysteme (token economy) werden allerdings weitaus häufiger in einem Belohnungssystem eingesetzt: Für jedes erwünschte Verhalten bekommt der Klient nach einem bestimmten Plan Geld oder Chips, die er gegen etwas besonders Begehrenswertes eintauschen kann. Während insbesondere in pädagogischen Settings Erzieher und Erzieherinnen bewusst oder unbewusst dieses Verfahren zur Verhaltenformung (shaping) benutzen, ist es in der klinischen Verhaltentherapie selten geworden (vgl. Legewie/Ehlers 2000, S. 257–262 und 400–403). Dort haben in den letzten Jahren v. a. kognitive Therapieformen Einzug gehalten, die sich der Psychoanalyse insofern annähern, als auch sie vorbewussten Denkprozessen des Klienten nachgehen.

S. 311 Möglich, dass ich sie ihm auf unabsichtliche, wortlose Weise vermittle: Einflussreich für die therapeutische Gesprächsführung sind die kommunikationswissenschaftlichen Untersuchungen von Watzlawick et al. geworden. Watzlawick unterscheidet digitale, symbolische Kommunikation (gesprochene bzw. geschriebene Sprache) und analoge Kommunikation (Gestik, Mimik etc.). Während für den Inhaltsaspekt die digitale Kommunikation wesentlich ist, ist für den Beziehungsaspekt die analoge Kommunikation entscheidend (vgl. Legewie/Ehlers S. 290–294).

S. 313–318 Doch ich bin kein Tanzbär, und mein Geist ist zu entwickelt für Tierbändigermethoden. Diese Bemühungen zeitigen keinen Erfolg – und sie sind entwürdigend! [...] WENN DIE HEILUNG DEN HEILER HERABMINDERT, WIE SOLLTE SIE DANN DEN KRANKEN ERHEBEN? Es muss einen höheren Weg geben. [...] Sie haben recht – wir dringen nicht genügend in die Tiefe. [...] Für menschliche Belange taugen keine Methoden, welche für die Bändigung von Tieren ersonnen wurden: Breuer und Nietzsche reiten hier stellvertretend für Yalom eine letzte Attacke gegen die Verhaltenstherapie (VT). Nachdem im Vorigen vor allem deren Wirksamkeit in Frage gestellt worden ist, wird jetzt die theoretische Basis angegriffen. Die Wurzeln der VT sind (wie bereits erwähnt) im

Behaviorismus zu suchen, der alle menschlichen Verhaltenweisen, normale und abnormale, auf Lernprozesse zurückführt. Wesentliche Techniken, etwa das Prinzip der Verstärkung erwünschter Verhaltensweisen durch Belohnungssysteme, wurden zuerst im Tierexperiment erforscht. Der Streit zwischen Psychoanalyse und VT ist alt. Die Schärfe und die Waffen, die nicht immer dem wissenschaftlichen Arsenal entnommen werden („Sexmaniacs" vs. „Rattentrainer"), sind von außen betrachtet bisweilen schwer nachvollziehbar. Beide therapeutische Schulen können für sich in Anspruch nehmen: ein ernsthaftes Bemühen um das Verständnis für psychische Erkrankungen; ein mehr oder minder komplexes, wissenschaftlich fundiertes Theoriegebäude zur Erklärung derselben; jahrzehntelange Praxiserfahrung; eine sorgfältige Ausbildung der Therapeuten und last not least kontrollierte Studien, die die Wirksamkeit der Interventionen belegen. Letztere deuten aber auch darauf hin: Nicht für jeden Patiententyp und nicht für jede psychische Erkrankung sind beide Richtungen gleichermaßen gut geeignet (vgl. die Untersuchungen von Grawe, referiert in Legewie/Ehlers 2000, S. 369–379). Man darf bei der Auseinandersetzung nicht vergessen, dass neben höheren Motiven auch ganz egoistische Interessen eine Rolle spielen. Psychoanalyse, tiefenpsychologische Verfahren und VT sind in Deutschland die einzigen Therapieformen, die von allen Krankenkassen akzeptiert und bezahlt werden. Die Grabenkriege sind sicherlich nicht dazu angetan, die Glaubwürdigkeit psychotherapeutischer Verfahren in der Öffentlichkeit zu fördern.

S. 318 angefangen mit zwei bequemen Lehnstühlen: Viele Psychoanalytiker setzen vor allem in der Kurzzeittherapie nicht mehr das traditionelle Setting „Couch (Patient)/Sessel (Therapeut)" ein.

S. 319 Vielleicht gingen wir von vornherein darin fehl, dass wie die Bedeutung Ihrer Obsession außer acht ließen: Für die Psychoanalyse ist das Symptom stets nur Ausdruck eines tieferliegenden, psychischen Konflikts. Im Gegensatz zur klassischen Analyse stellt Yalom aber nicht das Denkbild des Ursprungs in den Mittelpunkt (vgl. auch S. 336).

S. 323 ein sicheres Leben nicht tatsächlich gefährlich sei. . . . Die Zeit lässt sich nicht brechen. Keine Nietzsche-Zitate. Hier legt Yalom seine eigene Weltanschauung dem Philosophen in den Mund.

S. 325 – allerdings schwärme ich selbst nicht für Frauen, welche Peitschen tragen. Vgl. dazu (vielleicht im Widerspruch) das Foto auf Seite 444 des Romans. Nietzsches berühmter und oft falsch zitierter Aphorismus „Gieb mir, Weib, deine kleine Wahrheit!" sagte ich. Und also sprach das alte Weiblein: 'Du gehst zu Frauen? Vergiss die Peitsche nicht!'" findet sich in Z, Erster Teil, Von alten und jungen Weiblein. Die Peitsche verwendet Nietzsche an vielen Stellen als Metapher. Sie gehört zu den Insignien des Herrenmenschen und bezeichnet sowohl die Macht über andere als auch die Macht über sich selbst, also Knute und Geisel. Keineswegs ist damit eine Aufforderung gemeint, an den Frauen evtl. vorhandene sadistische Gelüste auszulassen – man bedenke, dass der Ratschlag von einer Frau gegeben wird. Eher ist folgende Interpretation zutreffend: Wenn Du Dich auf eine Frau einlässt, solltest Du nicht Dein kritisches Reflexionsvermögen ausschalten und ihr Macht über Dich schenken. Freilich sollte das auch umgekehrt gelten.

S. 325 Versuchen Sie folgenden Satz zu vollenden: Das Ergänzen von Sätzen wird auch in der Psychodiagnostik verwendet. Halbstandardisierte Tests (Satzergänzungstests) sollen Auskunft über verdeckte psychische Konflikte geben.

S. 326: Können Sie zu dem Lächeln noch mehr sagen?: Im Folgenden versucht Nietzsche Breuer zu Kindheitserinnerungen zu bewegen. Nach psychoanalytischer Theorie wurzeln psychische Konflikte in traumatischen Kindheitserfahrungen (hier der Verlust der Mutter, vgl. S. 344 ff. des Romans), die auf gegenwärtige Situationen und Personen unbewusst übertragen werden.

S. 328 Regression: Tendenz eines Individuums, unter bestimmten Bedingungen in eine Entwicklungsphase zurückzufallen, die bereits zu Gunsten einer höheren überwunden worden ist. Bertha Pappenheim verhält sich gegenüber Breuer wie ein kleines Kind. Zur psychoanalytischen Entwicklungstheorie (orale Phase, anale Phase, phallische Phase mit Ödipuskonflikt, Latenzzeit) vgl. Legewie/Ehlers 2000, S. 186–189.

S. 333 Ich sehne meine Stunde herbei und kann schon die nächste kaum erwarten: Das ist wohl eine allgemeine Erfahrung von Klienten, die sich in eine Psychoanalyse begeben.

S. 333 Natur des Verhältnisses zwischen dem ärztlichen Helfer und dem, welchem geholfen wird, verstehen lernen: Übertragung und Gegenübertragung. Vgl. Anm. zu S. 142.

S. 344 Pascalsche Wette: Blaise Pascal 1623–1662, Mathematiker, Physiker und Religionsphilosoph. Die „Wette" existiert in zwei Formen. In einem Fragment stellt Pascal eine nicht leicht nachvollziehbare, mathematische Wahrscheinlichkeitsrechnung vor, die zu dem Ergebnis führt, dass die Wahrscheinlichkeit der Existenz Gottes größer ist als seine Nichtexistenz. Die populärere Form lautet dagegen: Über Gott können wir nichts sicheres wissen. Wenn Gott nicht existiert, verliert man mit seinem Glauben nichts, falls er aber doch existiert, verliert man ohne zu glauben viel. Diese „Wette" würde Nietzsche ganz bestimmt nicht eingehen. Ansonsten steht er aber Pascal sehr nahe, so in seinem radikalen Skeptizismus, der selbst gegenüber dem Skeptizismus skeptisch bleibt, im Lebensmotto des „Erkenne Dich selbst", in der Hinwendung zum Menschen und in der Wertschätzung der Krankheit als Quelle des Erkenntnisgewinns. Nietzsche hat sich mehrfach positiv zu Pascal geäußert. Zu Roman und Autor passen Pascals Reflexionen zum Tod: Der Mensch erhebt sich über die restliche Schöpfung durch sein Bewusstein von seiner Endlichkeit. Gleichzeitig stürzt ihn dieses Bewusstsein auch in die größte Verzweiflung.

S. 348 Montaignes Essay über den Tod: Montaigne, Michel Eyquem de (1533–1592), französischer Schriftsteller und Philosoph. Gilt als Begründer des modernen Skeptizismus, weshalb nicht verwundert, dass auch Nietzsche immer wieder auf Montaigne Bezug nimmt.

S. 344 Hartmanns Philosophie des Unbewussten. Eduard von Hartmann (1842–1906). In seinem 1868 erschienenen Hauptwerk „Philosophie des Unbewussten" geht Hartmann davon aus, dass der unbewusste Weltwille nach Erlösung durch die Vernunft strebt. Freuds Psychologie des Unbewussten hat mit dieser hochspekulativen Theorie nichts zu tun. Friedrich Nietzsche hielt Hartmann für einen „Spaßphilosophen", der den Pessimismus nicht ernst nimmt.

S. 351 Das Weib lieben heißt das Leben verachten. Kein Nietzsche-Zitat, aber zumindest den Vorurteilen gegenüber Nietzsche gemäß. Nietzsches Distanz zu Frauen ist sprichwörtlich geworden. Eine größere Anzahl entsprechender Aphorismen findet man z. B. im siebten Hauptstück der *FW* „Weib und Kind". Dort stehen aber auch sehr kluge und durchaus nachvollziehbare Gedanken zum Geschlechterverhältnis, zu Ehe und Familie sowie zur Erziehung.

S. 356: einer einzigen Quelle: dem Verlangen, der Vergessenheit des Todes zu entrinnen: Kern von Yaloms eigener Theorie, die im Folgenden (v. a. S. 358) noch weiter ausgeführt wird.

S. 356 Definition der Freundschaft: Vgl. *FW*, 1. Buch, Stück. 14.

S. 358 Stirb zur rechten Zeit: Vgl. *Z*, 1.Teil, Vom freien Tode.

S. 361 ff. Dieses Leben – wie sie es jetzt leben: Die „Lehre" von der Ewigen Wiederkunft des Gleichen formulierte Nietzsche zum ersten Mal in der *FW* (4. Buch, Stück 341, „Das größte Schwergewicht"). Die Idee wird ihm in der Folgezeit so wichtig, dass er ernsthaft überlegt, für zehn Jahre ausschließlich Naturwissenschaften zu studieren um eine sichere Basis dafür zu gewinnen (vgl. Andreas-Salomé 2000, 256 f.). Zu einer klaren Ausformulierung der „Lehre" wird es aber niemals kommen. Stattdessen entwickelt er sie weiter zu einer schwerverständlichen Formel der höchsten Bejahung, die es dem Menschen erlaubt, trotz offenbarer Sinnlosigkeit des Daseins das Leben anzunehmen. Der Gedanke, dass alles schon einmal da gewesen ist, führt einerseits zu einer Entlastung des Einzelnen. Wenn ich etwas falsch mache, dann ist es schon einmal falsch gemacht worden. Ich wiederhole nur das bereits stattgefundene. Andererseits soll der Mensch durch diesen Gedanken dazu angespornt werden, „mit gewaltigem Willen dem sinnlosen Leben einen Sinn, dem zufälligen Werdeprozess des Ganzen ein Ziel [zu] geben und damit die tatsächlich nicht vorhandenen Lebenswerte aus sich heraus [zu] schaffen" (Andreas-Salomé 2000, S. 260). Anders als im Buddhismus ist das Ziel nicht Befreiung vom Wiederkunftszwang, sondern freudige Bekehrung zu ihm.

S. 369 ff. Die Tauben in die Freiheit zu entlassen: Man kann die folgende Phantasiereise Breuers auch als eine augenzwinkernde Persiflage auf Selbsterfahrungstrips sehen, die bis in die 80er Jahre en Vogue waren.

S. 409 Amor fati – liebe dein Schicksal: Das Motto ist in engem Zusammenhang mit der Lehre von der ewigen Wiederkunft des Gleichen zu sehen. Vgl. Anm. S. 361. Formuliert ist es in *FW* 3. Buch, Stück 276 und in *Ecce homo*, Wie man wird, was man ist, Vorwort S. 10.

S. 410 So, wie Sie sich jetzt von mir abwenden? Typisches Übertragungsphänomen, das Breuer, der jetzt in die Rolle des Analytikers geschlüpft ist, Nietzsche widerspiegelt.

S. 431 wilde Hunde: Breuer deutet hier einen Nietzsche-Aphorismus (*Z*, 1. Teil, Von den Freunden und Leidenschaften: „Einst hattest du wilde Hunde in deinem Keller: aber am Ende verwandelten sie sich zu Vögeln und lieblichen Sängerinnen.") psychoanalytisch um. Die „wilden Hunde" sind die verdrängten Triebimpulse. Als „Sublimierung" bezeichnet man die Umlenkung der Triebimpulse auf gesellschaftlich akzeptierte Ziele bzw. Objekte, z. B. auf kulturelle Gebiete wie Malerei und Musik.

Zielperspektiven

Das Buch eignet sich für einen kursübergreifenden Unterricht in der S II unter Beteiligung der Fächer Deutsch, Psychologie (Wahlkurs), Philosophie (Wahlkurs) und Religion bzw. Ethik. Dass das Buch vielfältige Leseanreize für Jugendliche bzw. junge Erwachsene bietet und insofern der Leseförderung dienlich ist, wurde oben bereits gezeigt.

Literar-ästhetisch bietet der Roman nichts Außergewöhnliches. Zur Einübung und Wiederholung textanalytischer Fachbegriffe und Methoden, deren Kenntnis die Lehrpläne für die Oberstufe verlangen, eignet er sich aber auf jeden Fall Erzählsituation und Perspektive, Erzählweise und Erzählkomposition. Auch könnte der Roman begleitend zu einer literaturgeschichtlich orientierten Unterrichtssequenz gelesen werden, die sich mit der „Wiener Moderne" auseinandersetzt: Aspekte kultur- und literar(histor)ischer Bildung am Beispiel der Zeit um 1900 in Wien (Alltag, Kultur, Wissenschaft, Literatur); Kenntnis wichtiger Kulturschaffender wie Brahms, Schnitzler, Freud, Mahler, Herzl, usw.

Ziele für den Philosophie- oder Religions- bzw. Ethikunterricht können sein:

- Einblick in radikalskeptizistische Positionen in der Philosophie am Beispiel Friedrich Nietzsches;

- Fähigkeit, zentrale Begriffe der Philosophie Nietzsches erklären zu können (Macht, Wille, apollinisches vs. Dionysisches Prinzip etc.);

- Auseinandersetzung mit Atheismus und Nihilismus;

- Auseinandersetzung mit der Legitimität des Freitods; Fähigkeit zur kritischen Beurteilung von Nietzsches Frauenbild; sozialgeschichtliche Kenntnisse bezüglich der Stellung der Frau Ende des 19. Jahrhunderts.

Lernziele für den *Psychologieunterricht* schließlich können sein:

- Kenntnis und Anwendung wesentlicher Konzepte und Theorien der Psychoanalyse (Instanzenmodell, psychosexuelle Entwicklungstheorie, Ödipuskomplex etc.);

- Kenntnis psychoanalytischer Behandlungspraxis;

- Kenntnis der Grundannahmen der Verhaltenstherapie und Kennenlernen von Beispielen der verhaltenstherapeutischen Behandlungspraxis; kritische Auseinandersetzung mit beiden Konzepten;

- Kenntnis und Anwendung der Kommunikationstheorie Watzlawicks.

Verfahren, Tätigkeiten, Medien

Da der Roman relativ umfangreich ist, empfiehlt sich ein aufgeteiltes Erlesen nach Handlungsabschnitten mit begleitenden Analysen und Reflexionen:

- Kapitel 1 bis 3 (Begegnung mit Lou Salomé, Behandlungsauftrag. Psychologie: Mesmerismus, Traumdeutung. Philosophie: Biografie Nietzsches, Biografie Lou Salomés)

- Kapitel 4 bis 12 (erste Begegnung Nietzsches mit Breuer, Anamnese und Diagnose, Nietzsches anfängliche Verweigerung, Therapievertrag. Psychologie: psychische Qualitäten und Instanzen, Fehlleistungen, Konzept der Übertragung bzw. Gegenübertragung. Philosophie: Atheismus- und Freitoddiskussion, dionysisches vs. Apollinisches Prinzip)

- Kapitel 13–18 (erste therapeutische Versuche Nietzsches. Psychologie: Konzepte und Methoden der Verhaltenstherapie, der Fall Anna O. als Dokument zur Vorgeschichte der Psychoanalyse, Theorie des Krankheitsgewinns, Ödipuskomplex, Widerstand, freie Assoziation; Kommunikationstheorie Watzlawicks. Philosophie: Macht und Wille bei Nietzsche)

- Kapitel 19 und 20 (gelingende Analyse. Psychologie: Kritik an der Verhaltenstherapie, psychoanalytische Entwicklungstheorie, Regression. Philosophie: Nietzsches Frauenbild, Pascalsche Wette, Lehre von der ewigen Wiederkunft des Gleichen)

- Kapitel 21 und 22 (Breuers Selbstfindungsprozess unter Hypnose; Nietzsches „Analyse").

Die vielfältigen Bezüge des Romans zur Geistesgeschichte fordern jedoch über diese Textrezeption hinaus selbstständige Recherchen der Schülerinnen und Schüler in verschiedenen *Informationsquellen* (Lexika, Lehrwerke, Biografien, Primärliteratur – in Buchform, auf CD-ROM und im Internet) heraus. In Hausarbeiten, traditionellen Referaten, Postern oder als Präsentation im WWW können die Ergebnisse veröffentlicht werden. Lehrervortrag sollte die Ausnahme bleiben, obwohl er aus ökonomischen Gründen wohl nicht ganz zu vermeiden ist.

Das Kompositionsprinzip des Buches, wonach historische Persönlichkeiten, Dokumente und Zitate zu einer Fiktion verwoben werden, legt *handlungs- und produktionsorientierte Methoden* nahe. Schülerinnen und Schüler könnten den Roman ausbauen, indem sie weitere Begebungen und Reflexionen der Handlungsträger erfinden, z. B. weitere Tagebucheinträge und Briefe (vielleicht auch von Mathilde, der Frau Breuers, und Lou Salomé); ein Wiedersehen von Breuer und Nietzsche zehn Jahre nach ihrer gegenseitigen „Behandlung" imaginieren; einen fiktiven Kommentar Freuds zu Breuers Behandlung des Patienten „Eckhardt Müller" schreiben; oder Begegnungen weiterer Personen schildern, z. B. eine Begegnung Arthur Schnitzlers mit Breuer. Hier würde dann ein jugendlicher Protagonist (Schnitzler ist 1882 zwanzig Jahre alt) mit seinen Problemen auf einen Vertreter der älteren Generation mit ähnlichen Problemen treffen, wobei man nebenbei auch auf Schnitzlers schriftstellerische Ambitionen zu sprechen kommen könnte.

Der *Dialog* als herausragendes Stilmittel reizt außerdem zu szenischen Verfahren. Man könnte zum Beispiel ein Gespräch Breuer – Freud inszenieren, in dem Breuer das Ende der „Therapie" Nietzsches schildert und mit Freud diskutiert. Kapitel 21 – Breuers Selbstfindungsreise – ist das einzige Kapitel, das eher beschreibend gestaltet ist. Es ließe sich sehr gut in ein kleines Theaterstück umschreiben oder in einem Videofilm gestalten.

Als *Lernzielkontrolle* eignet sich eine Analyse und Interpretation des letzten Kapitels, da es stilistisch, von der Komposition her und inhaltlich das Romanganze widerspiegelt. Mögliche *Leitfragen* könnten sein:

● Charakterisieren Sie den Roman mit textanalytischen Mitteln und belegen Sie Ihre Ansichten mit Textstellen aus dem letzten Kapitel (Kompositionsprinzip, vorherrschende Stilmittel, Erzählperspektive, Erzählsituation).

- Vergleichen Sie den Selbstfindungsprozess Breuers, wie er in Kap. 20 und 21 geschildert wird, mit Nietzsches Verhalten. Wo sehen Sie Gemeinsames, wo Unterschiede?

- Interpretieren Sie Nietzsches Motto „Amor fati" vor dem Hintergrund seiner Philosophie (insbesondere der Lehre von der ewigen Wiederkunft des Gleichen) und vor dem Hintergrund der Psychoanalyse.

- Beschreiben Sie Nietzsches und Breuers Rekonstruktion der Traumarbeit (S. 411 f.) unter psychoanalytischer Perspektive. Verwenden Sie dabei Fachtermini.

- Breuer betrachtet Nietzsches plötzlichen Migräneanfall als „Himmelsgeschenk" (S. 420). Zeigen Sie an diesem Beispiel, was die Psychoanalyse unter „Krankheitsgewinn" versteht.

- Breuer „verordnet" Nietzsche emotionale Erschütterung (S. 424). Erläutern Sie diese Stelle unter Hinzuziehung psychoanalytischer Theorie. Was ist mit dem „chimney-sweeping" (S. 425) gemeint?

- Nietzsche kommt zu der Erkenntnis, dass auch die Wahrheit eine Illusion ist (S. 430). Kommentieren Sie dies, indem Sie psychoanalytische Einsichten und skeptizistische Philosophie heranziehen.

- Breuer zitiert Nietzsche: „... alle hätten wir wilde Hunde, die vor Lust in unseren Kellern bellten!" (S. 431). Wie passt dieser Aphorismus zum psychoanalytischen Instanzenmodell?

- Wie beurteilen Sie den Schluss des Romans?

Abschließend sei noch darauf hingewiesen, dass angesichts der besonderen Schwierigkeiten in der gymnasialen Oberstufe mit ihrem Kurssystem hier weniger an einen fächerverbindenden Unterricht der in den anderen Fallbeispielen ausgeführten Art gedacht ist. Vielmehr gibt es eine 'kleine Lösung', nämlich eine Behandlung (als Gegenwartsliteratur) im Deutschunterricht, der punktuell auf die anderen Fächer ausgreift und deren Ergebnisse durch Einzelbeiträge einspeist (so dass nicht alle Teilnehmer des Deutschkurses notwendig auch die gleichen anderen Kurse besuchen müssen); und es gibt eine 'große Lösung', die in der Aufhebung der Fächer- bzw. Kursgrenzen für die Dauer eines *Projekts* besteht. Szenische Collagen für eine Aufführung, Video- oder Internetproduktionen böten Gelegenheit, das von Yalom gespielte Literarische Rollenspiel noch zu erweitern um 'Auftritte' anderer historischer (z. B. Richard Wagner oder Arthur Schnitzler) oder gegenwärtige Persönlichkeiten (z. B. Paul Watzlawick ...).

Vor allem im Fall einer solchen 'großen Lösung' sollten folgende *Quellen*, aus denen oben zitiert und informiert wurde, neben Freud- und Nietzscheausgaben nach Möglichkeit auch Lernenden zur Verfügung stehen:

Andreas-Salomé, Lou: *Nietzsche in seinen Werken*. Frankfurt/M.: Insel 2000 [Komm. Nachdr. von 1895]

Breuer, Josef/Sigmund Freud: *Studien über Hysterie.* Frankfurt/M.: Fischer 1991.

Figl, Johann: *Von Nietzsche zu Freud. Übereinstimmungen und Differenzen von Denkmotiven.* Wien: Univ. Verlag 1996.

Frenzel, Ivo: *Nietzsche.* Reinbek b. Hamburg: Rowohlt 1966.

Gasser, Reinhard: *Nietzsche und Freud.* Berlin: de Gruyter 1997.

Legewie, Heiner/Wolfram Ehlers: *Handbuch Moderne Psychologie.* Augsburg: Bechtermünz Verlag 2000 [äußerst preisgünstige Übersichtsdarstellung, wissenschaftlich fundiert; Nachdruck eines Handbuchs aus dem Jahr 1992].

Mertens, Wolfgang: *Psychoanalyse. Geschichte und Methoden.* München: C.H. Beck 1997 [kurze und preisgünstige Einführung].

Revenstorf, Dirk: *Psychotherapeutische Verfahren.* 4 Bde. Stuttgart: Kohlhammer 1982–85. (2. Aufl. 1995).

Schadewaldt, Wolfgang: *Die Anfänge der Philosophie bei den Griechen.* Frankfurt/M.: Suhrkamp 1978.

Thomä, Helmut/Horst Kächele: *Lehrbuch der psychoanalytischen Therapie.* 2 Bde. Berlin, Heidelberg: Springer 1996 [Standardwerk, der Psychoanalyise].

Yalom, Irvin D.: *Existentielle Psychotherapie.* Köln: Ed. Humanistische Psychologie 1989.

Wuchterl, Kurt: *Grundkurs: Geschichte der Philosophie.* Bern, Stuttgart: Haupt 19953 [für die Schule und den universitären Anfangsunterricht konzipiertes Lehrwerk].

Literaturverzeichnis

Primärtexte

Angegeben ist in der Regel nur oder auch die preiswerteste lieferbare Ausgabe. Verwendete Abkürzungen: D = Deutsch; E = Englisch; F = Französisch; L = Latein; R = Religionslehre, Eth = Ethik; Ek = Erdkunde; Sk = Sozialkunde; B = Biologie; Ph = Physik; M = Mathematik; G = Geschichte; K = Kunst; Mu = Musik; HSU = Heimat- und Sachunterricht (Grundschule); Psych = Psychologie (S II); Phil = Philosophie (S II).

Adams, Richard: *Watership Down*. Aus d. Engl. v. Egon Strohm: *Unten am Fluss*. Frankfurt/M. u. a.: Ullstein 1982 (D,E).

Baumgärtner, Alfred C.: *Wenn die Wölfe kommen*. Stuttgart u. a.: Klett 1997 (D,B,Sk).

Böhmer, Otto A.: *Der Hammer des Herrn*. München: Goldmann 2000 (D, Psych).

Boie, Kirsten: *Erwachsene reden. Marco hat was getan*. Hamburg. Oetinger 1994 – München: dtv 1995 (D,Sk).

Bradbury, Ray: *Fahrenheit 451*. München: Heyne, Neuausg. 2000 (D,E,Sk).

Braem, Harald: *Das blaue Land*. Stuttgart; Wien; Bern: Thienemanns-Weitbrecht 2000 (D,G).

Cannon, Janell: *Stellaluna*. Aus d. Amerik. v. Till Martin. Hamburg: Carlsen 1994, 1998. (Amerik. Orig. „Stellaluna", Harcourt, Brace Jovanovich 1993). (D,HSU,K).
– : *Verdi*. Aus d. Amerik. v. David Chotjewitz. Hamburg: Carlsen 1998, 1999. (Orig. „Verdi", Harcourt, Brace & Co. 1997). (D,HSU,K).

Carlson, Natalie: *Boskos weite Wanderung:* leider vergriffen (D,B,Ek).

Eco, Umberto: *Der Name der Rose*. München: Hanser 1982 (D,G,Sk,R).

Engelhardt, Ingeborg: *Hexen in der Stadt*. München: dtv 1975 (D,G,R).

Enzensberger, Hans Magnus: *Der Zahlenteufel*. München: Hanser 1997 – München: dtv 1998 (D,M).
– : *Wo warst du, Robert?* Roman. München: Hanser 1998 (D,G,Sk).

St. Exupéry, Antoine: *Le Petit Prince*, aus d. Frz.: *Der kleine Prinz*. Rauch, 52. Aufl. 1998 (D,F).

Fitzgerald, Penelope: *The Blue Flower*. London: Flamingo 1996. Dt. *Die blaue Blume*. Frankfurt/M.: Insel 1999 (D,G,E,Sk).

Fleischmann, Sid: *Das Geheimnis im 13. Stock*. Aus d. Amerik. v. Andreas Steinhöfel. Hamburg: Carlsen 1997 – München: dtv junior 2001 (D,G,R).

Gaarder, Jostein: *Sofies Welt. Roman über die Geschichte der Philosophie*. Aus d. Norweg. v. Gabriele Haefs. München: Hanser 1993 (D,Sk,Ph).

George, Jean Craighead: *Julie von den Wölfen*. München: dtv 1979 (D,E,B,Ek).
– : *Der Ruf des weißen Wals*. Würzburg: Arena 1991 (D,B,Ek)

Golding, William: *Lord of the Flies*. Aus d. Engl . v. Hermann Stiehl: *Herr der Fliegen*. Frankfurt/M: Fischer 1963; Tb 1974 (D,E,Sk).

Grütter, Karin/Annamaria Ryter: *Stärker, als ihr denkt! Ein Kapitel verschwiegener Geschichte*. München: dtv 1991 (D,G,Sk).

Guedj, Dennis: *Das Theorem des Papageis*. Roman. Aus dem Frz. V. B. Wikzek. Hamburg: Hofmann & Campe 1999. (D,Phil)

Gur, Batya: *Denn am Sabbat sollst du ruhen*. München: Goldmann 1996 (D,Psych).

Hagemann, Marie: *Schwarzer, Wolf, Skin.* Stuttgart; Wien: Thienemanns 1993 (D,Sk).

Härtling, Peter: *Das war der Hirbel.* Weinheim: Basel: Beltz 1973 (D,Sk).

Hasler, Evelyn: *Die Wachsflügelfrau. Geschichte der Emily Kempin-Spyri.* Zürich: Nagel & Kimche, 11. Aufl 1993 – München: dtv 1995. (D,G,Sk).

Heidenreich, Elke/Quint Buchholz (Ill.): *Nero Corleone.* Reinbek: Rowohlt 1999 (D,HSU/B).

Heuck, Sigrid: *Meister Joachims Geheimnis.* Stuttgart: Thienemanns 1989. Frankfurt/M.: Fischer-Tb 1996 (D,G,K).

Hillerman, Tony: *Wolf ohne Fährte.* Reinbek: Rowohlt 1972 (D,E,Sk).

– : *Wer die Vergangenheit stiehlt.* Reinbek: Rowohlt 1990 (D,E,Sk).

Huxley, Aldous: *Brave New World.* Aus d. Engl.: *Schöne neue Welt.* Frankfurt/M.: Fischer, 55. Aufl. 1997 (D,E,Sk).

Johansen, Hanna/Käthi Bhend (Ill.): *Die Geschichte von der kleinen Gans, die nicht schnell genug war.* Zürich; Frauenfeld: Nagel & Kimche 1989. 6. Aufl. 1997 Tb. Ravensburger 1996 (D,B/HSU).

– : *Die Ente und die Eule. Eine Kindergeschichte mit Bildern von Käthi Bhend.* Zürich: Nagel & Kimche 1988 (D,HSU).

Kerner, Charlotte: *Lise, Atomphysikerin. Die Lebensgeschichte der Lise Meitner.* Weinheim: Beltz 1987 (D,G,Ph).

Kerr, Judith: *Als Hitler das rosa Kaninchen stahl.* Ravensburg: Otto Maier 1973 (D,G).

– : *Warten bis der Frieden kommt.* Ravensburg: Otto Maier 1975 (D,G).

– : *Eine Art Familientreffen.* Ravensburg: Otto Maier 1979 (D,G).

Kertész, Imre: *Roman eines Schicksallosen.* Berlin: Rowohlt 1996 (D, G, Eth/R)

Kimmel, Elisabeth Cody: *Ice Story. Shackletons Kamp in der Antarktis.* Aus d. Amerik. v. Thomas A. Meck. Hamburg: Oetinger 2000 (D,Ek,G).

Kinkel, Tanja: *Wahnsinn, der das Herz zerfrisst.* München: Goldmann 1995 (D,G).

Klüger, Ruth: *weiter leben. Eine Jugend.* München; dtv 1994 (D,G).

Kordon, Klaus/Peter Schimmel (Ill.): *Die Lisa. Ein Leben.* Zug: ars edition 1991 (D,HSU,R).

Krausnick, Michail: *Der Räuberlehrling.* Stuttgart: Klett 1998 (Leseheft mit Materialien) (D,G,Sk).

Krauß, Irma: *Kurz vor morgen.* Zürich: Aare, 3. Aufl. 2000 (D, G, Sk).

Lansing, Alfred: *635 Tage im Eis. Die Shackleton-Expedition.* Aus d. Amerik. v. Franca Fritz, Heinrich Koop und Kristian Lutze. München: Goldmann 1999 (D,E,G,Ek).

Levoy, Myron: *Ein Schatten wie ein Leopard.* Aus d. Amerik. v. Elisabeth Epple. München: dtv 1992. (D,E,K).

Lightman, Alan: *Und immer wieder die Zeit. Einstein's Dreams.* München: Heyne 1993 (D,Ph,Phil).

Lindgren, Astrid: *Die Brüder Löwenherz.* Hamburg: Oetinger 1964 (D,R).

Littner, Jakob (d. i. Wolfgang Koeppen): *Aufzeichnungen aus einem Erdloch* (1948; Neuausg. 1985) (D,G).

Mazer, Harry: *Cleos Insel.* Kevelaer: Anrich 1982 (D,E,Sk).

Melville, Herman: *Moby Dick.* Aus d. Amerik. v. Hans Seiffert. Berlin: Aufbau 2001 (D,E,B).

Musil, Robert: *Die Verwirrungen des Zöglings Törleß.* Zit. nach Robert Musil: *Sämtliche Erzählungen.* Reinbek: Rowohlt 1957, 1978 (D,M).

Mwangi, Meja: *Kariuki und sein weißer Freund*. Göttingen: Lamuv 1996 (D,Ek,Sk).

Nadolny, Sten: *Die Entdeckung der Langsamkeit*. München: Piper 1983. (D,G)

Pausewang, Gudrun: *Die Wolke*. Ravensburg: Otto Maier 1987. (D,Ph,Sk)

Pestum, Jo: *Büffelsohn und kleiner Stern*. Mit Bildern von Hella Seith. Würzburg: Arena 1997 (D, HSU).

Piumini, Roberto/Quint Buchholz: *Matti und der Großvater*. München: Hanser 1994 (D,R).

Plate, Herbert: *Der weiße Falke. Der Kinderkreuzzug nach Jerusalem*. Stuttgart: Thienemanns 1991, Fischer-Tb. 1995 (D,G,SK).

Rauprich, Nina: *Die sanften Riesen der Meere*. München: dtv, 4. Aufl. 1992 (D,B,Ek,Sk)
– : *Das Jahr mit Anne*. München: Ellermann 1995. Lizenzausgabe der Büchergilde Gutenberg 1997. (D,R/Eth).

Reuter, Elisabeth: *Judith und Lisa*. München: Ellermann 1988 (D,G,R).

Rhue, Morton: *Die Welle. Bericht über einen Unterrichtsversuch, der zu weit ging*. Aus d. Amerik. v. Hans-Georg Noack. Ravensburg: Otto Maier 1984 (D,E,Sk).

Richter, Jutta: *Der Hund mit dem gelben Herzen oder die Geschichte vom Gegenteil*. München: Hanser 1997 – München: dtv 2000 (D,R/Eth).

Rusch, Regina: *Zappelhannes*. Erzählungen. Weinheim: Beltz 1997 (D,Sk).

Rytchëu, Juri: *Die Suche nach der letzten Zahl*. Aus d. Russ. v. Charlotte u. Leonhard Kossuth. Zürich: Unionsverlag 1997 (D,G,M,Sk).
– : *Wenn die Wale fortziehen*. Aus d. Russ. v. Eveline Passet. Zürich: Unionsverlag 1995 (D,R,Eth,B,G)

Schlink, Bernhard: *Der Vorleser*. Zürich: Diogenes 1996, Tb 1997 (D,G).

Schlüter, Andreas: *Achtung. Zeitfalle!* Berlin: Altberliner Verlag 1996 (D,Ph,Sk).

Scholes, Katherine: *Sams Wal*. Mit Bildern von Quint Buchholz (*The Boy and the Whale*, Australien 1985). Ravensburger 1996 (D,B/HSK).

Schröder, Rainer M.: *Mein Feuer brennt im Land der Fallenden Wasser*. Würzburg: Arena 1998 (D,E,Ek).

Siege, Nasrin: *Shirin*. Weinheim: Beltz & Gelberg 1996 (D,Sk).

Skinner, B.F.: *Futurum Zwei – „Walden Two". Die Vision einer aggressionsfreien Gesellschaft*. Aus d. Amerik v. Martin Beheim-Schwarzenbach. Reinbek: Rowohlt 1972 (D,Psych,Sk).

Stannard, Russel: *Hallo Sam, hier bin ich!.* Frankfurt/Main: Fischer Schatzinsel 1996; 4. Aufl. 2000 (D,R,Eth,Sk).

Steinhöfel, Andreas: *Honigkuckuckskinder*. München: dtv 1996; 2. Aufl 1998 (D,Sk).

Stöver, Hans Dieter: *Quintus geht nach Rom* München: dtv 1997 (D,G,L).
– : *Quintus in Gefahr*. München: dtv 1991 (D,G,L).
– : *Quintus setzt sich durch*. München: dtv 1993 (D,G,L).

Yalom, Irvin D.: *Und Nietzsche weinte*. Hamburg: Kabel 1994; zit. nach der Tb-Ausgabe bei Goldmann 1996 (D,Psych).

Zanger, Jan de: *Dann eben mit Gewalt*. Weinheim; Basel: Beltz & Gelberg 1995 (D,Sk).

Zimmermann, Christa-Maria: *Gefangen im Packeis. Die abenteurliche Fahrt der Endurance*. Würzburg: Arena 1999 (D, Ek, G).

Zitelmann, Arnulf: *Mose, der Mann aus der Wüste kam* Weinheim: Beltz 1991 (Gulliver-Tb) (D,R)
– : *„Keiner dreht mich um". Die Lebensgeschichte des Martin Luther King*. Weinheim:

Beltz 1998 (Gulliver-Taschenbuch) (D,E,Sk).

– : „*Ich will donnern über sie!*" *Die Lebensgeschichte des Thomas Müntzer.* Weinheim: Beltz 1999 (Gulliver-Taschenbuch) (D,G,Sk).

– : „*Widerrufen kann ich nicht.*" *Die Lebensgeschichte des Martin Luther.* Weinheim: Beltz 1997 (Gulliver-Taschenbuch)(D,G,R).

Wintersteiner, Marianne: *Lou von Salomé. Ein biographischer Roman.* Frankfurt: Ullstein 1996 (D,G,Psych).

Wölfel, Ursula: *Fliegender Stern.* Ravensburg: Otto Maier 1973 (D,HSU).

Sekundärliteratur

Ablass, Anette: Russell Stannard: Hallo Sam, hier bin ich! In*: Schatzinseln für die Schule. Unterrichtsentwürfe für die Jahrgangsstufe 6–11.* Frankfurt/M. : Fischer 1997, S. 39–54.

Abraham, Ulf: Vorstellungsbildung und Literaturunterricht. In: Spinner (Hrsg.) 1999, S. 10–20.

Abraham, Ulf: Das Lernziel 'Fremdverstehen' auf dem Prüfstand. Einige neuere Jugendbücher zum Thema 'Rechtsextremismus und Gewalt' in didaktischer Sicht. In: *Der Deutschunterricht* 48 (1996), H. 4, S. 24–3.

Abraham, Ulf: *Übergänge. Literatur, Sozialisation und literarisches Lernen.* Wiesbaden: Westdeutscher Verlag 1998.

Abraham, Ulf/Beisbart, Ortwin/Holoubek, Helmut (Hrsg.): *Ganzheitlicher Deutschunterricht – Utopie oder realisierbares Programm?* LUSD (Literatur und Sprache – didaktisch), Heft 9. Bamberg 1996.

Angerer, Christian: Mitfühlen und Mitdenken. Ruth Klügers Autobiographie *weiter leben* im Deutsch- und Geschichtsunterricht. In: Bärnthaler (Hrsg.) 1999, S. 204–218.

Angvik, Magne/v. Borries, Bodo (Hrsg.): *Youth and History. A Comparative European Survey on Historical Consciousness and Political Attitudes among Adolescents.* 2 Bde. Hamburg: edition Körber Stiftung 1997.

Baacke, Dieter/Schulze, Theodor (Hrsg.): *Aus Geschichten lernen. Zur Einübung pädagogischen Verstehens.* München; Weinheim: Juventa 1979, S. 11–50.

Bachmann-Medick, Doris (Hrsg.): *Kultur als Text. Die anthropologische Wende in der Literaturwissenschaft.* Frankfurt/M.: Fischer 1996.

Bachorski, Hans-Jürgen/Traulsen, Christine: Interdisziplinarität und fächerübergreifender Unterricht. In: Mitteilungen des Deutschen Germanistenverbandes 42.4 (1995), S. 1–4.

Bambach, Heide: *Erfundene Geschichten erzählen es richtig. Lesen und Leben in der Schule.* Konstanz: Faude 1989.

Bärnthaler, Günther/Tanzer, Ulrike (Hrsg*.): Fächerübergreifender Literaturunterricht. Reflexionen und Perspektiven für die Praxis.* Innsbruck; Wien: StudienVerlag 1999.

Bärnthaler, Günther: Fächerübergreifender Unterricht. Zur Notwendigkeit vertiefender Ergänzung gefächerten Unterrichts. In: ders. (Hrsg.) 1999, S. 11–21.

Baßler, Moritz (Hrsg.): New Historicism. Literaturgeschichte als Poetik der Kultur. Frankfurt/M.: Fischer 1995.

Baumgärtner, Alfred C./Launer, Christoph: Abenteuerliteratur. In: Lange (Hrsg.) 2000, S. 415–444.

Baurmann, Jürgen/Hacker, Hartmut: Integrativer Deutschunterricht. Lernen in fächerübergreifenden Zusammenhängen. In: PD 93 (1985), S. 5–18.

Beisbart, Ortwin: Ganzheitliches Lernen als Aufgabe von Schule und Unterricht. (Selbst-)Konstruktion und vernetztes Denken im Deutschunterricht. In: Abraham/ Beisbart/Holoubek (Hrsg.) 1996, S. 11–34.

Beisbart, Ortwin/Marenbach, Dieter/ Eisenbeiß, Ulrich (Hrsg.): *Leseförderung und Leseerziehung. Theorie und Praxis des Umgangs mit Büchern für junge Leser.* Donauwörth: Auer 1993.

Bertelsmann Stiftung (Hrsg.): *Lesen in der Schule. Perspektiven der schulischen Leseförderung.* Gütersloh: Bertelsmann 1995.

– (Hrsg.): Mehr als ein Buch. Leseförderung in der Sekundarstufe I. In Zusammenarbeit mit dem Landesinstitut für Schule und Weiterbildung, Soest . Bearb. v. F. Harmgarth u. H. Elsholz. Gütersloh: Bertelsmann 1996.

Bertschi-Kaufmann, Andrea/Gschwend-Hauser, Ruth: Mädchengeschichten – Knabengeschichten. Begleimaterialien – Erläuterungen und Arbeitsmaterialien. Zürich: Sabe 1995.

Bierner, Stephanie: Fächerintegration – Begriffsklärung, Begründung und Versuch einer Definition hinsichtlich grundschuldidaktischer Konzeptvorstellungen. In: Gleißner, Alfred (Hrsg.): *Bildung für morgen. Zukunftsorientierte Fachdidaktik. Dokumentation des fachdidaktischen Dies academicus am 3.12.1996 an der Universität München.* München 1998, S. 248–255.

Böhm, Winfried: *Entwürfe zu einer Pädagogik der Person. Gesammelte Aufsätze.* Hrsg. und eingeleitet von Andreas Lischewski. Bad Heilbrunn: Klinkhardt 1997.

Böhm, Winfried: *Wörterbuch der Pädagogik.* Begr. Von Wilhelm Hehlmann. – 14., überarbeitete Aufl. – Stuttgart: Kröner 1994.

Böhme, Gernot: *Anthropologie in pragmatischer Hinsicht. Darmstädter Vorlesungen.* Frankfurt/M.: 1985.

Bollenbeck, Georg: *Bildung und Kultur. Glanz und Elend eines deutschen Deutungsmusters.* Frankfurt/M.; Leipzig: Suhrkamp 1996.

Born, Monika: Religiöse Kinder- und Jugendliteratur. In: Lange (Hrsg.) 2000, S. 399–414.

Bornscheuer, Lothar: *Topik. Zur Struktur der gesellschaftlichen Einbildungskraft.* Frankfurt/M.: Suhrkamp 1976.

Borries, Bodo v.: *Imaginierte Geschichte. Die biografische Bedeutung historischer Fiktionen und Phantasien.* Köln: Böhlau 1996.

Borries, Bodo v.: Erlebnis, Identifikation und Aneignung beim Geschichtslernen. In: *Neue Sammlung* 38 (1998), H. 2, S. 171–202.

Brinkmöller-Becker, Heinrich (Hrsg.): *Fächerübergreifender Unterricht in der S II. Projekte und Materialien für das Fächernetz Deutsch.* Berlin: Cornelsen Scriptor 2000.

Brunken, Otto: „Die Geschichte muss fesseln …": Jan de Zangers Jugendroman „Dann eben mit Gewalt". In: *Praxis Deutsch-Sonderheft* 1995, S. 117–123.

Büll, Hermann: Karin Grütter/Annamaria Ryter: Stärker als ihr denkt. Ein Kapitel verschwiegener Geschichte (8.–10. Schuljahr). In: Haas, Gerhard (Hrsg.): *Lesen in der Schule. Unterrichtsvorschläge für die Sekundarstufen.* München: dtv 1993, S. 49–57.

Christ, Hannelore u. a. (Hrsg.): *„Ja, aber es kann doch sein …". In der Schule literarische Gespräche führen.* Frankfurt/M.: P. Lang 1995.

Collmar, Norbert: Die Lehrkunst des Erzählens: Expression und Imagination. In: Fauser, Peter/Madelung, Eva (Hrsg.): *Vorstellungen bilden. Beiträge zum imaginativen Lernen.* Seelze: Kallmeyer'sche Verlagsbuchhandlung 1996, S. 177–191.

Conrady, Karl Otto: *Warum noch zum Lesen aktivieren – und wie?* In: *Lebenswelten, Medienräume: Jugendliche, Bibliothek und Schule/*Karl Otto Conrady . . . Gütersloh: Verlag Bertelsmann Stiftung 1997, S. 7–29.

Daniels, Celia A.: The Poet as Anthropologist. In: Dennis/Aycock (Hrsg.) 1989, S. 181–192.

Daubert, Hannelore (Hrsg.): *Lesen in der Schule mit dtv junior. Unterrichtsvorschläge für die Klassen 5–10. Spannung und Abenteuer.* München: dtv 2001.

Daubert, Hannelore: „Das Ganze war ein unglücklicher Zufall": Vorschläge zum Umgang mit einem „anderen" Jugendbuch zum Thema Rechtsradikalismus und Ausländerfeindlichkeit. In: *Praxis Schule 5–10* (1997), H. 4, S. 28–33.

Daubert, Hannelore: Kirsten Boie: Erwachsene reden. Marco hat was getan: 8.–10. Schuljahr (und S II); Unterrichtvorschläge. In: dies. (Hrsg.): *Lesen in der Schule mit dtv pokket.* München: dtv 1997, S. 124–150.

Daubert, Hannelore (Hrsg.): *Lesen in der Schule mit dtv. Junior. Historische Jugendromane.* München: dtv 1998.

Dennis, Philip A./Wendell Aycock (Hrsg.): *Literature and Anthropology.* Lubbock: Texas Tech University Press 1989.

Der weiße Dampfer – ein künstlerisch-literarisches Projekt. Texte und Redaktion Wilfried Bütow et al. Berlin: Volk und Wissen 1996.

Diederich, Jürgen/Tenorth, Heinz-Elmar: *Theorie der Schule. Ein Studienbuch zu Geschichte, Funktionen und Gestaltung.* Berlin: Cornelsen Scriptor 1997.

Dittmann, Helmut: *Komplexe Zahlen. Ein Lehr- und Arbeitsbuch.* München: bsv 1977.

Dorst, Gisela: Mose – nicht nur ein Thema für den Religionsunterricht. In: *Praxis Schule 5–10,* 1997, H. 4, S. 8–11.

Dressel, Gert: *Historische Anthropologie.* Eine Einführung. Wien 1996.

Duncker, Ludwig/Popp, Walter (Hrsg.): *Über Fachgrenzen hinaus. Chancen und Schwierigkeiten des fächerübergreifenden Lehrens und Lernens.* 3 Bde. Heinsheim: Dieck 1997f.

Eggert, Hartmut/Garbe, Christine: *Literarische Sozialisation.* Stuttgart; Weimar: Metzler 1995.

Eicher, Thomas (Hrsg.): *Zwischen Leseanimation und literarischer Sozialisation. Konzepte der Lese(r)förderung.* Oberhausen: Athena 1997.

Eicher, Thomas: Leseförderung in der Hochschule? Zu den Ergebnissen einer Umfrage zum Leseverhalten von Studienanfängern des Faches Deutsch. In: *Mitteilungen des Dt Germanistenverbandes* 42 (1995), H. 4, S. 50–61.

Engelhard, Gundula: Skins mit menschlichen Zügen. Eine Umfrage zu einem Jugendbuch. In: *Der Deutschunterricht* 48 (1996), H. 4, S. 19–23.

Ewers, Hans-Heino: Jugendromane im Unterricht verschiedener Fächer. In: *Praxis Schule 5–10,* 1997, H. 4, S. 6f.

Ewers, Hans-Heino: *Literatur für Kinder und Jugendliche. Eine Einführung.* München: Fink 2000.

Falk, Ulrich: Bleibt „Moby Dick" auf der Strecke? Ein fächerübergreifendes Projekt „Wale und Walfang". In: *Praxis Deutsch.* Sonderheft *Leseförderung in einer Medienkultur.* Velber: Friedrich 1998, S. 55–60.

Franz, Kurt/Lange, Günter/Payrhuber, Franz-Josef (Hrsg.): *Kinder- und Jugendliteratur zur Jahrtausendwende. Autoren, Themen, Vermittlung.* Baltmannsweiler: Schneider 2000.

Franzmann, Bodo: Wozu Leseförderung? Forschungsergebnisse und Handlungsperspektiven. In: Eicher (Hrsg.) 1997, S. 19–36.

– : Ein Blick auf die Drittelgesellschaft der Leser im Jahr 2000. In: Lange, Günter (Hrsg.): *Lese-Erlebnisse und Literatur-Erfahrungen. Annäherungen an literarische Werke von Luther bis Enzensberger.* FS für Kurt Franz. Baltmannsweiler: Schneider 2000, S. 358–367.

Frederking, Volker: „Die Welle" von Morton Rhue: ein handlungs- und produktionsorientiertes Unterrichtsmodell. In: *Praxis Deutsch-Sonderheft* 1995, S. 97–100.

Frederking, Volker (Hrsg.): *Verbessern heißt Verändern. Neue Wege, Inhalte und Ziele der Ausbildung von Deutschlehrer(inne)n in Studium und Referendariat.* Baltmannsweiler: Schneider 1998.

Fritz, Angela/Suess, Alexandra: *Lesen. Die Bedeutung der Kulturtechnik Lesen für den gesellschaftlichen Kommunikationsprozeß.* Konstanz 1986.

Fritzsche, Joachim/Ivo, Hubert/ Kopfermann, Thomas/Siegle, Rainer: *Projekte im Deutschunterricht.* Stuttgart u. a.: Klett 1992.

Frommer, Harald: *Lesen im Unterricht. Von der Konkretisation zur Interpretation.* Hannover: Schroedel 1988.

Gabriel, Gottfried: Über die Bedeutung der Literatur. Zur Möglichkeit ästhetischer Erkenntnis. In: ders.: *Zwischen Logik und Literatur. Erkenntnisformen von Dichtung, Philosophie und Wissenschaft.* Stuttgart: Metzler 1991, S. 2–18.

Gallin, Peter/Ruf, Urs: *Sprache und Mathematik in der Schule. Auf eigenen Wegen zur Fachkompetenz.* Kallmeyer 1998.

Garbe, Christine/Groß, Martin: Leseerfahrung und Literaturwissenschaft. Das Germanistikstudium als Ort literarischer Sozialisation. In: *Literatur und Erfahrung* 26/27 (1993), S. 80–95.

Glinz, Hans: Fiktionale und nichtfiktionale Texte. In: *Textsorten und literarische Gattungen: Dokumentation des Germanistentages in Hamburg vom 1.–4. April 1979.* Berlin: E. Schmidt 1983, S. 118–130.

Goldgar, Harry: The Square Root of Minus One: Freud and Robert Musil's Törless. In: *comparative literature* 17 (1965), S. 117–132.

Goleman, Daniel: *Emotionale Intelligenz.* München: Hanser 1996.

Grenz, Dagmar (Hrsg.): *Kinderliteratur – Literatur auch für Erwachsene? Zum Verhältnis von Kinderliteratur und Erwachsenenliteratur.* München. Fink 1990.

Gross, Sabine: *Lese-Zeichen. Kognition, Medium und Materialität im Leseprozeß.* Darmstadt: WB 1994.

Grossmann, Bernhard: *Robert Musil: Die Verwirrungen des Zöglings Törless.* München: Oldenbourg 1988.

Grundke, Peter: Die Ralphs und die Jacks: Jugendprobleme im Unterricht. Ein Unterrichtsentwurf über Gruppenprozesse im Anschluß an die Lektüre von Goldings „Herr der Fliegen". In: Wangerin (Hrsg.) 1983, S. 49–62.

Gudjons, Herbert: *Methodik zum Anfassen. Unterrichten jenseits von Routinen.* Bad Heilbrunn: Klinkhardt 2000.

Haas, Gerhard: Julie von den Wölfen. In: ders. (Hrsg.): *Lesen in der Schule. Anregungen, Unterrichtsvorschläge, Texte.* München: dtv 1981, S. 215–220.

Haas, Gerhard: Wo liegt Nangilima? Astrid Lindgrens „Die Brüder Löwenherz". Zit. nach: *Praxis Deutsch*-Sonderheft *Kinder- und Jugendliteratur im Unterricht*. Velber 1995, S. 49–52.

Haas, Gerhard: *Handlungs- und produktionsorientierter Literaturunterricht. Theorie und Praxis eines 'anderen' Literaturunterrichts für die Primar- und Sekundarstufe.* Seelze: Kallmeyer'sche Verlagsbuchhandlung 1997.

Haas, Gerhard: Das Tierbuch. In: Lange (Hrsg.) 2000, S. 287–307.

Haas, Gerhard: Der Phantasie Nahrung geben. Handlungs- und produktionsorientierter Umgang mit Märchen und phantastischen Erzählungen. In: Nußbaum, Regina (Hrsg.): *Wege des Lernens im Deutschunterricht. Phantasie entfalten – Erkenntnisse gewinnen – Sprache vervollkommnen.* Braunschweig: Westermann 2000, S. 126–134.

Harmgarth, Friederike (Hrsg.): *Lesegewohnheiten – Lesebarrieren. Schülerbefragung im Projekt „Öffentliche Bibliotheken und Schule – neue Formen der Partnerschaft".* Gütersloh: Stiftung Bertelsmann 1997.

Härter, Andreas: *Textpassagen. Lesen – Leseunterricht – Lesebuch.* Frankfurt/M.: Diesterweg 1991.
– ders.: Zumutung oder Notwendigkeit? Leseförderung in der Lehrerinnen- und Lehrerausbildung für die Sekundarstufe. In: Hohmann/Rubinich (Hrsg.) 1996, S. 108–120.

Hartmann, Gudrun: Rechtsradikalismus als zu durchschauendes Phänomen: zu Kirsten Boies „Erwachsene reden. Marco hat was getan". In: *Mitteilungen des Instituts für Jugendbuchforschung* (Frankfurt) 1996, H. 1, S. 21–30.

Henne, Hermann: Das Mittelalter war finster und rauh ... In: *Praxis Schule 5–10*, 1997, H. 4, S. 18–14.

Henne, Hermann: Sid Fleischmann: Das Geheimnis im 13. Stock. In: Hannelore Daubert (Hrsg.): *Lesen in der Schule mit dtv junior. Unterrichtsvorschläge für die Klassen 5–10. Spannung und Abenteuer.* München: dtv 2001, S. 40–69.

Hentig, Hartmut v.: Jus' you wait! Beobachtungen zu William Goldings „Herr der Fliegen" (1967). Erneut in: *Spielraum und Ernstfall. Gesammelte Aufsätze zu einer Pädagogik der Selbstbestimmung.* Stuttgart: Klett-Cotta 1981, S. 107–136.

Hentig, Hartmut v.: *Bildung. Ein Essay.* Darmstadt: WB 1996.

Hesse-Hoerstrup, Dorothee: *Lebensbeschreibungen für junge Leser. Die Biographie als Gattung der Jugendliteratur – am Beispiel von Frauenbiographien.* Frankfurt/M.: P. Lang 2001 (zugl. Diss Uni Köln 2000).

Heymann, Hans Werner: *Allgemeinbildung und Mathematik.* Weinheim; Basel: Beltz 1996.

Heymann, Hans Werner: Der „Stoff" ist nicht entscheidend. Unterrichtskultur im Mathematikunterricht. In: *Praxis Schule* 7 (1996), H. 3, S. 8–10.

Hiller-Ketterer, Ingeborg/Hiller, Gotthilf Gerhard: Fächerübergreifendes Lernen in didaktischer Perspektive. In: Duncker/Popp (Hrsg.) 1997, Bd. I, S. 166–195.

Hillerman, Tony: Making Mysteries with Navajo Materials. In: Dennis/Aycock (Hrsg.) 1989, S. 5–14.

Höfner, Marion: Fächerübergreifender Unterricht bei der Aneignung literarischer Werke. In: *Mitteilungen des Deutschen Germanistenverbandes* 42 (1995), H. 4, S. 31–39.

Hohmann, Joachim S./Johann Rubinich (Hrsg.): *Wovon der Schüler träumt. Leseförderung im Spannungsfeld von Literaturvermittlung und Medienpädagogik.* Frankfurt/M.: P. Lang 1996.

Holoubek, Helmut: *Musik im Deutschunterricht. (Re-)Konstruierte Beziehungen, oder: Thema con Variazioni.* Frankfurt/M.: P. Lang 1998.

Huber, Ludwig: Vereint, aber nicht eins: Fächerübergreifender Unterricht und Projektunterricht. In: Hänsel, Dagmar (Hrsg): *Handbuch Projektunterricht.* Weinheim: Beltz 1997, S. 31–53.

Huber, Ludwig/Effe-Stumpf, Gertrud: Der fächerübergreifende Unterricht am Oberstufen-Kolleg. Versuch einer historischen Einordnung. In: Krause–Isermann u. a. (Hrsg) 1994, S. 63–86.

Hug, Theo: Lesarten des „Instant Knowledge". In: ders. (Hrsg.): *Technologiekritik und Medienpädagogik. Zur Theorie und Praxis kritisch-reflexiver Medienkommunikation.* Baltmannsweiler: Schneider 1998, S. 180 ff.

Hurrelmann, Bettina: Kinder- und Jugendliteratur im Deutschunterricht – eine Antwort auf den Wandel der Medienkultur? In: *Der Deutschunetrricht* 42 (1990), H. 3, S. 5–24.

Hurrelmann, Bettina: Kinderliteratur – Sozialiationsliteratur? In: Richter, Karin/Hurrelmann, Bettina (Hrsg.): Kinderliteratur im Unterricht. Weinheim; München: Juventa 1998, S. 45–60.

Hurrelmann, Bettina: Lesen als Kinderkultur und die Erwachsenen als Leselehrer. In: Rupp, Gerhard (Hrsg.): *Wozu Kultur? Zur Funktion von Sprache, Literatur und Unterricht.* Frankfurt/M.: Lang 1997, S. 81–94.

Illich, Ivan: *Entschulung der Gesellschaft. Entwurf eines demokratischen Bildungssystems.* Reinbek: Rowohlt 1984.

ISB (Staatsinstitut für Schulpädagogik und Bildungsforschung München) (Hrsg.): *Literatur und Philosophie auf der Oberstufe. Materialien und Modelle zum Literaturunterricht am Gymnasium.* Donauwörth: Auer 2000.

Janson, Stefan (Hrsg.): *Musik-Erzählungen.* Stuttgart: Reclam 1990.

Jäßl, Gerolf: *Mathematik und Mystik in Robert Musils Roman „Der Mann ohne Eigenschaften".* München 1963.

Jehle, Cordula: Mit Quintus das antike Rom erleben. In: *Praxis Schule* 5–10, 1997, H. 4, S. 12 f.

Jürgens, Eiko: Offener Unterricht – offene Lernsituationen. In: *Praxis Schule* 5–10, 1998, H. 3, S. 6–9.

Kaiser, Gerhard: *Wozu Literatur? Über Dichtung und Leben.* München: Beck 1996.

Kaizik, Jürgen: *Die Mathematik im Werk Robert Musils – Zur Rolle des Rationalismus in der Kunst.* Diss Saarbrücken 1978; Wien 1980.

Kammler, Clemens: *Neue Literaturtheorien und Unterrichtspraxis. Positionen und Modelle.* Baltmannsweiler: Schneider 2000.

Kämper-van den Boogaart, Michael: „Die Verwirrungen des Zöglings Törleß". Eine kritische Perspektive auf Robert Musils Roman und Vorschläge zum Unterricht. In: *Deutschunterricht*-Berlin 53 (2000), H. 4, S. 251–258.

Karst, Theodor: Für einen fächerverbindenden Deutschunterricht interdisziplinär studieren – Erfahrungen und Vorschläge. In: Frederking (Hrsg) 1998, S. 157–166.

–/Venter, Jochen: *Natur und Literatur. Fächerverbindender Unterricht in der Grundschule.* Baltmannsweiler: Schneider 1994.

Kleßmann, Eckart (Hrsg.): *Über Musik. Gedichte, Erzählungen, Betrachtungen.* Stuttgart: Reclam 1996.

Kliewer, Ursula: Dagmar Chidolue: „Lady Punk" – Der Prozess der Ich-Findung im Adoleszenzroman (9./10. Klasse). In: *RAAbits Deutsch/Literatur* 18 (Mai 1997), Reihe 8.

Knobloch, Jörg/Dahrendorf, Malte (Hrsg.): *Offener Unterricht mit Kinder- und Jugendliteratur. Grundlagen – Praxisberichte – Materialien.* Baltmannsweiler: Schneider 1999.

Knoll, Michael: Projektmethode und fächerübergreifender Unterricht. Eine historisch-systematische Betrachtung. In: Duncker/Popp (Hrsg.) 1997, Bd. I, S. 206–225.

Kocka, Jürgen (Hrsg.): *Interdisziplinarität. Praxis, Herausforderung, Ideologie.* Frankfurt/M.: Suhrkamp 1987.

Koenen, Marlies: *Schwarzer, Wolf, Skin* von Marie Hagemann. Ein Jugendbuch im Gespräch. Anregungen für Unterricht und außerschulische Praxis. Stuttgart; Wien: Thienemann 1993.

Köpf, Gerhard: Literaturdidaktik und Geschichtlichkeit der Literatur. In: *Praxis Deutsch* 39 (1980), S. 5–7.

Köppert, Christine/Kaspar H. Spinner: Imagination im Literaturunterricht. In: *Neue Sammlung* 38 (1998), H. 2, S. 155–170.

Köppert, Christine: Innere Bilder zu „laufenden Bildern". Wahrnehmungsbildung, Vorstellungsbildung und vorstellungsgetragene Deutung am Beispiel von *Schindlers Liste.* In *Praxis Deutsch* 154 (1999), S. 53–59.

Koselleck, Reinhart: *Geschichte – Ereignis und Erzählung.* München: Fink, 2. Aufl. 1990.

Köster, Juliane: Autobiographie als literaturdidaktischer Fundus: Literaturerfahrung in Ruth Klüger, *weiter leben. Eine Jugend.* In: *Deutschunterricht-Berlin* 50 (1997), H. 12, S. 564–584.

Köster, Juliane: *Bernhard Schlink, Der Vorleser* München: Oldenbourg 2000. (Oldenbourg-Interpretationen Bd. 98).

Krause-Isermann, Ursula u. a. (Hrsg.): *Perspektivenwechsel. Beiträge zum fächerübergreifenden Unterricht für junge Erwachsene.* Bielefeld (Arbeitsmaterialien aus dem Bielefelder Oberstufenkolleg 38) 1994.

Kreft, Jürgen: *Grundprobleme der Literaturdidaktik.* Heidelberg: Quelle & Meyer, 2. Aufl 1984.

Krejci, Michael: Lesen oder erfahren? In: Beisbart, Ortwin u. a. (Hrsg.): *Leseförderung und Leseerziehung. Theorie und Praxis des Umgangs mit Büchern für junge Leser.* Donauwörth: Auer 1993, S. 65–71.

Kunz, Marcel: *Spieltext und Textspiel. Szenische Verfahren im Literaturunterricht der S II.* Seelze: Kallmeyer'sche Verlagsbuchhandlung 1997.

Kurpjuhn, Jutta: *Außenseiter in der Kinderliteratur.* Frankfurt/Main: P. Lang 2000.

Kuschel, Karl-Josef: *Gottesbilder – Menschenbilder. Blicke durch die Literatur unserer Zeit.* Köln 1985.

Kuschel, Karl: *Weil wir uns auf dieser Erde nicht ganz zu Hause fühlen. 12 Schriftsteller über Religion und Literatur.* München: Piper, 2. Aufl. 1985.

Lange, Bernward: Aspekte imaginativer Förderung im fächerübergreifenden Unterricht. In: Duncker/Popp (Hrsg.) 1997. Bd. I, S. 135–165.

Lange, Günter (Hrsg.): *Erwachen im 20. Jahrtausend und andere Science-fiction-Geschichten.* Stuttgart: Klett 1992 (Lesehefte für den Literaturunterricht).

Lange, Günter: Science-fiction-Literatur im Unterricht. In: Lange, G./Neumann, K./Ziesenis, W. (Hrsg.): *Taschenbuch des Deutschunterrichts.* Baltmannsweiler: Schneider 6., vollst. überarb. Aufl. 1998. Bd. 2, S. 805–824.

Lange, Günter (Hrsg.): *Taschenbuch der Kinder- und Jugendliteratur.* Baltmannsweiler: Schneider 2000.

Lange, Günter: *Erwachsen werden. Jugendliterarische Adoleszenzromane im Deutschunterricht.* Baltmannsweiler: Schneider 2000.

Lange, Günther: Lust am Projekt. Chancen kulturellen Lernens im Deutschunterricht. Baltmannsweiler: Schneider 1999.

Lange, Günther: Julie von den Wölfen: Interpretation eines Jugendbuchs im Spannungsfeld von Nähe und Distanz. In: *Praxis Deutsch*-Sonderheft 1995, S. 69–71.

Lange, Wilfried: Ein Schatten wie ein Leopard. Ramon Santiagos Geschichte. In: *Praxis Deutsch* 158 (1999), S. 42–47.

– : Myron Levoy: Ein Schatten wie ein Leopard. 7–9. Schuljahr. In: Daubert (Hrsg.) 2001, S. 134–163.

Lehmann, Rainer H./Peek, Rainer/Pieper, Iris/Stritzky, Regine v.: *Leseverständnis und Lesegewohnheiten deutscher Schüler und Schülerinnen*. Weinheim: Beltz 1995.

Lindenpütz, Dagmar: *Das Kinderbuch als Medium ökologischer Bildung. Untersuchungen zur Konzeption von Natur und Umwelt in der erzählenden Kinderliteratur seit 1970*. Essen: Die blaue Eule 1999.

Lindenpütz, Dagmar: Natur und Umwelt als Thema der Kinder- und Jugendliteratur. In: Lange (Hrsg.) 2000, S. 727–745.

Lindenpütz, Dagmar: 'Ökologie' als Thema der Kinder- und Jugendliteratur. In: Franz u. a. (Hrsg.) 2000, S. 111–127.

Lorenz, Konrad: *Hier bin ich, wo bist du? Ethologie der Graugans*. München; Zürich 1988.

Lucchesi, Joachim/Ronald K. Shull: *Musik bei Brecht*. Frankfurt/M.: Suhrkamp 1988.

Mai, Martina: *Bilderspiegel – Spiegelbilder. Wechselbeziehungen zwischen Literatur und bildender Kunst in Malerromanen des 20. Jahrhunderts*. Würzburg: Königshausen & Neumann 1999.

Maiwald, Klaus: *Literarisierung als Aneignung von Alterität. Theorie und Praxis einer literaturdidaktischen Konzeption zur Leseförderung im Sekundarbereich*. Diss. Bamberg 1997.

Maiwald, Klaus: *Literatur lesen lernen. Begründung und Dokumentation eines literaturdidaktischen Experiments*. Baltmannsweiler: Schneider 2001.

Märtin, Ralf-Peter: Sorgfalt und Kalkül. Karl Mays Umgang mit seinen Quellen. In: Eggebrecht, Harald (Hrsg.): Karl May, der sächsische Phantast. Studien zu Leben und Werk. Frankfurt/M.: Suhrkamp 1987, S. 235–249.

Martini, Jürgen: Kariuki – ein Roman aus Afrika. In: *Praxis Schule* 5–10, 1997, H. 4, S. 25–27.

Mattenklott, Gundel: G.Ott, ein neuer Protagonist in der Kinder- und Jugendliteratur. In: *Deutschunterricht-Berlin* 51 (1998), H. 6, S. 294–303.

Melzer, Helmut: Science-fiction-Kinder- und Jugendliteratur. In: Franz, K./Lange, G./ Payrhuber, F.-J. (Hrsg.): *Kinder- und Jugendliteratur – ein Lexikon. Autoren, Illustratoren, Verlage, Begriffe*. Meitingen: Corian 1995 ff. 1. Erg.-Lfg. 1996.

Melzer, Helmut: Sciencefiction für Kinder und Jugendliche. In: Lange (Hrsg.) 2000, Bd. 1, S. 547–565.

Meyer, Hilbert: *Schulpädagogik. Bd. II: Für Fortgeschrittene*. Berlin: Cornelsen Scriptor 1997.

Mix, York-Gothart: *Die Schulen der Nation. Bildungskritik in der Literatur der frühen Moderne*. Stuttgart; Wiemar: Metzler 1995.

Moll-Strobel, Helgard (Hrsg.): *Grundschule – Kinderschule oder wissenschaftsorientierte Leistungsschule?* Darmstadt: WB 12982.

Müller, Gerd: *Dichtung und Wissenschaft. Studien zu Robert Musils Romanen 'Die Verwirrungen des Zöglings Törless' und 'Der Mann ohne Eigenschaften'*. Uppsala 1971 (= Acta Universitatis Upsaliensis. Studia Germanistica Upsaliensia 7).

Niemann, Heide et al.: *Lesen ist mehr. Leseförderung in den Schuljahrgängen 1–6.* Hannover. Niedersächs. Kultusministerium 1991.

Niemann, Heide: Leseförderung. In: Hohmann/Rubinich (Hrsg.) 1996, S. 67–77.

Nordhofen, Susane: Philosophieren im Deutschunterricht. In: Frederking (Hrsg.) 1998, S. 187–206.

Nutz, Maximilian: Literaturgeschichte? – Differenzerfahrung und kulturelles Gedächtnis. In: Spinner, Kaspar H. (Hrsg.): *Neue Wege im Literaturunterricht.* Hannover: Schroedel 1999, S. 21–32.

Ossowski, Herbert: Interkulturelle (und interreligiöse) Erziehung durch Kinder- und Jugendbücher. In: Franz u. a. (Hrsg.) 2000, S. 175–195.

Ott, Elisabeth: Geschichte in jugendlichen Lebenswelten. Überlegungen, Denkanstöße und Fragen zur historischen Belletristik für Jugendliche heute. In: Ewers, Hans-Heino (Hrsg.): *Jugendkultur im Adoleszenzroman. Jugendliteratur der 80er und 90er Jahre zwischen Moderne und Postmoderne.* Weinheim; München: Juventa 1994, S. 131–138.

Paefgen, Elisabeth K.: *Einführung in die Literaturdidaktik.* Stuttgart: Metzler 1999.

Pattensen, Henryk: Jugendromane in Lehrplan und Schulpraxis. In: *Praxis Schule 5–10,* 1997, H. 4, S. 39–41.

Pennac, Daniel: *Wie ein Roman.* Köln: Kiepenheuer & Witsch 1994 (frz. Orig. 1992).

Peukert, Helmut: *Bildung – Reflexionen zu einem uneingelösten Versprechen.* In*: Bildung. Die Menschen stärken, die Sachen klären.* Friedrich Jahresheft IV/1988, S. 12–17.

Pfotenhauer, Helmut: *Sprachbilder. Untersuchungen zur Literatur seit dem achtzehnten Jahrhundert.* Würzburg: Königshausen + Neumann 2000.

Pleticha, Heinrich (Hrsg.): *Lesebuch Geschichte. Texte aus Jugendbüchern für den fächerübergreifenden Unterricht.* Berlin 1996.

Pleticha, Heinrich: Geschichtliche Kinder- und Jugendliteratur. In: Lange (Hrsg.) 2000, S. 445–461.

Pleticha, Heinrich/Augustin, Siegfried: *Lexikon der Abenteuer- und Reiseliteratur von Afrika bis Winnetou.* Stuttgart: Thienemann 1999.

Plieninger, Konrad u. a.: *Die Französische Revolution 1793/94. Arbeitsmaterialien Deutsch/Fächerverbindender Unterricht.* Stuttgart u. a.: Klett 1993.

Popp, Walter: Die Spezialisierung auf Zusammenhänge als regulatives Prinzip der Didaktik. In: Duncker/Popp (Hrsg.) 1997. Bd. I. S. 135–154.

Pöppel, Ernst: Drei Welten des Wissens – Koordinaten einer Wissenswelt. In: Maar, Christa/Obrist, Hans Ulrich/Pöppel, Ernst (Hrsg.): *Weltwissen – Wissenswelt. Das globale Netz von Text und Bild.* Köln: DuMont 2000, S. 21–39.

Posse, Norbert: Widerstände in der Schule bei der Umsetzung von innovativer Leseförderung. In: Bertelsmann Stiftung (Hrsg.) 1997b, S. 59–67.

Rank, Bernhard: Hans Dieter Stöver: Quintus geht nach Rom. In: Haas, Gerhard (Hrsg.): *Lesen in der Schule mit dtv junior. Sekundarstufe.* München: dtv 1988, S. 27–36.

Rank, Bernhard: Philosophie als Thema von Kinder- und Jugendliteratur. In: Lange (Hrsg.) 2000, S. 799–827.

Rank, Bernhard/Rosebrock, Cornelia (Hrsg.): *Kinderliteratur, literarische Sozialisation und Schule.* Weinheim: Dt. Studien Verlag 1997.

Raulf, Barbara: Ein literarisches Verhaltensexperiment: „Das Haus der Treppen" von William Sleator. In: *Praxis Deutsch* 150 (1998), S. 55–59.

Reiter, Michaela: *Handlungs- und produktionsorientierte Leseförderung in der S I.* *„Schwarzer, Wolf, Skin"* von Marie Hagemann als Schullektüre. LUSD (Bamberger Schriftenreihe zur Deutschdidaktik), H. 10 (1997).

Riedel, Wolfgang: Literatur und Wissen. Thomas Manns *Der Zauberberg.* In: *Archiv* 153 (2001), Bd. 238, 1–18.

Riedel, Wolfgang: Mimesis. In: Volker Heid (Hrsg.): Sachlexikon der Literatur. Stuttgart: Reclam 2000, S. 575–578.

Resnick, Lauren B./Leopold E. Klopfer: *Toward the Thinkung Curriculum: Current Cognitive Research.* Washington D.C.: ASCD 1989.

Rösch, Heidi: *Entschlüsselungsversuche. Kinder- und Jugendliteratur und ihre Didaktik im globalen Diskurs.* Baltmannsweiler: Schneider 2000.

Rösch, Heidi: *Jim Knopf ist nicht schwarz. Anti-/Rassismus in der Kinder- und Jugendliteratur und ihre Didaktik.* Baltmannsweiler: Schneider 2000.

Rosebrock, Cornelia (Hrsg.): *Lesen im Medienzeitalter.* München; Weinheim: Juventa 1995.

Rosebrock, Cornelia: Kinder- und Jugendliteratur im Unterricht – aus der Perspektive der Lehrerbildung. In: Rank/Rosebrock (Hrsg.) 1997, S. 7–28.

Runge, Gabriele: *Lesesozialisation und Schule.* Würzburg: Königshausen + Neumann 1997.

Rupp, Gerhard (Hrsg.): *Ästhetik im Prozess.* Opladen/Wiesbaden: Westdeutscher Verlag 1998.

Sahr, Michael: Wieviel Wahrheit brauchen Kinder? Elisabeth Reuters realistische Bilderbuchgeschichte „Judith und Lisa". Zit. nach: *Praxis Deutsch*-Sonderheft *Kinder- und Jugendliteratur im Unterricht.* Velber 1995, S. 44–48.

Schacherreiter, Christian: Sache ist, was Sprache ist. Eine Grenzziehung zur Förderung nachbarschaftlicher Beziehungen zwischen dem Fach Deutsch und dem Rest des Fächerkanons. In: Bärnthaler (Hrsg.) 1999, S. 22–25.

Schär, Helene: 'Dritte Welt' als Thema der Kinder- und Jugendliteratur. In: Franz u.a. (Hrsg.) 2000, S. 162–174.

Schär, Helene: Dritte Welt als Thema der Kinder- und Jugendliteratur. In: Lange (Hrsg.) 2000, S. 783–798.

Schardt, Friedel: *Wertorientierung durch Literatur? Entwicklungsromane im Deutschunterricht.* Stuttgart: Klett 1998.

Scheufele, Ute (Hrsg.): *Weil sie wirklich lernen wollen. Bericht von einer anderen Schule.* Das Altinger Konzept. Weinheim; Berlin. Beltz Quadriga 1996.

Schindler, Nina: Dreamspeaker und Sternenwächter. Faszinierend oder trivial: Ein Jahrgang Indianerbücher. In: *Eselsohr* (1996), H. 5, S. 28–32.

Schlee, Agnes: *Wandlungen musikalischer Motive im Werke Thomas Manns.* Frankfurt/M.: Suhrkamp 1981.

Schmidt, Isolde: „Potenzierte Fremdheit" – fremdsprachliche literarische Texte als didaktische Herausforderung auf dem Weg zu interkultureller Kompetenz. In: LUSD (Bamberger Schriftenreihe zur Deutschdidaktik), H. 15 (2000), S. 39–71.

Schnotz, Wolfgang: *Aufbau von Wissensstrukturen. Untersuchungen zu Kohärenzstrukturen bei Wissenserwerb mit Texten.* München; Weinheim 1994.

Schnotz, Wolfgang: Imagination beim Sprach- und Bildverstehen. In: *Neue Sammlung* 38 (1998), H. 2, S. 141–154.

Schulz, Gudrun: Jugendprobleme im Unterricht. Literatur als Medium. In: *Pädagogik* 48 (1996), H. 10, S. 26–30.

Schütz, Erhard/Wegmann, Thomas: Literatur und Medien. In: Arnold, Heinz Ludwig/ Detering, Heinrich (Hrsg.): *Grundzüge des Literaturwissenschaft.* München: dtv 1996, S. 52–78.

Schwanitz, Dietrich: *Bildung. Alles, was man wissen muss.* Frankfurt/M.: Eichborn 1999.

Sieber, Peter: Neue Wege in der Lernkultur. In: Rastner, Eva Maria (Hrsg.): *Aufbrüche. Aktuelle Trends in der Deutschdidaktik.* Innsbruck; Wien; München: StudienVerlag 2000, S. 57–69.

Sörös, Michael: *Vernetzte Geschichte. Fächerübergreifende Unterrichtsmaterialien.* Linz: Veritas 1998.

Spinner, Kaspar H.: Der Kern literarischer Bildung. In: *Bildung. Die Menschen stärken, die Sachen klären.* Friedrich Jahresheft IV/1988, 34–35.

Spinner, Kaspar H.: (Hrsg.): *Imaginative und emotionale Lernprozesse im Deutschunterricht.* Frankfurt/M.: P. Lang 1995.

Spinner, Kaspar H.: Lese- und literaturdidaktische Konzepte. In: Franzmann, Bodo et. al. (Hrsg.): *Handbuch Lesen.* München: Saur 1999, S. 593–601.

Spinner, Kaspar H. (Hrsg.): *Neue Wege im Literaturunterricht.* Hannover: Schroedel 1999.

Staatsinstitut für Schulpädagogik und Bildungsforschung (Hrsg.): *Literarisches Leben und Schule. Materialien und Modelle zum Literaturunterricht am Gymnasium.* Donauwörth. Auer 1998.

Steenblock, Volker: *Theorie der kulturellen Bildung. Zur Philosophie und Didaktik der Geisteswissenschaften.* München: Fink 1999.

Steffens, Wilhelm: Beobachtungen zum modernen realistischen Kinderroman. In Lange, G./Steffens, W. (Hrsg.): *Moderne Formen des Erzählens in der Kinder- und Jugendliteratur der Gegenwart unter literarischen und didaktischen Aspekten. Schriftenreihe der Deutschen Akademie für Kinder- und Jugendliteratur Volkach e. V., Band 1.*, Würzburg 1995, S. 25–50.

Stiftung Lesen (Hrsg.): *Buch und Lesen in Kindheit und Jugend. Ein kommentiertes Auswahlverzeichnis von Literatur und Modellen zur Leseförderung.* Weinheim: Beltz 1992.

Stiftung Lesen (Hrsg.): *Lesen. Grundlagen, Ideen, Modelle zur Leseförderung.* Weinheim: Beltz 4., überarb. Aufl. 1995.

Stuck, Elisabeth: *Hanna Johansen. Eine Studie zum erzählerischen Werk 1978–1995.* Sprache und Dichtung, N. F. Bd. 44. Bern; Stuttgart; Wien: Haupt 1997.

Ulich, Michaela/Ulich, Dieter: Literarische Sozialisation: Wie kann das Lesen von Geschichten zur Persönlichkeitsentwicklung beitragen? In: *Zeitschrift für Pädagogik* 40 (1995), H. 5, S. 821–834.

v. Wright, G. H.: *Robert Musil On Mach's Theories.* Introduction. München: Philosophia 1982, S. 7–14.

Venter, Joachim: „Boskos weite Wanderung" und „Was ist was? Bd. 11: Hunde" – der Einsatz von Tiererzählung und Sachbuch im biologischen Teil des Sachunterrichts (4. Schuljahr). In: Karst, Theodor (Hrsg.): *Kinder- und Jugendliteratur in Unterricht. Bd. 1: Primarstufe.* Bad Heilbrunn: Klinckhardt 1978, S. 153–167.

Vester, Frederic: *Denken, Lernen, Vergessen. Was geht in unserem Kopf vor, wie lernt das Gehirn, und wann läßt es uns im Stich?* Überarb. Aufl. München: dtv 1996.

Wangerin, Wolfgang (Hrsg.): *Jugend, Literatur und Identität. Anregungen für den Deutschunterricht in den Sekundarstufen I und II.* Braunschweig: Pedersen 1983.

Weinrich, Harald: *Wege der Sprachkultur.* München: dtv 1988.

Wiater, Werner: *Vom Schüler her unterrichten. Eine neue Didaktik für eine veränderte Schule.* Donauwörth: Auer 1999.

Willenberg, Heiner: *Lesen und Lernen. Eine Einführung in die Neuropsychologie des Textverstehens.* Heidelberg; Berlin: Spektrum 1999.

Willenberg, Heiner: Kompetenzen brauchen Wissen. Teilfähigkeiten beim Lesen und Verstehen. In: Witte, Hansjörg (Hrsg.): *Deutschunterricht zwischen Kompetenzerwerb und Persönlichkeitsbildung.* Baltmannsweiler. Schneider 2000, S. 69–84.

Winkler, Michael: Was spricht gegen Bücher? In: Böhm, Winfried/Oelkers, Jürgen (Hrsg.): *Reformpädagogik kontrovers.* Würzburg: Ergon 1999, S. 201–234.

Würker, Achim/Getrost, Gabriele: Geometrie und Phantasie. Mathematik erzählen: Zur Verknüpfung der Fächer Deutsch und Mathematik. In: *ide (Informationen zur Deutschdidaktik)* 22 (1998), H. 4, S. 132–146.

Verzeichnis der Autorinnen und Autoren

Prof. Dr. Ulf Abraham studierte in Erlangen und Freiburg im Breisgau Germanistik und Anglistik für das Lehramt an Gymnasien und wurde 1983 mit einer Arbeit über Recht und Schuld im Werk Kafkas promoviert. Nach vier Jahren Schuldienst kehrte er an die Hochschule zurück (Universität Bamberg). Seit 1995 lehrt er an der Universität Würzburg Didaktik der deutschen Sprache und Literatur.

Christoph Launer studierte in Würzburg für das Lehramt an Hauptschulen, kehrte nach zwei Jahren Schuldienst an die Universität zurück und war vier Jahre am Würzburger Lehrstuhl für Didaktik der deutschen Sprache und Literatur beschäftigt. Gegenwärtig arbeitet er in der Hauptschule Zeil am Main.

Monika Gross studierte Germanistik und Anglistik an der Universität Marburg für das Lehramt an Gymnasien und unterrichtet seit 1981 am Kurt-Tucholsky-Gymnasium in Hamburg.

Dr. Matthis Kepser studierte Deutsch und Schulpsychologie für das Lehramt an Gymnasien, wurde nach fünf Jahren im bayerischen Schuldienst 1998 an der Universität Würzburg mit einer Arbeit über Computer im Deutschunterricht zum Dr. phil. promoviert und bildet heute als Germanist (Studienrat i.H.) an der PH Freiburg/Br. Deutschlehrer aus.

Markus Lochner studierte Germanistik und Anglistik an der Universität Würzburg für das Lehramt an Gymnasien. Sein Beitrag zu diesem Buch war Teil seiner Zulassungsarbeit für das 1. Staatsexamen.

Dr. Klaus Morsch studierte Germanistik, Geschichte und Sozialkunde an den Universitäten Würzburg und Erlangen-Nürnberg für das Lehramt an Gymnasien, wurde mit einer Arbeit über Gottfried von Straßburg zum Dr. phil. promoviert und ist seit 1985 Lehrer am Caspar-Vischer-Gymnasium Kulmbach/Oberfranken. Zur Zeit arbeitet er am dänischen N.Zahles-Gymnasium in Kopenhagen, wo er im Rahmen eines deutsch-dänischen Oberstufenmodells Schüler in den Fächern Deutsch und Geschichte nach deutschen Lehrplänen auf ein dänisch-deutsches Abitur vorbereitet.

Dr. Gabriela Paule studierte Germanistik und Mathematik an der Universität Konstanz und wurde mit einer Arbeit über das Tanhûser-Oeuvre der Manesse-schen Handschrift zum Dr. phil. promoviert. Danach arbeitete sie acht Jahre als Gymnasiallehrerin in Donaueschingen und Bayreuth und ist seit 1999 Akad. Rä-tin im Fachbereich Didaktik der deutschen Sprache und Literatur der Universi-tät Bayreuth.

Dipl-Biol. Franz-Josef Scharfenberg studierte Biologie (Dipl.) an der Universi-tät Würzburg und Biologie/Chemie (Lehramt Gym.) an der Universität Göttin-gen, arbeitete zwei Jahre dort am Max-Planck-Institut für experimentelle Medi-zin, legte dann das 2. Staatsexamen für das Lehramt an Gymnasien in Bayern ab und arbeitet seit 1986 am Richard-Wagner-Gymnasium in Bayreuth (OStR, Fachbetreuer Chemie).

Falk Teichert studierte Germanistik und Sportwissenschaft in Bonn und Olden-burg und absolvierte ein Erweiterungsstudium für die Fächer Religion und Kunst, bevor er 1989 an das Niedersächsische Internatsgymnasium Esens kam, wo er bis heute arbeitet.

Corinna Wirth studierte an der Universität Würzburg mit Hauptfach Deutsch für das Lehramt an Grundschulen und arbeitet seit 1990 als Lehrerin an den Grund-schulen Aura im Sinngrund und Gräfendorf bei Gemünden am Main.

Sachregister

Diskussionsforum Deutsch

Band 3: Didaktik des Deutschen als Zweitsprache und Interkulturelle Erziehung

in Theorie, Schulpraxis und Lehrerbildung

Hrsg. von **Siegfried Hummelsberger**

2001. VI, 246 Seiten. Kt. ISBN 3896764772. FPr. € 18,50

Interkulturelle Erziehung und Zweitsprachendidaktik haben zahlreiche Berührungspunkte, sie bedingen und ergänzen einander, zuweilen überschneiden sie sich. Dennoch sind beide Handlungsfelder keineswegs identisch und können einander schon aufgrund der unterschiedlichen Zielgruppe und didaktischen Schwerpunktsetzung keinesfalls ersetzen; beide jedoch sind nur in einem interdisziplinären Kontext zu verstehen. Die Notwendigkeit eines expliziten Unterrichts in der Zweitsprache Deutsch betrifft inzwischen viele Schulen nicht mehr nur in Ballungsräumen, die Interkulturelle Erziehung wird von den meisten neueren Lehrplänen ausdrücklich als Unterrichtsprinzip eingefordert.

Der vorliegende Band soll den Gegenstandsbereich in seiner interdisziplinären Breite (und teilweise auch Heterogenität) exemplarisch darstellen und verschiedene (teilweise auch disparate) Konzepte aufzeigen. Bezogen auf unterschiedliche Schularten werden verschiedene Themenkreise aus theoretischer wie praktischer Perspektive dargestellt und mit exemplarischen Beispielen veranschaulicht.

Band 4: Ergebnisse aus soziologischer und psychologischer Forschung

Impulse für den Deutschunterricht

Hrsg. von **Michael Hug** und **Sigrun Richter**

2001. X, 192 Seiten. Kt. ISBN 3896764780. FPr. € 16,50

Neben dem fachlichen Inhalt bestimmen Faktoren, die in den Lernenden und ihrem sozialen Umfeld liegen, die Inhalte und Zielsetzungen der Deutschdidaktik. Damit zeigen sich theoretische und empirische Ergebnisse aus Psychologie und Soziologie als für den Deutschunterricht relevant.

In diesem Band werden solche Ergebnisse dargestellt, die auf den Spracherwerb, das Schreiben und die Textrezeption Einfluss haben und innovative Impulse für diese zentralen Bereiche der Sprach- und Literaturdidaktik geben können. Im Einzelnen werden in diesem Band folgende Fragen in das Blickfeld gerückt:

- Welche didaktischen und methodischen Konsequenzen sind aus den Erkenntnissen der Kognitionsforschung zu ziehen?
- Welche Rolle spielen soziale Herkunft und Interesse beim Schreibenlernen, Erzählen und Verfassen von Texten?
- Welche psychologischen und sozialen Dimensionen sind bei der Lesesozialisation sowie bei der Text- und Medienrezeption von Bedeutung?
- Welche hochschuldidaktischen Verfahren können die Umsetzung innovativer Impulse aus den vorgestellten Gebieten befördern?

 Schneider Verlag Hohengehren
Wilhelmstr. 13; D-73666 Baltmannsweiler

Band 5: Empirische Unterrichtsforschung und Deutschdidaktik

Hrsg. von **Clemens Kammler** und **Werner Knapp**

2002. VI, 239 Seiten. Kt. ISBN 3896764799. FPr. € 18,50

Empirische Unterrichtsforschung ist immer noch ein Desiderat der Deutschdidaktik. Ihr Gegenstand ist zum einen das Unterrichtsgeschehen, das beobachtet und gedeutet wird. Zum anderen geht es um konkrete Unterrichtsverfahren, um die Voraussetzungen, die Schüler/innen in den Unterricht mitbringen und um die Resultate des Unterrichtsgeschehens. Das vorliegende Buch konzentriert sich auf die Aspekte Unterrichtskommunikation, Literarische Sozialisation und Erfassung sprachlicher und literarisch-medialer Kompetenzen. Behandelt werden außerdem interdisziplinäre Aspekte der Unterrichtsforschung sowie deren Bedeutung für die Lehreraus- und -fortbildung.

Band 6: Tumulte

Deutschdidaktik zwischen den Stühlen

Hrsg. von **Cornelia Rosebrock** und **Martin Fix**

2001. VI, 170 Seiten. Kt. ISBN 389676487X. FPr. € 16,50

Wo im Feld der Wissenschaften die Normierungen des Diskurses nicht mehr oder noch nicht disziplinär stabilisiert sind, entstehen **Tumulte**. Die traditionelle Position der Fachdidaktik Deutsch als „Mittlerin" zwischen den Bezugsdisziplinen Pädagogik und Philologie einerseits, zwischen sprachlich/literarischer Praxis und den Wissenschaften andererseits hat an Selbstverständlichkeit rapide verloren. Die disziplinäre Identität der Deutschdidaktik wird im vorliegenden Band anhand konkreter Arbeitsfelder der Sprach- und Literaturdidaktik (Leistungsbewertung, Fehlerinterpretation, Literaturgeschichte, Interkulturalität, Wertorientierung) diskutiert und in neue Horizonte gestellt. Die Vielstimmigkeit, mit der eine Identität der Fachdidaktik Deutsch konstruiert wird, erweist sich dabei als Chance: Der Tumult ist eben auch historisch und systematisch der Schauplatz des Paradigmenwechsels, also der Ausgangspunkt der Neukonstitution eines disziplinären Selbstverständnisses.

Band 8: Deutschdidaktik und berufliche Bildung

Hrsg. von **Petra Josting** und Ann Peyer

2002. VI, 212 Seiten. Kt. ISBN 3896765140. FPr. € 18,50

Während der Deutschunterricht an den allgemein bildenden Schulen unumstritten ist, steht er an den berufsbegleitenden Schulen mehr denn je unter Legitimationsdruck. Allgemeinen Bildungszielen wie Persönlichkeitsentwicklung steht die Forderung nach berufsbezogenen Sprach- und Medienkompetenzen gegenüber. Doch wie berufsbezogen sollten diese Kompetenzen sein? Um ein „Fitmachen" für die berufliche Arbeitswelt oder um die Kompensation von Defiziten in der betrieblichen Ausbildung kann es nicht gehen.

Der Deutschunterricht an den berufsbegleitenden Schulen steht aber nicht nur unter äußerem Legitimationsdruck. Intern haben DeutschlehrerInnen mit Schwierigkeiten zu kämpfen, die KollegInnen anderer Schulformen in dieser Vielzahl nicht kennen: Bei der Realisierung unterrichtlicher Konzepte ist zu berücksichtigen, dass die zeitlichen Ressourcen für den Deutschunterricht äußerst knapp sind und dass in vielen Klassen enorme Unterschiede hinsichtlich des Alters und der Vorbildung bestehen, wie auch bezüglich der Sprachkenntnisse.

 Schneider Verlag Hohengehren
Wilhelmstr. 13; D-73666 Baltmannsweiler